基于 OBE 理念的专业与课程建设

主　编　刘香萍　周红梅
副主编　王康华　陈殷宁
编　委　（按姓氏笔画排序）
　　　　王　禾　王建军　王振宇　许　勤
　　　　孙　挥　杨迎春　汪　新　陈光春
　　　　桑龙扬　崔铁成

北京理工大学出版社
BEIJING INSTITUTE OF TECHNOLOGY PRESS

内 容 简 介

本书共收录了63篇文章，涉及工学、管理学、经济学、文学、艺术学及教育学等学科领域，集中体现了广东理工学院教师积极探索、不断创新，以OBE理念为指导思想，加强一流本科专业和一流课程建设，在专业建设、课程建设和人才培养等领域实施教育教学探索和改革实践的群体性思考。既对教师和管理人员提高教学、科研和管理水平有积极意义，也对高校专业认证的探索与实践具有很好的参考价值，对提高地方民办本科高校人才培养质量有着积极意义。全书结构清晰、内容充实，具有很高的学术价值。

版权专有　侵权必究

图书在版编目（CIP）数据

基于OBE理念的专业与课程建设/刘香萍，周红梅主编．--北京：北京理工大学出版社，2022.10
ISBN 978-7-5763-1766-4

Ⅰ．①基… Ⅱ．①刘… ②周… Ⅲ．①地方高校-教育研究-中国-文集 Ⅳ．①G649.2-53

中国版本图书馆CIP数据核字（2022）第189520号

出版发行 / 北京理工大学出版社有限责任公司
社　　址 / 北京市海淀区中关村南大街5号
邮　　编 / 100081
电　　话 / （010）68914775（总编室）
　　　　　（010）82562903（教材售后服务热线）
　　　　　（010）68944723（其他图书服务热线）
网　　址 / http：//www.bitpress.com.cn
经　　销 / 全国各地新华书店
印　　刷 / 三河市华骏印务包装有限公司
开　　本 / 787毫米×1092毫米　1/16
印　　张 / 20.75
字　　数 / 487千字
版　　次 / 2022年10月第1版　2022年10月第1次印刷
定　　价 / 118.00元

责任编辑 / 龙　微
文案编辑 / 李　硕
责任校对 / 刘亚男
责任印制 / 李志强

图书出现印装质量问题，请拨打售后服务热线，本社负责调换

前 言

为提高本科人才培养质量，深化教育教学改革，2019年10月，教育部颁发的《教育部关于一流本科课程建设的实施意见》明确提出，要确立以学生为中心、产出导向、持续改进的理念，提升课程的高阶性，突出课程的创新性，增加课程的挑战度。"学生中心、产出导向、持续改进"是成果导向教育（Outcome-Based Education，简称OBE）一贯秉持的理念，也是当前各类专业认证、专业和课程建设必须遵循的理念。OBE理念强调的是成果产出，在OBE理念指导下的教学更具有针对性、效果更佳。

广东理工学院属于地方应用型本科高校，学校人才培养目标定位于为地方经济社会发展培养具有良好道德品质、创新精神和社会责任感，专业基础扎实，实践能力突出，综合素质高，德智体美劳全面发展的应用型人才。要实现应用型本科人才培养目标，就要从OBE理念的四个实现步骤入手，贯彻"反向设计"，建立培养目标、毕业要求、课程体系三者之间的逻辑关系，将OBE理念的核心要素有机融合到本科人才培养方案及教学大纲的制定中，再从课堂教学设计中加以贯彻落实。编写此书的目的在于督促广大教师及管理人员深入研究学习OBE理念的理论，并在实践中加以应用。

本书收录了63篇文章，涉及工学、管理学、经济学、文学、艺术及教育学等学科领域，体现了广东理工学院教师在教育教学中对专业建设、课程建设和教学模式等多维度的探索和实践。这些积极探索、独特思考的思想成果，既对教师和管理人员提高教学、科研和管理水平有积极意义，也对专业认证的探索与实践具有很好的参考价值，对提高地方民办本科高校人才培养质量有着积极作用。

由于时间仓促，编者水平有限，本书难免有不当之处，敬请读者批评指正。

编 者

2022年7月

目 录

基于 OBE 理念的"液压与气压传动"课程教学改革与探索 …………………… 李家学 / 1

基于成果导向教育理念的机械设计制造及其自动化专业教学改革
……………………………………………………… 黎志勇　伍先明　谢娟烘 / 11

基于 OBE 理念理工科"大学物理实验"课程教学模式研究 ………… 詹国富　张 慧 / 15

OBE 理念下应用型本科机械类专业实践教学模式改革 …… 王 利　谢娟烘　黎志勇 / 20

基于 OBE 理念的课程设计与开发
——以"Java 程序设计"教学为例 ……………………………………… 刘建友 / 24

新工科背景下高校软件工程专业 OBE 人才培养模式探索与研究
——以广东理工学院为例 ………………………………… 林显宁　彭守镇 / 29

深入贯彻 OBE 理念的课程教学改革与实践 ………… 郭 锐　梁玉英　张俊林 / 35

基于 OBE 理念的大学生创业模式的探索与实践
——以"基于互联网嵌入 AR 技术在剪发领域的应用"项目为例 … 周红梅　许 植 / 42

基于 OBE 理念的软件测试课程教学改革探索 ………………… 张莉敏　田小路 / 46

新工科背景下基于 OBE 理念的"土力学与地基基础"课程建设研究 ………… 徐 慧 / 50

基于 OBE 理念的"施工方法与组织"课程实践教学改革与探索 ……………… 张 婷 / 56

基于 OBE 理念的"室内工程制图"课程教学模式探索与实践 ………………… 张虹逸 / 61

基于 OBE 理念的"工程招投标与合同管理"课程教学创新设计与评价 ……… 蒋春霞 / 65

基于 OBE 理念的应用型土木类本科生课程模式探索 ………………………… 章浩龙 / 69

基于"OBE+思政"理念的"城市绿地系统规划"课程教学改革研究 ………… 张亚娜 / 74

基于雨课堂的"建筑施工组织设计"课程教学改革与实践 ………… 张飞飞　孙佳雨 / 79

基于 OBE 理念的"建筑施工技术"专业课程建设 ……………………………… 范家文 / 86

应用型本科土木工程专业 OBE 理念的实践与探讨 …………………………… 郑 欢 / 90

基于 OBE 理念的"计算机辅助钢筋与土建算量"课程教学方法与实践 ……… 郭贝贝 / 96

基于 OBE 教学理念的课程改革探究
——以"环境心理与行为学"课程为例 ………………………………… 何梓彦 / 102

运用 OBE 模式进行"建筑施工技术"课程改革 ………………… 韩智凡　卢国华 / 105

基于 OBE 理念的"会计信息化"课程教学：设计与实施 ………… 罗 丹　张加加 / 110

基于 OBE 理念的"财务管理"课程改革 ……………………………………… 谭 剑 / 117

OBE 理念下"财政金融基础"课程混合式教学设计探索 ………… 沙 旭　张朝君 / 121

基于 OBE 理念的"公司战略与风险管理"课程教学设计探讨 ………………… 徐　伟 / 126
基于 OBE 理念的应用型高校专业课课程思政实施路径探析
　　——以"税法"课程为例 …………………………………… 郑春晓　张冠楠 / 131
基于 OBE 理念的课程思政教学实践
　　——以"成本会计"课程为例 …………………………… 梁燕瑜　赵　燕 / 136
基于 OBE 理念的线上线下混合式教学模式探索
　　——以"财务管理案例分析"课程为例 ……………………… 姚　琼　陶新元 / 141
基于 OBE 理念的国际经济与贸易专业人才培养模式分析 ……… 邓宁君　刘颖佳 / 144
OBE 理念下"应用统计学"课程形成性评价体系构建 …………………… 张　倩 / 150
基于 OBE 理念的"互联网金融"课程 O2O 教学模式改革与实践 ……… 沈杨阳 / 155
基于 OBE 理念的"网上店铺运营"课程教学改革研究 ………………… 阮淑婷 / 163
OBE 理念下"证券投资学"课程设计优化探索
　　——以广东理工学院为例 ………………………………………… 郭秋芳 / 168
跨境电商产教融合与 OBE 培养模式、理据与操作
　　——以广东理工学院为例 ………………………………………… 梁慧仪 / 175
基于 OBE 理念的 CDIO 项目驱动教学模式人才培养研究
　　——以应用型本科高校经管专业为研究对象 …………………… 黎传熙 / 180
OBE 理念下"仓储与配送管理"课程改革探索 ………………… 刘　潜　黎子华 / 187
基于 OBE 理念的"国际物流"课程改革研究 …………………………… 吴一帆 / 192
基于 OBE-PDCA 理念的"物流装备与技术"课程改革研究 ……………… 林　芳 / 197
基于 OBE 理念的高校艺术设计类专业理论教学改革初探 ……………… 龙　媛 / 202
基于 OBE 理念的"设计概论"课程教学研究 …………………………… 陈扬杨 / 206
基于 OBE 理念的"综合商务英语"课程改革与实践 …………………… 周桂林 / 210
OBE 教学模式下的大学英语教学研究 …………………………………… 韦桂柳 / 215
基于成果导向的大学英语混合式教学研究 ……………………………… 招周银 / 219
基于 OBE 理念的"综合商务英语"课程教学设计创新研究
　　——以 TED 演讲为例 ……………………………………………… 李　琳 / 224
基于 OBE 理念的线上线下混合式教学改革路径探索
　　——以"商务英语写作"课程为例 ……………………………… 周慧丽 / 230
OBE 理念下应用型本科院校人才培养方案调查报告 …… 吕丽红　周红梅　蒙子伟 / 235
将课程思政元素和 OBE 理念融入"运动解剖学"课程教学中的应用研究 … 高珊珊 / 240
基于 OBE 理念开展适应学生身心发展规律的体育教学
　　——以拓展训练课程为例 ………………………………………… 闫旋飞 / 245
基于 OBE 理念的高校体育舞蹈公选课学习体验的优化研究 …… 叶治琨　李智娴 / 250
基于 OBE 理念的高校排球课程练习动机的优化研究 …………… 李智娴　叶治琨 / 255
基于 OBE 理念的应用型高校思政课实践教学模式构建路径探析
　　——以广东理工学院为例 …………………………………… 庞明明　王　玲 / 259
OBE 理念下思政课程实践育人实践性研究 ……………………………… 张　锐 / 264

目 录

基于OBE理念的高校思政课教学研究 …………………………… 曾雨星 孔祥志 / 269

基于OBE理念的应用型高校专业课课程思政实施路径探讨
　　——以"纳税筹划"课程为例 ……………………………………… 佟海莲 / 273

OBE理念融入新时代青年爱国主义教育的思考 ………………… 张宁娜 杜美云 / 277

基于OBE理念运用高校微信公众号开展思想政治教育 ………… 杜美云 张宁娜 / 283

基于OBE教学理念的雨课堂教学实践研究
　　——以校级公选课"社交礼仪"为例 …………………………… 闫慧宇 / 288

基于OBE理念的专业课程建设探索与实践
　　——以广东理工学院商务英语专业为例 ………………… 周红梅 吕丽红 / 292

OBE背景下现代产业学院建设创新研究
　　——以广东理工学院为例 ……………………………………… 舒　程 / 297

基于OBE理念的实践基地巩固与扩大建设探索
　　——以广东理工学院多元金融实践基地为例 ………………… 伦肇亮 / 305

基于OBE理念的创新创业教育研究综述 ………………………………… 周红梅 / 310

基于成果导向教育理念的应用型人才培养模式的构建探析
　　……………………………… 黎志勇　杨　斌　倪元相　刘　睿　王鹏程 / 315

基于OBE理念的粤港澳大湾区民办高校应用型创新人才培养模式的探索与实践
　　……………………………………………………………… 林宪平　周红梅 / 320

基于 OBE 理念的"液压与气压传动"课程教学改革与探索

李家学

摘 要：本文分析了"液压与气压传动"课程教学中存在的问题，提出将工程性强的科研项目和仿真技术应用于液压传动的教学方法，以 OBE 教学理念为核心思想对课程进行教学改革。以科研项目"山地果园运输机液压系统研究"为例，详细论述如何将该项目和仿真技术应用到液压传动教学中，并通过小组作业与问卷调查的方法对教学效果进行验证。验证结果表明，通过该教学方法，学生小组作业完成效果良好；相对于常规教学，学生对课程内容的兴趣度、掌握度、应用能力均大幅提高。该方法对液压传动教学具有一定的借鉴意义，可为工科类教学改革提供参考。

关键词：科研项目；仿真技术；成果导向；实际工程；液压传动

"液压与气压传动"是机械类专业的一门专业基础课。在实际工程中，液压传动因具有结构简单、体积小、质量轻、反应速度快、输出力大、易实现自动化等优点，广泛应用于机床、工程机械、矿山机械、压力机械和航空航天等领域。该课程具有概念抽象、计算量大、原理图复杂、空间想象力要求高、教学过程枯燥乏味等特点，学生接受该门课程有一定难度，所以如何将该课程的知识传授给学生并使其在工程中进行应用十分重要。

科研项目是开展科学技术研究的一系列独特、复杂并相互关联的活动，仿真技术是利用计算机建立模型进行科学实验的一门多学科综合性技术。OBE 理念提出，教学设计和教学实施应当以学生通过教育最后取得学习的成果为主要目标。为此，以 OBE 教学理念为核心，以教师科研项目为基础，从中提取难度适中、具有探索性且工程性强的项目结合仿真技术并应用到教学过程中，既能够激发学生的学习兴趣，做到理论与实践相结合，又能提高学生理论知识的广度与深度，提升学生的创新能力和科研能力。

1 液压传动教学中存在的问题

液压与气压传动课程具有理论性和实践性并重的特点，但在目前的教学过程中存在一定的不足，总体来讲可从教师、学生、实验和考核四方面进行总结。

（1）教师教学一直采用常规的教学方法，教学手段较为陈旧、单一，并且缺乏现代教学理念，知识技能更新较慢，与当今科学技术的飞速发展形成强烈的矛盾。

（2）学生未能养成自主学习的习惯，未能做到细心观察与主动思考，习惯在课堂上被动接受知识、方法和结论；并且认为该课程为专业基础课，没有核心类课程重要，导致不认真听讲，重视程度不够。

（3）在实验课堂上，由于实验设备数量有限且单一、实训课时较少，导致学生实训项目不足且未能做到让每个学生都亲自动手操作，导致学生不能全面掌握液压系统特性，实验效果不理想。

（4）在最终考核上，仅仅采用一张理论试卷，无法评价学生对理论知识的实际应用能力和动手能力。

2　科研项目与仿真技术应用到液压传动教学

2.1　科研项目概述

课题名称为"山地果园运输机液压系统研究"。本课题为"山地果园液压驱动遥控轨道运输机的研制"子课题，在已完成课题的基础上，基于液压传动的优点，深入研究该设备的液压系统。该设备主要解决现有的果园运输机采用机械传动或电力拖动方式出现的运行不太稳定、振动和噪声较大、实现无级变速复杂、挡位切换时卡顿明显等现象。设计的山地果园液压驱动遥控轨道运输机，容易实现速度的无级调节，工作平稳，换向冲击小，易于实现自动化控制，实现复杂运动，如图1所示。

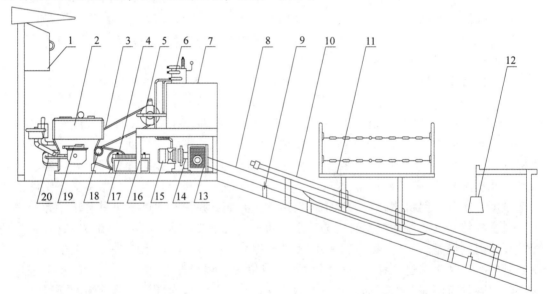

1—控制系统；2—柴油机；3—皮带；4—发电机；5—变量柱塞泵；6—控制阀块；7—液压油箱；8—牵引绳；9—行程开关；10—轨道；11—拖车；12—配重装置；13—蜗轮蜗杆；14—驱动轮；15—液压马达；16—机架；17—蓄电池；18—电马达；19—油门电动推杆；20—减压阀电动推杆。

（a）

图1　山地果园液压驱动遥控轨道运输机

(b)

图1 山地果园液压驱动遥控轨道运输机（续）

(a) 运输机结构原理图；(b) 运输机实物图

2.2 教学应用

液压传动在整个"液压与气压传动"教学过程中占据非常重要的地位，占整个教学课时的3/4以上，尤以液压动力元件、液压执行元件、液压控制元件和液压基本回路为重。因为液压传动与气压传动实现传动和控制的方法及各类元件工作原理基本相同，因此，让学生熟练掌握液压传动内容的知识并应用到工程实践不仅能为学习气压传动打下良好的基础，也能提高学生将所学知识应用到实际工程中的能力。

首先，在该课程第一堂课就引入"山地果园运输机液压系统研究"课题，问学生为什么该设备的传动系统采用液压传动，该传动方式相对比电力拖动和机械传动有什么优点。由于结合实际科研项目，学生的学习兴趣和劲头一下子就提了起来。在PPT中展示山地果园运输机液压系统原理与仿真模型对比图，如图2所示。由图2可知，仿真模型与液压系统原理图非常相似，消除学生对仿真软件所建模型感到抽象、难以理解的顾虑。并结合图3所示的运输机工作原理图，简单介绍其工作原理，向学生阐明该设备在最初设计时柴油机油门、风门采用电动推杆控制，并未采用液压缸控制，向学生布置综合性小组作业。要求通过该课程的学习，学生在已有液压系统的基础上添加液压缸，以控制柴油机油门、风门。这样不仅让学生理解该门课程主要讲授的内容，提高学生的兴趣，抓住学生的注意力，而且让学生带着问题与任务去学习。

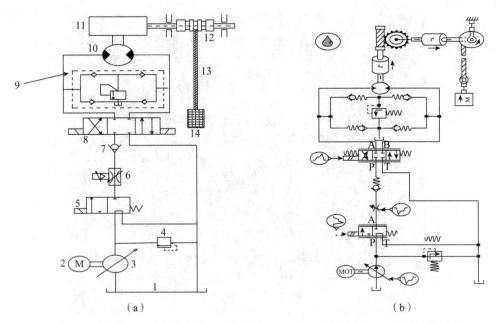

(a)   (b)

1—油箱；2—柴油机；3—变量柱塞泵；4—溢流阀；5—二位三通电磁阀；6—电液比例调速阀；
7—单向阀；8—三位四通换向阀；9—溢流桥；10—液压马达；11—蜗轮蜗杆减速器；
12—驱动轮；13—钢丝绳；14—负载拖车。

图 2   山地果园运输机液压系统原理与仿真模型对比图

(a) 液压系统原理图；(b) 液压系统

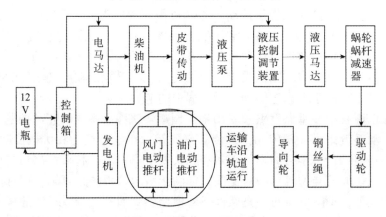

图 3   运输机工作原理图

接下来，根据教学顺序，开始液压传动基础知识的学习。该部分内容主要介绍流体力学相关知识，理论性较强，较难理解，但该部分内容的熟练掌握对后面的学习非常重要。在教学过程中，引入 AMESim 软件建立简单模型，可对流体物理特性、流体的静力学、动力学和运动学进行仿真分析，不仅加深学生对流体力学相关理论与公式的理解，还使学生较早地熟悉 AMESim 软件。例如，在讲授液体静力学基本方程的过程中，建立液体静压力仿真模型，设置液体密度 ρ 为 900 kg/m³，油液液位高度为 0.5 m，液面上压力 p_0 为 1.0 MPa，重力加速度 g 为 9.8 m/s²，运行仿真后得到油箱底部压力为 1.004 41 MPa，如图 4 所示。与理论计算结果 "$p=p_0+\rho g h=1+(900×9.8×0.5)/10^6=1.00441$ MPa" 完全相同。通过例题的计算和仿真的验证，加深学生对所学知识的理解和记忆。为了更好地让学生了解

AMESim软件并应用到后面的学习中,向学生推荐网络学习视频,并申请学院2个机房作为学生自学教室。这不仅为学生提供了优良的学习环境,也提高了学生学习的热情,培养了学生良好的自学习惯。

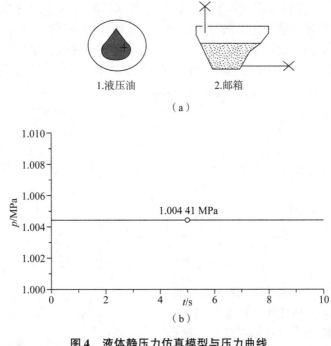

图4 液体静压力仿真模型与压力曲线
(a)液体静压力仿真模型;(b)油箱底部压力

液压传动基础知识学习完后,开始进行液压各类元件的学习。该部分内容是液压传动的核心部分,其中包括液压动力元件、液压执行元件、液压控制元件、液压辅助元件等。首先,结合山地果园运输机液压系统原理图[图2(a)],详细介绍各类元具体属于哪一类。比如,所采用的变量柱塞泵属于液压动力元件,液压马达属于液压执行元件,二位三通电磁阀、溢流阀、电液比例调速阀、单向阀、三位四通换向阀属于液压控制元件,油箱等属于液压辅助元件。其次,向学生阐明除了该案例中所使用的元件之外,还有很多需要学习的元件,例如,液压动力元件除了有柱塞泵之外,还有齿轮泵、叶片泵,并提问学生:该液压系统中为什么采用柱塞泵而不采用齿轮泵和叶片泵?学生带着疑问进入各类液压元件的学习,通过了解各类液压元件的概况、发展和类型,理解各元件的工作原理及结构特点,逐步明白在山地果园运输机液压系统中每个元件的类型是如何确定的。紧接着,需要让学生掌握液压泵、液压马达、液压缸等元件的主要工作参数是如何计算的。在以往的教学过程中,先学习每一种液压元件的参数计算方法,等全部学完之后再通过液压传动最后一章学习液压系统的设计与计算,此时学生对前面所学有不同程度的遗忘,教学效果较差。因此,根据液压系统设计的基本步骤,结合山地果园运输机液压系统原理图,在已知最大负载的情况下,初步选定执行元件的工作压力。在讲到液压马达基本参数设计计算时,通过运输机液压系统实例的计算得到液压马达排量、最大流量、输出扭矩等参数,从而确定液压马达的型号,并且根据上一章刚刚讲完的液压动力元件主要性能参数计算得到柱塞泵的最大工作压力、流量等参数,并得到液压泵型号。根据此方法,课本中讲到哪个元件的计算，就引领学生确定运输机液压系统中的元件参数与型号。这样既能够让学生掌握每节课所学理论知识，又能够将所学应用到工程实践中，学生有较大的成就感。在完成整个液压系统设计与计算后，学生可以通过 AMESim 软件建立山地果园运输机液压系统仿真模型［图2（b）］，并在合理设置参数后，经过仿真得到每一个元件的运行参数和运动状态，从而将理论计算数值和仿真结果进行对比，验证理论计算的正确性，随后也可以对其进行优化设计。例如，通过图5所示的液压马达流量输出曲线，学生可以看到液压马达在不同的时间段的流量输出情况，最大输出流量约为 48 L/min，对比查看是否达到理论计算数值，从而验证液压系统的设计是否符合实际应用。

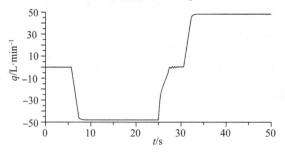

图5　液压马达流量输出曲线

然后学习液压基本回路和典型传动系统。同样结合山地果园运输机液压系统原理图，并提问学生：目前的液压系统在回路设计上是否可以优化？在满足原有功能的情况下应该如何改动？作为小作业布置给学生，学生带着问题开始进行该部分内容的学习。讲到压力控制回路、速度调节回路、多缸工作回路和其他回路时，让学生找到在该运输机系统原理图中哪一部分和所学回路原理或功能相似，不仅能使学生加深对所学液压基本回路的理解，也能让其明白在工程实例中如何应用和变通。随后通过展示部分同学的修改方案，向同学讲解某方案修改的合理性，或者某方案的错误之处，让学生避免出现类似的错误，学习正确的思路，为今后步入社会积累一定的经验。图6是某学生以节能和吸收液压冲击为出发点，添加储能器的运输机原理图。运输车在负载上行时，需要

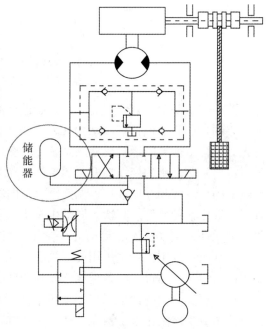

图6　添加储能器的运输机原理图

更大的动力，此时储能器与泵同时供油；运输车下行时，果物自身的重力转化为运载果物的动力，所需能量较小，泵将多余的油液向储能器充油，并且在运输车瞬间起动或停止时起到缓解液压冲击的作用。

最后就是液压系统的设计与计算的学习。该部分内容强调将理论知识应用到实际工程中。在该部分内容学习中，学生们发现，在前面结合运输机液压系统的学习过程中，老师就是按照该章所述设计思路去引导学生学习的，学生只需稍微巩固和理解即可掌握该章节

的内容。且学生提交第一节课所布置的小组作业,在原有液压系统的基础上添加液压缸用以控制柴油机油门、风门。大部分学生完成得非常不错,能够实现所需功能;并且有学生可以使用 AMESim 进行建模,如图 7 所示。

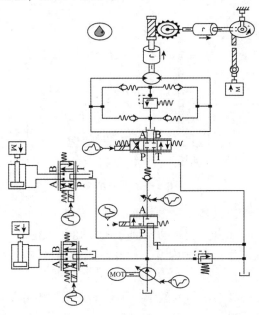

图 7　学生设计的运输机液压系统仿真模型

3　教学效果分析

在 2020—2021 学年第一学期,对广东理工学院机械电子工程专业的 A、B 两个班进行对比试点教学。为了对比教学效果,A 班(48 人)采用常规教学方式,B 班(50 人)采用本文提出的教学方式。授课完成后,通过问卷调查方法对两班进行调研。调查问卷内容包括以下几个。

(1) 你对教师的授课方式和教学内容感兴趣吗?

(2) 学习完本课程后,你认为对该门课的掌握程度如何?

(3) 根据对所学知识的掌握,是否有把握将所学知识应用到简单工程实例中?

调查结果如图 8~图 10 所示,从结果中可以得出以下结论。

(1) 由图 8 可知,采用本文提出的授课方式进行教学,学生选择非常感兴趣、感兴趣、一般、没有、完全没有的比例分别为 50%、26%、14%、10%、0%,即在 B 班学生中对该种教学方法非常感兴趣的学生占 50%。然而采用常规教学的班级的比例分别为 13%、21%、42%、17%、7%,即在 A 班学生中,对于常规教学有 42% 同学认为一般;非常感兴趣的比例仅为 13%,与前者先比相差 37%。由此可以看出,将科研项目与仿真技术引入教学,大大提高了学生对所学内容的兴趣。

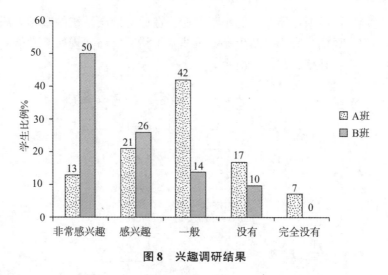

图 8 兴趣调研结果

(2) 由图 9 可知,采用本文所提到的教学方法,学生对于所学内容的掌握程度选择熟练掌握、掌握、一般、没有和完全没有的比例分别为 48%、32%、12%、8%、0%,即在 B 班中共有 80% 的同学能够掌握所学内容。而在采用常规教学的 A 班中,有 40% 的同学感到对所学内容掌握一般;能够熟练掌握的同学仅为 10%,相比 B 班同学降低了 38%。由此可得,将工程实例与仿真技术引入教学,不仅提高了学生的学习兴趣,也极大地提高了教学质量,使学生学有所得。

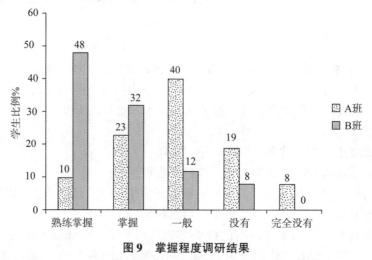

图 9 掌握程度调研结果

(3) 由图 10 可知,学生是否能将所学知识应用到简单工程实例中,B 班同学认为有把握和非常有把握的人数之和占到总人数的 70%,并且认为自己可以的为 26%,仅仅只有 4% 的人认为没有把握。而在 A 班中则截然相反,认为自己没有或完全没有把握的比重占到 56%;仅有 6% 的同学感到非常有把握,与前者相比降低了 24%。由此看出,将工程实例与仿真技术引入教学,极大地增强了学生将所学知识应用到工程实例中的信心。

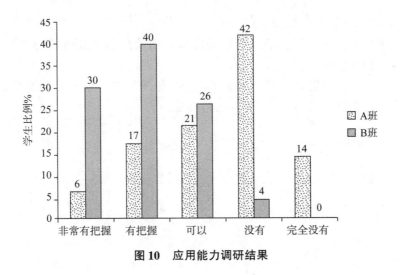

图 10 应用能力调研结果

4 结束语

针对"液压与气压传动"课程如何将所学知识有效、快速地和实际工程实例相结合的问题，作者提出以 OBE 教学理念为核心，将教师科研课题中工程性强的项目与仿真技术相结合引入到该门教学过程中。在简单分析目前液压传动教学中存在的问题和简略介绍教师科研项目与仿真技术的基础上，详细阐述了如何将科研项目与仿真技术应用到液压传动内容的教学方法与过程。该教学方法的使用极大地提高了学生的学习与科研兴趣，增强了学生对所学知识的理解与记忆，加强了学生将所学知识应用到工程实际的能力，实现了"液压与气压传动"课程服务于工程实例的目的。

小组作业表明，通过该教学方法，学生的小组作业完成效果良好。问卷调查结果表明，无论是学生对教师的授课方式和教学内容，还是学生对该门课程知识的掌握程度与实际应用能力均优于常规教学方式。该教学方法不仅符合学校培养应用型人才的要求，也为社会培育了优秀的应用型人才。因此，该方法对液压传动教学具有一定的借鉴意义，可为工科类教学改革提供参考。

参考文献

[1] 孟爽，金向阳，李德溥，等. 基于新工科背景下液压与气压传动的在线教学设计与实践［J］. 机械设计，2020，37（S2）：274-276.

[2] 黄改玲，蒋玲，贾巧娟，等. 基于 OBE 理念的无机及分析化学"金课"建设探索与实践［J］. 化学教育，2022，43（10）：24-28.

[3] 倪君辉，詹白勺，余伟平. 基于项目教学的液压与气压传动课程综合改革［J］. 实验室研究与探索，2017，36（11）：182-185.

[4] 杨云虎. 电气新技术课程引研于教探讨［J］. 安徽工业大学学报（社会科学版），2018，35（3）：58-59.

[5] 刘杰，赵永强，刘晋钢. 基于 OBE 理念的"C 程序设计"课程教学改革与探索［J］. 教育理论与实践，2022，42（3）：61-63.

[6] 陈世良，黄亦军，黄嘉驰. 教师科研项目融入高分子专业实验教学的探索与实践

［J］．实验技术与管理，2020，37（9）：170-173+178．

［7］李家学，李善军，张衍林，等．山地果园运输机液压驱动系统设计［J］．安徽农业大学学报，2021，48（1）：143-149．

［8］李家学，李善军，张衍林，等．山地果园液压驱动轨道运输机控制系统的设计［J］．安徽农业大学学报，2020，47（5）：856-862．

基于成果导向教育理念的机械设计制造及其自动化专业教学改革

黎志勇　伍先明　谢娟烘

摘　要： 当前世界上各个国家的发展都离不开机械设计与制造技术，尤其是由机械设计与制造产生的有别于传统的岗位，如自动化机械技术员、智能制造研发员等，但传统的教学方式无法跟上现在日新月异的变化，同时也不利于人才的培育，无法使学生获得最新的知识技能，因此，本文就在机械设计制造及其自动化专业中应用成果导向教育理念，对课堂教学进行改革，使学生的学习有目标，有方向感，并且让学生接触到机械设计制造及其自动化专业最前沿的技术，提升学生的整体能力，从而培养出技术优异、知识扎实的高素质工程人才。

关键词： 成果导向教育理念；教学改革；工程专业

1　引言

高校人才培养质量问题越来越成为社会经济和广大人民群众关注的热点，提高人才的培养质量已成为目前广大高等教育工作者和高教研究人员的重要课题。而成果导向教育（OBE）是一种注意学生学习方向的教育形式，能够针对现在更加细化的职能培养更专业的人才。机械设计制造及其自动化专业是现代制造业中一个非常重要的专业，因此，这方面的教学就显得非常重要，需要进行重点关注。成果导向能够使学生有目的地学习，使教师有目的地教学，本文就此展开探讨。

2　成果导向教育理念

2.1　成果导向教育理念的意义

成果导向教育是工程教育的重要理念之一，以学生获得的能力作为教学成果的评价依据，注重学生运用知识解决工程问题的能力的培养。成果导向教育是当前一种先进的教育理念，由美国教育界在1981年首次提出并创建。成果导向教育是一种基于学习输出的教育模式，其对学生学习之后的成果较为关注，教师、学校在对预期学习的成果进行明确后，不能限制教育者的教学内容及教学方式，同时也不能限定教育方式。

在机械设计制造及其自动化专业当中，理论、实验、实践、创新密不可分，因此，如何合理进行教学设计与规划是非常重要的。合理的设计与规划能够使学生学习有逻辑，有利于学生的成长。成果导向教育理念的核心是先设置教学目标，然后根据教学目标设置教学任务，对教学方案即教学知识点进行整合，并重新进行组合排列，从而使学生的课堂学习更系统、更全面，真正培养出能够服务生产、服务社会的专业人才，为我国机械类产业的发展提供强大的源动力。

2.2 教学目标

基于成果导向的教育理念，教学成果是否与预期相符应当从学生的实际情况出发，将学生作为预期目标的制定中心，从而使最终的预期成果能够落到实地。从机械设计制造及其自动化专业的教学内容来说，学生的基础能力非常重要，关系着学生之后的发展。教师对学生的能力进行分解之后，即可对教学方式进行确认，以达到预期目标，提高教学效率。教师在对学生进行管理、课程资源收集以及内容制定的时候，需要从学生的实际出发，围绕着预期的目标实施。

学生的全面发展与课程教学的目标息息相关，它能够使教师在教学中完成对学生的专业技能、专业知识、专业能力的培养，同时还能够使学生知晓职业相关法律法规以及相关道德规范，从而具备复杂问题处理能力。

成果导向教学方式对教学目标进行了明确，使教师在教学时不再迷茫，知晓自己为什么教学；并且对如何有效地开展课堂教学进行了解答，使教师知道如何对不同的学生开展教学；对教学内容进行了明确，对教学质量的评价也有了新的方法，明确学生主体评价；教师也应当利用教学评价的结果对课堂教学内容进行改进。

3 成果导向教育理念的应用

3.1 对预期成果进行确认

应用型本科院校的机械设计制造及其自动化专业应当树立以社会需求为导向的教育理念，重视学生基础知识的掌握、应用能力的培养、综合素质的提高，从而培养出高级应用型人才，这与研究型高等学校有所不同。应用型本科院校应通过对学生、家长、校友、教师以及相关企业等各个利益相关方的调查，确定教学预期成果，与相关企业深度合作，对毕业生职业资格要求进行深入探讨，对相关行业内新技术、平台、产业结构、区域经济等进行了解，并探讨对毕业生就业及以后发展的影响；课程方案、培养目标的科学性和合理性，与机械设计制造及其自动化专业本身的愿景和目标相关，能够提升学生专业知识水平和实践技能，确保学生在掌握理论知识的同时，提升实践能力。

应用型本科院校机械设计制造及其自动化专业的培养目标应包括掌握相关基础理论知识、多理解专业相关知识、具有良好的专业素养及高尚的道德品格等，这样就能真正做到以学生为中心来设计课程体系内容。这对于高校深入挖掘专业人才，满足社会企业技术发展需要是很有必要的。这样就够提高学生社会的适应能力，从而更好地为国家和社会做贡献。

作为机械设计制造及其自动化专业的学生，应当在毕业前拥有如下知识技能：对机械设计与制造的基础理论，如机械制造基础、机械设计、机械原理、微电子技术、计算机技术和信息处理技术的基本理论等有扎实的掌握；对专业课程，如"机械制造工艺学""机械制造装备设计""数控技术"等分析、设计以及实操的方式"能够基本掌握，并熟悉其开发思想（机械设计）；同时有一定的科研能力、适应工作能力、机械设计开发能力等；对于行业内部的前沿知识有所了解，能够自主进行项目开发；对于文献的搜索以及相关数据的查询方法有所掌握。对于这些毕业要求可以设置相应表格，培养合格则进行标记。

3.2 课程预期与专业目标相一致

课程导向教学设计中，应当遵守两个原则：一是预期设计应当考虑学生自身的预期目标，在课程中增加教学内容，使学生达到预期成果；二是应当对不必要的课程知识一笔带过或让学生去自学，将教学重点集中于基础知识、重点知识、核心知识。

3.3 预期成果确定及实现策略

根据成果导向反向设计的方式，先将预期成果进行确定，预期成果对应具体专业课程。而具体专业的教师应当对自己所教授的专业课程的目标、学生毕业的要求等进行全面了解，并据此结合专业课程的内容设计，将具体的目标分化为小点落实到实际的教学课堂之中。同时，专业课程的教师在制定预期成果时，应当根据学生的情况进行具体设置，不可照搬照套其他班级或学校的内容，从而使预期成果并不与学生的生活实际相切合，对于最终的教学成果产生不良影响。在实际教学中，教师可以采用探究学习、项目驱动等方式引导学生自主进行学习，同时，教师作为辅助应当及时提供帮助。

3.4 课程导向教学中的评价

在过去，高校的评价中评教非常重要，通常是对教师的教学质量进行评价。通常是由学校的行政部门组织相关人员进行教学监督，旁听教师课堂，而后根据教师的授课以及学生的反应进行质量评价，抑或是通过问卷的方式，让同学们在问卷上进行评分。一般而言，评价内容包括课堂上的秩序、教师多媒体应用或板书情况、教学内容安排的合理性、对于这个课堂的把控能力、教学模式、课前教学准备的充分程度、教学态度等。教学评价通常对于教师的教学表现较为重视，尤其是针对教师重点讲解、教学内容运用等方面，但是缺乏对学生以及知识与现实之间联系的关注。而学生在评价教师时往往客观程度不够，旁听则存在作假的嫌疑。因此，在课程导向的教学中，可以采取监控的方式进行旁听，同时可以在学生上完一节课后对学生学习的内容进行测试，测试教师是否在教学中完成了预期目标。并设置畅所欲言的题目，使学生为教师教学提出意见或建议，从而提高教师的职业技能。

4 结语

我国的高等教育要想发展、转型，就需要明确目标，明确应当培养出怎样的学生，采用何种方式培养，为什么要培养等问题，而这些问题若是采用目标导向式的教学方式则可以得到很好的解答。但这种教学方式也同样需要学生的配合，因为学生是学习的主体。只有师生双方齐心协力，学生才可以学到更好更多的知识，才能更加理解知识。高等院校应当采用产教融合、知行合一的方式来为我国社会培养出与现代社会工程发展需求人才相一致、拥有良好品德的人才，从而为国家的发展进步助力。

参考文献

[1] 黄友泉. 高校扩招与人才培养质量问题研究 [D]. 南昌：江西师范大学，2004.

[2] 朱美华，奚鹰，陆佳玮，等. 成果导向教育理念在"机械工程材料"教学中的实践 [J]. 机械设计，2018，35（S2）：45-47.

[3] 黎志勇，杨斌，倪元相，等. 基于成果导向的应用型人才培养模式的构建探析 [J]. 软件，2017，38（12）：312-315.

［4］张爽，张其久. 基于OBE成果导向教育理念的机械类工业工程专业人才培养模式研究［J］. 智库时代，2017（17）：149+151.

［5］郭碧薇. 应用型本科院校学前教育专业人才培养的路径［J］. 学园，2020，13（20）：89-90.

［6］顾燕，王健，沙春. 现代学徒制在应用型本科人才培养中的探索——以南通理工学院为例［J］. 教育现代化，2018，（19）：19-20.

［7］陈敏，张晓东，吴斌，等. "3+2"高本衔接协同育人人才培养模式的研究与实践——以机械制造与自动化专业为例［J］. 南方职业教育学刊，2021，11（2）：29-35.

基于 OBE 理念理工科"大学物理实验"课程教学模式研究

詹国富 张 慧

摘 要：该文主要介绍当代"大学物理实验"课程教学的现状，并基于 OBE 理念针对这样的现状提出了相应的对策。基于广东理工学院的实际情况，本文提出了仿真实验的可行性，阐述了"大学物理实验"课程的内容安排、教学基本过程与要求，并以杨氏模量的测量为例，介绍了仿真实验的基本流程。仿真实验部分，改进了预习流程，使学生对于实验的学习积极性、主观能动性得到提高。

关键词：教学改革；大学物理实验；仿真实验

1 "大学物理实验"课程教学的现状

作为工科专业必修基础课的"大学物理实验"课程，是以大学物理为基础的一门自然学科，它是其他学科、交叉学科及新兴学科产生和发展的基础。近年来，综合性实验是在学生掌握学科基础知识、基本技术及相关原理后，让学生利用相关技术方法，解决所设定目标的教学实验，它能培养学生独立思考、综合分析问题、解决问题及动手实践的能力，对分析讨论材料的性质有着重大的意义。广东理工学院经过近年来的发展，形成了包括力学、电磁学、光学在内的基础物理实验室。然而，在新形势下，普通高等院校的发展对教育方式提出了新的要求。传统实验教学多以课堂封闭式、灌输式的方式进行，这种方式要向开放式的、自主式的方向变革。在我校，"大学物理实验"课程统一安排实验项目及相关内容，以班级为单位集体上课，学生在实验过程中是被动接受的过程。实验项目与内容的设置比较单一，缺乏开放性，所有工科专业的学生做的实验是一样的。这样忽略了学生的专业背景、专业方面的需求及不同学生之间的兴趣差异性。

物理实验教学立足于学生的主体需要，借助现代化的管理、人机交互平台等方式，将选课、因材施教和即时反馈等引入传统物理实验教学，着力构建起开放式教学平台。为此，将从以下几点做起。第一，从师生角度来重视大学物理实验的重要性；第二，注重大学物理实验的应用性，改革大学物理实验的内容，深化实验教学的方法；第三，实施多元实验成绩考核。

2 "大学物理实验"课程教学的重要性

2.1 "大学物理实验"课程教学对教师的要求

物理是一门实验学科，在整个物理学发展的过程中，实验占据着相当重要的地位。对教师来说，也可以从实验中学习到前人的科学精神、思维方式。因此，教师和实验教学人员要定期开展教学活动，进行大学物理教学改革研究。教师要学习现代实验理论和技术，关注现代物理学的新进展、新发现、新成果、新技术，以期适应新形势的要求。

同样，青年教师对于"大学物理实验"课程的教学质量有着相当重要的作用。基于此，提出以下措施：首先，青年教师需要经过系统的训练，对实验项目进行试讲，校领导和其他教师听课，并进行同行评议，合格者才能承担教学作答；其次，实验室技术人员一般需要维护实验室的正常工作，但也要进行相应的理论培训。

2.2 "大学物理实验"课程教学对学生的重要性

对于学生而言，进行"大学物理实验"课程的学习有利于掌握专业知识。计算机类专业、机械类专业、土木建筑类专业等的教学，都在不同程度上用到"大学物理实验"课程的知识；另外，学习"大学物理实验"课程能学到思考问题的方法，对学习专业知识极其重要。"大学物理实验"是大学生接受科学实验基础能力的培养与训练的基础课程，主要在以下几方面体现其重要性。

（1）"大学物理实验"课程可以让学生在物理实验的基本知识、方法、技能等方面得到系统的训练。学习的内容包括四个方面：学习掌握基本物理量及与此相关的材料的物理性质和参数的测量原理、方法和技能；掌握常用的测量工具、仪器的使用方法；学习利用传感技术等把非物理量转化成物理量来进行间接测量的方法；学习相关的数据处理及误差处理的方法和原理。

（2）了解基础物理实验技能在近现代科学技术中应用的重要性。在学习基础物理实验的同时，要初步学习一些与物理科学密切相关的近现代实验技术，例如计算机在测量技术中的应用、传感器技术、信息处理技术等。物理实验在缩小基础科学知识与近现代应用技术的距离方面，起着衔接和桥梁的作用。让学生了解物理知识与物理实验技能在现代科学技术中的应用，并学习一些现代实验技术，是非常有必要的。这也对增强学生学习物理实验的兴趣、提高教学质量是有帮助的。

（3）物理实验让大学生养成实事求是的科学态度，并在创新意识的培养方面有着非常重要的作用。现代教育对于学生素质的培养尤为重视。如基于 OBE 理念的教学模式，即基于学习产出的教学模式，使学生学习的主观能动性大大提升。物理实验本身又对学生的素质教育有着重要的作用，因为进行物理实验必须坚持实事求是、一丝不苟的科学精神，贯彻"实践是检验真理的唯一标准"。

以上，可以看到物理学的发展对学生进行创新意识培养，物理实验在物理新现象的发现、物理新理论的诞生及验证上起着关键作用。提高学生对实验的认识，有目的地启发学生从历史的角度去体会实验的重大意义。在学习实验方法、进行实验时，应改变实验就是测量和得到数据的偏见，要发掘做实验的意义，不能停留在为得到数据而实验的肤浅认知上。不应将物理实验课理解为单纯的实验技能的学习，而应逐步加强对学生科学素质的培养。

3 "大学物理实验"课程的应用性、内容及教学方法

3.1 "大学物理实验"课程的应用性

目前在我校的实际教学中，"大学物理实验"课程的作用主要是为学校工科专业的发

展服务。实验与学生所学专业存在着密切的关系。结合"大学物理实验"课程，介绍相关的物理知识与专业间的联系。在具体教学过程中，应当注意根据学生的专业具体情况，将实验内容进行拓展、引申，与其专业内容进行联系和融合。充分发挥"大学物理实验"课程对工科专业的衔接功能，发挥其应用性，使学生在实验过程中加深对理论知识的理解，在应用专业知识时更加灵活地运用所学的实验技能解决问题，并为专业知识的学习打下深厚的实践基础，促进对专业知识的深刻理解。

3.2 "大学物理实验"课程的教学内容

在我校，大学物理实验室经历多年的发展，已经形成覆盖力学、电磁学、光学等学科范畴的大学物理实验教学中心。逐步完善对各工科专业本科生的"大学物理实验"课程，构建起能体现学生实验技能、实践能力的"大学物理实验"课程教学体系。

首先，安排了少量必做的项目，它们也是必修的内容。如测量误差、实验数据处理，力学实验中的转动惯量的测量、杨氏模量的测量、重力加速度的测量；电磁学中的惠斯通电桥测量电阻、霍尔效应、改装电表与校正、用电位差计测量电动势、用模拟法描绘静电场；光学实验中的牛顿环干涉现象、分光计的调节与使用、超声光栅的构建与观察。其次，开设了部分选做的项目。如力学中的复摆的性质研究，落球法测量流体黏滞系数；电磁学中的示波器的使用；光学中的迈克尔逊干涉仪、光电效应和普朗克常量的测定、光具组基点的测定。最后，还选定了一些设计性的项目。如自组望远镜、弦线的横波传播与线密度的测量、磁阻效应及磁阻传感器的研究、热电偶温度性质的研究等。

要求必做的实验项目，对学生基础实验技能和习惯的培养是必需的；选做部分的项目，目的是让学生在学习基础之余，能提高实验的主动性和加强自主设计实验的能力，并学习和训练大学物理知识。

"大学物理实验"课程教学的基本环节有以下几项。

（1）实验预习：实验预习对于做好实验起着至关重要的作用。认真预习，了解实验基本原理、实验目的、实验意义、实验基本内容、操作步骤，明确需要测量哪些物理量、用到什么仪器、需要注意的事项等。做好实验预习报告，报告中需要简明概要地说明实验基本原理、方法，记录数据需要用的表格等。在一定程度上，实验预习可以敦促学生实验，且在进入实验室开始实验之前，教师需要对学生的实验预习情况进行检查，预习不合格将不允许做实验。

（2）实验操作过程：在学生实验操作之前，教师需要讲解实验基本原理、意义、重难点、基本操作步骤、有关注意事项、实验安全等。讲解结束后，学生开始实验。实验过程中，要胆大心细、认真严肃、仔细观察，要有准备才能开始。请教师检查后，方可开机实验。有疑问的，教师要鼓励学生大胆提出，有新想法可以和教师、同学积极交流。在实验过程中，出现与预想不一致的情况，要根据实验条件分析真实原因，不要主观地用仪器精度不高、实验操作有误差来解释。数据要认真、客观、清晰地记录在实验报告相应位置。记录完后，要对所记录的数据进行评估，检查数据是否合理。若有异常，要尽量重新实验。实验完成后，检查设备等。

（3）实验报告整理：实验室完成实验以后，实验成果要以实验报告的文字形式呈现。报告应当简洁明了地把原理、访求、步骤、记录的数据以及经过数据处理得到的结果准确地表达出来。

3.3 大学物理仿真实验教学设计

对于近现代物理实验及创新性实验，我们将通过模拟仿真的形式向学生展开教学。以下通过测量杨氏模量的实验为例阐述其教学过程。

（1）实验预习，学生通过仿真教学系统，对测量杨氏模量的实验进行预习。老师可在系统中设置相关的预习问题，可以通过相关问题理解原理及操作部分的疑点。针对学生预习出现的普遍问题，在实验操作部分进行集中讲解。

（2）在老师授课阶段，通过学生预习问题的回答情况，教师有针对性解读。主要讲解实验基本原理、所用到的基本方法、实验操作过程、记录数据及要用到数据表格等，记录完的数据应当如何处理、处理数据要用到的基本方法（如逐差法、最少二乘法等）。解答学生在实验过程中所遇到的问题，如在记录数据时，对表格不理解；在记录增加拉力时，对拉力旋钮只能一个方向旋转不理解。

（3）实验后总结。实验完成后，教师可以通过仿真系统及时批阅实验报告，与学生展开讨论交流，并及时回复解决学生实验过程中及报告处理数据所存在的问题；进一步引导学生利用仿真实验系统进行复习，这样可以更方便快捷地解决所遇到的问题，增加学生学习的积极性，从而提高实验教学质量。

4 结束语

本文针对工科院校"大学物理实验"课程教学进行了系统阐述。介绍"大学物理实验"课程对教师的影响及教师对于"大学物理实验"课程教学的重要性，以及"大学物理实验"课程对学生的重要性。针对"大学物理实验"课程教学内容、方法和物理实验教学系统改革评价方式，做了详细的论述。在实验仿真系统里，教师也可以及时对学生的学习情况进行了解，并做出反馈。因此，结合我校实际情况，可通过仿真实验来完成近代物理实验及创新实验。期望通过本文的探讨，能从中吸取相关的经验，提高"大学物理实验"课程的教学质量，提升学生学习的积极性、主观能动性。

参考文献

[1] 王植恒，何原，朱俊．大学物理实验［M］．北京：高等教育出版社，2008．

[2] 赵展艺，毕立亚，林伟华．比较性物理实验的开放性开展的实践与探讨［J］．物理实验，2018，38：50-51．

[3] 詹国富，杨斌，何莹．氮化镓结构和热力学性质第一性原理计算［J］．上饶师范学院学报，2018，38：41-42．

[4] 王铁云，赵巨涛．大学物理实验教学质量评估体系的研究与实践［J］．物理与工程，2019，29（1）：8-14．

[5] 武银兰，张彩霞，杨建新，等．大学物理实验教学质量提高的探索与实践［J］．大学物理实验，2016，29（06）：121-123．

[6] 李丛，刘家菊，符维娟，等．新工科MOOC背景下大学物理实验改革尝试与探究［J］．教育现代化，2019，6（16）：41-43+52．

[7] 刘英．基于在线平台的大学物理实验课程探讨［J］．物理实验，2021，41（6）：46-49+54．

［8］付中舟，刘盛瑞，韦锦雄．如何提高大学物理实验教学质量的思考［J］．中国高新区，2017（22）：67

［9］李晶，王健．大学物理实验教程［M］．上海：上海交通大学出版社，2017．

［10］詹国富，刘顺彭，伍先明，等．基于近距转镜方法测量杨氏模量［J］．轻工科技，2021，37（04）：149-150．

［11］周梦，景素华，王彬彬．新型超硬材料$AlMgB_{14}$高温高压物态方程和力学性质的第一性原理计算［J］．原子与分子物理学报，2021，38（3）：112-121．

OBE 理念下应用型本科机械类专业实践教学模式改革

王 利 谢娟烘 黎志勇

摘 要：OBE 理念对应用型本科机械类专业的人才培养提出了新的要求。根据 OBE 理念对实践教学的要求，为满足新经济和新产业发展对新工科人才的需求，针对目前机械类专业实践教学现状，广东理工学院在实践教学平台建设、实践教学师资队伍建设、实践教学课程建设、实践教学质量评价和考核方式等四个方面进行了改革与探索，以学生为中心，丰富实践内容，创新实践形式，注重培养学生创新精神和工程实践能力，探索构建 OBE 理念下应用型本科机械类专业实践教学模式。

关键词：OBE 理念；新工科；应用型本科；机械类专业；实践教学

1 引言

根据《教育部关于深化本科教育教学改革全面提高人才培养质量的意见》（教高〔2019〕6 号），本科教育应进一步强化实践育人，因此培养应用型人才要遵循 OBE 理念和教育供给侧改革需求，把专业实践教学和产业发展人才需求进行有效对接。广东理工学院作为一所应用型本科院校，机械类专业开设的实践教学活动主要包括专业课程设计、实验课程、金工实习、综合课程实训、社会实践、毕业设计、企业综合实习等环节。OBE 理念要以学生为中心，实践教学更加注重培养学生的实践创新能力和工程应用能力，使学生的综合素质得到全面提升。

随着我国经济社会和高等教育的快速发展，工程科技人才就业市场发生了巨大变化，人才的结构和质量均无法满足新经济和新产业的需要。机械类专业是工科中的一个大的学科，是理科生报考的热门专业之一。总体来看，社会对机械类技术人才的需求量很大，特别是对既精通现代机械设计又懂管理的人才需求逐渐增大。根据教育部、工业和信息化部与人力资源和社会保障部印发的《制造业人才发展规划指南》，我国制造业人才面临较大缺口。同时，机械类专业还涉及不少交叉学科，通过不同学科的交叉融合，为学生以后跨专业、跨行业就业提供强有力的保障。

基于 OBE 理念深化工程教育改革，推进新工科的建设和发展为机械类专业的改革和发展指明了方向，同时也对机械类专业的实践教学提出了新的要求。新工科的学科专业可以分为新型、新生和新兴三种类型，新型指的是对传统的学科专业进行转型、改造和升级而形成的新学科。机械类专业作为典型的传统工科学科专业，需要根据产业的转型升级改造成新型工科。针对目前机械类专业实践教学现状，在实践教学平台建设、实践教学师资队伍建设、实践教学课程建设、实践教学质量评价和考核方式等四个方面进行改革与探索，聚焦如何提高应用型本科机械类人才创新能力和工程实践能力，探索构建 OBE 理念下应用型本科机械类专业实践教学模式。

2 机械类专业实践教学现状

在高等教育中，工程实践是培养大学生创新能力和工程实践能力的主要途径，是实现实践育人的关键环节。现阶段的机械类专业实践教学与新产业的需求不相适应，学生在沟通协调能力、工程实践能力、跨学科交叉融合能力、创新能力等方面有待进一步提高。高校培养的应用型技术人才质量良莠不齐的主要因素之一就是实践教学不足。实践教学作为工程教育重要的组成部分，却始终是应用型本科工程教育人才培养的薄弱环节。一方面，实践教学没有得到学校、教师和学生的足够重视，对学生的实验综合设计分析能力训练不够，实践教学质量评价和考核方式单一，实践教学内容与社会和产业需求脱节；另一方面，实践基地存在设备陈旧、人员配备不足等问题。

国内地方高校普遍存在实践教学环节薄弱、学生工程实践能力不足等问题，而实践教学正是提升大学生创新精神、工程实践能力、团队协作能力的一个重要环节，故急需对应用型本科机械类专业的实践教学模式进行改革，以培养能适应新技术、新产品、新业态、新模式的新工科人才。

3 基于 OBE 理念的实践教学模式探索

OBE 理念强调以学生为中心，需要教师首先明确学习成果，让学生通过学习过程完成自我实现的挑战，再通过学习成果反馈来改进课程教学。目前应用型本科机械类专业实践教学存在的一些问题与教育理念滞后直接相关，主要表现在实践教学教育理念和实践内容与当前经济社会发展和产业转型升级的需求不相适应。OBE 理念下，应用型本科机械类专业的实践教学要以学生的发展为中心，重点关注学生在实践教学过程中的知识、能力、素质等方面的实践效果。因此，在 OBE 理念下，高校需进一步深化应用型本科机械类专业实践教学改革，加快培养具有工程创新能力和适应未来变化能力的高素质应用型人才。

3.1 着力加强实践教学平台建设

OBE 理念对实践教学平台建设也提出了新的要求。信息技术、计算机技术、电子技术、控制技术等新技术与机械学科的相互渗透融合，必然带来机械类专业实践教学平台的深刻变革，而实践教学平台的建设直接影响实践教学的质量和水平。针对目前机械类专业毕业生动手实践能力不足、对企业业务不熟悉等特点，根据 OBE 理念和新工科建设要求，对接产业需求，不断调整优化专业结构和课程体系，大力整合校内外实践教学资源，通过科教结合、校企合作等途径，发挥专业特色与优势，结合企业经验丰富的工程师资、先进的实训设备，用 OBE 理念培养新工科人才。新工科背景下机械类专业需要面向新经济、新技术、新产业、新业态，以交叉融合、共享协同理念构造新的实践教学平台。针对应用型人才更贴近企业生产一线的特点，依据不同产业、企业的岗位需求以及学生个体发展的差异，建立一个多层次、多样化的实践教学平台，以学生的发展为中心，关注实践教学成效，满足学生个性化发展和企业不同岗位的人才需求。

实践教学平台是学生从事各类实践和科技创新活动的重要场所。开放实验室，可以提高实验教学质量，加强素质教育，其也是培养创新人才和应用型人才的有效途径。提高实践教学地位，加强实践教学平台建设，围绕"强化基础训练、着力提高能力、实现综合培养"的实践教学目标，坚持理论教育与实践教育相结合，丰富实践内容，创新实践形式，确保学生工程实践能力和创新能力的培养。

3.2 大力促进实践教学师资队伍建设

高等工程教育实践教学需要具有理论水平和工程实践的"双师型"教师。鉴于机械类专业的特点，应建设一支专兼结合的实践教学师资队伍，聘请知名企业具有丰富工作经验、理论扎实的技术人员作为兼职教师，主要承担企业综合实习、毕业设计等实践教学工作。对于校内实践实习基地，配备理论扎实和技术过硬的实训指导教师，鼓励实训教师不定期到企业和科研机构进行交流学习和工作。扎实推动实践育人，整合各类实践资源，拓展实践平台，推进实践教学的优化与创新，探索体验式学习、项目式学习、探究式学习、创新创业教育等在实践教学中的应用，尝试与应用大数据平台交互、即时反馈与评价机制，引导师生运用跨学科思维思考和解决问题，培养学生面向智能制造的适应能力、创新能力及学习能力。

提高实践环节育人质量，大力促进政治素质过硬、业务能力精湛的实践教学师资队伍建设，以立德树人为根本任务，牢记为党育人、为国育才使命，坚持走内涵式发展道路，统筹协调实践教学资源，不断提高教师的政治素养，做学生锤炼品格和学习知识的引路人，培养德智体美劳全面发展的社会主义建设者和接班人。坚持育人为本，以德为先，把社会主义核心价值观融入实践教学的过程中，注重学用相长、知行合一，加强学生创新能力和实践能力的培养。落实立德树人根本任务，深化实践教学改革，是我国高等工程教育促进人的全面发展、满足新经济和社会发展需要的必然要求。

3.3 扎实推进实践教学课程建设

广东理工学院作为以工科为特色的应用型本科院校，把新工科实践放在机械类专业等工科工程技术人才培养上，聚焦产业领域当前急需和未来发展，加强与珠三角和地方相关智能制造企业的校企合作，深化产教融合、协同育人。在实践教学课程建设中不断融入新技术、新模式、新理念，拓展实践平台和内容，让师生获得新思维、培养新技能、提升新素养，积极开展面向新工科的以工程能力培养为核心的跨学科交叉与融合教学。

实践教学课程建设可分为三个层次：第一层次为基础性实验，主要是培养学生的基本实验技能，针对机械类专业共性需求设计专业基础实验模块；第二层次为综合设计性实验，主要培养学生综合运用专业知识分析问题和解决问题的能力，并注重学生团队合作、自主学习能力及沟通协调能力的培养，通过构建综合设计实验模块实现不同课程学科之间的交叉融合；第三层次为综合创新性实验，主要培养学生的创新思维、科研能力、应变能力、领导能力、自我管理能力和工程思维，以"挑战杯"、大学生创新创业训练计划项目、"互联网+"大学生创新创业大赛、"攀登计划"等学科竞赛和科研项目为载体，采用科学自主灵活的组织模式构建综合创新实验模块，培育跨学科、跨专业交叉研究能力与跨学科团队合作精神，使培养的人才具有跨学科思维、批判性思维、创新能力与工程意识。

3.4 优化实践教学质量评价和考核方式

工程学科是解决实际问题的学科，实践教学是其问题解决过程的实施与示范。考虑到不同专业和不同学生的知识结构、成长背景和个人发展各不相同，实践教学质量评价和考核方式需要多样化、科学化和人性化，故应采用多元化的考核方式来评价学生的实践效果。课程设计是工程教育中最重要的实践教学课程，可选择演示、展示、答辩、报告等多种考核方式实施全面考察。例如，针对企业产品设计的招标、分析、设计、实施、销售、售后等不同岗位需求，在实践教学的考核中可以让学生扮演不同的角色，根据学生的不同分工和合作情况进行过程考核，重视对学生实践过程、操作步骤的考核，并结合最终提交的实践成果进行综合评价。

4 结束语

在 OBE 理念引导下扎实推进应用型本科机械类专业实践教学模式改革是一项长期的系统性工程，需要进行长期的实践教学反馈，并且持续改进实践教学，以培养新工科创新型和应用型人才为目标，落实立德树人根本任务，树立正确的教育观，以学生的发展和实践教学效果为中心，深化实践教学改革，统筹协调实践教学资源，着力培养学生的创新精神和实践能力，不断提升实践教学育人水平和应用型人才培养质量。

参考文献

[1] 翟兰英，张秀兰，赵彦红，等. 基于 OBE 教育理念的地理类应用型本科专业实践教学模式研究 [J]. 邢台学院学报，2022，37（2）：165-167.

[2] 陈悦. 挑战与应对：新工科背景下工程实践教育的思考 [J]. 南京航空航天大学学报（社科版），2017，19（4）：89-91.

[3] 林健. 面向未来的中国新工科建设 [J]. 清华大学教育研究，2017，38（2）：26-35.

[4] 杨为中，张萍，苟立，等. 在校外实践教育基地建设新工科实验教学体系 [J]. 高校实验室工作研究，2016（3）：88-90.

[5] 路琴，杨明，丁永前，等. 面向新工科的机械工程实践教育体系平台构建思考与探索 [J]. 高校实验室工作研究，2018（2）：98-100.

[6] 解国梁，杨忠国，林彦宇，等. OBE 教育理念下高校实践教学体系建设研究 [J]. 内蒙古民族大学学报（自然科学版），2021，3（36）：258-261.

基于 OBE 理念的课程设计与开发
——以"Java 程序设计"教学为例

刘建友

摘 要：Java 是一种成熟的面向对象的编程语言，是所有计算机本科学生必须掌握的一门基础课程。为实现该课程的培养目标，在实际教学中设计了教学内容与学习成果，教学目标与毕业要求之间的一一对应关系，以成果导向方式展开教学，探索了基于 OBE 理念的课程设计与开发模式。

关键词：成果导向教育理念；案例教学；课程设计与开发

1 引言

"Java 程序设计"是计算机学科的专业基础课程，在云计算、大数据和物联网等产业环境下，Java 具有通用性、高效性、平台移植性和安全性等特点，有显著的优势和广阔的发展前景。成果导向教育（Outcome-based Education，OBE）是以最终成果为导向的一种工程教育模式。本文将 OBE 理念与本科专业课程建设结合起来，在教学中尊重学生的主导地位，以学生实践能力产出为导向，以合理构造工程案例实验为教学内容，将各个零散的知识点有机统一起来。

2 传统教学模式分析

现有的"Java 程序设计"课程体系的构建都是以学科为导向，强调学科知识的系统性和完整性，忽视了专业的动态发展变化，以至于课程体系与实际需求脱节。传统的教学模式也是以教师为中心、以学生被动接受知识为主要形式，由于缺少学生的主动参与，课堂上死气沉沉，学生学习效果也得不到保证。同时，教师对学生的学习效果的评价方式也很单一（即笔试），以上种种情况都表明课程教学改革与探索已经迫在眉睫。OBE 理念提倡以"以学生为中心，以成果为导向"，是一种注重学习成果导向的工程教育模式，它能很好地克服传统教学模式的弊端。

3 基于 OBE 理念的"Java 程序设计"课程设计

3.1 OBE 理念与内涵

成果导向教育诞生于 20 世纪 80 年代的美国，是由美国学者斯派蒂（Spady）提出的。其关注学生通过学习之后所取得的成果，即目标要求能力；主张教师在教学过程中以学生为中心，通过教学设计和教学实施手段，聚焦于学生通过教育过程所取得的最终学习成果，即以学生为中心，面向产出，持续改进，其关系可用图 1 表示。

图 1　OBE、学生和持续改进之间关系

3.2　确定课程教学目标

课程目标是人才培养方案里写明的要实现的课程具体目标和意图，是确定课程内容、教学目标和实施方法的基础。"Java 程序设计"作为一门基础课程，要求学生不仅要掌握 Java 编程的基本知识，还要掌握 Java 开发类库。因此，本课程的教学目标既包括知识传授又有能力培养，还要激发学生的学习热情。"Java 程序设计"课程教学目标如表 1 所示。

表 1　"Java 程序设计"课程教学目标

目标类别	内容	实现途径
知识目标	Java 数据类型与运算符 类与对象 类的继承、抽象与接口 Java 数据 Java 类库与常用类 图形用户接口 文件与流	问题驱动式教学 可视化教学
能力目标	从功能上，熟练使用 Java 类库 从能力上，运用 Java 程序进行编程 从提高上，进行开发类库	思维能力培养 实践能力培养
素质目标	持续学习的热情 后续学习的兴趣	动手实验、实践

3.3　以学习产出为导向设计"Java 程序设计"课程案例教学内容

以学习产出为导向，逆向构造与课程能力目标相匹配的实验案例内容体系。"Java 程序设计"教学内容主要是在 J2SE 的学习平台上掌握 Java 的运算符、流程控制语句、Java 类和对象及 Java 开发类库。为在教学过程中贯彻 OBE 理念，本课程以实践教学为指导思想，采用案例教学法，强调理论与实例相结合的学习方式。例如，在学习变量时，学生使用变量并能进行程序演练，程序如下：

```
Public class variable app {
Public static void main (String [] args) {
    String name = "Tom";
    Char sex = "男";
    Int age =28;
```

```
    Double  salary =6000;
    Boolean isMarrage =false;
    System.out.println ("姓名/t性别/t年龄/t薪水/t已婚");
    System.out.printf ("% 4s/t% 4c/t% 4d/t% 4.2f/t% 4b", name, sex,
age, salary, isMarrage);
    }
  }
```

程序运行结果如表 2 所示。

表 2　程序运行结果

姓名	性别	年龄	薪水	已婚
Tom	男	28	6 000	false

本课程在内容设计上力争每一个知识点都有一个理论与实际相结合的案例，要求学生在学完之后，能运用所学的理论知识编程并在计算机上运行，即实现成果导向。

3.4　改革教学方法

为了实现教学目标，本课程在教学过程中采用了多种教学方法，包括问题驱动式教学、可视化教学、思维能力与实践能力的综合培养等。

在运用问题驱动式教学方法时，教师在课堂上首先向学生展示本节课的问题，要求学生自主寻找答案；或者让学生先去看书，自行发现问题，再解决问题，最后形成学习结果。例如，在学习类与对象时可以先向学生提出类的组成与分析，构造方法的作用，方法的定义与调用，修饰符的含义等问题，然后让学生去书本找答案，最后再对学生的答案进行修正。掌握理论知识后就是对知识的运用，对于类与对象这个内容应用有对象的实例化应用和构造方法的实现。例如，计算圆面积和周长功能的程序如下：

```
Public class CircleApp {
  Public static void main (String [] args) {
    Double s, p;
    Circle insCircle = new Circle (1, 2, 6);    //创建 Circle 对象 in-
                                                   sCircle
    S = insCircle.area ();              //调用 area () 方法求面积
    P = insCiecle.perimeter ();         //求周长
    System.out.println ("圆的半径为:" +insCircle.radius);
    System.out.println ("圆的面积为:" +s);
    System.out.println ("圆的周长为:" +p);
  }
}
```

编译并运行程序，其结果如表 3 所示。

表 3　编译并运行程序的结果

圆的半径	圆的面积	圆的周长
6	113.097 3	37.699 1

在运用可视化教学方法时，可以把"Java 程序设计"课程中抽象的、难理解的知识可视化。借助图形图像等可视觉化手段提高知识的可识别性，利用网络模拟与仿真技术提升知识的直观性，从而帮助学生正确地进行知识的重构、记忆及应用。例如，在向学生讲解 Java 程序编辑时，先给出一个简单的可视化图，如图 2 所示。

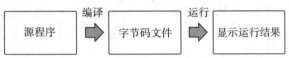

图 2　可视化 Java 程序编辑

随着学习的步步深入，相关知识点可以在图 2 的基础上进一步细化，就像知识树一样，由简单到复杂，由稀少到繁茂，让学生一步一步地掌握 Java 程序设计的知识体系。

在进行思维能力与实践能力的综合培养时，本课程以应用型本科人才培养方案为指南，致力于培养满足但不限于满足人才市场需求和跟踪新技术发展的人才。要求学生站在系统的高度对 Java 程序设计的知识进行系统的划分，能够根据不同的应用要求合理构建 Java 程序系统架构。在教学中为锻炼学生的这种能力，准备了三个不同层次的实验，第一层次要求学生认识 Java，掌握 Java 的各个知识点；第二层次要求学生能够运用 Java 程序进行编程并能运行程序；第三层次要求学生对 Java 库进行开发。学生能够独立完成以上三个层次的实验，说明其具备了系统思维能力，即具有了学习产出。

3.5　多元化考核体系

基于 OBE 理念，考核学生的学习产出方式不能太单一。本课程在考核时同时关注了过程考核和结课考核，而且重点考查学生学习成果是否与预期目标相匹配。课程考核方式如表 4 所示。

表 4　课程考核方式

考核方式	知识目标	能力目标	素质目标
过程考核	随堂考核（20分） 课后作业（20分）	编程并能运行（20分） 开发数据库（20分）	学习热情（20分）
结课考核	单选（20分） 多选（20分） 判断（10分）	计算题（20分） 应用题（30分）	—
期末总评成绩=过程考核×50%+结课考核×50%			

4　结语

引入 OBE 理念对"Java 程序设计"进行课程设计与开发，满足了学生的学习需求，也适应了国家教育改革的方向，还避开了传统教学中的课程体系与学习需求脱节的问题。在本课程教学设计中提出了知识、能力和素质三个教学目标，通过问题驱动、可视化等方式组织教学内容，激发学生自主的学习动力，以培养学生思维能力和实践能力为重点，提升学生应用知识解决实际问题的能力，最后通过多元化考核方式设计，促进各项教学改革发挥实效。

参考文献

[1] 陆鑫.OBE 工程教育模式下课程教学设计研究［J］.计算机教育，2017（10）：135-139.

[2] 黄春华，李慧敏，李媛.基于 OBE 的《计算机网络与 IP 技术》课程教学模式研究——以通信工程高端技术技能型本科专业为例［J］.电脑知识与技术，2021（4）：104-106.

[3] 邱剑锋，朱二周，周勇，等.OBE 教育模式下的操作系统课程教学改革［J］.计算机教育，2015（12）：28-30，34.

[4] 纵梅.案例教学法在计算机网络教学中的运用探析［J］.华夏教师，2018（20）：70-71.

[5] 张应强，赵锋.从我国大学评价的特殊性看高等教育评价改革的基本方向［J］.江苏高教，2021（2）：1-8.

新工科背景下高校软件工程专业OBE人才培养模式探索与研究
——以广东理工学院为例

林显宁　彭守镇

摘　要：在新工科背景下，结合OBE理念和软件工程专业培养目标要求，分析软件工程专业人才培养存在的问题，从教学理念、课程体系、师资队伍建设、校企融合等方面进行探索与研究，完善目前人才培养模式，为地方经济发展提供高质量应用型人才。

关键词：软件工程；新工科；成果导向教育

1　引言

从"复旦共识"到"天大行动"，再到"北京指南"，新工科建设要求调整和转变学科专业建设思路，从适应产业需要转向满足产业需要和引领未来发展并重，拓展和提升工程教育内涵，将工程教育改革拓展到多学科交叉领域，提升到国家战略和未来发展的高度。软件工程专业主要培养能胜任相关领域的软件工程技术研究、设计、开发、管理和服务等工作的应用型人才。而民办高校面临资金来源较单一、师资力量与实验条件薄弱问题，因此，在新工科背景下，更应紧密结合地方行业及产业需求，改革和创新学科人才培养和特色专业建设，开展产教融合，培养适应区域社会经济发展需要的高素质应用型工程技术人才。

广东理工学院是一所地方性民办高校，学校坚持以区域经济发展需求为导向，培养综合素质高、实践能力强的应用型人才。本文分析了广东理工学院软件工程专业人才培养过程中遇到的一些问题与做法，在新工科背景下，结合成果导向教育（Outcome-based Education，OBE）理念，分别从教学理念、课程体系改革、校企产教融合、师资队伍建设等方面进行人才培养模式探索与研究。

2　专业人才培养现状分析

对照新工科的建设标准和国标对软件人才培养的目标要求，我校发现软件工程专业人才培养存在以下几个问题。

（1）教学模式与观念较陈旧，重理论、轻实践的问题仍存在。

（2）课程体系较分散，课程间融合度不高，教学内容更新不及时，与新技术、新方法等前沿知识脱节。

(3) 师资队伍缺乏工程实践经验，不能适应"新工科"专业教育中对软件工程培养的要求。

(4) 产学合作、协同育人环节不够深入，学生工程实践和创新能力有待提高。

3 专业人才培养改革思路

"新工科"既指建设新的工科专业，也包括对传统工科提出新的要求，体现在"新兴、新型、新生"三个方面，而"新型"就是对现有传统学科的转型、改造和升级。软件工程专业作为一个传统的专业，应将新理念、新模式、新体系应用于其中。新理念探索与新技术、新方法相融合，培养服务地方经济建设的应用型软件工程人才。新模式尝试校企协同育人模式，创新产教融合。新体系将课程划分为若干个模块，构建层次化、工程化、应用化的课程体系模型，建立"递进式"的工程实践能力培养体系。同时，也应加强实践教学条件建设，为培养新型应用型工科人才提供保障。

4 专业人才培养模式探索与研究

4.1 推行 OBE 理念，创新教学手段与方法

OBE 理念要求以学生为中心，以工程能力为产出导向，持续改进。在该理念下，课程的学习目标不仅是知识的学习，更是将知识学习、能力培养与素质提高作为综合目标。因此教师要改变以课程内容传授为主的教学模式，教学活动要围绕以培养学生某方面的能力与素质为中心，在教学中不断思考、改进与完善教学设计，重塑教学内容，改进教学方法与手段，以达到"能力与素质"的培养目标。

(1) 采用"项目驱动、案例牵引"教学模式，在真实的企业环境中培养学生的工程实践能力。本专业的课程教学案例部分来自与学校合作的企业的真实项目，通过模拟与实战，提升学生的工程实践能力。

(2) 创新教学手段，加强一流课程建设。引入信息化教学平台，重视学习过程化管理与评价，积极开展一流课程建设。同时，也开展网络课程建设，如慕课、微课和翻转课堂等。软件工程专业多门专业课程获得校级在线课程、一流课程立项。学生通过网络课程的在线学习，可以提前熟悉基础理论知识，课堂中有更多的时间进行难点突破与知识拓展。教师加强对学生过程性考核的改革，课程成绩由阶段测试、实验、项目作业、课程设计等方面组成，改变了原来期末笔试作为全过程考核的方式，较好地激发了学生的学习积极性。

4.2 构建校企协同育人的新工科人才培养模式

软件工程专业人才培养以市场就业为导向，融合区域新兴信息技术产业发展优势，以满足行业实际用人需求为专业建设工作的出发点，坚持校企合作、产教融合、产学研结合的培养路径。我校软件工程专业分别与科大讯飞股份有限公司、中国高科集团股份有限公司联合培养在人工智能、大数据、物联网方面的新型复合型应用型人才，并成立现代信息技术产业学院。具体做法如下：

(1) 共同制订人才培养方案：聘请企业专家参与软件工程专业人才培养方案的修订，优化课程结构与课程内容体系，实现专业课程的模块化和综合化，突出工学结合特色。

(2) 共同开发课程：教学计划中部分学分课程以企业为主导进行设计，课程内容与行

业标准、生产流程、项目开发等产业需求紧密结合。

（3）共享师资：聘任企业工程师为指导教师，参与到软件工程专业的课程实训、课程设计、企业综合实习与毕业设计中来，与企业共建培养计划和实践教学模式，保证学生毕业后能够满足企业和未来社会对软件人才的需求。

（4）共建实验室：企业与学校协同改善真实的实践教学环节，现有校企共建的人工智能、大数据、物联网实验室四间，在真实的实验环境中培养学生的工程实践能力，实现毕业生与企业的"无缝衔接"。

4.3 构建基于 OBE 理念课程体系，强化工程应用

基于 OBE 理念的课程体系要以学生的学习产出为核心，定义课程学习与产出的对应关系。以学生为中心，围绕学生完成课程学习后应具备的能力来组织教学活动，同时能够根据学生产出反馈持续改进教学计划。在构建基于 OBE 理念的课程体系过程中，需根据专业学生的培养目标，有针对性地设计课程教学大纲并制订相应的教学内容，同时根据学生能接受的知识结构，以软件工程应用开发能力的新型工科人才为培养目标，构建层次化、模块化、工程化、应用化的课程体系模型，如图 1 所示。

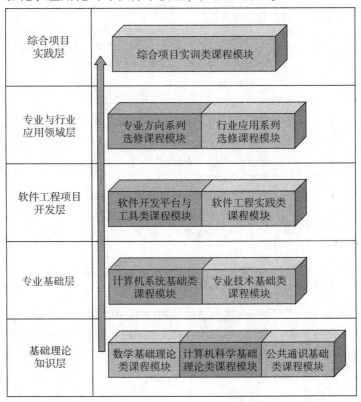

图1　软件工程专业课程体系模型

课程体系的每一个模块对应了相应的课程，各层之间相互关联、逐层递进，突出软件工程实践，培养具有创新意识与能力、沟通协调能力、团队合作意识、社会责任感的新型工程复合型人才目标。经过几年的课程建设，本专业的课程体系呈现出规范化、标准化、方向化和体系化的特点。

（1）以能力为导向，构建"模块化"课程体系。根据培养目标对学生知识、能力和

素质等的要求，打破课程之间的界限，整体构建课程体系，有针对性地将一个专业内相关的教学活动组合成不同的模块，并使每个模块对应明确的能力培养目标。模块与模块之间层层递进、相互支撑，实现本专业的培养目标，并将传统的人才培养"以知识为本位"转变为"以能力为导向"，软件工程专业课程体系如表1所示。

表1 软件工程专业课程体系

序号	课程模块	课程性质	课程名称	学分	学分比例/%
1	通识课（41.2%）	公共必修课	军事理论、思想道德修养与法律基础、中国近现代史纲要、马克思主义基本原理概论、毛泽东思想和中国特色社会主义理论体系概论、大学英语等14门课程	41	24.1
		学科基础课	高等数学、工程数学、大学物理、大学物理实验、离散数学	19	11.2
		公共选修课	通识课选修课	10	5.9
2	专业课（37.6%）	专业基础课	Java程序设计、电工与电子技术、模拟电子与数字逻辑、计算机专业英语、操作系统及应用、计算机网络	22	12.9
		专业核心课	数据结构与算法、计算机组成原理、数据库系统及应用、Web程序设计、软件工程及应用、软件测试过程与方法	24	14.1
		专业选修课	算法设计与分析、计算方法、编译原理、人工智能、J2EE程序设计、移动互联开发、软件项目管理、云计算概论、人机交互技术、数据挖掘技术等课程	18	10.6
3	实践课（21.2%）	公共实践	军事技能、创新创业实践	6	3.5
		专业集中实践	数据结构与算法课程设计、计算机组成原理课程设计、数据库系统及应用课程设计、操作系统及应用课程设计、计算机网络课程设计、软件工程及应用课程设计	12	7.1
		企业综合实习	入职前培训、现场管理、工程认知与实践、针对性技术课程、毕业实习	12	7.1
		毕业设计（论文）	/	6	3.5
		合计		170	100

（2）围绕能力培养目标，设置模块教学内容。针对本模块的培养目标有选择性地构建

教学内容，将传统的课程改造为面向特定能力培养的"模块"。同时，整合传统课程体系的教学内容，实现模块教学内容的非重复性。另外，充分发挥合作企业所具有的工程教育资源优势，与企业共同开发和建设具有综合性、实践性、创新性和先进性的课程模块。

（3）综合实践课程体系化、项目化。构建课程内实验、课程设计、企业综合实习和毕业设计（论文）四层课程实践体系架构来提升学生对专业知识的综合实践应用能力。

（4）融合多种教学形式，紧密衔接理论和实践教学。通过将线上线下课程、智慧课堂教学、研讨、项目、实验、课程设计和自主学习等不同的教学形式引入模块化教学环节，实现理论教学与实践教学的紧密结合，强化对学生工程能力和职业素质的训练。线上线下课程较好地解决了部分课程实践学时少的问题，学生可以利用线上课程自行完成对一些基础知识的学习，保证有更多的时间来进行实验与训练。在课堂教学过程中，引入"雨课堂"的信息手段，通过研讨、汇报、投屏等方式，加强师生之间的交流，了解学生的知识掌握情况并及时调整教学策略，增强课堂教学效果。

4.4 加强"双师双能型"师资队伍建设，提高教师工程实践教学能力

良好的师资队伍是有效落实与实现人才培养目标的重要保障。新工科要求课程内容与新技术、新方法相结合，这给教师提出了新的要求与挑战。教师在新工科背景下，为适应新的要求，要不断通过各种渠道和手段提升自身的专业素养。而民办高校在资金来源单一的前提下，对于师资的培训投入相对于公办学校仍有一定的差距，因此要充分利用本地资源，采用各种渠道来进行师资的培养。

（1）专业教师利用寒暑假外出参加各种新知识、新技术的师资培训与交流会议，了解该领域最新的发展动态。

（2）充分利用校企合作单位在技术上的优势，建立专业教师与企业工程师良好的沟通机制，提高专业教师工程实践教学能力。

（3）采用"走出去、请进来"的方式，建立专兼结合的应用型专业教学团队。"走出去"即有计划选派青年教师到企业挂职工作，培养专业教师的工程实践能力。"请进来"即引进工程实践经验丰富的企业工程师入校教学，逐步形成"双师双能型"师资队伍。

软件工程专业通过人才引进与在职培养相结合的方式，"双师双能型"师资队伍得到进一步的壮大。每个学期根据专业开设的课程从行业一线聘任具有丰富实践经验的工程师来校任教，参加学生实践教学与指导等工作。同时依托校企合作基地、大学生创新创业训练计划项目，不断提高教师的实践实训水平；鼓励教师参加国家部委或全国性行业协会组织的与本专业相关的专业技术（执业）资格评审（考试）以及国家或行业的职业（技能）资格考试，并取得相应资格证书。

4.5 加强实践教学条件建设

（1）校内实验室建设。以专业建设需求为出发点，以培养学生掌握软件技术技能为目标，建设校内实验室，提高学生的工程实践能力。在校内实验室建设过程中，除了考虑满足专业课程的校内实验需求，还需逐步建设面向企业场景的软件工程实训实验室、软件质量保证和测试实验室、软件综合创新实验室等，让学生在校内也能模拟真实的企业环境完成一些软件项目开发的全过程。

（2）校外实训、实习基地建设。构建稳定的校外实训、实习基地是学生进行企业综合实习的重要保障，需要校方与企业共同合作建设。我校的软件工程专业实施的是"3+1"

应用型人才培养模式，学生最后一年在企业进行综合实习，实习时间较长，因此需要校企双方对学生的综合实习进行周密的规划与跟踪指导。校企双方根据学生的专业特点与市场需求进行相应技能实训、综合实训等课程的开发，学生的整个综合实习过程由校内外老师共同指导与监督。校外实训、实习基地的建设，较好地解决了学生企业综合实习的场所问题，同时引进企业先进的人才培养理念与技术，为高校培养符合市场需求的新型工科人才提供了指导性意见。

5 结语

在新工科背景下，紧密结合地方行业及产业需求，改革和创新软件工程人才培养模式，对新工科、新产业、新经济的形成和发展，具有举足轻重的作用。本文结合广东理工学院在新工科背景下提高人才培养质量的探索，提出融合OBE理念，创新教学手段与方法；构建校企协同育人的新工科人才培养模式；构建基于OBE理念的课程体系，强化工程应用；加强"双师双能型"师资队伍建设；加强实践条件建设。随着软件行业需求的变化，软件工程专业的人才培养只有不断做出调整，才能适应地方经济发展对人才的需求，为社会输送更多应用型、复合型、创新型的人才。

参考文献

[1] 钟登华. 新工科建设的内涵和行动 [J]. 高等工程教育研究，2017（3）：1-6.

[2] 张贤坤，苏静，王怡等. 地方本科院校软件工程专业产教融合人才培养研究与实践 [J]. 教育教学论坛，2018（1）：128-130.

[3] 刘艳梅. 新工科背景下软件工程专业建设探索与实践 [J]. 电脑知识与技术，2021（6）：133-134，151.

[4] 黄荣兵，张洪，于曦. 新工科下基于OBE教育理念的软件工程专业课程体系改革探索 [J]. 成都师范学院学报，2018，34（9）：120-124.

[5] 张波，梁海英. 地方院校校企合作新工科专业建设的思考 [J]. 高教论坛. 2018（5）：64-66.

深入贯彻 OBE 理念的课程教学改革与实践

郭 锐 梁玉英 张俊林

摘 要：为了使 OBE 理念能够在学校的传统教育框架下贯彻实施，以"数据结构"课程为例，重点探讨如何合理利用线上课程资源组织线上、线下混合教学，更加深入地将 OBE 理念运用于本科课程的教学设计、教学实施与考核评价中，介绍具体教学设计，最后说明实践效果。

关键词：OBE 理念；混合教学；教学设计；数据结构

1 引言

成果导向教育（Outcome-based Education，OBE）理念将教育的关注点放在学生最终的学习成果上，认为教育目标应该将其未来所需的核心能力直接与课程的内容挂钩，因此 OBE 理念遵循的是一种以核心能力培养为目标、从目标出发去设计教学内容的反向设计思维。该理念还提倡在有明确的学习目标后，学生可以通过自主安排的、多元弹性的个性化学习过程完成学习，即允许学生在不同的时间、用不同的方法获得学习成果。

本科教育面对的是生活习惯、学习习惯、知识基础等均有差异的学习对象，而在这种差异背景下，用传统的教学模式，要求所有学习对象在相同的时间里对老师讲授的内容有相同的掌握程度，是比较困难的，提倡多元弹性学习的 OBE 理念显然更加适合学习对象差异性明显的教学情境。传统教学模式"统一学习"的模式与 OBE 理念倡导的"个性化学习"是相悖的，因此在传统教育模式下，很难将 OBE 理念贯彻在整个教学过程中。

近年来，随着一流课程建设的要求，涌现了大量优秀的线上课程，合理地组织、利用这些线上资源，可以减少时间、空间对学习活动的限制，其显现出的"弹性"特点正与 OBE 的理念相契合。因此，设计合理的线上、线下混合教学方法，可以更好地将 OBE 理念贯彻于教学设计与实施中，达成学生能够在规定的教学框架下自主安排学习活动、获得学习成果的目标。

2 深入贯彻 OBE 理念的教学设计

OBE 理念提倡教学目标与最终能力挂钩，运用 OBE 理念进行教学设计，首先要确定最终要培养学生的哪些能力，再根据这些能力目标反向设计各个阶段的教学目标、教学方案、教辅手段，并建立适应新教学模式的多元评价体系。

2.1 教学目标设计

（1）确定能力目标。"数据结构"是本科生的专业必修课，根据培养方案中"培养应用型、创新型的计算机人才"的具体要求，这门课程的初级能力目标是提升学生的逻辑思维能力、用计算思维思考问题的能力、将现实问题抽象成计算机语言形式的能力以及熟练运用所学知识解决实际问题的能力。这些基本能力的培养有利于提升学生个体的中级能力——理解能力和操作能力，进而提升学生的高级能力——创新能力，以达到最终的培养目标。能力目标层次示意如图1所示。

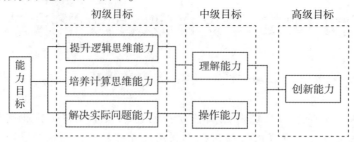

图1　能力目标层次示意

（2）反向设计教学目标。根据能力目标设计对应的教学目标，如表1所示。

表1　教学目标及对应能力目标

序号	教学目标	对应能力目标
1	掌握各种数据结构的逻辑结构及特性	理解能力
2	掌握各种数据结构的物理结构及编程表达	理解能力、操作能力
3	掌握各种数据结构的基本算法	理解能力、操作能力
4	熟练运用所学知识解决给定问题	操作能力、创新能力

2.2　教学方案设计

在传统教学模式中，教学计划一般按教学周安排每周必须要完成的内容；而新模式下，学生的学习时间趋于弹性化，教学计划也要相应做出弹性化的调整。因此，教学计划不再以教学周为单位固定每周的学习内容，而是将教学内容按照独立性和完整性划分为多个内容模块，再按照各模块间的逻辑顺序安排教学次序，并根据内容的多少和难易程度、重要程度等给出学习时长的参考；但学习时长不做硬性要求，学生可以根据自己的实际情况自行调整，教学计划中也会安排机动周保证进度。

（1）教学内容模块划分。划分教学内容模块的目的是将总的学习目标划分为小的阶段性目标，并确定教学次序以及提供各阶段学习的参考时长。教学内容模块划分及参考学习时长安排如表2所示。

表2　教学内容模块及参考学习时长

序号	教学内容模块	参考学习时长/周
1	绪论	1
2	线性表	2
3	栈和队列	2
4	串、矩阵、散列表	2
5	机动周（复习、调整进度）	1
6	树结构	3

续表

序号	教学内容模块	参考学习时长/周
7	图结构	3
8	排序	1
9	复习周（总复习）	1

（2）新教学模式设计。教学时长与培养方案保持一致，共96学时（16教学周，每周6学时），但教学方式改革为新的混合教学模式。

1）授课方式及内容分线上部分和线下部分。

线上部分：基础教学内容主要通过线上课程平台完成，教师根据开课时间和教学内容筛选线上平台提供的课程资源，并按照内容模块发布任务给学生。一般每周建议学生学习的线上课程视频总时长不超过1学时。

线下部分：任课教师线下的辅导（简称线下辅导），分为大班辅导和小班辅导。

大班辅导面向任课教师的所有学生（可以多个教学班一起进行），安排在每周中期，参考学时不超过2学时。可以以线上直播或大教室面授形式开展，主要辅导内容为根据参考的计划进度梳理知识点、讲评相关案例，帮学生巩固重难点、讲解作业、总体答疑等。大班辅导时会对教师讲解的内容录屏或录像，方便学生复习，同时供进度与参考计划不完全同步的学生回看。

小班辅导则针对各教学班级分别进行，安排在每周后期，采用面授为主、线上工具为辅的方式进行。参考学时不超过2学时，主要内容为学生汇报学习成果、教师点评、学生互评、研讨辩论及答疑。

授课方式及内容、学时分配如图2所示。

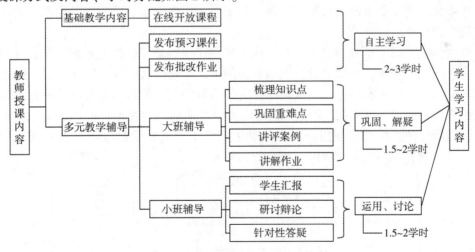

图2　授课方式及内容、学时分配

2）学习方式及内容。学生的学习包括线上学习、自主学习、接受教师线下辅导、汇报学习成果、学生互评以及互助答疑。其中，统一的教师线下辅导时间较为固定，为每周3~4学时；线上视频时长1学时；其他时间为学生的自主学习时间，时长为1~2学时；共计6学时。

3）每周教学活动次序安排：学生先进行自主的线上课程学习；任课教师在周中进行

第一次线下大班辅导，梳理本周内容的重点难点，作为线上资源的补充，加深学生理解；学生完成实训作业，并参考教师提供的答案及讲解视频自行批改、互助答疑，准备汇报学习成果；进行第二次线下辅导，组织学生成果汇报、点评，组织学生互评，教师进行针对性答疑。

2.3 新考核方法设计

传统教学的最终成绩按照期末考核成绩占70%、平时作业成绩占15%、考勤情况占15%的比例计算。作业为每周一份以"算法的代码实现"为主的实训作业，并计分。每次作业或出勤情况都会影响到最终成绩。

OBE理念认为，在学习周期中，学习效果有上下波动是正常的，并不影响其最终学习目标的达成。因此，它提倡弱化中间阶段的考核分数，而重点关注是否达到最终学习目标，即学生在个别难点处的进度迟缓或成绩不理想不应影响其最终成绩。

根据此理念并结合混合式教学模式的特点设计新的评价体系，并重新设计考核内容和方法。

（1）平时作业及考核方法设计。在新模式中，中间阶段考核分数的弱化并不是通过简单地取消平时作业及成绩，因为平时作业目前仍然是检验阶段性学习成果的一项重要内容。

新模式调整作业的形式和内容，使作业既能引导学生复习，又能让学生自检存在的问题，同时还能起到督促学生按计划完成学习活动的作用。具体来说，将作业分为任务型作业和成果型作业，如图3所示。

1) 任务型作业属于学习任务的一部分，为必做作业。作业不计分数，而是作为阶段性目标是否达成的考核内容，根据学生是否能按要求完成，记为完成、未完成。完成线上学习和任务型作业才有资格参与期末考核。其中，又根据作业类型和难易程度分为基础型作业和提高型作业。

基础型作业：线上平台的章节测验。线上平台课程每章节后都配备测验题，并可以自动批改，有问题时学生先互助答疑，无法解决的汇总给任课教师线下辅导时讨论解答。

提高型作业：线下实训报告。实训报告由任课教师根据教学知识点设计题目（以算法设计和编程题目为主）。但与传统模式下每周实训课发给学生在规定时间内完成不同，新模式下，教师提前将所有实训报告下发给学生，学生根据自己的学习进度在课下完成报告，并在对应内容模块任务完成后，提交所有作业。

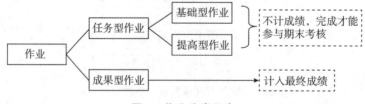

图3 作业分类示意

对以上两类任务型作业的讲解，教师可以采用面授或录制视频的方式完成。教师要积极跟进阶段任务完成的情况，对解答不顺利的学生增加针对性辅导，保证每个同学能顺利达成阶段性学习目标。

2) 成果型作业要求学生以个人或小组的形式汇报学习成果，是更能体现学习主体学习效果的个性化作业。小班辅导时，安排汇报时间，由学生作为主讲人，对教师指定或学生自选的知识点、代码或案例进行讲解。此类作业内容不仅考查学生对知识点的理解和掌握，还注重锻炼学生的问题解决、实际操作、口头表达、与人沟通等能力，能够较为直接地反映学生个人能力，通过教师点评和学生互评计分，计入最终成绩。

对于成果型作业，根据学生汇报内容的难度、正确性、讲解效果等计分。成果型作业教师评分比例分配如表3所示。

表3 成果型作业教师评分比例分配

计分项目	计分标准	计分占比/%
知识点难度	根据知识点难度表①评分，难度5星的，此项满分，依次递减	25
正确性	知识点的理解正确无误则此项满分，有错误则根据错误程度扣分，以此类推	25
讲解效果	从内容丰富度、熟练程度、口头表达、仪态、互动等方面评分	25
学生互评成绩	每个学生汇报时，同组成员根据其在组内工作效果计分，其他学生按以上第二、三项打分，总平均分记为该生该次互评分数	25

其中，学生互评按表3中第4项打分，教师按表3中前3项打分，并将学生互评的平均分按比例计入学生的最终成绩。

(2) 最终成绩配比设计。

1) 任务型作业作为考核是否达成阶段性目标的标准，不计分数，只记是否完成，全部完成才能参与期末考核。

2) 允许学生在安排学习时间和进度时有一定自由度，线下辅导也会留视频供回看，因此弱化考勤，不计考勤分数。

3) 最终成绩配比改为期末考核成绩60%+成果型作业成绩30%+平时互动情况10%。期末考核形式及内容以课程组教师设计为准，分数占比60%；学生成果型作业的总成绩占比30%；学生线下与教师、同学的有效互动，以及互助答疑的情况在总成绩中占比10%。最终考核内容成绩配比如表4所示。

表4 最终考核内容及成绩配比

计分项目	内容说明	计分占比/%
任务型作业	全部按要求完成才能参与期末考核	/
期末考核	课题组教师设计的考核内容（包括但不限于线下试卷、线上测试、大作业等形式）的成绩	60
成果型作业	教师点评、学生互评的平均成绩	30
平时互动情况	线下师生互动、生生互助答疑情况	10

2.4 教师工作内容说明

新教学模式采取线上、线下混合教学的手段，但教师的工作量并不比传统教学的工作

---

① 知识点难度表：课程组教师将课程内容按知识点划分，每个知识点根据难度划分为5个等级，5星为最难，如关键路径算法、图遍历算法等；1星为最简单，如线性结构逻辑特点等。此处不详细列出。

量少,反而会因为要为学生提供个性化、针对性辅导而增加一定的难度。教师工作内容主要包括以下几方面,如图4所示。

(1) 规划课程:准备教学内容进度计划。

(2) 组织在线资源:筛选、发布符合教学目标的课程视频、线上作业。

(3) 准备教辅资料:包括电子教材、根据内容模块设计的各周学习计划参考表、知识点难度表、线下辅导课资料、实训报告、作业参考答案、实训讲解视频录制、期末考试题库等。

(4) 开展教学活动:督促、指导学生有序学习线上内容。

(5) 开展线下辅导:安排大课、小课的形式、时间、地点等,安排学生汇报的内容、顺序,提前审阅学生学习汇报的资料,收集整理学生作业、互评成绩等。

(6) 跟踪学生进度:通过QQ等线上工具与学生保持联系,收集学生问题,随时随地做针对性答疑并跟踪学生学习进度;若发现有学生学习困难较多,则需另外做针对性辅导。

(7) 调整教学方法、教辅资料:根据学生学习状况及时调整线下辅导内容,帮助并保证所有学生顺利完成各阶段任务;并在每个实践周期后,根据教学效果调整课程安排。

(8) 组织期末考核:准备期末试卷,汇总学生平时成绩、期末成绩。

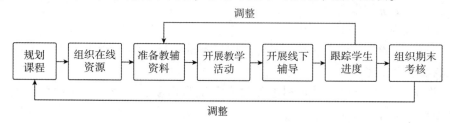

图4 教师主要工作内容

3 实践效果分析

笔者对6个班296个学生进行了新模式的教学实践,最终成绩的整体平均分较上届提升了3.6分,且高分段的同学比上年增加了4.8%。利用QQ群投票功能对这296个学生进行新模式印象调查,调查结果表明,与传统模式相比,89%的学生更喜欢新的教学模式。

在学习周期中,基础薄弱的同学在遇到问题时有充分的时间查找资料,及时解决学习阻力;基础好的同学自行加快了学习进度,并进行了更深层的学习探索。这样的"弹性学习"使起点不同的学生在学校规定的教学时间内,更好地完成了学习任务,这是传统教学中所有学生在一个教室、按统一的时间和进度听课、写作业所难以达到的学习效果。不仅整体成绩有所提高,通过新模式的学习,学生认识到了自身能力的不足,通过"最需加强的能力"的投票发现,26%的学生认为自己最需要加强学以致用的转化能力,24%的学生选择需要加强口头表达能力,19%的学生选择了加强学习自觉性,17%、13%和1%的学生分别选择了自学能力、交流沟通能力和其他。

先认识到不足,再通过学习和练习提升自己的能力,有效调动内驱力,这也是OBE理念所期望达到的目标之一。

4 结语

在深入运用 OBE 理念对数据结构课程进行教学改革的设计与实施过程中,最重要的三点是确保学生有自主学习的时间、将大的学习目标拆分成多个小目标以及确保帮助学生达成每个小目标。让学生在自主学习的过程中完成每一个小目标的过程,能够让学生体会到成就感。成就感所带来的内驱力的提升,是多数外部刺激难以达到的。

教育技术、教学手段的发展使基于混合模式的 OBE 改革得以实现,此模式在学校背景的教学框架内充分调动了教学资源,有效提升了学习效果,提高本科教育质量。

对教师而言,在新模式下,由于引入了线上课程,教师传统的课时量有所减少,但实际工作量却增加,因此教师工作量的考核方式也急需改革。

参考文献

[1] 王永泉,胡改玲,段玉岗,等. 产出导向的课程教学:设计、实施与评价 [J]. 高等工程教育研究,2019(3):62-68.
[2] 李疆,杨秋萍,金开军,等. 基于 OBE 理念的工程训练形成性考核多元评价体系的建设初探 [J]. 高教学刊. 2020(19):75-78.
[3] 杨树元,刘芳. 基于移动云平台的高校混合式教学的实践探索 [J]. 高教学刊,2020,138(16):145-149.

基于 OBE 理念的大学生创业模式的探索与实践
——以"基于互联网嵌入 AR 技术在剪发领域的应用"项目为例

周红梅　许　植

摘　要：社会的发展要求大学毕业生要具备一定的创新创业能力。为了将 OBE 理念引入大学生创新创业项目实践教学，作者创建了"基于互联网嵌入 AR 技术在剪发领域的应用"项目团队，开展创新创业实践教育模式的探讨，对实现学生创新能力和综合素质培养具有积极作用。

关键词：OBE；培养模式；创新创业项目

1　前言

OBE 即 Outcome-based Education，是以学习产出为导向的教育理念，又称为成果导向教育，其核心思想是"以学生为主体、以成果为驱动"的教育理念。OBE 模式强调以学生为中心、以学生的学习成果为导向，根据学生不同的学习目标，划分不同的学习成果。这些学习成果不再以卷面分数来衡量，而是根据学生的能力，包括学生运用知识的能力和解决实际问题的能力。

基于 OBE 理念，"基于互联网嵌入 AR 技术在剪发领域的应用"项目团队以项目目标完成为导向，完成项目的规定内容，取得了一定的创新成果。在大数据和互联网+时代的背景下，以往的传统行业，如剪发领域，受到了新兴信息技术的冲击，陷入了经营困境。本文作者通过走访、采用调查问卷的形式进行市场调查分析，提出"互联网嵌入 AR 技术"的设想，阐明项目的具体想法以及相关步骤。互联网嵌入 AR 技术可作为剪发领域与互联网技术合作的可选渠道之一，并为其他传统行业走向与互联网结合方向提供启示。

2　背景

2.1　当前美发服务行业的处境

近几年来，国内众多传统行业，如剪发领域，正在接受着新兴信息技术的冲击，面临着前所未有的困境。本文作者经过走访、采用调查问卷的形式对多家剪发实体店进行了调研，发现超过一半的店铺有以下难题。

（1）租金昂贵。店铺的租金逐年增长，以商业实用单位面积来做标准，三、四线城市偏离商业圈的店面租金达到了 72.4 元/（平方米·月）（平均值），而在商业圈内的店面租金要翻两番。而在一、二线城市，商业圈附近的店面租金达到了 325.3 元/（平方米·月）（平均值）。目前，实体店面的租金虽有增速减慢之势，但多数店铺租金也对经营者造成了重负。

(2) 人员薪酬。跟租金涨幅相对应的,是人员的工资。近几年,美发行业内已难以招到洗头工,原因是绝大部分美发店以及消费者都希望洗头工是年轻人,然而如今年轻人多数不愿从事此工作。这就造成了该岗位员工薪酬上升,店铺成本增加的局面。

2.2 消费者满意度调查

问卷调查数据显示,仍有部分消费者对目前美发行业服务表示不满意。而不满意的原因,主要集中在以下几点。

(1) 消费者在享受服务过程中受到超出需求范围的产品或服务推销。如在洗头过程中有洗头工向顾客推销洗发服务或洗发水等产品,在理发过程中有发型师向顾客推销预付卡、会员折扣卡,结账时有店员向顾客推荐剪发以外的服务,例如刮痧、洗脸等。此外,服务热情程度、手法技术、沟通交流等都会直接影响消费者的感受。

(2) 高涨的剪发价位。走访调查的店铺数据中显示,超过九成的店铺都对剪发服务费进行过上涨调整,涨幅从20%到100%不等,并且仍有店铺表示会再度上调相关服务费。

2.3 处于互联网背景中的剪发行业

在互联网时代背景下,经营管理者应赋予自己行业"互联网+"思维,与日渐壮大的网络世界接轨,在信息时代成功运用先进科学技术,如大数据、云计算、虚拟视觉等新兴技术,不断优化升级经营模式,使之与当今社会相匹配,接上世界飞驰发展的轨道。

互联网推动传统行业进步,在传统行业面临着经营困境,要去解决产生的矛盾,就需要对自身的经营服务方式进行升级或转型。

3 项目简述

在其他国家主要城市流行多年的快剪方式为本项目的灵感来源之一,在快节奏的社会里,许多商务人士需要对自己的发型进行简单的打理,进入高档的剪发店打理发型就是其必要选择。然而热门的剪发店一般都是顾客盈门,如无预约,就只能排队等候。

科技智能的发展与应用,高端技术与生活相结合是本项目的灵感来源之一。增强现实(Augmented Reality,AR),是一种实时地计算摄影机影像的位置及角度并加上相应图像的技术,这种技术的目标是在屏幕上把虚拟世界套在现实世界并进行互动。本项目借助AR技术,通过屏幕前置摄像头捕捉用户的头部动作,将用户选择的发型与脸型相匹配并呈现在屏幕中,供用户多角度动态查看,以帮助顾客判断与选择最合适的发型。

3.1 国内外调查研究

(1) QB House是一家广泛设店于亚洲地区的快剪服务连锁店。服务流程如下:①查看店铺排队情况,绿色表示需即将轮到,黄色表示需等待5~10分钟,红色表示等待时间可能超过15分钟。②通过售卖机购买票证,理发票分2美元、5美元、10美元三种。③通过排队码在等候区等待服务。④进入服务区与理发师沟通确定发型,进行服务。⑤完成服务,通过空气吸发机清理毛发。

(2) Kcuts是一家遍布韩国各地的快剪服务理发连锁店,其服务流程如下:①通过售卖机购买票证。②在等候区等候。③出示票证,获取剪发服务。

(3) 星客多是国内较为流行的快剪服务理发连锁店,其服务流程如下:①售票机购票。②在座位上等候。③根据叫号对号入座。④告知快剪师剪发要求。⑤围上定制围巾护领接受理发服务。⑥吸发机吸取碎发。⑦理发服务完成。

（4）快发是国内较为出名的快剪服务理发连锁店，其服务流程如下：①用户通过线上预约或进店付费。②快剪师在10分钟内完成剪发，收费固定为10元，其间不会进行任何推销与办卡的业务操作。

3.2 项目特色与创新

本项目的产品是AR技术和剪发行业的结合，把目标放在男性消费群体身上，实行"互联网+APP+实体店"的模式。具体来说，首先开发移动端，与社会上的实体店合作，收集发型模板，制作成虚拟模板存储在服务器端，直接制作成场景显示在移动端界面供消费者切换选择，将启用移动端前置摄像头让消费者脸型与虚拟场景发型相契合，实现多角度匹配，消费者可以观察当前发型是否合适自己，从而进行发型选择，然后选择实体美发店。消费者可以在移动端上实时查看所选实体店实时排队情况并据此下单付款。

（1）服务。快剪服务的目标群体是男性消费者（部分需要此服务的女性消费者亦可），由于在互联网上已有多种多样的发型样本，该产品只需模仿制作虚拟场景模板存储进数据库中，显示在移动端界面供消费者选择。这样可以减少发型师的设计时间，只需根据下单要求进行服务即可。

（2）移动端产品运作。消费者通过移动端产品调用前置摄像头，在界面上选择自己喜欢的发型。移动端会通过AR技术自动将所选发型虚拟场景与使用者的脸型相匹配，从而到达"使用者已经拥有这款发型"的效果。

4 项目实施计划

（1）开发移动端平台。这个平台初步建立于微信小程序。此平台需要具备如下功能：脸型识别、在线支付、位置查看、评价等。并且需要拥有一个负责存储发型模拟场景的数据库。

（2）与线下实体店进行合作。通过推广宣传、制作广告的方式吸引实体店入驻平台。实体店需要提供该店服务菜单、店面地址和发型师的简单情况，以便于平台制作店面详情页面，方便消费者浏览。

5 项目前景设想

市场调查和网上问卷调查的数据表明，本项目具有广阔的市场前景。

5.1 消费群体层面大

剪发是生活中几乎人人需要的一项活动，特别是对于年轻男性消费者而言，通常隔一个月就会进理发店修剪一次。

5.2 项目创新

本项目通过"互联网+AR技术"的嵌入，将科技与生活相结合。在科技发展飞速的今天，将互联网思维与日常生活联系，给传统美发行业注入一道新鲜的科技血液。AR技术的加持，不仅从新鲜感的层面博人眼球，更是彰显科技力量的一种体现。现如今越来越多的企业走向"互联网+线下实体店"的经营方式，这已经成为一种趋势。

6　结语

"基于互联网嵌入 AR 技术在剪发领域的应用"项目团队通过大学生创新创业计划训练项目的实践,团队成员的自主学习、动手操作、团队沟通与协作、分析和解决问题及创新等能力得到了提升。现代教育的首要目标是培养学生的创新精神和创业能力,结合 OBE 理念,以学生为中心,以产出为导向,有利于高等学校的创新创业教育与企业的实际需求相衔接,培养出适应社会和经济发展的人才。

参考文献

［1］ SPAD Y W G. Outcome-based education：critical issues and answers［M］. Arlington：American Association of School Administrators，1994.
［2］ 何丹丹,王立娟. 基于 OBE 的民办高校大学生创新创业能力评价体系的研究与构建［J］. 教育教学论坛,2018（17）：55-57.
［3］ 李晓刚,郭浩,李晓艺,等. 基于"互联网+"的美容美发平台设计［J］. 中国市场,2016（32）：151-152.
［4］ 赵新江. 熊辉："互联网+美容院"美容新时代的开创者［J］. 理财,2016（9）：34-35.
［5］ 赵丽娜. 互联网美发的三道坎［J］. 中国连锁,2017（3）：58-60.

基于 OBE 理念的软件测试课程教学改革探索

张莉敏　田小路

摘　要：软件测试是保障软件质量的重要方法，贯穿于软件开发的整个生命周期，旨在降低软件缺陷和成本，提高产品质量，因此对测试人员也提出更多的挑战。针对软件测试课程教学过程中存在以教师课堂讲授为主、教学方法缺乏创新、学生参与度低、期末考核方式单一等问题，提出将 OBE 理念应用到软件测试课程教学改革之中，将传统的教师讲授为主的教学模式转变为"线上+线下"的教学模式。从数字资料库创建、翻转课堂、考核方式多样化等方面进行探索，提高学习效率和教学质量。

关键词：数字资源库；"线上+线下"；教学改革；软件测试

1　引言

在"互联网+""中国制造 2025"等重大战略实施下，软件行业已经成为中国重要的经济支柱之一。而软件测试作为保障软件产品质量的重要手段，也成为众多高校人才培养的专业核心课程。

软件测试课程的目标是让学生了解软件测试的基础知识点，掌握常用的测试技术，了解软件测试的不同阶段采用的测试方法、测试工具及测试目标，具备设计优秀测试用例的能力。当前，该课程教学仍采用传统的以教师授课为主的方式，教学内容与主流测试知识无法有效衔接。并且在课程安排上的针对性和实践性不足，无法满足企业对测试人员的需求。

因此，针对软件测试课程教学过程中出现的问题，本文提出将成果导向教育（Outcome-based Education，OBE）理念应用到软件测试课程教学改革之中，整合现有的软件测试课程的信息资源，开发新的"线上+线下"混合式教学资源，不断丰富教学资源库。从传统的以教师为主，转变为以教师为辅、学生为主的教学模式，不断激发学生学习的主动性和积极性，提高人才培养质量，为地区经济发展提供优质人才。

2　数字资源的创建

数字资源库创建的目的是为学生学习和教师教学提供充足的资源保障，因此，该数字资源库不仅要涵盖课程所有重点和难点内容，而且要紧跟时代，不断更新软件测试知识，针对岗位需求、专业能力需求等，建立符合人才培养所需的课程体系。并且及时跟踪和了解学生的学习情况，结合学生反馈，对数字资源库进行持续更新和改进。

软件测试数字资源库主要由课程教学、实验集训、案例讲解、随堂测试等模块构成，如图1所示。课程教学主要包括教学课件、教学进度、视频讲解等；实验集训主要对白盒测试、黑盒测试、功能测试等知识点进行实训操作，并附上讲解视频；案例讲解主要是针对典型的项目案例，逐一分析所涉及的知识点，贯穿教学始终；随堂测试主要是通过选择题和判断题的形式，对每章节内容进行测验并评分。

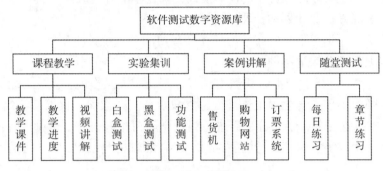

图1 软件测试课程数字资源库

数字资源库内容会同步更新到学习平台，通过观察平台的下载情况和测试得分，可以及时掌握学生的学习情况、学习资源的下载情况等，深入了解学生的哪些知识点比较薄弱，以便在课堂教学中着重讲解。同时，根据学生的学习需求和对知识点的掌握程度，不断改进数字资源。

3 课程教学改革方案

3.1 课程培养目标

基于OBE理念，软件测试课程的培养目标要符合软件工程专业人才培养方案要求，帮助学生掌握当前的主流测试技术、测试原理及工具，学会团队合作，能够灵活使用合适的测试工具解决软件开发过程中出现的问题。其目的是培养学生的自动化测试、开发语言编写和软件开发的过程管理能力，让学生更多地参与到课堂教学中，提升教师与学生的互动性，培养学生实际操作能力。软件测试课程培养目标如表1所示。

表1 软件测试课程培养目标

序号	内容
1	掌握软件测试的基本概念和基础知识
2	掌握黑盒测试、白盒测试等测试技术
3	掌握软件单元测试、集成测试、系统测试等方面的知识和技术
4	掌握软件测试的分析评价方法及软件测试的管理
5	了解软件测试的工具及基本使用
6	具有团队协作和解决复杂软件问题的能力

根据软件测试人才培养方案，该课程是专业必修课程，总学时64学时，总学分为4学分。课程培养目标覆盖了软件测试基本知识点，帮助学生运用理论知识解决实际问题。

3.2 教学设计

软件测试课程采用"线上+线下"混合式教学模式，通过学生线上自主学习、测试、课堂重点难点讲授、分组讨论、多样化考核等方式，让学生更多地参与到课堂教学过程中。具体实施方案如下。

（1）结合"线上+线下"混合式教学模式，确定本课程的教学目标。
（2）制定本课程授课计划和授课课件。
（3）每节课前在学习平台发布预习任务和预习测试，统计学生预习结果。
（4）制定项目驱动教学案例。
（5）按照"线上+线下"混合式教学模式，制定实训操作内容。
（6）以教师为主导、学生为主体进行课堂教学和实践教学，根据预习效果，引入案例进行教学，课堂设置任务，学生分小组进行讨论学习讨论并讲解，教师点评。
（7）课后利用数字资源库进行随堂测试，统计测试得分结果，及时了解学生知识掌握情况。

同时，利用腾讯会议、QQ 群课堂等平台对学生进行线上指导；学生可以利用线上平台对知识点进行学习、巩固、查漏补缺。因此，建立教学一体化的数字平台，不但提高教学资源利用率，也符合软件工程专业人才培养方案。

3.3 课程考核

软件测试课程采用混合式教学方法，因此考核成绩主要由以下几方面构成。

（1）实训练习（20%）：理论课结束之后，数字资源库将上传相应的实训题目，学生可在平台提交报告，教师进行评分。
（2）考勤和课堂讨论（20%）：每节课预留 15 分钟时间进行分组讨论。
（3）项目测试（20%）：学生按照分组选择不同的测试题目完成测试报告，其中包括测试计划、测试用例，测试实施计划等。
（4）期末考试（40%）：闭卷考试。

4 总结

本文将 OBE 理念应用到软件测试课程的教学改革中，整合现有的线上学习资源库，不断丰富教学资源。采用"线上+线下"混合教学模式，培养学生自主学习的习惯和参与项目测试的技能，增强学生和老师的互动性，教学质量有明显提升。

参考文献

[1] 王鑫便，刘仰光，程萍，等. 基于 OBE 的软件测试课程教学改革探索［J］. 计算机教育，2020（5）：97-101.

[2] 王骏美，吴吉红，郑东霞，等. 基于 OBE 和 CDIO 的软件测试课程混合式教学探究［J］. 软件工程，2019，22（10）：54-56.

[3] 董玉坤. 基于 OBE 模式的软件测试课程教学改革研究［J］. 课程教育研究，2017（41）：216-217.

[4] 窦燕，董俊，余扬，等. 面向 OBE 的《软件质量保证与测试》课程教学改革［J］.

中国教育信息化,2019(24):44-47.

[5] 吴鸿韬,翟艳东,李智,等. 新工科背景下的软件测试课程教学改革[J]. 计算机教育,2020(10):130-133.

[6] 段珊珊. 以赛促学软件测试课程项目式教学改革的探索[J]. 电脑知识与技术,2020,16(27):70-71+78.

新工科背景下基于 OBE 理念的"土力学与地基基础"课程建设研究

徐 慧

摘 要：本文针对"土力学与地基基础"课程现状，展开新工科背景下基于 OBE 理念开展课程建设的讨论，通过构建递进式教学目标、优化教学模块内容、设定立体化教学模式以及设计合理课程考核评价体系四个方面进行课程建设的教育教学改革，对推动工程管理及相关专业的"土力学与地基基础"课程的高质量发展具有较强的现实意义。

关键词：新工科；OBE 理念；教育教学改革

新工科建设意在培养一大批多样化、创新型卓越工程科技人才，为我国产业发展和国际竞争提供智力和人才支撑。OBE 理念以结果作为导向，强调个人能力、绩效责任以及个性化评定等内容。新工科背景下，OBE 理念在建筑工程技术及管理人才的教育领域越来越受到重视，并获得了较为明显的育人质量提升效果。其关注的是教育的"产出"，内外需求决定目标，目标决定毕业要求，要求决定课程体系。

地基与基础是房屋的根基，地基与基础的强度、可靠性与稳定性对结构安全起着极其重要的作用。"土力学与地基基础"课程是众多课程的基础，同时也是一门较难掌握的课程。在新工科背景下，基于 OBE 理念"土力学与地基基础"课程建设的教育教学改革，为该课程的深入建设奠定了良好基础。

1 "土力学与地基基础"课程建设现状

"土力学与地基基础"课程研究的是土和土体在自重与外荷载作用下的强度及变形规律，其既属于应用学科又属于工程技术，是一门实践性和理论性都比较强的课程，涉及诸多的学科领域，教学的状况如下。

1.1 课程内容多学时少，学生学习的难度较大

"土力学与地基基础"课程的理论与实践的综合性，决定着教授该课程的老师需要具备扎实的专业理论知识和丰富的工程实践经验，学生需要具备专业基础课程功底和一定的工程实践经验。由于本课程内容涉及土力学、地基处理、基础设计等多方面的内容，各章节内容需要学习到一定深度后方能找到其内在联系。而本课程学时量较少，教师很难将所有内容细致深入地进行讲解，学生在学习过程中感觉吃力。

1.2 课程定位不够准确，课程内容构建与产业发展对接薄弱

本课程的土力学部分虽然是土木工程的专业基础部分，但是与工程实际联系较多，且

课中涉及的土工试验直接用于工程实际。但学生普遍缺乏工程实践经验，理论与实践严重脱钩，课程内容的更新又远跟不上专业技术发展步伐。

1.3 优质的数字化资源欠缺，无法满足学生个性化学习的需要

目前课程的教学基本以教师讲述及课本案例阅读为主，但本课程内容存在很多需要空间想象的内容，如边坡稳定分析、土体的变形及地基处理等，而完全依靠学生想象力去理解，很难对所学的专业知识有很好的掌握。传统单一的教学方式在一定程度上影响着教学质量，难以激发学生的创新精神和对专业的创新能力。

1.4 课程考核以"期末一考定成绩"，评价方式单一，无法真实反映学生能力和水平

目前课程基本采用平时成绩30%+期末考核70%来评定成绩，这样的评价方式，更多以期末的试卷来展现具体成绩，而实际上该课程实践和平时积累更多地体现学生的能力和水平。

2 新工科背景下要求协同OBE理念的课程教学目标设定

在新工科背景下，提高教学期望值、设置挑战性目标理应成为"土力学与地基基础"课程本科教学设计的一个基本维度和要求。以立德树人为根本，以工匠精神为指引，以培养施工员岗位能力和创新创业能力为主线，以实际工程项目为载体，对接行业岗位需求，构建"单项能力→实践能力→综合能力"的"依次递进式"能力培养体系，如图1所示。

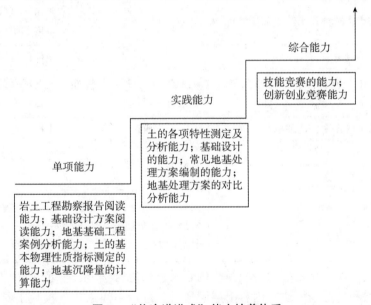

图1 "依次递进式"能力培养体系

在"单项能力→实践能力→综合能力"的"依次递进式"能力培养体系要求下，培养的基本"单项能力"为岩土工程勘察报告阅读、基础设计方案阅读、地基基础工程案例分析等能力，培养的"实践能力"为土的各项特性测定及分析、基础设计、常见地基处理方案编制等能力，培养的"综合能力"为技能竞赛和创新创业竞赛等能力。根据不同学期不同班级学生的学习情况，同时考虑不同学生的学习能力和层次水平，灵活设定教学目标。

3 新工科背景下要求协同 OBE 理念进行教学模块内容优化

新工科背景下"土力学与地基基础"课程的教学要求时刻注意学生学习的积极性,以被动接受转为主动接受,因而,在授课时以学生接受情况及课程连贯性为基础,将课程内容进行分模块处理,对于重点模块重点讲授,对于非重点模块以了解认知为导向进行学习,以重点掌握为基本要件,以导向学习为兴趣引导,既在课堂上完成应当完成的教学任务,又提升学生课下主动延伸学习的积极性。授课内容及目的模块表如表1所示。

表1 授课内容及目的模块表

模块	模块目标	教学期望	实践项目
模块1	国内外地基基础工程成败案例	案例教学,提升学习兴趣,锻炼案例分析能力	—
	土的三相组成、土的物理性质指标、土的物理状态指标	理论联系试验,锻炼土的基本性质测定能力	土的颗粒级配测定;土的天然密度测定;土含水率测定;土的比重测定;液、塑限联合测定试验
	土的击实特性、土的压缩特性		土击实试验;室内侧限压缩固结试验
	土体的自重应力		土体的自重应力计算
模块2	地基中的应力计算、地基沉降计算	动手计算,知识完整性的锻炼和巩固	实践项目地基土的压缩沉降量计算
模块3	土的抗剪强度、地基承载力	理论计算联系实际应用,锻炼勘察报告阅读能力	土抗剪强度试验
	土压力		实际项目岩土工程勘察报告分析
	岩土工程勘察		
模块4	浅基础、桩基础	锻炼常见基础设计能力,常规地基处理案例对比分析能力	深、浅基础设计方案比较
	地基处理		地基处理方式比较

课程内容进行模块化处理,按照模块内容及目标进行学习,保证了知识的连贯性,便于学生进行预习和复习。模块在内容上层层递进,理论由浅入深。模块1是入门介绍及基本知识的学习;模块2是土力学理论及基础工程学习;模块3是土压力理论及支撑挡土墙结构的学习;模块4是基础设计及地基处理学习,逻辑性强,方便教学和学生学习。

在模块内容中增加实践环节,标明教学期望,突出应用地位。从表1可以看出,在模块1中加入土的基本物理性质指标的测定实践实训,锻炼学生对土的基本性质的测定能力;在模块2中加入实际项目的地基土体压缩沉降量的计算,锻炼学生对土的压缩性的理论知识和实践项目联系和实操能力;在模块3中加入土的力学性质试验以及岩土工程勘察报告实训,锻炼学生的实际试验能力,同时锻炼学生岩土工程勘察报告的阅读能力、分析能力；在模块4引入典型工程案例进行讲解分析，主要让学生对工程勘察和地基处理有更加直接的认识。通过不同工程的设计练习和案例分析，增强课程的实践性，让学生尽量多地接触工程实践，提高学生解决实际工程问题的应用能力。

4 新工科背景下要求协同OBE理念的课程全方位多视角的立体化教学模式设定

"土力学与地基基础"课程多贴近实际，难度较大，教学内容与多门课程交叉融合，其实践教学环节应以实际工程项目为题，以综合运用课程理论知识解决复杂工程实际问题为教学目标，应引入主动化教学理念及方法，建设完善线上教学及虚拟仿真教学资源体系，逐步形成线上线下相互交叉、相互融合的立体化教学模式。坚持"学为根本、训为基础、赛为助力、创为提升、服为延伸"的原则，实施五位一体的课程教学模式，如图2所示。

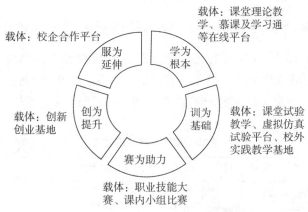

图2 五位一体的课程教学模式

（1）学为根本，也就是教师以基本课程内容为依托，借助课堂内的理论教学设计，采用多媒体课件与板书相结合的教学手段，多媒体课件给学生提供大量的工程图片、动画及视频，形象且直观；对于较难的理论公式，在计算推导时，可以借助板书帮助学生掌握整个推导过程。同时，提供学生一些关于土力学方面的精品课程网站地址、在线视频等网站，配合在线课程，实现基础知识全覆盖式学习。同时，以课程内的作业练习及线上小组任务为驱动，学做融合，课后可采取网络课程平台进行交流和答疑，实现学习后的融会贯通。

（2）训为基础，也就是以试验实训为实操应用，通过播放录像片，使学生对实验的原理、操作步骤和基本要领有更深入的了解。在实验教学过程中，将各种范例图片扫描进电脑让学生在实验时观看比较，从而激发学生的实验兴趣，提高实验教学的整体水平和效果。利用课堂试验演示性教学，让学生实际地接触相应的土工试验，为了避免因课时不足导致无法完整地按照规范要求进行土工试验，可以借助虚拟仿真试验平台，在借助校内外实践教学基地之余，可以实现土工试验的模拟性操作、数据记录和结果分析。

（3）赛为助力，具体是指课内外实践学习的过程中小组间的评比，也包括积极参加职能技能大赛。如土中附加应力的计算、地基最终沉降量的计算、根据地基承载力确定基础底面尺寸，以及单桩竖向承载力的确定等难点内容的学习，可以确立"课前深度预习（提出质疑）+课后合作释疑（展示互评）"的小组合作学习模式。学习小组宜 3~5 人一组，课前根据具体任务驱动式学习，并提交学习成果，在小组间进行评比打分，最后由教师进行点评总结。此过程可结合互联网及在线课程进行。小组比赛成绩优异者，可由教师推荐参加职能技能比赛。以学赢赛，相互配合，实施"以赛促教、以赛促学、以赛促创"的教学实践，促进职业岗位能力的培养。

（4）创为提升，就是依托创新创业项目训练和实战，通过开设专题讲座和网络互动平台，让学生了解学科的前沿理论和热点问题，组建大学生创新团队，鼓励学生直接参与科研，增强其创新意识。通过课程指导、专题培训、项目实施和技能大赛，提升学生的创新创业能力。

（5）服为延伸，是指借助合作企业培训和技术服务，培养学生服务社会的能力，提升课程服务产业的能力。在毕业实习或寒暑假期间，根据学生的学习积极性、比赛能动性、创新创业能力等，借助校企合作平台，到相关企业进行实习，以学服岗，以岗促学。

5 新工科背景下要求协同 OBE 理念的课程合理考核评价设计

"土力学与地基基础"课程是理论性和实践性很强的课程，单纯地仅考虑平时考勤、作业、期末试卷成绩的考核形式显然是不合理的，因此，考虑课程性质，采用"理论基础知识掌握度+平时表现+土工试验操作能力"三个方面进行整合考核评价，具体各方面考核内容及占比如表 2 所示。

表 2 课程考核评价体系

考核评价	考核内容	考核占比	评分方式
理论基础知识掌握度	理论知识（土的基本物理性质、力学性质、浅基础设计、深基础设计、常见地基处理方式等）	平时作业（5%） 在线课程任务（10%） 模块检测（10%）	教师评价
平时表现	考勤、在线任务参与度、实践实训参与度、各项比赛参与情况	考勤（5%） 在线任务参与度（5%） 实践实训参与度（3%） 各项比赛参与情况（2%）	小组总结后生生互评
土工试验操作能力	专业知识、仪器操作、数据处理以及职业素养	根据土工试验难度情况，设置分值及权重进行考核（60%）	按《土工试验方法标准》（GB/T 50123—2019）小组监督

课程理论知识是一切能力的基础，主要包括土的基本物理性质、力学性质、浅基础设计、深基础设计、常见地基处理方式等内容，根据随堂练习、在线课程任务结合具体模块内容知识点测验进行综合考核，每次作业或测验满分均为 100 分，再根据占比进行综合打分。

平时表现成绩主要是根据学生在各项活动的参与情况。每项活动满分设置为 100 分，根据活动参与活跃度来进行考量，具体分值由小组组长进行记录，由小组间互相核查，既促进学生参与积极性，也使学生间学习情况相互参考比较。

加强学生在学习土木工程专业知识过程中对实际上手操作能力的培养。从中选出具有代表性的实验项目：土的密度实验、土的含水率实验、土的界限含水率实验、土的直接剪切实验、土的固结实验以及土的三轴实验进行单项计分。在实验教学考核中纳入专业知识、仪器操作、数据处理及职业素养等模块。由于每一项实验的难易点和重要程度各不相同，每一项实验的权重系数可以根据所选实验的重要程度和难易性选取。每项试验满分均设置为100分，课堂随机提问专业理论知识分值为10分，按《土工试验方法标准》（GB/T 50123—2019）仪器操作分值为30分，实验报告分值为40分，职业素养分值为10分，考勤分值为10分。

6　结语

对"土力学与地基基础"课程采用OBE理念进行课程建设，在充分调研的基础上，从实际岗位要求出发，以成果为导向，反向设计课程的教学目标、教学内容、教学模式和考核评价。利用多元化教学资源，最大化提升学生的学习兴趣，提高学生的专业竞争力，提高教学效果，更好地响应国家推行新工科建设的号召，为学生走向工作岗位打下坚实的基础，促进我国建设事业的不断发展。

参考文献

[1] 陈忠清，吕越．新工科背景下应用型本科高校的土力学教学大纲改革［J］．教育教学论坛，2019（2）：136-138．

[2] 申国栋，张弦，高婵娟，等．新工科背景下基于OBE理念的"纺织品进出口贸易"课程建设研究［J］．纺织报告，2021，40（8）：91-93．

[3] 闫长斌，杨建中，梁岩．新工科建设背景下工程意识与工匠精神的培养——以土木工程类专业为例［J］．北京航空航天大学学报（社会科学版），2019，32（6）：152-160．

[4] 刘小亮，岳虎，张士林．OBE理念下土力学实验课程的过程化考核实践［J］．大学教育，2020（10）：93-95+112．

基于 OBE 理念的"施工方法与组织"课程实践教学改革与探索

张 婷

摘 要：为了推动"施工方法与组织"课程实践教学的工程教育改革，首先分析了传统的"施工方法与组织"课程实践教学面临的问题，并从 OBE 理念下课程设计原则出发，以学生为主体，进行了"施工方法与组织"课程实践教学体系的改进，建立了以学生个人发展为中心的三位一体化学习成果评价体系，与"施工方法与组织"课程知识更新相匹配的持续改进方法，为构建 OBE 理念下的实践教学体系提供指导。

关键词：OBE 理念；"施工方法与组织"课程；实践教学；评价体系

1 引言

"施工方法与组织"课程是工程造价专业的一门专业核心课程，主要内容包括施工技术和施工组织的客观规律，土木工程建设中各主要工种工程的施工工艺及其原理，工程项目科学合理的施工组织原理以及工程项目建设中的新技术、新材料、新工艺、新方法的发展和应用。课堂教学使学生能较好地掌握施工技术与施工组织管理等方面的基本知识和技能，初步具有分析处理施工技术问题和进行施工组织安排的能力，为毕业后从事土木工程设计、施工及组织管理等工作奠定良好基础。因此，做好"施工方法与组织"课程的教学工作，对于学生的专业能力及素养培养，具有十分重要的意义。但在传统人才培养机制和教学模式的影响下，实践教学在教学安排、教学成果考核、具体教学实施等方面都不够完善，存在一些不足。"施工方法与组织"课程是应用型高校工程造价专业的核心课程，在培养应用型、工程型人才方面具有不可替代的作用。本文基于 OBE 理念，对工程造价专业"施工方法与组织"课程的实践教学进行了探索。

2 传统教育模式与 OBE 模式的比较

OBE 理念是以期望达成的学习成果来反思、修订教育教学的内容。为达到成果导向教育的最终目标，教师的教学方法必须不断变革以满足课程需求。在传统教学中，教学内容先于教学目标而存在并占据核心位置；而在 OBE 理念中，教学目标（学生预期学习产出）先于教学内容而存在，课程资源开发、学生管理和辅导等活动都要围绕预期目标而展开。OBE 理念实现了教育范式由"以内容为本"向"以学生为本"的根本转变，是一种教育范式的革新。

传统教育模式基本上是以教师为主体，在课堂上强调的是理论知识的讲解，以对教师传授知识的掌握程度和熟练程度来对学生进行评价，比如期末通过学生的试卷来判断学生的掌握程度，即使分数较高，也不能准确地反映学生的实践能力。因此，很多时候出现学生掌握的理论知识比较丰富，但是并不适应企业的需求，很多高分学生的工程实践能力比较低，大部分学生在面对着复杂工程问题时无法进行正确的分析与应对等情况。

基于学习产出的教育模式（OBE模式）是以预期学习产出为中心来组织、实施和评价教育的结构模式，采取"成果导向"的认证标准，即将学生表现作为教学成果的评量依据，并以促进专业持续改进作为认证的最终目标。近两年，随着越来越多的高校开展专业认证（评估）工作，围绕OBE的工程教育改革的研究与实践在国内高校教学改革中也随之大规模开展起来。

OBE理念强调以学生为真正的主体，重视学生在学习过程中对学习成果的获得以及能力的获取，通过对在不同阶段所取得的学习成果进行科学的达成度评价，来具体对学习成果的获取进行定量分析与测评，并通过持续改进措施形成一个整体的闭合环节，保证教学质量和实现人才培养目标。

3 "施工方法与组织"课程实践教学面临的问题

目前，工程造价专业"施工方法与组织"课程的教学模式主要是教师课堂讲述，学生课后复习，课程结束后再通过对应的课程设计加深和巩固所学知识。在教学实践中，主要存在如下问题。

3.1 课程理论教学与工程实践脱节

"施工方法与组织"课程综合性、实践性极强。对操作性强的施工工艺、施工机械或技术，单纯的课堂理论学习远远不能达到理解和掌握课程内容的目的，以讲述、投影、幻灯片为教学手段不如在施工现场的教学效果。然而，目前本科教育的特点决定了本科院校的学生不能像高职高专学生一样通过顶岗实习等手段获取施工过程的感性认识。因此，"施工方法与组织"课程理论教学与工程实践脱节，成为土建类专业亟待破解的一大难题。

3.2 实践教学目标与毕业要求有偏差

实践教学目标与毕业要求有偏差。实践课程教学目标是课程体系中的关键要素，是课程教学大纲的核心内容。传统的"施工方法与组织"课程实践教学大纲一般比较详细地说明了教学目标、教学内容、教学时间安排等内容。但是，培养工程应用型人才，其教学目标应使学生能够基于工程造价相关的背景知识和标准，具有制定复杂工程问题的解决方案的能力，并理解工程师应承担的责任。因此，目前施工实践课程在教学大纲和教学目标的确定上，与毕业要求存在不吻合的现象，与人才培养目标也出现较大的偏离。

3.3 实践教学重内容轻能力

传统高校工程造价专业开展的实践教学课程，在教学内容的设计与知识传授上有着较为合理的构建，但是，普遍存在一个较为严重的问题，那就是实践课程重视学习内容而不体现学生教学能力，绝大多数课程的学习仅仅是知识的简单传授，忽视了实践教学的最终目的是让学生具有一定的工程实践能力。这个普遍存在的问题导致了实践教学过程中教与学的严重分离，课程的专业教师认真地完成知识的传授，学生努力地进行知识的学习，但是工程实践能力的提升极为有限。面对着工程造价专业的复杂工程问题时，其仅具备有限的工程实践知识而不是工程实践能力，没有能力去开发、选择与使用恰当的技术、资源、现代工程工具和信息技术工具，以对复杂工程问题进行处理和应对。

3.4 实践教学考核比较单一

实践教学的考核结果是实践教学质量评价的主要依据，学生对考核结果的高度关注，对实践教学顺利有效开展具有十分重要的指导意义。现行的"施工方法与组织"课程实践教学考核体系主要由两个方面组成：一是平时成绩，平时成绩包括课程内的实训报告成绩、平时出勤率、平时作业成绩；二是期末考试成绩，成绩比例一般为3：7。课程的最终成绩由期末成绩和平时成绩两部分组成，学生提交的实训报告考核主要考查学生对施工基本概念、基本理论及基本施工技术、横道图及网络图的绘制及计算工期的掌握程度，以学生自己提交的报告中总结与收获的内容作为教学评判成绩的依据。考核内容主要局限于学生在课堂上所获取的理论知识，因此，考核的内容比较有限。

4 基于OBE理念的工程造价专业实践教学改革

4.1 构建基于BOPPPS有效教学法的项目化教学

"施工方法与组织"课程涉及面广、实践性强、知识更新快，及当下无法开展现场实践教学等特点，可将教学内容及过程分为上节知识点回顾（导言，Bridge-in）、课堂导入（前测，Pre-assessment）、课程目标及重难点（学习目标，Objec-tive/Outcome）、知识点讲解（参与式学习，Participatory Learning）、工程案例分析（后测，Post-assessment）、总结与拓展（总结，Summary）六个主要部分，涵盖BOPPPS有效教学法包含六大教学结构。具体课堂教学步骤及思路如下：①课前自主预习，要求学生按照教学大纲进度安排，做好课前自主预习（教学PPT、拓展学习视频、课外资源网站等）；②上节知识点回顾，通过课堂互动环节（抢答、提问、随机点名等），回顾上节课知识要点，并引申出本节课主题；③课堂导入，通过工程事故案例短视频，导出本节课所要解决的工程问题和所用到的核心知识点。

4.2 基于OBE理念的实践教学课程设计原则

OBE理念强调的是以成果为导向，因此，基于OBE理念的土木工程施工实践课程体系应以行业或者企业需求为基础，由上而下进行课程结构的反向设计。OBE课程的建设与传统的课程建设以课程为导向的设计思路完全不一样。OBE课程的建设以行业或企业需求为导向，根据社会对毕业生的要求，制定本门课程的教学目标，并作为人才培养目标的一个组成部分；然后，根据教学目标确定本门课程与之相对应的毕业要求指标点（一般情况下，工程教育认证的毕业要求需要根据本专业的实际情况进行指标点的细分，教学目标需要与某一个或某几个毕业要求指标点对应）；接着，根据课程必须达到的毕业要求指标点，设计课程的教学大纲，教学大纲需要明确课程目标及学生应达到的能力、教学内容及学时分配、教学方式、考核形式及达成度评价等；最后，对本门课程的达成度进行评价。同时，根据本专业毕业生在以后的工作中对本门课程的反馈情况对教学目标、支撑的毕业要求指标点进行收集分析，体现工程造价专业实践教学体系的设计是以学生发展为中心的，坚持持续改进的教学理念。

4.3 基于思政教育的课程教学

对"施工方法与组织"课程教学进行以下设计：第一，从知识点中发掘思政元素。以知识点为基础，延伸开来，引入思政元素。第二，在课堂教学中引入对行业中新技术、新产业、新业态、新模式的讲解，以适应近些年建筑行业的快速发展。这个过程也是思政教育的过程，可以培养和训练青年学子的四种思维——历史思维、辩证思维、系统思维、创新思维。养成这四种思维习惯，学生终身受用。第三，以热点问题为线索，促进专业知识的内化和运用。近些年随着网络的快速发展，微信、短视频等信息媒介纷至沓来，人们接触信息的面越来越广，青年学子也不例外。可以选择合适的热点问题，围绕观察现象、因素分析、观点解读三方面开展讨论，从而使青年学子树立正确的价值观，提高思维能力。培养学生家国情怀、社会主义信念、工匠精神、团队协作精神、人文素养。工科课程中的课程思政内容一般很宽泛，但核心思想要凝聚，考核环节不能少，绝对不能流于形式。"施工方法与组织"课程中的思政教育考核评价，各章节侧重点各有不同，既有过程性考核，又有终结性考核。例如，"地基与基础工程""装饰装修工程"章节以知识点的形式进行阶段性测验或期末书面考试；"砌体结构工程施工""混凝土结构工程施工""钢结构工程施工""屋面工程施工"章节通过对学生课堂发言讨论来进行过程性考核。考核中，要注重将学生自评、小组互评、教师评价相结合。

4.4 基于工程案例的课程教学

在各章节任务的设置上，不是只讲授书本知识，而是要引入案例、项目、社会热点，增强学生的职业意识，拉近学习习惯和职场素质的距离，拉近书本知识和实际工程技术的距离，拉近学生的小我和社会的大我的距离，促进其从校园到职场的角色转换。

围绕我国精美宏伟的传统建筑，如故宫、长城、应县木塔等，观看《超级工程》等影片，学习了解我国建筑施工技术的发展和现状，引导学生树立和坚定文化自信。通过汶川地震中钢筋混凝土结构的震害现象分析，让学生通过震害看原因，更好地理解保证质量和安全的施工措施有哪些，这些施工措施的必要性，以及施工质量管理的重要性。

学生如果只学习书本中的专业理论知识，会比较枯燥，不容易理解，工程就是应用在实际生活中的，拿生活中的工程案例更加能激发学生的兴趣和热情。通过增加工程案例，使学生能够在实际的工程中了解施工的重要性及施工问题，使工程中比较抽象的问题能够更具象、更直观地呈现出来。

4.5 基于OBE理念的实践教学达成度评价体系

OBE理念以学生个人发展为中心，强调的是学习过程中最后取得的学习成果以及学生能力的获得，讲求成果、能力导向以及多元评价。教学考核注重的是学习成果，而不是教学内容，应该依据多方面的评价标准，根据毕业要求的完成情况给予学生不同的评价。OBE理念实施的关键环节就是课程达成度评价，课程达成度评价是衡量教学质量的一个重要步骤，更是衡量人才培养教学内容与方法是否合理的关键问题。因此，建立一个合理的实践教学达成度评价体系是实现预学习成果的重要基础。为保证课程教学目标的合理性、可评价性，使其能反映学生的学习成果，初步探索了与OBE理念相匹配的三位一体化学习成果评价体系，其中主要包括理论知识评价、专业工程实践能力评价和企业评价等。理论知识评价即通过测试、问答等形式评价学生掌握知识点的内容以及熟练的程度。专业工程实践能力评价是通过学生工程实践过程中的学习行为和应对动作，对学生的专业技能等能力进行评价，从而有效评价学生的学习成果。重视对学生实践全过程的评价，使学生能够重视施工过程的细节，并通过在施工实践过程中对工程的分析、处理和总结来逐渐培养出一种严谨的工程能力。评价方式主要是通过报告或案例分析的形式评价学生在施工实践过程中对相关专业理论知识掌握的程度和动手、分析及解决的能力。企业评价就是通过学生在企业中的表现来评价学生的能力。企业评价的主体不是教师，而是学校聘请的相关指导老师，指导老师根据学生在工程实践学习过程中的表现，如工程分析能力、工程处理能力、工程管理能力等进行综合评价。

5　结语

基于OBE模式的工程教育理念颠覆了我国传统的工科教育，是我国工程教育改革的重要方向，也是提高我国高等教育工程人才培养质量的重要措施。本文基于OBE理念，探索了该理念在工程造价专业"施工方法与组织"课程实践教学中的应用，确定了以行业或者企业需求为基础，由上而下进行课程结构的反向设计原则，遵循以学生为主体的原则进行了实践教学体系的改进，建立了以学生个人发展为中心的三位一体化学习成果评价体系，与"施工方法与组织"课程知识更新相匹配的持续改进方法。基本建立了以行业或企业需求为导向、学生为主体、学生个人发展为中心的适合于OBE理念的"施工方法与组织"课程实践教学体系，提高了学生的工程能力、创新能力和综合素质。

参考文献

[1] 徐丽娜，谢新颖．基于OBE理念的"卓越土木工程师"实践教学环节优化措施的探讨［J］．教育教学论坛，2017（8）：205-206．

[2] 孙爱晶，王春娟，吉利萍．基于OBE的课程教学质量评价探索与实践［J］．中国现代教育装备，2017（6）：49-52．

[3] 顾佩华，胡文龙，林鹏．基于"学习产出"（OBE）的工程教育模式——汕头大学的实践与探索［J］．高等工程教育研究，2014（1）：27-36．

[4] 周红坊，朱正伟，李茂国．工程教育认证的发展与创新及其对我国工程教育的启示——2016年工程教育认证国际研讨会综述［J］．中国大学教学，2017（1）：88-95．

[5] 凤权．OBE教育模式下应用型人才培养的研究［J］．安徽工程大学学报，2016，31（3）：81-85．

[6] 李志义．成果导向的教学设计［J］．中国大学教学，2015（3）：33-39．

基于OBE理念的"室内工程制图"课程教学模式探索与实践

张虹逸

摘　要："室内工程制图"是研究室内设计图样绘制和识读的一门课程,是室内设计工程技术人员表达设计意图、交流技术、指导施工等必备的基本知识和技能。该课程有助于提升学生的专业学科素养、实践操作能力,并为学生日后工作奠定专业基础。本文以广东理工学院环境设计专业的"室内工程制图"课程为例,对该课程教学目前存在的问题进行分析,探索基于OBE理念的"室内工程制图"课程教学模式,深化课程思政,激发学生的学习积极性与实践能力。

关键词：OBE理念；教学模式

1　引言

OBE理念即为"成果导向教育",这种教育理念注重学习目标和成果。课堂以学生为中心,学生完成所学课程后会获得成果,而这种成果包括知识的内化、情感价值观的形成以及实践能力的发展。传统教学模式是遵循学科专业设置按学科划分的原则,在教学设计时更加注重学科的需要,但忽视了专业需求。而OBE理念则以结果为导向,把教育理论、教育的系统结构和教学实践的具体方法结合起来,在学科教学上按照不同的要求,制订不同的教学方案,提供不同的教学机会。

2　"室内工程制图"课程在教学中存在的问题

2.1　教学模式单一

在"室内工程制图"课程教学过程中,环境设计专业教育同样沿袭了传统教学模式,即先与学生讲解理论知识再进行操作演示,最后在课堂中预留时间允许学生进行临摹练习。笔者认为这种教学形式较为单一,师生难以产生有效的沟通与互动。

2.2　学生学习积极性低

学生的学习积极性在求知需要的基础上产生,并在经过学习活动体验到成就感的基础上形成。而目前"室内工程制图"课程的教学模式较为单一,学生不清楚学习这门学科对未来工作的重要性,所以学习积极性较低。面对这一问题,我们在课程建设上应适当增加学生的危机意识,老师引导学生做出职业生涯规划,增强学生对于此课程乃至专业的认同感。

2.3 教学考核模式落后

在"室内工程制图"课程考核中,侧重于学生的绘图能力,忽略了实践能力,对学生知识运用能力、分析和解决问题的能力了解并不多,这无形中降低了学生对此课程的重视程度。如果教学考核评价流于形式,则很难提升学生的综合实践能力,这一点与应用型本科的办学定位不相符。

3 基于OBE理念的"室内工程制图"课程教学模式探索与实践

3.1 以需求为导向明确培养目标,优化教学设计

教学活动应以教学目标为导向,且始终围绕实现教学目标而进行。按照OBE成果导向教育反向设计原则,教学设计是从需求开始的。其中,需求分为内在需求与外在需求。内在需求是指学校作为应用型本科,其教育教学规律、学校办学思想和办学定位及教学主体的需求,这些需求都是教学设计的主要依据。外部需求的主体是国家、社会、行业、用人单位等,这往往是传统教育教学设计中容易忽略的因素。而作为设计专业,未来的就业方向大概率是设计公司或者设计院,对于动手实践能力的要求则更高。因此在课堂教学上,应大量渗透实践操作的专业知识,让学生能够对自己的未来就业方向有一个初步的认知,也让学生意识到该门课程的重要性,从而提高学生的学习积极性。"室内工程制图"课程区别于其他的专业课,它是以实践为主、理论讲解为辅,注重培养学生全面发展的一门综合学科,除了会画,还需要有实践操作能力。合理的实践活动环节可以有效提高学生的操作能力、测量能力与空间尺寸的把控能力等。例如,在上"室内工程制图"这门课程时,让学生以小组为单位测量课室数据,根据数据完成课室各方面的平面图、立面图、剖面图,如图1所示。小组成员做好分工,一部分同学负责测量,一部分同学负责记录数据。

图1 学生用卷尺测量课室尺寸(图片来源:作者自摄)

总而言之,人才培养目标的确立,应考虑当前需求与长远需求相协调,多样性的需求与学校办学和人才培养方案定位相匹配。设计行业与用人单位的需求是构建专业教育知识、能力和素养结构的重要依据。

3.2 植入课程思政内涵建设,完善教学结构

通过"室内工程制图"课程思政内涵建设及教学实践,培养环境设计专业学生的法律

意识、人文关怀、职业素养等，让学生能够热爱设计行业，为环境设计行业添砖加瓦。在环境设计专业课程中植入课程思政内涵建设，有助于学生形成职业认同感，形成大局观、爱国意识，以及正确的社会认知和文化自信。在"室内工程制图"课程中，可植入室内设计美学的课程，学生在此过程中能够提升审美意识，让学生更热爱自己所学的专业。除室内设计美学外，还可以植入室内设计师素养的相关课程，让学生明白作为一名合格的设计师，必须具有敏锐的观察力、较强的表现能力及丰富的表现手段、准确把握材料信息与应用材料的能力、良好的人际交往与社交能力。笔者相信，在"室内工程制图"课程中植入室内设计美学与室内设计师素养这两部分的思政内容，将有助于学生将专业知识与社会整体利益、个人利益有机统一起来。

3.3 结合学科前沿，将科研融入教学

在"室内工程制图"课程的教学过程中，将科研成果应用到教学环节中，使教学内容、教学方法具有时代性与先进性。通过对环境设计专业及有关学科的科研活动，改善知识结构，提高学生学术水平，加深对本专业学科的理解与认识，从而获得具有创新性、前沿性的知识。激发学生对学科的兴趣，培养学生科学分析问题的能力。

3.4 强化学习过程评价，整合考核评价体系

OBE理念下的课程考核模式要求将以结果为导向的育人理念贯穿于课程教学的全过程，将以学生为中心的教育理念贯穿于学生课程学习的全过程，把全体学生学习效果作为关注的焦点。首先，教师针对课堂内容设置不同程度的阶段性课堂作业检测，将每一个知识重难点教学内容模块化，在课堂实际教学过程中更具体地针对不同个性的学生进行多层次的实践教学检测。就以"室内工程制图"课程为例，第一阶段为识图，主要了解施工图中的组成要素等；第二阶段为绘图，以临摹施工图为主，在临摹过程中了解施工图的制图规范等；最后一阶段为应用实践，结合之前所学的理论知识和绘图知识，在实际场景中画出符合制图规范的施工图纸。其次，学生在课堂学习过程中，要在理论知识学习的基础上自觉构建知识体系，在课堂阶段性检测中，利用具体的课堂实践交流探索，自觉分析自身对课堂知识的掌握和应用情况，并在实践过程中及时发现问题并反馈给老师。最后，教师对阶段性的课堂质量检测结果进行分析，及时进行课堂反馈，对不同的问题有针对性地再作进一步的讲解，学生以路演的方式讲述自己最终完成的作品。

4 结语

综上所述，基于OBE理念的"室内工程制图"课程教学模式，打破了课程之间的壁垒，从以需求为导向、植入课程思政内涵、结合科学前沿、整合考核评价体系这四方面出发，强化了课程之间的关联性，使学生在学习该课程过程中，把理论及绘图能力融入实践操作当中。除此之外，教师也应该不断提升自己的教科研水平，从多元的角度讲解"室内工程制图"这门课程，引导学生体会到这门课程的重要性，增强学习动机，培养学生的动手能力。作为应用型本科教学，应建立良好的教学互动机制，以成果为导向，提高人才培养质量，需要教师在建设过程中努力不懈地进行新的实践。

参考文献

[1] 王汀. 制图基础与室内设计课程教学模式改革初探[J]. 衡水学院学报, 2019, 21 (4): 111-113.

[2] 裴斐, 陶然, 张波. 基于OBE理念的家具设计与制造专业"工坊式"教学研究[J]. 黑龙江科学, 2022, 13 (9): 162-164.

[3] 石国玺, 周向军, 王静. 基于OBE理念的混合式教学模式探索与实践——以《基础生态学》课程为例[J]. 曲靖师范学院学报, 2022, 41 (03): 97-102.

[4] 陈党, 张翠. 基于OBE理念的动画创作类课程设计与实践[J]. 安庆师范大学学报（社会科学版）, 2022 (2): 91-94.

[5] 潘莉萍. 信息时代背景下环境艺术设计教学改革探索[J]. 大观, 2021 (8): 36-37.

[6] 张悭寅. 创客教育视域下高校环境设计教学模式改革研究[J]. 大众文艺, 2019 (2): 200.

[7] 赵坤, 阎娜, 宋丽. 高校环境设计专业室内设计制图课程的立体化教学研究[J]. 美术教育研究, 2020 (17): 176-177+180.

[8] 王汀. 制图基础与室内设计课程教学模式改革初探[J]. 衡水学院学报, 2019, 21 (4): 111-113.

[9] 王汀, 黄德昕. 环境艺术设计专业制图基础与室内设计课程新型改革方式研究[J]. 美术教育研究, 2019 (15): 146-147.

基于 OBE 理念的"工程招投标与合同管理"课程教学创新设计与评价

蒋春霞

摘　要：为满足工程管理专业应用型人才培养方案的要求，将 OBE 理念引入本专业核心课程"工程招投标与合同管理"的课程建设中，本文通过构建教学目标评价过程，整合教学内容，创新教学方法并持续改进，以达到为培养工程管理类应用型人才奠定基础的目标。

关键词：成果导向教育；招投标与合同管理；创新；持续改进

1　引言

"工程招投标与合同管理"是工程管理专业的一门专业核心课程，是学生在掌握了"施工组织设计""工程项目管理""工程造价管理"等课程之后又必须掌握的一门重要课程。这门课程知识点多而杂，而且理论性又非常强。在学习这门课程时如果按照传统的教师主动教、学生被动学的方法，势必会陷入学生学习效率低、解决问题能力不足的恶性循环中。为了改变这种局面，根据教育部和学校对应用型本科院校的应用型人才培养方案的要求，把 OBE 理念引入"工程招投标与合同管理"的课程建设中。本文从基于能力培养建立教学目标、基于教材整合教学内容、基于学生情况改革教学方法、基于实际运用设计评价模式、基于创新进行持续改进五个方面阐述 OBE 理念对课程建设的指导作用。

2　基于能力培养建立教学目标

OBE 理念的核心思想是以能力水平描述学生的学习效果。"工程招投标与合同管理"课程的教学目标一开始就定位于学生在学完本课程之后应该掌握什么样的知识和具备什么样的能力，在本门课程中，具体章节的知识和能力目标如表 1 所示。

表1　课程各章知识与能力目标表

章节	知识目标	能力目标
工程招标	招标方式、招标范围、招标程序	招标文件编制
工程投标	投标文件内容、投标文件编制方法及程序、投标报价分析与策略	投标文件编制
工程开标、评标、定标	开标程序、评标过程及依据、定标原则	判定废标的情况分析

章节	知识目标	能力目标
订立合同、合同管理	订立合同、合同管理过程、合同管理总结	施工过程合同管理
合同索赔	索赔分类、索赔依据、工期索赔、费用索赔	索赔文件编制

作为应用型本科大学,在教学过程中努力达到本课程的教学目标,扩展学生思维,提高学生能力,培养出真正满足企业需求的应用型人才。

3 基于教材整合教学内容

OBE 理念强调知识的整合与连续性,从教学目标出发反向设计课程体系。为使学习的内容与知识能力培养相对应,在"工程招投标与合同管理"课程中把教材里的琐碎知识点整合成一条学习的时间轴,学生可以根据这个化整为零的时间轴来进行本课程的学习,如图 1 所示。

图 1 课程知识时间轴

在招标、投标章节中注意理论知识的理解和各种与之有关的法律法规的规定。比如,法律和行政法规规定的必须招标的范围,违反招投标法应承担的法律责任,工程招投标程序,组建评标委员会,工程量清单招标的编制,投标文件应在实质上响应招标文件的要求等。在评标、定标章节中要理解各种时间的规定和知识点间的联系。比如,投标截止时间(即开标时间,也是投标有效期的开始计算时间),开标的程序,废标的几种情况,确定中标人,订立合同的时间规定等。在订立合同、合同管理章节中要注意各知识点的理解和运用。比如,合同的法律基础,施工索赔的基本知识,国内施工合同及各种国际施工合同中遇到的问题,尤其是费用索赔和工期索赔的解决。

4 基于学生情况改革教学方法

怎样让学生学到这些知识并具有相应能力是 OBE 理念最关注的问题之一,也是教师在设计教学方法时最应该考虑的问题。以前传统的教学方法是教师在上面教,学生在下面被动学,这样使整个教学过程不仅缺乏气氛也培养不出具有创新能力的学生。OBE 理念主张教学活动的组织与实施应以学生为中心,教师运用示范、指导、反馈、建议等方式协助学生达成学习目标。基于 OBE 理念,我们对教学过程进行了重新设计,按照课前、课中、课后三个阶段实施,如图 2 所示。

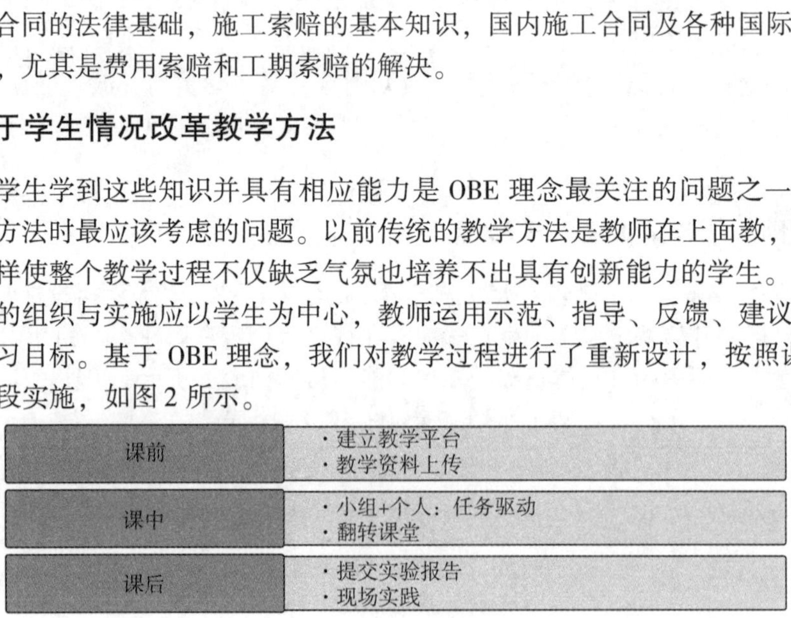

课前	・建立教学平台 ・教学资料上传
课中	・小组+个人:任务驱动 ・翻转课堂
课后	・提交实验报告 ・现场实践

图 2 课程教学实施方法

最开始教师搭建好教学平台，把教学内容的视频、课件、文献资料、习题库等学习资源上传到平台。学生可以先通过平台进行预习，提前自主进入学习。在课堂上，教师可以先引入案例提问学生，完成任务驱动，进入学习。然后，再根据学生的具体学习情况有针对性地讲解章节的重点知识和难点知识。例如，在学习索赔章节的知识时，首先可以将工程实际中的一个索赔案例引入课堂，然后再进入知识的学习，最后又回来解决问题。在具体学习过程中，为了提高学生的学习兴趣，教师可以运用不同的教学方法，如翻转课堂，也可以采用讨论法、案例分析法等。同时，不定期向学生发布教学反馈调研，从学生学习效果及反馈意见中发现问题，并对教学方法进行持续改进。

在具体学习过程中，可以提倡学生采用"小组+个人"的学习模式。例如，在进行投标文件的编制实训时，可以几个学生自愿组成一组分工合作，共同完成一个投标文件的编制任务，这样既培养了学生的团结协作精神，每个人也可以从中发现自己的不足，及时弥补。整个过程完美体现了OBE理念秉承的合作学习、所有学习者都是成功者的理念。

5 基于实际运用设计评价模式

教学的评价模式应该与教学目标、教学内容、教学方法相对应。传统的教学评价主要采用期末考试来鉴定学生的学习效果。这种模式让知识的掌握和运用失去了联系，会滋生大学生中普遍存在的"平时不学习，考前突击复习，考完知识抛之脑后"的不良现象。OBE理念将学生的学习过程划分为不同阶段，一个阶段的不完美只是为改进后面阶段的学习提供依据，而不代表最终评价结果。基于这一理念，本课程建立过程性评价与结果性评价相结合的评价模式，如图3所示。

图3 课程评价模式

在过程性评价中对学生每一个阶段的学习进行反馈，形成的评价主要是为后阶段的学习提供改进的依据，督促学生进行整改。在这个评价中，评价的方式可以是多种多样的，教师可以根据需要采用"作业+阶段测验+实验考核"的方式完成过程性评价，也可以采用"考勤+课堂表现+作业"的方式完成过程性评价等。作业可以是基础理论、基本概念，还可以是招标投标或合同管理过程中遇到的真实案例。结果性评价可以是期末考试，也可以是学习总结。若是期末考试，题型应灵活多样，在内容上既要有基础知识又要有综合性问题，能够充分体现知识向能力的递进。若是学习总结，可以从内容和字数等方面做出要求，为后续毕业论文的撰写打下写作基础。

6 基于创新进行持续改进

在OBE理念的基础上对"工程招投标与合同管理"课程的教学进行改进，能够极大地提高学生应用综合知识、分析和解决问题的能力，为满足高等工程教育专业的人才培养的要求提供强有力的支撑。教师在教学、学生在学习及最后对学生的学习效果进行评价时务必要根据实际情况进行持续改进。其中，持续改进的内容包括：定期做必要的记录，以便评估学生能力的取得程度；评估的结果被系统地加入项目持续改进中；其他可用的协助持续改进的资源。课程持续改进如图 4 所示。

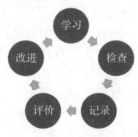

图 4　课程持续改进

7　结语

基于 OBE 理念开展"工程招投标与合同管理"课程教学是为满足国家及学校对工程管理专业应用型人才培养方案的要求。成果导向教育也反映出了工程教育的本质是服务国家和社会经济发展。在教学中坚持"以学生为中心、以行业需求为导向、坚持持续改进"的教学模式，让学生由被动学习变为主动学习。建立了多元化的教学模式、评价方法和反馈机制，让教师和学生间互动加强，这样提升了课程教学效果。把人才培养、服务社会等元素融入教学过程中，解决了传统的教学与实际相互脱节的问题。

参考文献

[1] 张永伟，胡仁东. 我国应用型本科院校人才培养：目标定位及其哲学依据 [J]. 江苏师范大学学报（哲学社会科学版），2018，44（2）：155-160.

[2] 梁红."双一流"背景下研究生公共英语课程体系的再建构与实施策略 [J]. 黑龙江高教研究，2021（3）：103-108.

[3] 刘婕，胡亚辉，王桂莲，等. 基于工程教育 OBE 理念的机械工程专业课程体系建设 [J]. 科技经济导刊，2020，28（6）：111-117.

[4] 李芳蓉，孙彦坪，赵明，等. 基于"项目导向、任务驱动"教学法的分析化学教学改革的思考 [J]. 卫生职业教育，2018，36（2）：20-22.

[5] 顾佩华. 基于"学习产出"（OBE）的工程教育模式——汕头大学的实践与探索 [J]. 高等工程教育研究，2014（1）：27-37.

基于OBE理念的应用型土木类本科生课程模式探索

章浩龙

摘　要：土木类学科是工程学科的重要组成部分，目前应用型土木类本科生培养受传统教育模式改革制约、土木类课程学科交叉深度不够、课程质量提升系统和监控系统不完善等因素影响，难以建立高效的适应于应用型土木类本科生的课程培养模式。为完善应用型土木类本科生教学模式，本文结合OBE理念，创新性地构建了包含"四自教育"在内的基于OBE理念的应用型土木类本科生课程模式，有望为土木类本科生培育提供有力的借鉴方案。

关键词：土木类本科生；OBE理念；"四自"教育；课程模式

我国高度重视土木事业，改革开放以来，房建、铁路、公路和桥梁等土木类工程如雨后春笋般涌现，新结构、新材料和新技术得到大力研究、开发和应用。为促进土木事业稳固持续发展，人才力量需高度重视。人才培养与专业基础建设密不可分，其中应用型本科生为促进土木事业可持续发展提供着人力资源和科学技术支撑，同时人才培养也关乎高校自身学科发展乃至社会经济发展。

从现有情况分析，应用型土木类本科生课程模式面临改革的重大考验。目前，针对高校土木类本科生培养已有大量研究，如关凯等以"应用岩石力学"课程的教学过程为案例，采取了多种教学方法，有效构建了岩石力学基础理论和采矿工程生产应用的联系；邱述金通过国内外案例对比方式，分析了理论力学教学注意的问题；蒋敏等建议强化实践教学和师生互动在工程制图的人才培养模式中的地位。以上成果均有利于完善和丰富土木类本科生课程模式，部分理论也随之付诸教育实践，但这些研究大多面向于特定土木类学科科目，且均未深刻地综合考虑传统教学方式改革制约、土木类课程学科交叉不够、课程质量提升系统不完善和监控系统等问题在应用型土木类本科生课程模式中的影响，未能充分考虑当前土木工程发展趋势与市场改革在应用型本科生培养中的重要影响。

本文分析了应用型土木类本科生课程模式探索过程中已存在的问题，以问题为研究起点，提出包含教师、学生及课程管理机制等层面的课程创新培育解决方案，探索基于OBE理念的应用型土木类本科生课程模式，以期为相关院校应用型本科生课程改革提供借鉴与参考。

1　应用型土木类本科生课程模式存在的问题

目前应用型土木类本科生课程模式存在以下问题。

1.1 课程改革进程受地理位置、社会发展水平等因素限制

第一，部分应用型本科院校地处较为偏远的地区，可能存在教学指导经验不够科学、信息接收不及时的问题，致使其办学理念、教育制度、教学设施相对落后；第二，师资队伍框架的完整性可能被轻视，导致教师人才奖惩机制不够完善，教师人才引进不稳定，不利于组建稳固的应用型土木类本科生课程模式改革的人才队伍；第三，师资团队的构建未能充分考虑现今土木市场人才培育的需求，存在信息差。

1.2 土木学科在多元学科融合工作方面较为欠缺

第一，部分应用型本科院校缺乏土木类跨学科人才培养模式的经验，学科交叉融合意识不强，水平不够，未能充分发展土木学科与计算机信息技术、环境工程等学科的融合；第二，应用型土木类本科生学科交叉融合的课程、企业等社会实践项目较少，社会服务成果不够，不利于培育复合型土木类本科生，急需构造符合土木工程发展趋势和相关市场要求的培养方案；第三，学校对学科交叉融合重视不够，缺乏相关激励和评价机制，难以持续激发师生参与多元学科改革的内在驱动力。

1.3 课程质量提升系统和监控系统有待完善

第一，部分高校发展定位不够明确，结合土木行业的应用型土木类本科生课程评价标准和评价体系不够完善，本科生教育课程和毕业论文的管理内容较为单薄，忽视了应用型人才教育特质；第二，土木类本科生课程的过程管理和教育监督系统有待完善，存在重知识、轻能力现象，学生自我革新、自我管理能力不足，急需强化各教学环节课程监控系统。

2 应用型土木类本科生课程模式改革方案

OBE理念的实施，可以帮助学校改进教育教学和管理方式，有益于教师指导学生工作的开展。在实际执行过程中，关键要做好五个确定：确定专业毕业要求；确定专业毕业要求中每个要求对应的分指标点；确定支撑各分指标点对应的教学环节；确定各教学环节的权重；确定各教学环节课程目标。针对当前应用型土木类本科生培养模式存在的三点问题，结合OBE理念，综合性地提出以下四点改革方案。图1为基于OBE理念的应用型土木类本科生课程模式探索流程，其中涵盖了存在的问题和改革方案。

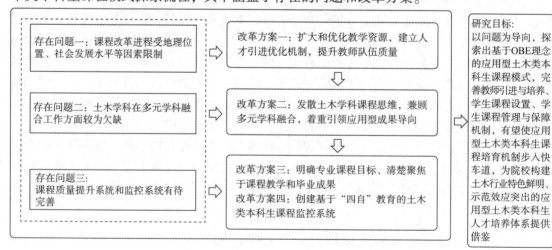

图1 基于OBE理念的应用型土木类本科生课程模式探索流程

2.1 扩大和优化教学资源，建立人才引进优化机制，提升教师队伍质量

教师承担了传道授业解惑的重要职责，其队伍的质量直接决定了学生培育质量，通过增强教师教学技能和完善人才保障机制等途径，优化本科生教师队伍，打造高水平土木类教学团队。

科学定位学校土木办学理念与人才培养目标，有组织、有计划地引进教师人才。根据学校发展定位等客观实际，与同类院校作对比，分析自身土木专业领域的发展优势和不足，重在找准专业特色，依据校方实力等条件，有需求、有计划地进行教师人才选取与聘用；多方面分析现有的土木专业师资队伍整体结构和学科专业建设，统筹考虑教师职称和学历结构、年龄层次，且兼顾其学缘和地缘结构，找出需要哪些方面的土木教师人才；现今的土木工程日益同使用功能和生产工艺紧密结合，如工业建筑物在恒温、防震、耐高温、防爆与防尘等性能上要求愈加严格，此外，高层建筑、地下工程、城市管网交通等土木建设领域的发展日新月异，因此在培养应用型土木人才的师资选择上应当更加注重考察其是否拥有复合型工程知识、良好的技术能力和优越的现代化教学思维；充分利用社会资源，在周边城市或临近省份选择合适的土木专业开设的高校，可建立兄弟联合体，共享教学资源，学生定期来往参观、交流和学习。签订联合培养协议实现资源的互补，做到各方、各部门、各教学和行政岗位协同并进，集中精力为课堂模式改革创建良好的教学设施、教学团队。

2.2 发散土木学科课程思维，兼顾多元学科融合，着重引领应用型成果导向

全力优化土木课程教学方法，保证课程建设凸显高校土木学科特色，将思政元素融入本科生教育教学全过程，保证思想政治理论课与土木学科同向而行，形成协同效应。在课堂中，教师注重土木类本科生的跨学科思维能力提升，倡导学生养成自主建立多元学科联系的能力和自主创新意识。结合地方经济发展，着力打造文理渗透、理工结合的多学科交叉融合土木精品课程教学，如对于肇庆地区，开设构建服务于西江流域生态修复、土地利用与建设、装配式结构建筑建设、工程全寿命周期管理等相关社会需求的课程体系。

OBE 理念注重成果转化效益，理论指导实践，应用型本科教育离不开科研创新平台，因此搭建多元学科土木创新科研平台，以此开阔土木类本科生学术视野和提升科技创新能力，进而促进学生归纳总结出更多高水平的实践经验；搭建高校土木类本科生国际交流和校企合作平台，构建合作学校教学基地，有利于混合式师资团队的形成，校内师资队伍工程能力的提升，有利于新型教学体系的形成，有利于面向建设行业和社会的本科生人才培养质量的提升。

近年来，计算机和人工智能领域因其高效性，在各行各业均有涉及。土木工程建筑、构筑物在使用过程中会发生不同程度的损伤与性能退化，因此现代计算机、通信与信息处理等技术被运用在土木工程领域中，特别是对于大跨度的桥梁结构、大型水利建筑等，其均需要长期且稳定的结构受力和环境监测，因此结合当下热点和难点，可以利用此前搭建的兄弟联合体平台，引导学生强化学习计算机通信技术知识，增加本科生参与成果转化应用的机会，实现资源合理利用和分配，促进跨学科的土木类产、学、研、用的成果输出，真正达到实现应用型本科教育的社会效益目标。

2.3 明确专业课程目标、清楚聚焦于课程教学和毕业成果

在构建多元学科思路的基础上，瞄准土木学科发展前沿，以数字化、信息化的新工科

模式为导向，严格要求课程教学能力培养和毕业论文过程指导，以"问题导向"为切入点，清楚聚焦于课程教学和毕业成果两个层面。

（1）课程教学。聚焦土木建设社会服务需求，针对性制订课程教学目标、大纲和课程进度表等教学材料；主张师生互动性，科学合理地设置土木工程一级学科科目，强化师生协同课程探索，增加学生参与度；进一步融合课程思政元素，促使应用型土木类本科生专业技术与心智道德同步提升，利用公共素质教育课程，将专业素质提高培养纳入土木类本科生培养计划。采用创新讲座式的课堂教学方式，引领学生自主选择土木领域前沿课题并开展小组研究与实践，激发课堂活力。

（2）毕业成果。在兼具土木科学前沿创新性和社会需求的前提下，充分尊重学生选取毕业设计和毕业论文的主体地位，强调选题的内容丰富化和形式多样化，在选题时可指导学生倾向选择实践性强的科研课题，强化本科生的科研实践意识，同时提高社会服务能力，如选择当前一些技术研究热点，合理利用自然资源发展土木工程建筑设施，实现可持续发展；创建及时有效的结构监测和预警机制，保障土木工程结构的使用等。构建多元学科融合和跨学科联系的学位论文选题体系，如传统土木建造和人工智能技术结合等；提升学位论文答辩门槛，强调成果的应用价值，进而建立并实行相对严格的毕业论文和毕业设计评审与教师答辩组监管制度；加强师生学术交流，开展师学毕业事项研讨会议，及时掌握学生论文研究动态、特点。

2.4 创建基于"四自"教育的土木类本科生课程监控系统

"四自"教育被广泛应用于教育领域，是成功的学生教育理念，以自我教育为体现，能够实现学生的自我教育、自我管理、自我服务和自我认识。OBE理念重要的一项是，学生的"最终成果"并不是不顾学习过程中的结果，因此学校应根据最后取得的最佳成果，按照反向设计原则设计课程，分阶段对阶段成果进行评价。

课堂前期制订能清楚预期学生学习成果的学习蓝图、正确的指挥棒和科学的课程监控政策导向，将上述元素作为课程、教学、评价的设计与执行的起点，任何课程均与所有的相关课程紧密结合，加强本科生课程中期考核，实行期末评价制度，如"土木工程概述"课程，作为一门重要土木综合性基础课程，兼具综合性、社会性和实践性等，涉及材料设备的施工、保养和维修等技术，故在考察学生过程中需要兼顾一些其他学科的基础知识，如环境工程、城市规划、建筑学和设备工程等相关课程知识。

规范毕业论文的开题报告、论文盲审和论文答辩等环节，严把出口关；加强论文过程监控，建立指导教师第一责任制，实施本科生团队指导制；定期对本科生培养质量进行诊断式评估，以问题为导向，持续改进可能出现的教学问题；及时宣传、展示应用型土木类本科生取得的应用实践成果，与土木行业前沿信息协同，调动本科生主动提升意识，构建浓厚的实践创新和科技创新学习氛围；树立师生工作协同感与认同感，认清课堂不只是教师的天地，应充分聆听学生需求，同时接受学生建议与反馈，正向完善培养机制。

3 结语

针对目前关于应用型土木类本科生课程培养模式的缺漏和不足，本文分析了传统教育模式改革制约、土木类课程学科交叉深度不够、课程质量提升系统和监控系统不完善等问题在应用型土木类本科生课程模式中的影响，提出了包含教师、学生及管理机制等层面，结合当前土木发展趋势和市场要求的创新培育解决方案，探索出基于OBE理念的应用型土木类本科生课程模式，完善了教师引进与培养、学生课程设置、学生课程管理与保障机制，有望使应用型土木类本科生培育机制步入快车道，为相关院校构建土木行业特色鲜明、示范效应突出的应用型土木类本科生人才培养体系提供借鉴。

参考文献

[1] 高博．新时期我国土木工程事业可持续发展问题研究［J］．中国新技术新产品，2012（2）：186．

[2] 孙浩然．对新时期土木工程事业可持续发展问题的几点思考［J］．科学中国人，2016（3）：161．

[3] 关凯，朱万成，刘洪磊，等．新工科课程教学设计与实践——以东北大学应用岩石力学课程为例［J］．高教学刊，2022，8（6）：71-75．

[4] 邱述金．工科理论力学课程教学新方法研究与探索［J］．教育现代化，2019，6（71）：237-239．

[5] 蒋敏，乐天明．工程制图课程教学改革研究与实践［J］．大学教育，2018（4）：60-62．

[6] 王友，张海波，陈雷，等．基于OBE理念的"有限元分析"课程教学改革探索［J］．南方农机，2022，53（12）：156-159．

[7] 顾佩华，胡文龙，林鹏，等．基于"学习产出"（OBE）的工程教育模式——汕头大学的实践与探索［J］．高等工程教育研究，2014（1）：27-37．

[8] 朱征军，李赛强．基于一致性原则创新课程思政教学设计［J］．中国大学教学，2019（12）：24-28．

[9] 刘安毅．浅谈对"四自教育"的理解［J］．职业，2016（9）：115-116．

基于"OBE+思政"理念的"城市绿地系统规划"课程教学改革研究

张亚娜

摘 要:"城市绿地系统规划"是风景园林专业重要的核心基础课程。针对当前"城市绿地系统规划"课程在教学中存在的教学模式单一、教学内容覆盖面过大、课程思政体现不足等问题,讲述"OBE+思政"理念在"城市绿地系统规划"课程中应用的必要性,从课程教学目标优化、思政元素融入、教学改革策略等方面,指出并实施"OBE+思政"理念下的课程教学改革途径,并对"OBE+思政"理念下"城市绿地系统规划"课程教学改革效果进行分析,以期为相关课程的教学改革提供参考。

关键词:成果导向;课程思政;城市绿地系统规划

当前,随着社会的发展和时代的进步,高等教育一直也在探索如何把大学生培育成德智体美劳全面发展的社会主义时代新人,"OBE+思政"理念在此背景下应运而生。OBE模式是一种以学生学习产出为导向的成果导向教育模式,该教学模式以"反向思维"的教育设计,将培养目标贯彻到教学大纲中,确定教学内容、考评方法、教学手段等核心,以此实现对人才培养目标的支持,并对设计的课程体系和教育教学方法实行连续性更新。课程思政实质上是中国高校德育的进一步升华,教育部颁发的《高等学校课程思政建设指导纲要》指出,全面推进课程思政是落实立德树人根本任务的战略举措,是提高人才培养质量的关键任务,通过课程思政,将进一步帮助中国大学生培养社会主义核心价值观,实现三全育人。

OBE教育模式中的"成果导向",不仅仅需要学习者具备处理复杂问题的能力、实际创新的能力,还应当具备较高的人文科学素养和社会适应性,这与课程思政中落实立德树人根本任务的思想充分契合,因此,两种理念的相互结合有助于实现高等教育德智体美劳全面发展的人才培养目标。为此,本文将以风景园林专业核心基础课程"城市绿地系统规划"为研究对象,探索"OBE+思政"理念在"城市绿地系统规划"课程中应用的可行性,指出并实施"OBE+思政"理念下的课程教学改革途径。

1 "城市绿地系统规划"课程融合"OBE+思政"理念的必要性

1.1 "城市绿地系统规划"课程在教学过程中存在的问题

"城市绿地系统规划"课程为风景园林专业的核心基础课程之一,包括城市绿地的发展趋势、居住区绿地规划设计、城市公园绿地规划设计、城市绿地总体规划、道路广场绿地规划设计及其相关的标准规范等内容，具有较强的理论性与实践性，但从高校人才培养目标的需求来看，"城市绿地系统规划"课程在教学过程中还存在以下问题：一是教学模式单一，学生参与度不高，课堂内容多以"教师台上讲、学生台下听"为主，并没有体现以学生为中心和以结果为导向的教育宗旨，学生兴趣与积极性明显缺失，也没有呈现系统化与层次性的教育目标；二是教学内容覆盖面过大，课程重点讲授城市绿地系统总体规划与详细规划，涉及园林规划设计、园林植物学、风景园林艺术原理等基础知识，学生需要储备的知识较多；三是课程思政体现不足，在专业课教学上，学校和老师往往更强调课程的应用性和专业性，更注重知识的传播，而忽略了人文素质教育。

1.2 "OBE+思政"理念应用于"城市绿地系统规划"课程的意义

"城市绿地系统规划"课程具有易懂难用的特点，单靠传统的基础理论教学活动与考核模式很难培养学生的实践能力。所以，在"城市绿地系统规划"的授课过程中，应该结合OBE模式，以学生为中心，根据学生未来需要的基础知识、技术和素质等进行人才培养，加强学生实践能力的训练。在OBE模式下，将课程思政融入"城市绿地系统规划"教学之中，将人本教育贯穿人才培养的始终、思想政治教育贯穿教育教学的整个过程，既能提高教学效率，又有助于学生塑造健全人格、锻炼思维能力，还能有效提高学生的整体专业素养。

2 "OBE+思政"理念下教学目标优化与思政元素融入

2.1 教学目标的优化

OBE模式下的"城市绿地系统规划"课堂教育更侧重于学生的能力培养，力图通过构建品质保证体系，提高人才能力培养质量；将课程的思政元素贯穿各个教学环节，在润物细无声中做到了立德树人。由于OBE模式与课程思政的吻合，课程目标以此为基础，着力提高人才培养质量，提升学生的整体综合素养。根据企业对风景园林专业毕业生的用人要求，以及广东理工学院对风景园林专业学生的培养目标，并结合学情，"城市绿地系统规划"课程的主要教学目标是帮助学生了解"城市绿地系统规划"课程的基础知识，掌握"城市绿地系统规划"课程的编制要求、内容和程序等，并指导学生把专业知识运用于城市各类绿地规划实践中，在处理环境问题的同时，培养学生的社会责任心、爱国情操，同时通过小组完成公园绿地、居住区绿地、道路广场绿地等规划设计任务，培养学生的工匠精神，促使学生养成绿色环保意识、团队协作意识、创新意识等。

2.2 思政元素的挖掘与实践

课程思政将进一步发掘、提炼绿地系统规划所具有的思政元素，达到专业知识教学与课程思政教育在知识传授、能力训练和价值引导等方面的统一。根据广东理工学院风景园林专业的学科背景，在研究了教学的技术性目标"形成城市绿地规划总体思路和城乡建设一体发展规划布局，将基础理论专业知识运用于实践工程设计项目"的基础上，引申出"爱国主义、文化自信、职业责任、敬业奉献、工匠精神、创新精神、生态环保、可持续发展"等思政元素，并挖掘了四个思政元素的切入点：以发展视角谈爱国主义和文化自信；从个案分析职业责任和敬业奉献精神；按照现代规律诠释工匠精神和创新精神；从教学设计优化视角分析生态环境保护与可持续发展。进而系统设计了与思政教学相互融合的课程教学模块，如表1所示。

表1 "城市绿地系统规划"课程思政元素的切入点

知识模块	教学模块	思政元素的切入点
总规	城市绿地系统基础知识	在讲解城市绿地系统相关基础知识时,通过融入中国古典园林的悠久历史与造园特色分析,树立学生强烈的文化自信、民族自信,厚植爱国主义情怀
	城市绿地系统的分类及指标计算	城市绿地规划设计任务,需要多个专业、多个部门协调合作完成,通过对一些因设计失误而造成人员伤亡或财物损失的实际案例剖析,引导学生掌握专业知识,真正理解并内化职业责任与敬业奉献精神
	城市绿地系统规划编制	
详规	公园绿地规划设计专项	通过各种绿地规划规范和优秀作品案例的学习,突出体现工匠精神在新时代经济发展和社会进步中的作用,激励学生不断学习、创新。对鼎湖山国家自然保护区、广州海珠国家湿地公园等案例进行讲解,使学生树立生态环保的设计意识和可持续发展的规划理念
	居住绿地规划设计专项	
	道路绿地规划设计专项	
	其他绿地规划设计专项	

3 "OBE+思政"理念下"城市绿地系统规划"课程教学策略改革

传统填鸭式的课堂教学形式已经无法调动学生的学习积极性,因此基于"OBE+思政"理念的教学策略应从"以教师为中心"转化为"以学生为中心",并借助研讨式、活动型等课堂教学形式加强老师与学生间的有效交流,从而实现从传统填鸭式课堂向研讨型启发课堂的转变。在"城市绿地系统规划"课程教学中,通过实施线上线下混合型课堂、任务驱动型课堂等教学模式和教学手段的变革,培养学生搜集资料、语言表达、人际交往以及终身学习的意识,并通过项目任务实现学生自主学习、合作学习和创造性学习。

3.1 线上线下混合式教学

针对理论知识单调、学生学习兴趣不足等问题,可采用线上线下混合式教学模式,在上课前利用雨课堂推送鼎湖山国家自然保护区建设的链接和视频,利用视频让学生更深刻地了解生态环境的重要性。课程中采用雨课堂发布教学讨论主题,并进行头脑风暴,活跃课堂气氛,培养学生的交流与语言表达能力;课后,通过雨课堂推送拓展知识链接,进而弥补课程教学内容多、信息量大、学时有限的缺点。

3.2 任务驱动式教学

针对课程知识点零碎,无法形成课程架构的情况,对课程内容加以合理安排与梳理,采用任务驱动式教学模式,突出教学内容的重难点。比如,在讲解城市绿地系统的建设内容后,由学生分小组对肇庆市的城市绿地的分类及其规划发展状况进行调查,并形成调查报告,进而提出肇庆市城市绿地系统优化调整方案。由老师选择2~3个优秀方案,并要求学生在课堂上进行汇报展示，经同学互评后，由老师点评并总结。这种方法既能指导学生发现新问题、思考问题、解决问题，从而使理论和实际相结合，又能培养学生的自主学习能力及终身学习意识。

3.3 与企业深度合作，开展实践教学

针对无法与专业技能高度融合的问题，依托校企合作开发与专业高度融合的教学环节，创造模拟实践的条件。聘请企业专业技术导师开展实地指导教学，并引导学生走进校企合作的实习场所，通过分组活动，进行实践性教学，指导学生了解城市绿化的有关法律规定、技术标准、设计规范和技术理论知识等，并运用于方案设计实践。实践课程完成后，由学校老师和企业导师组成小组，对学生的汇报和课程规划设计情况进行评分。

3.4 以赛促学，落实人才培养目标

针对课程实践机会少、无法满足学生需求等问题，在授课过程中，鼓励学生参与各类景观设计大赛，在实践中提高综合设计能力。以2022年在广东理工学院举行的第一届"花园建造节"园林景观设计与施工技能竞赛为基础，以校园绿地规划设计为过程主线搭建桥梁。学生通过校园绿地规划设计熟悉城市各类绿地规划设计的基本流程，进而提高自身专业技能水准，提升专业实践能力，明确该课程模块对完成课程目标的贡献。以学生学习产出成果为导向，逐步加强学生对理论知识的应用能力。

4 "OBE+思政"理念下"城市绿地系统规划"课程教学改革效果分析

4.1 融入信息技术，评价体系合理，目标达成度高

通过课前自学、课中研学、课后拓展，在有引导、有思考、有反馈、有总结的教学中，融入信息技术，梳理框架，明确学习目标，加强学生对不同类型绿地的规划设计能力，采用雨课堂后台进行课前自主评分、课中现场展示评分和校企合作模拟评分、课后教师评分的全过程综合评价方式，评价体系较客观全面，通过数据记录分析，教学目标基本实现，如表2所示。

表2 "公园绿地规划设计专项"教学模块评价体系（模块权重15%）

课前（20%）			课中（60%）					课后（20%）		
评价内容	评价方式	评价主体	评价内容	评价方式	评价主体			评价内容	评价方式	评价主体
视频资源学习	自主评分	教师	项目规划设计方案	校企合作模拟评分	企业导师			方案优化	教师评分	教师
					教师					
					学生					
			方案汇报	现场展示评分	企业导师					
					教师					

4.2 丰富课堂活动，拓宽学习思路，学生参与度高

对肇庆市绿地系统建设情况调研任务、公园绿地规划设计任务、园林景观设计竞赛任务等教学活动进行设计，学生的参与度明显提高。通过雨课堂的平台数据统计与分析，在分组作业、知识测评、投票问卷等教学活动中，学生的参与度都很高，回答问题也越来越

有逻辑性和创新性。

4.3 优化课堂教学环节，融入趣味软件，激发学习兴趣

优化课堂教学环节，利用有限的课堂为学生搭建轻松和谐的平台；采用闯关游戏、全能抽奖软件等新颖的形式，激发学生兴趣。学生在享受学习的过程中，能更充分地理解理论知识，并能将理论知识运用到实际的各类绿地规划设计中，增强了自主学习和创新意识。

5 结语

"城市绿地系统规划"课程教学改革以OBE模式为基本理念，利用课程思政培养学生的专业认同感、社会责任心和爱国情感，从而充分发挥专业课的思政教育功能。在新时代背景下，把OBE模式与课程思政相融通，并实施课程教学改革，对实现高等学校的思政育人、文化育人、专业知识育人、实践教育育人有着重要促进意义，在一定程度上为培养符合标准的风景园林专业应用型人才提供了有力的支撑。

参考文献

[1] 丁晨旸，王崑，张璐，等. 成果导向教育模式下城市绿地系统规划课程教学改革模式探索[J]. 安徽农业科学，2018，46（13）：230-231.

[2] 马玉春，董治中，王志奇，等. 基于OBE理念"腐蚀与防护"课程思政的教学设计与实践[J]. 实验室科学，2021，24（6）：231-233.

[3] 梁兴，江俊飞. OBE理念下"课程思政"融入实践课教学的探索——以能源与动力工程专业生产实习为例[J]. 宿州教育学院学报，2022，25（1）：43-47.

[4] 王迎辉，卢振生，王九龙，等. 课程思政协同OBE理念的"汽车构造"教学研究[J]. 时代汽车，2022（5）：51-52.

[5] 李美卉，解维威. 园林绿地规划课程教学改革与课程思政协同建设研究[J]. 农业科技与装备，2021（4）：88-90.

[6] 杨晓华. OBE理念下课程思政教学实践——以"初级会计实务"为例[J]. 江苏经贸职业技术学院学报，2021（6）：77-79+86.

基于雨课堂的"建筑施工组织设计"课程教学改革与实践

张飞飞　孙佳雨

摘　要：本文以工程管理专业"建筑施工组织设计"课程为例，尝试采用雨课堂的线上线下混合式教学模式进行改革与教学。通过混合式教学和传统课堂授课教学进行对照实验，对比两种模式下学生单元测试成绩，混合式教学模式下的成绩要比传统课堂的高，说明采用基于雨课堂的线上线下混合式教学模式可以活跃课堂氛围，提高学生自主学习的积极性。

关键词：雨课堂；施工组织设计；教学；改革；实践

1　教学改革的必要性

1.1　国家高度重视课程改革创新

教育部自 2017 年 2 月起积极推进"新工科"建设，发布了多项"新工科"研究的通知，探索形成中国引领全球工程教育的模式和经验。2018 年 4 月，教育部下发了《高等学校人工智能创新行动计划》的通知。2020 年 5 月，为推进新型工程学科建设的深化、拓展、突破和再出发，推进高校体制创新，教育部决定抓住未来科技发展的机遇，在高校建设未来技术学院。"建筑施工组织设计"是多个工科专业的基础课程，有助于培养学生的逻辑思维和创新能力。

1.2　传统课堂的缺点

传统课堂的授课模式主要是教师对各章节知识点进行理论讲授和实验操作演示，学生在课堂学习后进行练习和复习巩固，无论老师讲授还是学生进行练习都是在课堂有限的时间内进行的。这种授课模式易导致学生自主学习能力差、授课方式单一等问题。

（1）学生自主学习能力差。"建筑施工组织设计"课程是一门理论与实践相结合的课程，是工程管理专业的基础核心课程。在传统课堂内，老师是一节课的主导者，而学生则是被动参与者，学生跟着老师的授课思路走，但是也容易使部分学生失去独立思考的空间。在传统课堂内一节课的时间是有限的，老师以展示课本及教学大纲所要求的内容为主，学生独立思考和练习的时间有限，而且养成了等待老师逐步讲解和步步讲授操作的不良学习习惯，造成了学生自主学习能力和独立思考能力差等问题。

（2）授课方式单一。"建筑施工组织设计"课程的理论部分内容较多且涉及绘制流水施工图和计算工期部分,需要学生能把所学的专业知识融会贯通。传统课堂的授课模式是"老师教、学生学",在课程结束之后进行统一的闭卷考试,授课方式单一。由于受到授课时间的限制和学生的个体差异性,对每一位学生的疑难问题进行解答和互动需要消耗大量的上课时间,导致可展开的教学活动有限,师生间良性互动交流的机会少,无法系统地提升学生的创新协作能力。单一地通过期末考试的卷面成绩来评定学生对该课程的掌握情况,缺乏一定全面性,不能激发学生的自主学习热情。

2 基于雨课堂的混合式教学模式及实践

2.1 混合式教学模式

如今,混合式教学还没有统一模式,一般是"线上+线下"的教学模式,它结合了传统教学和互联网教学的优点,让学生由浅入深地学习。基于传统课堂对教学改进,进行混合式教学,如图1所示。改进的教学设计由雨课堂课前导入、课前测试、参与式学习、随堂测试和课后测试五个部分组成,雨课堂导入和课前测试属于预习环节,参与式学习和随堂测试是雨课堂授课环节,课后测试是整节课的课后总结环节。

2.2 混合式教学实践

2021—2022学年第一学期,针对广东理工学院2019级工程管理专业学生,将基于雨课堂模式下的混合式教学运用到"建筑施工组织设计"课堂中,针对"流水施工原理"章节进行教学改革实践,并与传统教学模式进行对比。

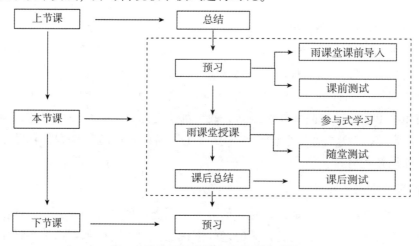

图1 基于雨课堂混合式教学模式设计

(1)预习。通过学生上节课的课后测试,以及本节课的预习所反馈给授课教师的信息,针对本节课的重点难点或不易理解的内容,制作以选择和填空为主的课前测试题。授课教师要做好对应的准备工作,课前授课教师可以把要讲授的主要内容录制成微课视频或者在授课平台找到相匹配的教学视频,在课前推送给每一位学生,让学生有充足的时间预习要学习的知识,并且带着独立思考的问题进行学习,这样可以充分保证课堂的授课质量,让教师有充足的时间对学生所遇到的问题进行答疑解惑,也可以增加师生之间的良性互动。

课前通过雨课堂小程序布置"流水施工原理"章节的学习任务和要求，把课程所需要的PPT和学习视频提前发给学生，要求学生认真独立地完成预留的问题，课堂上通过雨课堂随机点名的模式抽查回答问题。"流水施工原理"章节的预习重点是理解流水施工的基本概念及不同流水施工的计算方法，例如，工艺参数、空间参数和时间参数所包括的内容及表达符号，什么是等节奏流水，什么是异节奏流水，什么是无节奏流水。此外还要学生学习几种不同节奏流水的横道图绘制，分析复杂的横道图和确定不同施工段之间的搭接时间和间歇时间等。在发布PPT和学习视频时可以包含以上内容，同时还可以预留一些简单的思考题，让学生带着问题去自主学习，培养学生的学习积极性和主动性，同时也可以培养学生良好的学习习惯和独立思考能力。

（2）雨课堂授课。雨课堂授课是整个教学模式的核心环节，包括参与式学习和随堂测试。其实，通过上节课的课后测试、本节课的课前测试和预习三个方面所反馈的问题，授课教师已经对学生的学习情况有所了解。授课教师可以事先设计好教学互动，营造良好的课堂学习氛围，以便引导学生由浅入深地系统学习。

首先，学生通过授课教师在平台上发布的"流水施工原理"章节相关的PPT和教学视频进行自主学习，以完成课前的预习；同时，授课教师在平台上收集学生通过课前预习反馈的问题，例如什么是流水施工，在建筑施工过程中为什么要进行流水施工，流水施工的作用是什么等。然后，教师在课堂上引导学生手机与课堂同步，此时手机不再是老师严防死守的娱乐工具了，学生通过雨课堂学生端可以对讲课过程中不明白的知识点点击"不懂"选项以实时反馈给教师，这让教师可以实时了解学生的学习情况，调整上课速度，达到学生掌管课堂进度的目的，同时，教师可以进行现场解答，或者运用随机点名的形式找学生进行相互解答。最后，使用雨课堂习题的功能进行随堂测试，通过学生的测试结果验证学生对"流水施工原理"章节知识的掌握情况。对于客观题，雨课堂小程序可以马上判断出答案正误，从而教师可以看到整个班的得分和统计情况；对于主观题，学生可以采用文字、图片或者语音方式作答，授课教师在系统内进行批改。

（3）课后总结。经过雨课堂授课，授课教师可以对本节课的重点和难点进行简要概述，有助于学生明白本次课程的学习目标和课后复习。通过基于雨课堂的混合式教学模式，教师可以直观地得到本节课的教学数据，例如出勤情况、缺勤同学、在授课过程中还有哪些知识点不懂以及学生在线上随堂测试中对客观题和主观题的答题情况，如图2所示。通过雨课堂线上测试还可以清晰地看到每位同学做客观题的详细情况，如图3所示。通过这些数据和雨课堂后台的分析，可以让授课教师及时掌握学生对所讲授内容理解和吸收的情况，以便授课教师及时调整授课重点和进度，并及时补充新的知识点，更好地做到教与学的结合。"流水施工原理"章节内的知识点多，需要学生课后复习并理解。使用雨课堂教学，便于学生课后随时通过雨课堂微信小程序或者雨课堂官网查找相对应的PPT和教学视频。

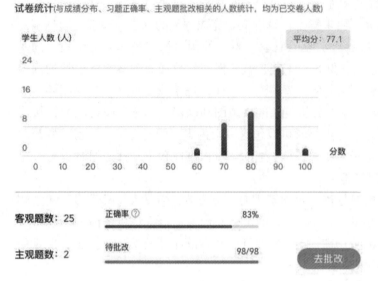

图 2　实验班试卷统计　　　　　　　图 3　客观题正确率统计

2019 级工程管理专业两个班"建筑施工组织设计"课程的"流水施工原理"章节的课后测试成绩对比如表 1、图 4 和图 5 所示。课后测试的满分为 100 分,实验班级的平均分为 77.1 分,对照班级的平均分为 72.1 分,两个班此次的随堂测试均呈正态分布,采用雨课堂教学的实验班级的平均分要比传统课堂的对照班级的平均分高 5 分,成绩达到良好和优秀分数段的人数实验班级高于对照班级。从两个班级的平均分和成绩趋势来分析,采用混合式教学模式的实验班级要比采用传统教学模式的对照班级成绩好一些,这说明在"建筑施工组织设计"课程的"流水施工原理"章节的教学实践中,雨课堂小程序的教学增添了课堂的趣味性,可以提高学生听课效率和学习效果,同时也无形中拉近了老师和学生之间的距离,促进了师生之间的交流。

表 1　实验班级和对照班级成绩对比表

实验班级			对照班级		
分数段	人数	百分比	分数段	人数	百分比
90～100	2	4.08%	90～100	1	2.04%
80～89	24	48.98%	80～89	13	26.53%
70～79	14	28.57%	70～79	19	38.78%
60～69	7	14.29%	60～69	11	22.45%
0～59	2	4.08%	0～59	5	10.20%
最低分数:56	考试人数:49	区分度:0.316	最低分数:48	考试人数:49	区分度:0.347
最高分数:94	平均分数:77.1	难度:0.771	最高分数:93	平均分数:72.1	难度:0.721

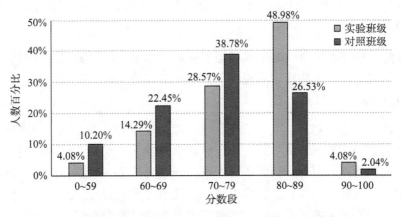

图 4 实验班级和对照班级各分数段人数百分比对比图

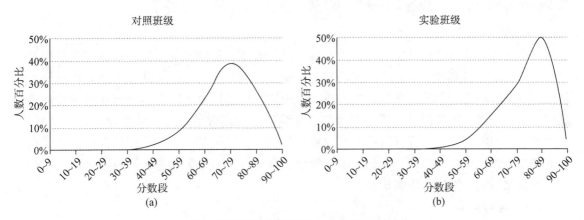

图 5 实验班级和对照班级的成绩正态分布
(a) 对照班级；(b) 实验班级

为了更好地了解线上线下混合式教学模式的有效性，在课后用雨课堂发布了问卷调查，让学生从多个角度对基于雨课堂的混合式教学模式进行评价。此次共发放调查问卷49份，回收49份，有效率100%，结果如图6所示。从调查结果可以看出，基于雨课堂的混合式教学模式得到了学生的认可。

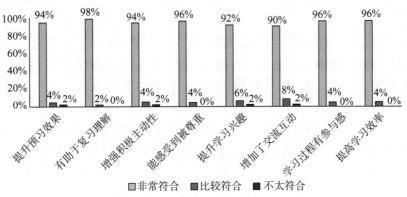

图 6 学生对学习效果的评价反馈

3 思考与改进

结合雨课堂小程序的混合式教学模式虽然提高了学生的听课效果，并激发了学生自主学习的积极性，但是在教学使用的过程中仍然存一些问题，从以下几个方面进行阐述。

3.1 学生层面

通过雨课堂上课给一部分学生玩手机游戏或者刷视频的可乘之机，出现这种情况主要是因为部分学生对所学专业了解不深入，致使其学习目标不明确和学习态度不端正，有些学生以为上了大学就万事大吉，只为考试能求高分拿到学位，而不是通过上课学习本专业课的专业知识，甚至有考试作弊、违反校规校纪等更恶劣的行为。此时，学校应该加强教师对学生的引导，使其清晰学习方向。教师要用丰富的专业课知识引导学生自主学习，调动学生学习的积极性，营造良好的学习氛围。

3.2 教师层面

运用雨课堂等新型教学工具的，大多数是年轻教师。年轻教师虽然可以运用先进的教学手段、教学设备和教学方法，但是仍然存在短板，例如，没有适应从学生到教师身份的转变，在教学过程中仍然以学生或者科研的思维给学生讲授专业课内容，存在语言提炼不足或者表达不够精准等问题。授课教师应该加强对上课进程的把控，精心设计每一堂课，调动学生学习的积极性。授课教师要形成良性的教学反思机制，每一堂课结束后，养成良好的复盘习惯，对教学内容、教学方法和教学过程进行全面反思和总结。只有这样，教师才能不断改进教学方法，不断进步。

3.3 学校层面

教学硬件问题，如教学楼没有覆盖无线网络或者教学楼手机信号差，影响学生做题的速度；雨课堂自身也存在技术上的缺陷，例如，签到二维码不能杜绝转发无效现象，致使部分学生人不在教室，但是已经完成线上签到的情况。下一步应与其他线上教学平台结合，丰富教学资源和教学手段，进一步改进"建筑施工组织设计"课程的教学方法，以取得更好的教学效果。

4 结语

雨课堂小程序是大数据时代的产物，它不但可以促进师生课上课下的交流互动，还可以在一线教学工作中便捷高效地收集各种数据，以对学生学习方法和学习行为进行量化研究。"建筑施工组织设计"是一门重要的基础理论课程，其学习和运用对于培养创新型新工科人才大有裨益。尽管在"流水施工原理"章节教学实践中仍存在一些问题，但是运用雨课堂小程序的混合教学模式，通过签到、随机点名、弹幕等模式可以活跃上课的氛围，提高学生学习的积极性，同时便于督促学生课前预习和课后复习，及时掌握学生学习情况。雨课堂可以提高学生的学习兴趣和主观能动性，将在"建筑施工组织设计"课程中所学知识应用于分析、解释和进一步解决问题，并将其应用于工程实践，这也是培养创新能力的关键。

参考文献

[1] 王芙蓉,张雄,胡建强.基于雨课堂的物理化学教学改革与实践[J].广东化工,2022,49(3):218-219.

[2] 傅锦,李燕,杜宾.雨课堂在园林工程概预算课程中的应用与实践[J].现代园艺,2022,45(5):157-158.

[3] 吕伍."雨课堂"在高校思政课教学改革中应用研究——以《中国近现代史纲要》课为例[J].公关世界,2022(4):53-55.

[4] 陈克兢,朱之伟,郭雯琦,等.基于雨课堂的混合式教学模式设计与实践——以财务管理课程为例[J].大学教育,2020(10):26-29.

[5] 林銮珠."双一流"建设背景下提升本科课堂教学质量的思考——以海南大学为例[J].大学教育,2022,140(2):17-20.

[6] 孙斌,薛建春,左匡天,等.基于雨课堂的混合式教学改革与实践——以面向对象程序设计课程为例[J].高教学刊,2020(16):127-129+132.

基于OBE理念的"建筑施工技术"专业课程建设

范家文

摘 要：随着社会发展，当前"建筑施工技术"的人才培养方式越来越不适应社会的需要，也不能满足当前工程教育认证背景下的相关标准要求，因此需要在OBE理念指导下，将以往教学模式转变为以学生为中心的高质量培养模式，提高学生实践能力和创新能力。本论文阐述了改变传统以"教师教材"为中心的教学模式，建立以学生创新能力和技能提升为目标的教学模式，采用逆向思维的方式进行课程体系的建设，从而实现学习方式的转变和教学理念的转变，也代表了应用型本科高校的办学趋势。

关键词：OBE理念；施工技术；课程建设

2019年10月，《教育部关于深化本科教育教学改革 全面提高人才培养质量的意见》指出，本科教育应加大实践教学环节的培养方式，让学生忙起来、让教学管理严起来、让教师教学活起来。而当前基于人才实践和创新能力培养方式已经逐渐不适应社会的发展，针对此情况，基于OBE理念，或者说是在成果导向（或目标导向）指导下，以学生为中心，以高质量培养为明确目标，提高学生实践能力和创新能力，是课程培养体系确立与改革的重要内容。

目前广东理工学院建设学院新设了土木工程教研室。在众多课程中，"建筑施工技术"课程仍旧采用传统以教师为中心的教学模式，缺乏对学生自身认知学习的准确认识，导致学生实践性、创新性认知较少，在面对社会岗位就业之时容易产生恐惧和不自信心理。然而这一切都是因为实践课程设计的培养方向较少，课程安排不合理，比如在进行实验时只是按部就班地操作设备，以取得符合本书的实验结果，结果往往只让学生学习到循规蹈矩的理论知识而没有达到发挥主观能动性的目的，这种被动学习甚至不知道理论如何与实践相结合，没有达到激发学生创新意识的目的，以至于学生就业的时候有畏难情绪。综上所述，培养学生创新能力、实践能力，改革和优化土木类本科生高校课程及培养模式迫在眉睫。

1 已具备的教学改革研究的基础和环境

虽然建设学院土木工程专业开设年代不久，但在软硬件方面已有很好的积累，具备了一定的教学改革基础和环境。

（1）学院师资基础。土木工程教研室专任教师15名，其中"双师型"教师1名，高级职称 2 名，硕士以上学历教师 14 名，博士 1 名。

（2）实训条件。学校有混凝土材料实验室、岩土材料实验室、工程实训中心、专业软件实训实验室、工程测量实验团队等。

2 尚缺少的条件

（1）校内实训教学的软硬件设施和场地不够完善，且安排的实训课程占比较少。

（2）专业学生和教师参与校内校外实训教学考核制度有待进一步完善。

3 拟解决的途径

（1）构建"真实企业需求引领教学、岗位模拟实训提升技能"的实践教学体系，寻求建立校外实践基地，通过每年派若干学生到企业进行实践认识和工作实习，通过技能创新和社会实践方式提升学生就业的竞争力。

（2）调整目前学科理论与实训的教学占比，着力提升学生的综合技能。

（3）尽力健全实训教学考核指标体系，以提升实训教学的效果。

4 方案实施

首先，建立跟踪性的实践性综合课程体系，注重理论和实践教学的合理分配，推动应用型本科教学从"教得好"向"学得好"转变，再从"学得好"向"用得好"升华。

其次，在公用设备管理和更新方面，为了在创新教学活动中增添实践的多样化，仍需加强建设实践设备仪器和相应场地供应等投入。

再次，建立和完善实践教学管理制度和教学质量评估体系，引入同伴反馈方式引导更新和改变，不仅能提高完善课程体系，还能促进教师与学生共同发展，所以及时反馈和对策更新是推动进步式教学的前提，也是学生吸纳及运用知识获取进步的阶梯。

最后，寻求校企深度融合的合作方式。根据广东理工学院应用型本科的就业特点，依托校企共建人才实践基地等方式，注重教师和学生实践和创新技能培养，同时更加注重职业素养工程意识的培养，以迎合现代化企业对人才的需求。其建设目标有：①制订融入 OBE 理念的施工技术人才的培养课程构建方案；②建立符合切实可行的实践教学管理制度和评估考核实践教学质量的评审体系；③建立符合企业需求的实践训练场地，引进设备仪器；④建立校企合作平台或学生实践基地，有条件可在校内成立高效、可持续岗位工作室。

5 教学方法与实践操作中体现思政教育

教师向学生提供有意识、有组织和有效的思政和意识形态教育，这反映在"建筑施工技术"课程的设计中。把思政教学作为教学的目标之一，实现思政教学融入"建筑施工技术"课程，同时充分应用道德教育的概念，从职业课程中提取文化基因和价值观模式，在"润物细无声"的知识学习中融入理想信念层面的精神指引。

在授课过程中引入最新施工技术和方式的相关案例非常有必要，不仅让老师加深对本课程教学的深度，还能让同学们关注建筑行业的发展状况，有利于提高学生实际解决施工问题的能力，培养学生的钻研精神。

在考核的教学环节中，注重全面评价学生成绩，做到公平公正，加强监督和引导，培养学生的诚信意识，引导学生树立正确的价值观。

6 课程建设效果反馈

6.1 建立以学生创新、实践能力培养为导向的教学体系和评价体系

革新传统的课程教学方式,一改既往的教学模式,如只注重专业知识的教学而忽略了学生创新能力和实践动手能力的培养。具体方法如下。

(1) 开设各种与创新能力相关的通识性课程,例如专业导向论、大学生职业规划、独立思考与创新想法等。

(2) 对施工技术课程结构进行改进,完善知识体系,通过专业课程平台的建设,开展具有针对性的创新教育。例如,将课程体系划分为专业基础平台、专业平台、实践能力训练平台、职业素质拓展平台等。

(3) 可根据学院自身特色和行业领域开设特色实践课程平台,例如面向施工、设备技术、计算机分析等领域,培养既懂施工又懂信息技术拓展的复合型人才。

6.2 教师积极引导学生激发创新潜能,"以赛促学"提升学生的自主实践能力

鼓励学生参加全国性工程领域的执业资格考试、培训(如造价师建造师培训)或工程造价相关技能竞赛(全国广联达技能大赛、"互联网+"大赛)、周培源大学生力学竞赛等,以调动学生积极性,促进创新意识和动手能力发展。

6.3 建立以课堂目标完成度为依据的评价体系

组织相关的专业教学人员对实践教学的教学计划、教学内容、教学方法等方面进行不定期的检查,形成量化指标,以督促教师不断地改进实践教学模式,也注重收集学生的反馈意见,这样不仅可以调动实践教师的积极性,还能及时发现问题并调整解决。与此同时,将实践教学考核结果反馈给学院、教务部门,作为老师职称的评定,评优评奖、业绩考核等方面的依据。在企业方面也可以通过双向评价的方式,学生与企业互评,促进企业、学生、学校三者积极推动实践教学的良性循环。

7 预期成果

预期成果主要有以下几项。

(1) 修订融入 OBE 理念的"建筑施工技术"课程人才培养实践方案。

(2) 公开发表融入 OBE 理念的"建筑施工技术"教改论文至少 1 篇。

(3) 以学生学习及教师教学反馈为背景,完善当前教学大纲中关于该课程理论与实践分配的部分,达到提升学生创新能力、实践技能的目的。

(4) 解决当前学生就业技能缺乏以及教师对实践课程重视程度不足等问题。

7.1 预期效益

(1) 促进土木工程专业建设,凸现本校应用型本科的学科优势和特色。

(2) 提升广东理工学院土木工程专业整体教学质量与教师教研水平。

(3) 推动教学资源的整合和优化。

7.2 经济效益

(1) 企业通过利用高校人力资源创造社会经济价值。

(2) 学生和教师通过校企合作获取合理的劳动报酬。

8 项目特色

此项目特色主要有以下几个。
（1）改革现有教学模式，让学生参与岗位工作实践活动，获取技能，提升自我价值。
（2）打破传统的师生关系，倡导将学生学习的主体性与教师教学的启发性有机结合。
（3）改变"一考定成绩"的考核方式，将学生考核贯穿整个教学全过程。

9 创新点

改变传统以"教师、教材"为中心的教学模式，建立以学生创新能力和技能提升为目标的教学模式，采用逆向思维进行课程体系的建设，从而实现学习方式的转变和教学理念的转变，代表了应用型本科高校的办学趋势。

建筑技术课程对设施建设的作用要求学生掌握操作技能，以便更好地适应社会的工作，提高就业竞争力。掌握"建筑施工技术"课程的主要技术，需要教师将理论与实践结合起来，既提高理论质量，也活学活用，运用到实际的行动当中去。

参考文献

[1] 韩哲．浅谈中职学校建筑施工技术课程改革思路［J］．现代职业教育，2018（32）：111.
[2] 田江永．《建筑施工技术》课程教学改革的探讨［J］．常州工程职业技术学院学报，2009（3）：30-32.

应用型本科土木工程专业 OBE 理念的实践与探讨

郑 欢

摘 要：建筑行业的不断迭代对土木工程专业人才培养提出了新的要求，因此如何提高应用型本科土木工程专业的人才培养质量成为学界、业界和社会共同关注的话题。本文针对应用型本科土木工程专业的特点及产业需求，以 OBE 理念为指导，优化课程设计，改进教学方法，落实课程实训。同时融入课程思政，以培养更具竞争能力、道德品质优良的应用型本科土木工程专业毕业生。

关键词：OBE 理念；应用型本科；土木工程专业；课程思政

1 引言

OBE 理念，即"成果导向教育"，又被称为"基于学习产出的教育模式"，最早出现于美国和澳大利亚的基础教育改革，现已成为美国、英国、加拿大等国家教育改革的主流理念。OBE 理念强调学生的个人进步和学业成就，以学生预期学习结果反向设计人才培养体系。OBE 理念引导工程教育改革，解决现行毕业生能力与社会需求不匹配的问题。从"教师中心"转向"学生中心"，培养多元化、实践性、创新性和合作性人才，符合教育部对新工科人才的定位。

2014 年，全国有 600 多所普通本科高等院校逐步向应用技术型大学转变。应用型本科的建设是为了适应中国的社会经济发展形势，满足社会对高层次应用型人才的需求，是对新型本科教育和新层次高职教育相结合的教育模式的探索。应用型本科着力于应用型专业的建设，旨在提高学生的实践能力，力求为社会输送各类生产一线需求的应用型人才。因此应用型本科培养的专业人才应当满足用人企业对人才的需求。而 OBE 理念注重对学生知识、能力、素质的综合培养，且以学生毕业所要求达到的目标作为人才培养的根本目标。所以，OBE 理念是与应用型本科的办学理念一致的，在办学过程中贯彻 OBE 理念可以有效地促进满足社会需要的应用型人才的培养。

2 传统教学模式下土木工程专业课程的问题

首先，高校土木工程专业实践教学仍存在重理论轻实践的思想。一方面，高校在土木工程专业课程设置上，理论教学与实践教学的比重分配不够合理；另一方面，高校在土木工程专业实践教学软硬件设施上的投入相对有限，影响了土木工程专业实践教学的效果。其次，高校土木工程专业教学中用于学生提高实践技能和水平的实验室及实习基地较为匮乏，且稳定性不强。高校土木工程专业实践教学实验室及实习基地在数量上难以全面满足学生实践操作的需求，在使用时间及周期上也比较短暂，这就对高校土木工程专业实践教学的有效推进形成了障碍。最后，高校土木工程专业实践教学在设置课程及后续考核环节上也不合理。一是高校土木工程专业实践教学的课时较少，实践教学与岗位实习存在一定程度的重叠；二是高校土木工程专业实践教学考核中，对学生的毕业设计要求过于单一，导致毕业设计论文及作品雷同度高，形式化严重。

高校土木工程专业涉及土木工程的设计、土木工程概预算、土木工程材料、土木工程结构、土木工程施工组织等多个方面的内容，这些内容具有较强的实践性，需要通过各类试验及实践学习，以更好地架构土木工程专业知识结构。在高校教育改革的推动下，立足土木工程专业自身特点，探究实施高校土木工程专业实践教学模式更显重要。

3 OBE 模式下课程设计与课程实训

3.1 OBE 模式下课程设计

土木工程专业课程设计依托于土木工程施工技术，理论和实践并重，是土木工程专业实践环节之一。教师借助课程设计，可以让学生进一步巩固土木工程专业的理论知识，加深学生对土木工程施工的理解，增强学生解决现场实际问题的能力。但是土木工程专业的课程设计相对较为复杂，如果采取传统教学模式，在短时间内进行集中的学习，学生很容易产生倦怠，不利于教学质量的把控。因此，OBE 模式逐渐渗透到土木工程施工课程设计领域，以学生为中心，注重学习成果，并以此为导向进行课程教学设计，最终达到能力培养的教学目的。

3.2 OBE 模式下课程实训

根据行业需求、人才培养与 OBE 理念的逻辑关系，即行业需求为"学习产出"的出发点，培养什么样的人才是"学习产出"的标准，在日常授课过程中，做出了改进。首先，树立 OBE 理念，制定土木工程专业实践教学"学习产出"标准。其次，统筹各实践教学环节，设计适应"学习产出"标准的实践教学体系。最后，以学生为主体、以目标为导向，设计适应土木工程专业"学习产出"标准实践教学内容。根据社会及行业对土木工程的专业需求，以培养学生工程实践能力为主线，逆向设计实践教学内容。以"项目导向、学生为主、教师为辅、产教融合"为准则，制订实践教学文件，更新设计适应"学习产出"实践教学环节的内容与要求。

4 OBE 模式下课程实践

4.1 OBE 理念在"建筑施工技术"课程中的实践

"建筑施工技术"课程是土木工程、工程管理等专业的专业核心课程，其对培养学生专业技能起到至关重要的作用，同时有助于学生的职业观与专业观的形成。本课程综合实践性强，涉及大量工程实际应用技术。然而在长期的教学中，大部分的授课教师采取传统的授课方式，即 PPT 讲授为主，辅以图片、视频讲解，难以把课程与工程实际相结合，课程目标难以实现。

基于 OBE 模式，以成果为导向反向设计教学内容和教学活动安排，以学生为中心构建起教学团队、实验实训室和校企合作单位，建立起课程乃至专业的反馈机制并改革评价体系达到持续改进的目的。同时落实实训课程,让学生从实践中学习专业知识,真正培养学生的动手能力。图1为学生开展砌筑工程实训课程,在实训过程中,同学们热情高涨,积极动手,同时在实训结束后,结合学生完整的砌筑墙体,进行质量缺陷的讲解,让学生自己发现问题、解决问题。

(a)

(b)

图1 学生完成砌筑工程实训

(a)正在砌筑;(b)砌筑完成

4.2 OBE理念在"土木工程材料"课程中的实践

"土木工程材料"课程属于土木工程专业课程中的核心课程,是构成整个土木工程项目的基石。当前,一些学者对"土木工程材料"课程进行了教学改革探讨,主要集中在如何解决"土木工程材料"课程课时少、教学内容繁杂、学生的参与度不高以及学生自主学习的能力不强等方面的问题。"土木工程材料"课程涉及理论教学和实验教学,其教学目标是让学生熟练掌握土木工程材料的基本概念及原理,熟练掌握土木工程材料性质与材料结构的相关关系,了解土木工程新材料及实验新技术。在开展低碳钢和铸铁力学性能讲解时,充分利用实验室硬件资源,带领学生到实验室开展拉伸试验,真正让学生感受土木工程材料在受力状态的变化过程。万能试验机与试件如图2所示。

(a) (b)

图 2 万能试验机与试件

(a) 万能试验机；(b) 试件

4.3 OBE 理念在"房屋建筑学"课程中的实践

"房屋建筑学"课程是土木工程专业的一门重要的综合性、实践性、社会性很强的专业基础课程，其涉及建筑结构、建筑物理、建筑法规、建筑材料、建筑历史、建筑设计原理及城市规划基本知识等，以建筑制图、建筑材料等课程为其先导，又为建筑结构、建筑施工技术、建筑工程定额与预算、地基与基础、建筑设备等后续专业课奠定基础。它在土木工程专业的整个教学体系中起着承上启下的重要作用。

以 OBE 理念为指导讲授知识的时候，先从实际工程案例入手，分析工程案例需要解决的问题，解决这些问题需要哪些知识，解决这些问题是否可以采用多种方案等，然后讲解相关的知识点。也就是说，反向设计教学必须采用案例教学法，必须理论与实际相结合。因此，在课堂讲授过程中，采用多媒体课件、微课等，形象直观地再现理论知识如何应用于工程实践的案例，案例选择可以是有代表性的成功案例，也可以是有警示作用的工程事故案例。例如，讲授框架结构与内部配筋时，带领学生到实训室完成框架结构模型的制作，如图 3 所示，让学生自己设计框架结构底板和配筋，并完成钢筋绑扎和混凝土浇筑。框架工程实训不仅能够增加学生的感性认识，更好地把理论知识运用到实践中，而且可以培养学生严谨的学习工作态度和良好的职业道德。

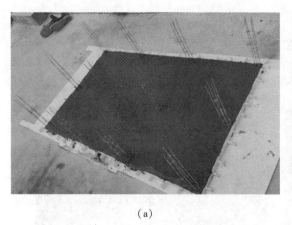 

(a)　　　　　　　　　　　　　　　　　(b)

图 3　学生完成的框架结构模型

(a) 框架结构模型一；(b) 框架结构模型二

5　课程思政元素

课程思政的实质就是将思想政治教育融入知识教学，做到教授知识与价值观培养同向而行，培养出具有创新技术技能的社会主义接班人，构建"三全育人"的格局，实现立德树人。因此，课程思政的建设，在学校层面，对坚持社会主义办学方向、全面落实立德树人根本任务、遵循教书育人规律具有重要意义；在专业教师层面，有利于教师真正做到因材施教、因人而异、因时而进，有利于实现知识教育与思想教育的双赢。

思政教育不能仅靠思政课程，专业课程也应是思政教育的阵地，因为专业课程的教学与学生接触更为紧密，专业知识的背后蕴含了深层次的价值观念、道德观点和政治理念，可以做到润物无声，避免了传统思政课程的单刀直入，更有利于引导学生思想素质和道德素质的发展。具体落实到应用型本科院校的土木工程专业，其培养的是切切实实为社会主义"添砖加瓦"的建设人，而施工课程就是解决工程建设技术的专业课程。因此，在施工课程中开展课程思政的建设，一方面响应了国家建设教育强国的号召，另一方面也为土木工程专业全面育人工作的开展提供了有效支持，最后还为学生的工作与发展提供了正确的政治方向指引。比如，在授课过程中充分引入我国历史建筑，解释我国建筑业奖项系统，培养学生文化自信，树立积极追求。

6　结束语

OBE 模式的推广和运用将传统教育提到更高的层次，注重学生的创新能力和全面发展，注重知识的系统性和实践的重要性，让学生"回归工程"。OBE 模式可以使学生熟练掌握土木工程系列课程有关知识，能从事简单的设计与施工工作，这不仅训练了学生的实践能力，同时对于提高学生的核心竞争力成效显著。

参考文献

[1] 王晓强. 应用型本科土木工程专业 OBE 模式的人才培养及教学质量评价探讨 [J]. 内江科技, 2022, 43 (3): 19-20.

[2] 多杰才让. 基于 OBE 的民族高校数学课堂教学满意度调查研究 [D]. 兰州：西北民

族大学，2022.
[3] 王卓，陈骏．新工科背景下基于 OBE 理念的设计工程实践课程教学研究［J］．工业设计，2022（4）：38-40.
[4] 王兆杰，粟艾华．基于 OBE 理念的旅游类应用型本科课程体系设计研究［J］．文化产业，2022（8）：156-159.
[5] 崔婷婷，王小莹，王玉文．基于 OBE 理念应用型本科数学课程改革与教学多元评价研究［J］．教书育人（高教论坛），2022（15）：101-103.
[6] 王晓强．应用型本科土木工程专业 OBE 模式的人才培养及教学质量评价探讨［J］．内江科技，2022，43（3）：19-20.
[7] 王卓华．基于 OBE-CDIO 的建筑施工技术课程设计与实施［J］．科技创新导报，2017，14（17）：232-237.
[8] 曾昊，何智海，梁超锋．OBE 理念在土木工程材料实验教学中的实践与思考［J］．绍兴文理学院学报（教育版），2020，40（2）：53-58.
[9] 彭亚捷，李佳明．基于 OBE 理念的"房屋建筑学"课程教学改革［J］．中国石油大学胜利学院学报，2021，35（2）：46-49.

基于 OBE 理念的"计算机辅助钢筋与土建算量"课程教学方法与实践

郭贝贝

摘 要：为提高"计算机辅助钢筋与土建算量"课程的教学效果，培养学生分析和解决复杂工程问题的能力，开展了基于 OBE 理念的课程教学方法与实践。本文以一体化 BIM 课程体系建设为中心，以结果为导向，构建基于 OBE 理念的 BIM 工程能力人才培养模型。主要以项目案例为驱动，结合国家标准图集（16G101-1～16G101-3 图集）开展了 BIM 的课程教学实践，建立建筑工程造价专业 BIM 课程教学体系。教学实践证明，OBE 理念下的 BIM 课程教学体系能够提高毕业生在工作中的模型应用能力和创新能力，为应用型本科院校的 BIM 课程教学改革提供参考。

关键词：OBE；教学方法与实践；BIM 课程；BIM 应用型人才

1 引言

BIM（Building Information Modeling，建筑信息模型）是对建筑信息的数字化表示，它可以作为新的共享源，在从项目准备阶段到项目投入使用的全生命周期提供三维立体的信息服务，这种信息的共享可以为项目全生命周期提供可靠的保证。从本质上讲，BIM 是一个包含工程项目设计、施工、运营、管理和维护的全生命周期数据库共享模型，能够有效地将平面图纸三维立体化，提高项目进度和效率，控制项目成本，降低项目风险。2012年以来，我国住房和城乡建设部先后发布《关于印发 2012 年工程建设标准规范制订修订计划的通知》《关于推进建筑信息模型应用的指导意见》等文件，明确我国 BIM 发展的目标，促进建筑工程领域发布一系列 BIM 标准。截至 2018 年年底，全国共发布 40 多项 BIM 相关政策及标准，旨在加速推进 BIM 技术在建筑工程各个领域的应用。

OBE 理念是工程教育专业认证的核心理念之一，强调"以学生为中心，以产出为导向，持续改进"，即从教师中心向学生中心转变，从学科导向向目标导向转变，从质量监控向持续改进转变。OBE 理念以学生为中心，重视学生的学习成果及能力培养；强调人人都能成功，考虑个体差异，注重个性化评定。目标（成果）导向遵循反向设计的原则，即由社会需求确定培养目标，重视分析和解决复杂工程问题的能力及创新能力培养，同时注重高阶能力的培养。在学生完成课程学习后，教师应根据学习成果及学生反馈来改进原有的课程设计及课程教学，旨在有效提高应用型、创新性人才培养质量。

2 "计算机辅助钢筋与土建算量"课程教学现状

"计算机辅助钢筋与土建算量"课程是一门利用BIM广联达软件结合实际工程开展实践教学的专业课程,其要求学生按照建筑施工图和结构施工图独立完成项目的模型创建、工程量计算和计价等工作。本课程的教学主要是采取课堂讲述和机房实训模型相结合的方式,完成某工程的模型创建、土建及钢筋工程量汇总。学生应具备一定的力学、土木工程材料、钢筋混凝土结构设计、建筑抗震设计、地基基础设计、平法识图等相关理论知识。目前,实际教学过程中存在以下问题。

(1)学生理论知识储备不足,差异性较大。学生在识读施工图的过程中,对各个构件认识不足,不能独立完成施工图识读。其主要原因在于学生前期专业知识基础掌握不牢固,学习兴趣、已有知识水平与能力不同,在识读施工图的过程中差异较大。而课堂上统一的实训任务,不能满足学生的差异需求,使学生在开始阶段就产生疲惫的心态,这与我们的培养目标有一定的差距。

(2)BIM软件的认识不足。在模型绘制阶段,学生难以获得解决复杂工程问题的能力。由于课程安排理论和实训总计64课时,但是实训课时有限,课程教学内容不管是在广度还是深度上都难以展开。在实际教学工作中,教师往往利用选定教材上原有案例展开教学,多数为多层框架结构体系,且结构相关设计信息(如结构类型、地震烈度、抗震等级、基本荷载信息等)直接给定,学生会忽略对相关参数的理解,缺乏对专业知识的综合分析和应用,以至于在实际工程中解决复杂问题的能力难以得到有效提升。

3 OBE理念下课程教学改革实施方法

3.1 OBE模式的教学理念

OBE模式能有效培养满足行业发展、符合学生个人能力和发展的工程领域人才,是高等工程教育改革的正确方向,如图1所示。OBE模式主要包括课程体系、教与学方法、评估等一系列教学相关活动,它们都应聚焦于让所有学生在学习结束时能够成功实现预期的学习成果。

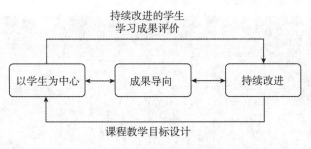

图1 OBE模式

从行业效果来看,以投入前端教学模式和理论学习为主满足行业需求的人才都存在一定的局限,影响与行业需求的有效对接。故本文从BIM相关课程教学着手,围绕OBE理念确定人才培养目标。以参加实际项目和毕业论文为动力,推动学生的学习积极性,进行建筑工程造价教学方法改革,由此建立基于OBE理念的BIM人才培养框架,如图2所示。

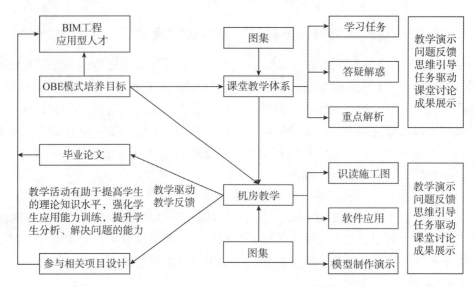

图2 基于OBE理念的BIM人才培养框架

结合传统教学模式的现状，从教学方法和考核方式上进行改革：在教学方法上，采用课堂教学和机房教学相结合的混合式教学；在实践方式上，结合OBE模式，开展以学生为中心、以能力培养（实践模式培养包含参与相关项目设计和毕业论文）为目标的教学改革工作；培养满足行业发展需求、懂设计操作、会优化分析、能创新实践的工程领域人才，从而提高应用型、复合型、创新型人才培养质量。

3.2 OBE模式下课程中的实践

本工程以OBE理念为指导，从实际工程案例入手，结合建筑施工图、结构施工图和BIM广联达软件创建模型，分析在操作过程中需要解决的问题，在解决问题的过程中总结解决模型创建问题的多种方案等，然后结合国家标准图集针对性地讲解相关知识点。OBE理念是以学生为中心的教学目标设计，课堂理论教学与实践教学相结合。例如，实际工程案例为1号写字楼，无地下室，地上4层，抗震等级为三级，建筑总面积为2 592.72 m²，建筑高度为14.85 m，结构形式为框架结构，如图3所示。

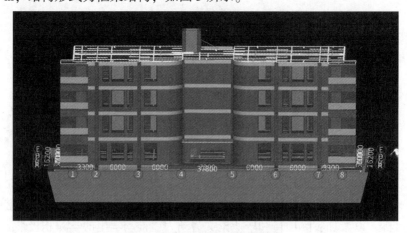

图3 BIM课程实践教学模型

3.3 实际应用及存在问题

根据实际应用和操作，利用 BIM 广联达软件进行创建。在广联达 2021 版中，先识图，导入 CAD 图纸，绘制标高、轴网，再绘制基础、柱、墙、梁、板等构件，以及楼梯、台阶、散水、装修、屋面等零星构件。在绘制过程中注意钢筋的参数信息输入，完成模型的创建，如图 4 所示。

 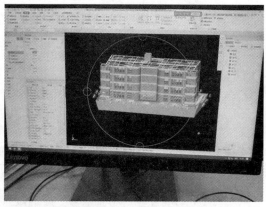

图 4　基于 OBE 理念的 BIM 课程实践

教学实践过程中存在很多问题，最主要的是学生对软件操作的熟练程度不足。另一个原因就在于 BIM 广联达软件价格昂贵。

（1）软件操作技术还不熟练。学生对广联达软件操作不熟练，导致在操作过程中出现很多错误，云检查出很多问题。为加深学生在软件操作过程的熟练程度，加大对软件的授课时长，不断加强学生对 BIM 广联达软件的应用，还需要克服很多难题，以持续、健康、长久地发展。

（2）价格昂贵。虽然 BIM 广联达模型制作成本较低，但是正版 BIM 广联达软件价格昂贵，一般学生无法负担高价软件，因此无法做到普及。

4　课程教学方法与实践效果及评价

为进一步了解教学改革的研究效果，以及学生对改革后实践教学方法的认可度，本课题在课程结束时进行了问卷调查，过程性评分细则如表 1 所示。

课程教学评价体系包括以下内容。

（1）从考核内容、上机操作、团队合作等多维度进行考核。

（2）在考核方式方面，从师生双向评价出发，将考核成绩通过教师评分、学生自评、小组互评三者相结合方式最终评定。

（3）设置学生对老师的教学评价机制，并作为教师绩效考核的项目，达到不断反思教学、持续改进课程教学的目的。

表 1　过程性评分细则

考核要点	具体内容及评分依据	分值
理论课任务	提前了解施工图纸内容和国家标准图集（16G101-1～16G101-3 图集）相关内容，解决学生在实践教学过程中存在的问题	10

续表

考核要点		具体内容及评分依据	分值
实践课程		依据施工图设计依据和相关参数,绘制建筑模型	10
课堂考勤		每节课按时进课堂,完成机房签到,不迟到早退	5
课堂表现		鼓励加分——争当课堂小助手,协助老师管理课堂,分享成果	5
随堂建模过程考核	模型绘制	构件参数输入合理,符合要求	10
	建筑施工图计算结果	在合理范围内	10
	结构施工图计算结果	满足平法识图制图规则及钢筋构造要求,如调整字体、处理字符重叠、修改个别钢筋(如小房间钢筋拉通处理、屋面及卫生间考虑防水要求、板内的钢筋宜双层双向布置等),补充必要的文字说明及图例等	10
作品展示	小组自评	作品成果合理性、组内分工情况、成员表现等	10
	小组互评	作品成果、现场陈述情况	10
教师考核	作业分数	综合评分	20

从表2的调查结果来看,学生对课程改革教学模式是认可的,学生通过课程学习能有效掌握课程的核心技能。学生反映:"学习了本门课程收获很大,能将前期所学的专业理论课程综合串联起来,使我对专业知识的运用更熟练,提高了综合分析、解决实际工程问题的能力。同时新技术的应用,使我了解到行业的前沿技术,进一步增强了创新意识。"

表2 问卷调查结果

问卷调查内容	选项		
采用课堂教学和实践教学是否对教学有利?	是(93.9%)	一般(6.1%)	否(0%)
实践课堂教学进度是否能够接受并能够独立完成?	是(94.2%)	一般(5.8%)	否(0%)
通过学习,你的收获是否很大?	是(97.1%)	一般(2.9%)	否(0%)

5 结语

本文针对实践教学中存在的问题,通过理论教学与实践教学资源共建、教学过程评价管理等手段,有效提高了学生学习的积极性及主动性,巩固了学习成果。同时,课程教学内容结合案例教学法,引入OBE理念,结合BIM广联达软件进行教学内容的改革,能够鼓励学生参与学科竞赛,有效提高学生综合分析问题、解决实际工程问题的能力和创新思维能力,培养适应建筑工业化发展的结构设计人才。实践证明,此项改革有效提高了实践教学效果。

参考文献

[1] 张天龙,路平,赵劲松,等.基于OBE-CDIO的装配式建筑BIM一体化实践教学改革[J].土木建筑工程信息技术,2022,14(2):28-33.

[2] 陈莉，宋娅芬. 基于 OBE 理念的《BIM 结构设计》教学方法改革与实践 [J]. 房地产世界，2022（6）：40-42.

[3] 许秀娟，梁春阁. 基于 OBE 理论的"建筑信息模型（BIM）基础"课程思政教学设计与实践 [J]. 工业技术与职业教育，2021，19（2）：63-66.

[4] 常建华，张秀再. 基于 OBE 理念的实践教学体系构建与实践——以电子信息工程专业为例 [J]. 中国大学教学，2021（1）：87-92+111.

[5] 林珍伟，祁皑，欧建良，等. 基于 OBE-CDIO 理念的土木工程专业 BIM 教学改革探索 [J]. 土木建筑工程信息技术，2021，13（2）：36-43.

[6] 孙晓颖，武岳. 基于 OBE 教学理念的土木工程专业教学改革与实践 [J]. 山西建筑，2017，43（14）：237-239.

[7] 张天龙，路平，赵劲松，等. 基于 OBE-CDIO 的装配式建筑 BIM 一体化实践教学改革 [J]. 土木建筑工程信息技术，2022，14（2）：28-33.

[8] 杨慧，闫兆进，慈慧，等. OBE 驱动的工程教育课程教学创新设计 [J]. 高等工程教育研究，2022（2）：150-154.

[9] 张欣婷. 新工科背景下基于 OBE-CDIO 理念的实践教学改革探索 [J]. 黑龙江科学，2022，13（5）：126-127.

基于 OBE 教学理念的课程改革探究
——以"环境心理与行为学"课程为例

何梓彦

摘　要：环境心理与行为学是心理学的一个组成部分，同时"环境心理与行为学"课程也是设计学科中作为调研、观察的基础课程。该课程有利于提升学生专业学科素养、实践能力，并为后续学科学习打下基础。本文以广东理工学院风景园林专业的"环境心理与行为学"课程为例，对课程中存在的教学问题进行分析，并探讨研究 OBE 理念下的"环境心理与行为学"课程教学的模式，深化其课程教学思路，并以此对学生学习产生一定良好影响。

关键词：OBE 理念；课程思政；教学改革

1　研究背景

环境心理与行为学是研究环境与人的心理和行为之间关系的一门学科，属于应用心理学领域，又称人类生态学或生态心理学。这里所说的环境虽然也包括社会环境，但主要是指物理环境。

"环境心理与行为学"课程在内容设置、学生能力培养、应用建设等方面，都应尝试以交叉融合的设计思维去指导设计实践。鉴于环境心理与行为学应用领域的广泛，本文重点探讨在"环境心理与行为学"课程中如何进行教学改革，以达到培养学生运用"环境心理与行为学"的理论来分析并解决问题的能力，培养学生的创造性思维、数据调研的素养，以及提升综合能力的目的。

2　在教学中存在的问题

2.1　学生学习参与效果差

作为设计专业的基础课程，学生应从课程活动中体验到学习的乐趣，从而发掘周边的设计内容。而由于目前"环境心理与行为学"课程的教学模式略为单一，学生并没有对该门学科产生足够兴趣，所以学生学习并不积极。面对该问题，我们应在课程设置上增加其课程趣味性，并适当地指导学生，使其加深对该基础课程的学习与理解。

2.2　教学考核模式相对单一

在课程考核中，考核的主要内容侧重于学生对课程的概念理解，忽略其如何应用于实际设计活动中，导致该门课程与设计学科之间产生割裂感。考核模式的单一也相对忽视了学生综合实践能力的运用。

3 基于 OBE 理念课程改革探究

3.1 "环境心理与行为学"课程实施思政教学的优势

(1) 涵盖了丰富的思政元素。"环境心理与行为学"课程作为设计专业的理论课程，具有重要作用，是设计师必须掌握的一门学科。这门课程从心理学层面上剖析人们的设计需求，研究人们在设计创造过程中的心理状态。通过研究设计对社会、社会对个人所产生的心理反应，并将这种心理应用于设计中，以提高设计水平，满足人们的设计需求。环境心理与行为学研究的是生产者、设计师、消费者之间的关系，"环境心理与行为学"课程中涉及心理学内容、感知觉与设计内容等方面，每一章节中都能够挖掘出丰富的思想政治元素，可与思政课程有效融合。

(2) 需要帮助学生认识自我。"环境心理与行为学"课程中主要涉及的心理学知识是需要论。从心理学方面来看，需要论指的是人们对生理、环境和社会的某种需求。人的需要与生俱来，有着天然的合理性，其形成源于两个条件：一是当主体缺少什么的时候便会有不足的感觉；二是当主体期望什么的时候便会有求足的感觉。1954 年，美国心理学家马斯洛提出了需要的层次，后来对其进行了完善，最终认为人有七层需要，由高到低依次为自我实现的需要、审美需要、认知需要、尊重需要、归属和爱的需要、安全需要、生理需要。需要论的学习可帮助学生认清自己的需求，深入挖掘其内心。当清楚地知道自己要什么后，便不会轻易被负面信息所影响。与此同时，其中还涉及无意识心理学知识，无意识也被称为潜意识，包括自我、本我、超我关系。这方面知识的融入可以更好地帮助学生认识自己、认识世界，这也是思想政治教育的重要内容之一。

(3) 环境心理与行为学与课程思政无缝对接。在设计心理学教学过程中融入思政教育，可以使教学内容自然流畅地衔接，不会给人以突兀之感。学生在学习设计心理学专业知识时能潜移默化地接受到思想政治教育。学生可认识到，日常生活中人们对设计的需求是会随着心理变化而产生变化的，此外，不同的政治、经济、文化背景下，人们对设计风格、设计功能等方面的需求也有所不同。这为课程思政教育提供了更为灵活的教学空间，教师在讲授这些内容时可以将思政元素引入其中，帮助学生树立正确的价值观，并提高学生审美能力。

3.2 基于 OBE 理念的教学目标

(1) 课程教学目标的制定。环境心理与行为学主要解决风景园林专业中学生对于人的行为与心理进行分析理解的问题。通过让学生掌握可视化的有效手段来解决数据和信息过于繁杂的问题，通过视觉转化的方法让环境心理与行为学易于理解。所以"环境心理与行为学"课程重点目标是培养学生通过运用所学知识并应用设计语言来解决问题的能力，培养学生的创造性思维、数据调研的素养，以及提升综合能力。

(2) 课程教学方法的创新。环境心理与行为学的核心是对于设计如何改变或影响人的行为与人的心理的问题探究。在"环境心理与行为学"课程的具体教学过程中，为了让学生掌握环境心理与行为学中的核心内容，应以多元化的教学方式打造沉浸式的学习体验。课程教学以项目化教学、模块化教学、情景式教学等教学方法为主。其中，项目化教学方法主要体现在课程后期实践部分以分组的形式、以项目制的要求来指导学生制作大作业内容。模块化教学方法主要体现在，课程内容的设置上是分为四个模块（环境认知模块、逻辑架构模块、制作模块、实践模块），通过四个模块的教学内容，由浅至深传授知识点，由理论过渡到实践，来训练学生的综合能力。情景式教学方法主要体现在课后实践环节，在深入打磨大作业作品后，投入国家级学科竞赛中，以情景式的方式训练学生答辩合作等能力。

（3）课程评价系统。"环境心理与行为学"课程评价系统主要包括课堂互动、课堂研讨、课堂评测、教师团队评价、专家评价等部分。在课程的设计认知模块、设计逻辑架构模块、设计制作模块中，设置出勤秩序10%、课程互动15%、课堂研讨15%、课堂评测60%的考核比重。三大模块的考核比重占总评的50%。在信息可视化设计实践模块中，设置作业项目70%、教师团队评价15%、专家评价15%的考核比重，这一模块占总评的50%。

4 结语

本课程教改基于OBE理念课程改革探究，充分考量了广东理工学院以应用型人才培训办学定位的需求特色，建立了可行的课程目标、教学方法以及教学内容和考核评价方式，可为其他高校开展信息可视化设计课程提供参考，为风景园林专业其他课程导入OBE模式提供了可借鉴的路径。持续改进是OBE模式的支撑点，课程在不断地完善教学设计的同时，也会实现铸魂与育才的融合。

参考文献

［1］万爽. OBE与课程思政教育模式下《信息可视化设计》课程混合式教学改革研究［J］. 大众文艺，2022（5）：179-181.

［2］朱苗苗. 基于OBE理念的展示设计课程体系重构、教学方法和教学手段改革［J］. 美术教育研究，2021（14）：132-133.

［3］李睿. 基于OBE教学理念构建混合式教学模式改革探究——以《园林建筑设计》课程为例［J］. 教育艺术，2022（3）：73.

［4］商林艳，易秀娟，李琳. 基于OBE理念的城市设计课程教学改革［J］. 中国冶金教育，2022（1）：62-65.

［5］孙爱晶，王春娟，吉利萍. 基于OBE的课程教学质量评价探索与实践［J］. 中国现代教育装备，2017（11）：49-52.

运用OBE模式进行"建筑施工技术"课程改革

韩智凡　卢国华

摘　要：本文通过研究和分析现有课程改革成果和行业发展需求，运用OBE模式对"建筑施工技术"课程进行改革，组建实践型教学团队。改革后的课程以培养学生解决工程实际问题能力为产出结果，以成果为导向、学生为中心重构教学内容，改进教学方法。通过课程改革的实践，促进了学生运用施工技术解决工程实际问题的能力培养。

关键词：建筑施工技术；成果为导向；学生为中心；课程改革

1　引言

"建筑施工技术"课程是讲授施工技术一般规律的课程，内容包括各主要分部分项工程施工工艺和工艺原理，与大部分专业基础课和专业课连接紧密。本课程是土木工程、工程管理等专业的专业核心课程，对培养学生专业技能起到至关重要的作用，同时有助于学生职业观与专业观的形成。课程综合实践性强，涉及大量工程实际应用技术，然而在长期的教学中，大部分的授课教师只采取传统的讲课方式，即以PPT讲授为主，辅以图片、视频讲解，难以将课程与工程实际相结合，难以实现对学生的培养目标。

"建筑施工技术"课程如何摆脱传统教学方式的束缚，国内的同仁已展开多种探索和研究。严小丽通过借鉴加拿大外语教学"浸入式"教学法概念，构建"浸入式"教学环境，以帮助学生缩短认知进程，提高课程学习效果。倪国栋等通过将教材内容与工程前沿相结合、课堂教学与实践教学相结合等"六结合"策略进行课程教学改革。宁宝宽等将生产实习有机结合到理论教学中，以学生为主体，通过课堂讨论的方式开展教学，解决课时不足、施工实习流于形式的问题，以保证课程的教学质量。曹珊珊等以项目式逆向教学方法为理论指导，在学习者特征分析基础上，从多个层面量化教学目标的设定，结合BIM技术，实行提高学生工程实践和创新能力的开放教育教学模式。袁杰等研究虚拟现实技术（VR）及其理论与教学结合的路径和模型，将VR应用于施工教学，以丰富当前的教学方式，解决教学资源不足的问题，避免施工实习中的危险，保障学生的安全，给学生带来全新体验，激发学生的学习热情。通过以上分析可知，本课程在学生的培养中起重要作用，授课教师们不断地探究新方法、新模式，以改变课时不足、实习基地缺少、教学与实践脱节等教学现状。通过改革和探索，本课程取得较好的教学效果，但很难使学生具备一名工程师应有的基本素质，即学生所具备的能力依然与用人单位的要求有一定差距。

本课程的培养目标，不仅仅是使学生具备应用当前技术的能力，还需带给学生前沿的工程技术和工程观念，培养学生自我学习和探索的能力。随着我国经济、科技的飞速发展，我国取得了举世瞩目的成就，全球 300 米以上高楼接近 70% 由中国建造，我国高速铁路、高速公路里程已是世界第一，近年来世界级的桥梁更是在我国如雨后春笋般建造完成并投入使用。目前我国建筑业的体量巨大，但工业化、智能化程度低，如何提高生产效率和生产力，加快智能化的步伐，是现今急需解决的问题。行业的高速发展，对从业人员提出了更高的要求，对于学生的培养也提出了更高的要求。国家对于建筑业提出了新的要求，教育部已经有相关的政策指引，2017 年 6 月全面启动、系统部署新工科建设，面向国家战略需求和建筑业的升级转型的智能建造专业位列其中。2019 年 10 月教育部发布《关于一流本科课程建设的实施意见》，对培养学生解决复杂问题的综合能力、引导学生进行探究式与个性化学习都提出了更高的要求。本课程在相关专业人才培养中占重要地位，也需要更进一步改革与发展，以适应新的形势，助力行业发展。面对新的机遇与挑战，本课程应以培养学生工程素质和工程技能为目标，以培养参与项目建设工程师的能力为导向，重新塑造教学内容、课程体系和教学方法，打造适应行业发展的课程范式。

2 OBE 模式与工程教育

OBE 模式即以结果为导向的教育模式。OBE 模式强调以学生为中心，以学生学习结果为导向，聚焦于每个学生能力提升、达到预定目标，实现所有学生获得预期能力。OBE 理念源起于 20 世纪七八十年代的美国，美国学者斯派蒂（William G. Spady）最先总结出 OBE 的概念并加以实践，其撰写的《基于产出的教育模式：争议与答案》一书将 OBE 模式定义为："围绕学生在每一阶段学习后能获得的关键结果，明确地聚焦和组织教学。"这意味着在 OBE 模式中，教师关注学生的学习结果，通过学习结果反向设计和组织教学活动。经过多年的发展与实践，OBE 模式形成三个核心要素：以学习者为中心、成果导向、持续改进。

20 世纪末美国工程与技术认证委员会（Accreditation Board for Engineering and Technology，ABET）对工程教育专业认证制度展开了全面且系统的审视和改革，以解决工程教育与工程实际严重脱节的现象。1995 年 10 月颁布新的认证标准 EC2000，经过 2 年的试点和 3 年的过渡期，2001 年新标准正式实施。新标准强调以成果为导向，采用目标管理的方式，由注重输入性要素评估转向注重输出性结果评估，并且注重教学质量的持续改进。此后，各国也开始了工程教育和认证评估的改革。《华盛顿协议》是工程教育本科专业学位互认协议，其宗旨是通过多边认可工程教育资格，促进工程学位互认和工程技术人员的国际流动。《华盛顿协议》很大程度上借鉴了 ABET 以成果为导向的思想与认证方法，其成员大多采用以成果为导向的认证标准，将教学成果作为认证目标以促进专业持续改进。我国 2013 年成为《华盛顿协议》预备成员，2016 年 6 月正式成为该组织会员。

3 OBE 模式对建筑施工技术课程教学的要求

根据 OBE 模式，工程教育应以产业人才需求为导向，以学生工程能力提高、工程素质养成为中心，组织能够持续改进的教学活动。"建筑施工技术"课程作为专业核心课程，课程与工程实际结合紧密，学生从业后无论在建设项目的哪一个参建方单位工作，都将直接运用该课程知识。本课程的课程目标要符合行业的需求和发展趋势，使学生在建筑业企业及相关单位从业时具备使用施工技术解决相关工程实际问题的能力。因此在明确以教学结果为导向的前提下，本课程应围绕此结果进行教学活动安排。

（1）明确学生培养的目标、行业的需求及发展、学生从业去向及地域分布特点，以此确定课程产出结果。本校作为应用型本科地方高校，土建类相关专业旨在培养服务地方经济发展从事建筑业工作的应用技术性专业人才。毕业学生基本在从事建筑业的企业及相关单位工作，60%以上毕业生初次就业选择珠三角地区，90%以上毕业生就业选择广东省，从事的工作岗位基本上与建设项目施工有关，就业企业合同充足、对资质升级需求强烈，人工成本压力大，部分企业有智能化升级的需求。相关企业人才需求量大，建立校企合作关系的企业众多，但企业对人才有一定的要求，如在实际工程环境中分析和解决问题的能力、再学习能力、团队协作与项目管理能力等。

（2）课程内容在注重施工技术原理和规律讲授的同时，需往培养学生分析和解决工程实际问题方面倾斜。本课程实践性强，但传统的教学仅注重知识体系的建立和知识本身的学习，往往忽略了培养学生解决工程实际问题的能力，然而施工技术应用的关键在于如何与复杂的施工现场环境及周围环境相结合。所以根据课程结果，课程教学应注重培养学生分析和解决工程实际问题的能力。

（3）课程教学安排需注重学生管理能力和团队协作能力的培养。建设项目周期长、投资大，参与方众多，项目实际工作涉及专业多，无论在哪个岗位工作，都面临多向的组织协调问题。传统"建筑施工技术"课程教学几乎忽略对学生协调能力的培养，基于明确的培养目标和产出结果，这部分能力需要在课程上高度关注。

4　OBE模式在建筑施工技术课程教学中的实际应用

基于OBE模式，以成果为导向反向设计教学内容和安排教学活动，以学生为中心构建起教学团队、实验实训室和校企合作单位，建立起课程乃至专业的反馈机制并改革评价体系，从而达到持续改进的目的。在多年的教学改革实践中，根据OBE模式，结合校内外条件和学生具体情况，具体的应用方式如下。

（1）建立建筑施工技术实践型教学团队。建立6~8人的建筑施工技术实践型教学团队，团队由课程授课教师、实验实训教师和校企合作方的校外指导老师组成。教学团队中分工明确，有的教师负责搜集行业信息，有的教师负责学生能力评价，有的教师负责实验实训配套完善，并且每位教师都有擅长的、主攻的施工技术模块。团队对于学生产出结果、课程的培养目标定位明确，并能随着行业的发展、国家的需求进行实时的修正与改进。校内授课教师注重实践能力的培养，每年至少到施工一线企业进行一次学习。教学团队所具备的理论知识和实践能力完全能覆盖课程教学目标，领先于教学产出结果。

（2）重构教学内容，形成"一体两翼"内容模式。传统的"建筑施工技术"课程注重施工技术原理和规律的讲解，一般分为土方工程、地基与基础工程、混凝土结构工程、预应力混凝土结构工程、结构安装工程等章节。每一章节都有对应的施工原理讲授，理论性强，但缺乏实际应用模块，学生在没有接触过具体施工的情况下，难以理解具体的施工技术，更不知道该技术何时用、怎么用。

为解决传统教学的缺陷，以课程产出结果为导向，通过教学团队集体论证，本课程使用项目实例教学对课程内容进行重构，运用完整的施工项目实例进行课程教学，通过施工项目实例讲解驱动学生对施工技术原理和规律的学习。以学生为中心，分析学生已有知识体系，设计教学内容，并结合学校校区建设的项目实例。课程主体为某混凝土框架结构教学楼、某钢结构健身房、某大跨度桥梁项目施工实例，在讲解项目施工全过程的同时串联起各分部分项工程的施工技术原理，并在具体的施工案例中具体分析施工技术对成本、质量、安全、进度等的影响及具体的调整措施，帮助学生在构建好的实例情境中进行施工技术学习。一些重要的、通用的施工技术方法在三个项目实例讲解过程中产生一定的重复，有利于学生进一步理解和记忆，以及对技术应用进行对比。三大实例的讲解为课程的主体，即教学内容中的"一体"。

三大施工项目实例讲解涵盖了现今主流且成熟的施工技术在实际工程领域中的运用，为了扩展学生的工程观和创新性，了解更多的前沿施工技术，课程教学中设置"四新"（新技术、新工艺、新材料、新设备）模块。结合我国目前的职业资格准入制度，在课程教学中设置职业资格考试模块，帮助学生提前对职业准入制度有一定的了解，并可使学生意识到从业后再学习的重要性。"四新"模块和职业资格模块主要以授课教师引导、学生自主探索的方式完成，形成教学内容中的"两翼"。

(3) 实践中学习，学习中实践，构建"三位一体"教学方式。课程产出结果是使学生在建筑业企业及相关单位从业时具备解决施工技术相关问题的能力，课程目标与实际工作岗位的能力是对接的，传统教学方式是口头讲授，配上图片和视频，讲解过于理论化，无法构建起以学生为中心的课堂，难以实现课程目标。为此，经过多年努力，通过实验实训设施的优化和校企合作实质性的进展，本课程构建起了"三位一体"的教学方式。

1) 把教室搬进实验实训室。在多年的课程探索中，持续不断地把课程改革要求反馈给实验实训室并运用到其建设和发展中，在此基础上深入剖析区域性行业需求及毕业生职业发展，以形成持续改进的教学机制。现已将"建筑施工技术"课程的课堂设置在施工综合实训厂房内，上课讲授区域周围即为工程实体模型和可以直接动手操作的工程机具。课堂上学生可以直接接触工程实际环境，不仅帮助学生理解具体知识，还可以直接将理论原理教学和技能实操无障碍结合。由于施工过程中涉及的具体技术内容广，以学生培养目标为导向，将测量实验室、建材实验室、地基基础实验室围绕着施工综合实训厂房建设，坐落于其周围，当涉及相关实操时可以便捷地使用多个实验室的资源。

2) 使用建筑施工虚拟仿真教学软件辅助教学。建设工程施工现场是一个动态变化的环境，但实验实训室是一个静态环境，即使不断完善实验实训设施也难以还原施工现场面临的各种复杂变化，因此使用建筑施工虚拟仿真教学软件可以帮助学生提升发现和解决问题的能力及组织协调能力。在虚拟仿真教学软件的选取上，应选择可以进行二次开发或可自主进行任务编辑的软件，如施工场地布置上，可以自由设置场地及周围环境的情况，布置完施工场地后可进行后续材料、运输、人工等方面的模拟计算和可视化，进行不同场地布置、施工技术和管理方法上的优劣对比。

3) 深化校企合作，将生产实习化为短期多频次的企业实习。生产实习是教学过程和人才培养的重要一环，但传统的教学安排，使学生在本课程开始前并没有参加过实际的施工现场实习工作，致使学生对知识、技术的理解与工程实际出现了偏差。建筑产品有着周期长、单件性的特点，传统的生产实习只能使学生认识到项目施工某个分部分项工程的施工方法与过程，其他分部分项工程还未开始实习就结束了，更无法了解到季节性施工的措施和技术，实习成果较为单一。所以把生产实习化为三个 1~2 周的短期实习，从大二下学期结束就开始安排实习，这样可以使学生每次实习时面对不同分部分项工程和不同季节，在本课程开始前有施工现场短期实习的经历。在本课程的教学中，还安排了到合作企业代表项目的参观实习，在课程进行中也能有机会深入施工一线。

5 结语

"建筑施工技术"课程强调具体技术的实际应用,在人才培养中起关键作用,综合性强,因此教与学两方面都有相当的难度。如何培养学生工程实践能力,一直是一个突出的问题。

我们的教学团队通过完善的调查分析明确了课程目标,运用OBE模式对"建筑施工技术"课程进行改革,以结果为导向、学生为中心重构教学内容,形成"一体两翼"内容模式,并且改进教学方法,构建"三位一体"教学方式。与传统课堂相比,提升了学生的工程实际技能,使学生在施工技术具体应用、不同技术使用等方面得到了训练,为将来从事与建设项目施工有关的工作打下坚实的基础。

参考文献

[1] 严小丽. 建筑施工技术课程"浸入式"教学环境构建研究[J]. 高等建筑教育,2013,22(4):72-74.

[2] 倪国栋,鄢晓非,宁德春. 工程管理专业建筑施工类课程教学改革探讨[J]. 高等建筑教育,2012,21(1):54-58.

[3] 宁宝宽,白泉,黄志强. 基于生产实习的土木工程施工理论教学改革与实践[J]. 高等建筑教育,2012,21(3):118-120.

[4] 曹珊珊,李淑,邵运达. 土建类开放教育课程的项目式逆向教学设计——以国家开放大学"建筑施工技术课程"为例[J]. 高等工程教育研究,2020(1):93-99.

[5] 袁杰,赵倩怡,童华炜,等. 基于VR的土木工程施工课程改革与实践[J]. 高等工程教育研究,2019(3):99-101+129.

[6] SPADY W G Outcome-Based Education:Critical Issues and Answers[M]. Arlington:American Association of School Administrators,1994.

[7] 张男星,张炼,王新凤,等. 理解OBE:起源、核心与实践边界——兼议专业教育的范式转变[J]. 高等工程教育研究,2020(3):109-115.

[8] 余天佐,刘少雪. 从外部评估转向自我改进——美国工程教育专业认证标准EC2000的变革及启示[J]. 高等工程教育研究,2014(6):28-34.

基于 OBE 理念的"会计信息化"课程教学：设计与实施

罗 丹 张加加

摘 要：OBE 理念是当前教育教学中重要的理念之一，其对提高课堂教学效果、实现人才培养目标有着重要的作用，如何将其融入课堂教学也成为教育工作者思考的方向。以"会计信息化"课程为例，在成效为本和学习产出的驱动下进行该门课程教学目标、内容、方法及反馈设计改革，并以供应链管理章节的普通采购业务为切入点，具体实施业务教学，用实例论证说明"会计信息化"课程与 OBE 理念的有效衔接和有效融合。通过学生学前学情调查及后续改革多元信息反馈发现：OBE 理念在"会计信息化"课程的应用有利于提高学生的综合业务处理能力，"持续改进"的行为和举措也可以有效地提升课程教学质量。

关键词：OBE 理念；会计信息化；课程设计；课程实施

1 引言

随着社会的高速发展，教育方式和教育理念迭代更新，成果导向教育（OBE）因其目标明确、定位精准的特征成为国际上倍受推崇的教育理念之一。它致力于实现从传统教育"内容为本"向现代教育"成效为本"的转变，侧重"成效指标"而非单一的"内容指标"。学生在学习中需明确学习产出，实现既定的学习目标。OBE 理念的诞生和发展，对于推动教育改革、提升教育质量发挥了重要的作用，因此它又被认为是一种教育范式的革新。如何将 OBE 理念融入和落实到课程教学，一直是广大教育教学前线教师颇感困惑的难题，它既是教育改革的难点和痛点，也是重点和突破点。

2 OBE 理念引入"会计信息化"课程教学的必要性

随着大数据、云会计时代的到来，会计核算走向信息化和智能化是大势所趋。"会计信息化"是高校财会类专业的必修课程之一，理论与实践结合、理实一体化教学是该课程的主要特色。该课程基于用友 U8、金蝶等财务软件，需要学生掌握必备的会计理论知识，由浅入深地操作企业总账、薪资、应收应付、供应链采购、销售等方面的内容，提升学生的会计信息业务处理能力和会计核算能力，使他们可以加工、分析和处理相关业务操作，熟练运用财务软件等。将 OBE 理念融入"会计信息化"课程的教学中，需要重点检验该课程的学习成效。目前，该课程的成果导向目标尚不明确。首先，由于教材更新与现实实践存在一定的滞后问题，需对教材的教学内容进行适当地重难点教学指导，使学生的学习产出与工作实践保持一致；其次，当前学生学情发生一定变化，其接受新鲜事物的能力增强，但掌握技能的能力有待加强，且教育教学技术更新较快，而教师教学技能有待提高，传统教学课堂气氛沉闷，学生学习需求更加多元，教师教学面临新的挑战。将OBE理念与"会计信息化"课程相结合，明确课程成果产出，探索课程的教学设计与实施，在教学内容、方法等方面协同推进改革课堂教学，有助于从课程教学的角度探索人才培养目标与培养效果之间的关系。

3 基于OBE理念的"会计信息化"课程的教学设计

在传统教育范式中，"会计信息化"课程的教学以"教主学辅"，即课堂上以教学主体（教师）对教学客体（学生）的知识灌输为主，这一模式的优点是可以让学生接触更多的知识，但是学生被动接受居多，且对课本操作指导和教学视频的依赖性较强，能够习得和消化的知识有限。引入OBE理念之后，其明确的成果导向侧重"教学产出"。为了获得教学效果，教师首先要针对课程进行教学目标设计，积极引导学生树立目标—明确目标—提升目标，也要针对"会计信息化"课程目标匹配教学内容，选择恰当的教学方法，收集教学反馈等，为积极践行OBE理念提出方向和策略，如图1所示。

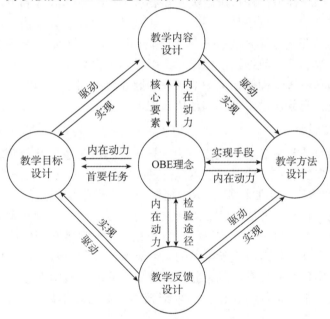

图1 OBE理论课程设计框架

3.1 教学目标设计

教学目标即为预期的学习成果和学习产出。它是课程教学的首要任务，一切教学活动都需围绕教学目标而展开，教学产出是教学目标在课程上的实现。传统教学目标要实现知识与技能、过程与方法、情感态度与价值观三维目标的有效融合、衔接。"会计信息化"课程的教学目标要将传统目标与成果导向纳入综合考量的范畴，设计出三个层次的教学目标。第一，学生需要掌握课程的基本框架、内容、相应的理论知识及各章节之间的相互关系，这是理论目标，也是基础目标。第二，熟练运用用友U8、金蝶软件处理各项业务操作，能够独立处理各项经济业务，可以将所学知识内化为分析问题、解决问题的能力，这是技能目标，也是核心目标。第三，在学习理论知识和业务操作的同时注重培养学生遵纪守法、认真严谨、专注做事、职业自信、人格养成方面的世界观、人生观和价值观，这是素质目标，也是价值目标。将理论目标、技能目标与素质目标有机统一，培养学生成为合格的财务、会计方面的人才。

3.2 教学内容设计

教学内容是OBE理念实施的核心要素，需要遵循目标导向原则，围绕教学目标设计合理的教学内容。"会计信息化"课程在进行教学内容设计时要注意以下几点。首先，要突出重点、难点，在有限的学时下，教学内容要根据教学目标有所侧重，如在总账管理、应收应付款管理、采购和销售管理章节就要特别关注，侧重讲解。其次，针对课程的实验资料和内容的具体情况，对学生提出了解、掌握、熟练掌握三个层面的要求，并对学生提出识记、理解、分析、应用等不同的锻炼目标。例如，会计信息化软件安装、系统功能、各章节的基本概念等，不涉及具体操作，所以教学要求是学生了解即可；而企业建账、设置用户及权限、供应链管理初始化等，内容简单但又比较重要，需要学生识记、理解并会操作；对于总账业务处理、固定资产日常业务处理、采购管理、销售管理和报表管理等章节，业务流程多、综合性强、操作难度大，需要教师把控教学内容和上课节奏，对学生也有较高的能力要求，学生不仅要具有一定的专业基础，而且要有较强的理解能力、分析能力以及解决问题的综合能力等。最后，"会计信息化"课程还要注重系统教学，要明确各章节相互关系，如报表环节数据出现错误时，引导学生去总账管理、固定资产管理、应收应付款管理、采购和销售管理等相关章节寻找原因并解决问题。同时，应用思维导图的方式帮学生厘清思路，充分让学生理解和消化知识点。

3.3 教学方法设计

OBE理念下教学方法的选择应该以成果为导向，将教学主体从教师转移到学生，重视学生自主学习的重要性。在"会计信息化"课程的教学过程中，要适当抛开传统的"大水漫灌"式教育，实施"精准滴灌"，深刻把握当代大学生思想开放、崇尚自由的群体特征，结合课程特色，在教学方法上吐故纳新。针对课程理论、技能和素质三大目标，以情景式、启发式、互动式、自主探究式等教学方法充分激发学生在课堂中的主动性，以学生喜闻乐见的方式，潜移默化地改变学生们的学习态度，让他们对"会计信息化"课程产生浓厚的兴趣，进而实现专业教育与成果教育的统一。此外，教师在教学指导的过程中还要实时更新教学方法，常教常新，在创新中牢记教学目标与教学使命，为培养合格的财务、会计工作人员贡献力量。

3.4 教学反馈设计

教学反馈是学生们在学习中自然的和非自然的反映。在"会计信息化"课程的教学中，学生是否作为主体积极参与课堂，是否表现出浓厚的兴趣和主动参与课堂，都是学生自然性和自主性的教学反馈。同时，教师还可以通过课程考核、平时作业、课程评价等方式获取学生非自然的课程反馈。这个"非自然"是指获取反馈的途径存在一定的刻意性，是教师采取措施而获得的一种反馈结果。课程考核、平时作业的完成度直观反映出教学效果，而课程评价是通过收集学生、同业教师、督导教师等各方面的教学意见而获取的反馈结果。它们检验教学是否达到成效，其实就是OBE理念"成效为本"和"学习产出"的观点深刻融入"会计信息化"课程教学的体现。此外，在"会计信息化"的课程教学中还要坚持 OBE 理念的"持续改进"原则，建立起"PDCA"机制，根据学生的学习效果和多元评价结果不断调整自己的教学目标、内容和方法，形成持续改进的"闭环体系"，积极践行 OBE 理念，进一步提升教学质量。OBE 理念下"会计信息化"课程内容设计一览表如表 1 所示。

表 1 OBE 理念下"会计信息化"课程内容设计一览表

实验项目	课时安排	实验内容	知识点目标	锻炼学生应有能力
实验一：系统管理与企业应用平台	5	①建账、用户及权限 ②设置基础档案	了解☐ 掌握☑ 熟练掌握☐ 了解☑ 掌握☐ 熟练掌握☐	识记☑ 理解☑ 分析☐ 综合☐ 识记☑ 理解☑ 分析☐ 综合☐
实验二至实验四：总账管理	7	①总账的初始设置 ②总账日常业务处理 ③总账期末处理	了解☐ 掌握☑ 熟练掌握☐ 了解☐ 掌握☐ 熟练掌握☑ 了解☐ 掌握☐ 熟练掌握☑	识记☑ 理解☑ 分析☐ 综合☐ 识记☑ 理解☑ 分析☑ 综合☑ 识记☑ 理解☑ 分析☑ 综合☑
实验五：UFO 报表	4	①管理费用明细表 ②生成三大报表	了解☐ 掌握☐ 熟练掌握☑ 了解☐ 掌握☐ 熟练掌握☑	识记☑ 理解☑ 分析☑ 综合☐ 识记☑ 理解☑ 分析☑ 综合☐
实验六：薪资管理	5	①系统的初始设置 ②日常业务处理 ③期末处理	了解☐ 掌握☑ 熟练掌握☐ 了解☐ 掌握☐ 熟练掌握☑ 了解☐ 掌握☐ 熟练掌握☑	识记☑ 理解☑ 分析☐ 综合☐ 识记☑ 理解☑ 分析☑ 综合☑ 识记☑ 理解☑ 分析☑ 综合☑
实验七：固定资产管理	5	①系统的初始设置 ②日常业务处理	了解☐ 掌握☑ 熟练掌握☐ 了解☐ 掌握☐ 熟练掌握☑	识记☑ 理解☑ 分析☐ 综合☐ 识记☑ 理解☑ 分析☑ 综合☑
实验八：应收款管理	8	①系统的初始设置 ②日常业务处理	了解☐ 掌握☑ 熟练掌握☐ 了解☐ 掌握☐ 熟练掌握☑	识记☑ 理解☑ 分析☐ 综合☐ 识记☑ 理解☑ 分析☑ 综合☑
实验九：供应链初始化	5	供应链基础设置	了解☐ 掌握☑ 熟练掌握☐	识记☑ 理解☑ 分析☐ 综合☐
实验十：采购管理	8	采购的日常业务处理	了解☐ 掌握☐ 熟练掌握☑	识记☑ 理解☑ 分析☑ 综合☑
实验十一：销售管理	9	销售的日常业务处理	了解☐ 掌握☐ 熟练掌握☑	识记☑ 理解☑ 分析☑ 综合☑
实验十二：库存管理	4	库存业务处理	了解☐ 掌握☑ 熟练掌握☐	识记☐ 理解☑ 分析☑ 综合☐
实验十三：存货核算	4	存货业务处理	了解☐ 掌握☑ 熟练掌握☐	识记☐ 理解☑ 分析☑ 综合☐

（表格说明：以王新玲、汪刚主编的《会计信息系统实验教程》（清华大学出版社，2002 年出版）为分析对象）

4 OBE 理念下"会计信息化"课程的教学实施——以普通采购业务为例

本环节以王新玲、汪刚主编的教材《会计信息系统实验教程》（清华大学出版社，2002 年出版）中的普通采购业务为例，将从实验目标、实验准备、实验过程、实验反馈、实验总结五个方面说明 OBE 理念下"会计信息化"课程教学的具体实施,如图 2 所示。

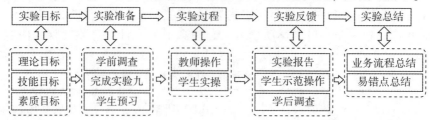

图 2 OBE 理念下"会计信息化"课程教学实施框架

4.1 实验目标

通过学习,学生需要了解普通采购业务的操作原理、与其他子系统的相互关系(理论目标),熟练操作和运用普通采购业务全流程(技能目标),培养学生认真严谨、耐心细致的工作作风(素质目标)。

4.2 实验准备

OBE 理念强调"以学生为本"的学习产出和学习成效,因此要对学生学习前的基本情况进行调查。利用问卷星对各班的学情进行统计,调查对象主要是笔者所教授的 332 名 2020 级本科会计学和财务管理专业的学生,调查详情如表 2 所示。

表 2 学生普通采购业务学前调查表

问题设置	问题选项及学生答案
问题1:对普通采购业务的基本流程是否了解?	① 一点都不了解(246 人) ② 有一点了解(71 人) ③ 基本了解(15 人) ④ 完全了解(0 人)
问题2:是否会操作普通采购业务?	① 一点都不会(304 人) ② 会一点(27 人) ③ 基本会(1 人) ④ 完全会(0 人)
问题3:普通采购业务所涉及的部门和子系统是否了解?	① 一点都不了解(259 人) ② 有一点了解(72 人) ③ 基本了解(1 人) ④ 完全了解(0 人)

根据表 2 可知,95.48% 的学生对于普通采购业务的基本流程是不了解或不太了解的,完全会操作的学生基本没有,与其他子系统和部门之间的关系也很模糊,没有明确概念。少数几位会操作普通采购业务的,也是因为自己从事过相关方面的兼职和暑期工作。因此,对于绝大多数学生来说,普通采购业务的应知应会还处于较为"空白"的状态。

除了学前调查外,教师还要提醒学生完成"实验九:供应链管理初始化"的设置,如仓库档案、采购类型、采购管理的初期数据等,为普通采购业务提供基础资料,保证普通采购业务的顺利展开。同时,教师课前在雨课堂等教学软件发布微课视频,督促学生做好课前预习,让学生对业务有基本了解,可以在正式学习和操作中达到事半功倍的效果。

4.3 实验过程

普通采购业务是课程较为复杂的业务之一,涉及采购部、财务部等多个部门,也需要在采购、库存、应付款、存货、总账、UFO 报表等众多子系统里进行操作,所以要先为学生厘清思路。教师在授课的初始阶段,首先要树立学生的思维框架,让学生了解采购管理系统与其他子系统的相互关系。通过如图 3 所示的流程思路框架,学生可以清楚和直观地了解普通采购业务所涉及的子系统及其对应的操作内容。其次,每个步骤要具体操作给学生看,并且要将相关原理给学生讲清楚。例如,在普通采购业务中,请购、订单、入库单、采购发票、结算、应付款和成本的核算、执行付款操作等其实是由多个部门的多个职位分工协作的,采购部负责请购、订货、入库等操作,而财务人员分为应付会计、成本会计、总账会计,分别负责核算不同的账款部分。并且跟学生说明,规模越大、管理越规范的公司分工越明确。理论结合实际,让学生对企业的普通采购业务流程有全面的认知。最后,让学生根据目标和要求,实际操作完成普通采购业务。在学生操作的过程中,教师要为学生答疑解惑,出现问题时积极引导学生找出问题、分析问题和解决问题。也可以通过分组任务、情景模拟的方式开展业务操作,操作规范、快速、准确的组在平时成绩中予以加分鼓励。整个教学中,教师采用启发式、情景模拟式和演示、实操的教学方法进行教学,务必让学生熟练掌握普通采购业务。

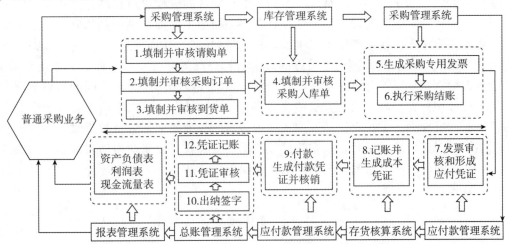

图3 普通采购业务流程思路框架

4.4 实验反馈

衡量OBE理念下普通采购业务的目标成效是否达成,需要建立"学生为主,同行及授课教师为辅"的多元信息反馈路径,多管齐下,综合考察。为了解学生对业务的熟练程度,一方面授课教师要细心观察,巡查课堂,时刻掌握学生业务操作进程,对于不会操作、进度较慢的学生予以单独指导。另一方面,教师可以邀请学生到讲台示范操作,这样更能考验学生操作业务的熟练程度,收集学生的实验报告,通过批改作业发现学生在操作中的不足。此外,还可以邀请同事及其他同行教师前来听课,虚心接纳,集思广益,不断完善课程教学。课后,发布问卷星调查学生学习成果,问题设置与表2普通采购业务学前调查表基本一致,再增设开放问题4:对于业务教学有什么意见和建议?

根据问卷星的学后调查结果可知:通过学习,332名学生基本掌握和熟练掌握了普通采购业务;存在极个别学生完全不会和不了解也事出有因,有迹可循,主要是这部分学生请事假或者病假没有参与课程教学。因此,普通采购业务教学达到了应知应会、熟练操作的目标成效。与此同时,设置开放问题4搜集学生的意见和建议,持续改进,形成"评价—反馈—改进"的良性循环,深化OBE理念在"会计信息化"课程教学中的应用。普通采购业务学后调查示意如图4所示。

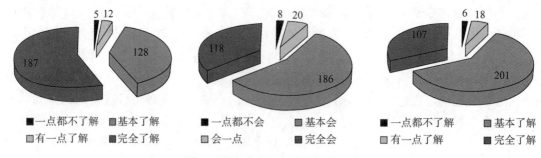

图4 普通采购业务学后调查示意

4.5 实验总结

综合课程教学和学生的操作情况，最后还要对业务的流程进行总结，强化学生们的学习成果，加深学生对业务的理解和记忆。并且要根据学生在操作中遇到的问题，总结出难点和易错点，告诫大家在后续的操作中如果碰到类似问题可以参照解决，进一步锻炼学生分析问题和解决问题的能力，实现最终的教学目标。此外，应总结实验过程中的优缺点，如教学内容根据实际工作有所侧重，可以加强学生实践技能，但详略不同的知识学习会影响学生掌握知识的完整性；教学方法传统式与开放式相结合，可以不断地激发学生的自主学习能力、探究能力，但探究式、开放式课程会增加教师教学任务及教学时长，影响后续学生自主学习时间。通过及时总结实验过程的不足及收获，收集学生学习数据，适时修改教学设计，为新的教学产出制订教学计划，使课程教学达成PDCA闭环螺旋式上升，持续提高教学效果。

参考文献

[1] 黄嘉莉，桑国元. 成果导向视角下台湾教师教育评估制度的发展 [J]. 教师教育研究，2020（4）：58-65.

[2] 顾佩华，胡文龙，林鹏，等. 基于"学习产出"（OBE）的工程教育模式——汕头大学的实践与探索 [J]. 高等工程教育研究，2014（1）：27-37.

[3] 童建华. 基于OBE理念的宪法学课程教学：设计与实施 [J]. 嘉兴学院学报，2022（3）：115-119.

[4] 李桐，张丽静. 三全育人背景下会计信息化课程思政建设策略 [J]. 黑河学院学报，2022（3）：105-106.

[5] 邵云飞，刘露遥. 课堂教学视域下课程思政理论与实践的探索——以《创新管理》课程为例 [J]. 电子科技大学学报（社科版），2022（3）：1-7.

[6] 许瑞芳. 一体化视角下高校课程思政建设的四个维度 [J]. 中国高等教育，2020（8）：6-8.

[7] 李一杨. "双一流"背景下思政理论课程建设路径——评《高校思想政治理论课程建设研究》[J]. 中国高校科技，2021（6）：99.

基于OBE理念的"财务管理"课程改革

谭 剑

摘 要：OBE理念是一种以成果为导向的教育理念。以成果为核心，反推教育模式、教育内容和教育环境与教育体系的建设、完善，能够为高等学校教育体系管理提供更具针对性的教育。尤其是对于"财务管理"课程而言，财务管理本身是实践性极强的专业，对学生的实践操作能力具有较高水平的要求，这与OBE理念具有相同的教育目标和教育导向，因此，基于OBE理念推动高等学校"财务管理"课程改革是现阶段高等学校财务管理专业改革发展的可行方向。文章从OBE理念视角出发，探究OBE理念下的"财务管理"课程改革方向与具体举措。

关键词：OBE；高等学校；财务管理；课程改革

1 基于OBE理念的"财务管理"课程改革的必要性和可行性

1.1 基于OBE理念的"财务管理"课程改革的必要性

（1）财务管理专业教育环境重理论。高等学校财务管理的专业教育环境一直以来都以课堂理论讲授为主，虽然大部分高等学校财务管理的专业教育环境都在积极地向实践性转化，但是单就效果而言，发展速度还是偏慢。这就导致高等学校"财务管理"课程给学生提供的课程内容还是以理论型的教学内容为主，虽然高等学校能够为学生提供一定的实践和操作机会，但是这种机会不多，学生参与的积极性并不显著。这就导致学生长期处于理论化的专业教育学习环境中，虽然具有基本的专业理论知识基础，但是在实际操作应用方面的能力显然不足。尤其是从当代财务管理就业市场环境来看，财务管理就业竞争日趋激烈，2021年全国会计专业技术资格考试报名人数达682万人，其中初级、中级、高级资格考试报名人数分别达到462.6万人、214.1万人和5.3万人。所以从这一层面来看，对于高等学校财务管理专业而言，财务管理专业教育环境必须要得到改善，学生只有在校期间拥有更多的实践性操作的机会，才能够更好地具有基本的就业能力。而这也是OBE理念所推崇的教育目标和导向，根据OBE理念反推，高等学校财务管理专业的核心培养目标就在于培养专业的财务管理从业人员，而财务管理专业既然是具有极强实践性的专业，其教育环境自然要理论与实践相均衡，因此，财务管理专业的教育环境改革势在必行。

（2）"财务管理"课程实践性教育环节不足。细致分析高等学校"财务管理"课程实践性教育环境的配置能够明显地看出，虽然在高等学校财务管理专业体系中包含了关于实操性的教育环节，但是在高等学校财务管理专业实践规划中，大部分的时间还是被配置到了西方经济学、微观经济学、宏观经济学等理论性的专业教学内容上。当然，这些理论性专业教学内容的重要性毋庸置疑，但是对于财务管理这一种实践性极强的专业而言，过分关注理论性教学内容，很容易导致学生对于专业知识的认知和理解更多地浮于表面。而目前，高等学校"财务管理"课程的实践性教育环节，无论是在理论性教学内容中，还是在实操课程中都缺少真正意义上能够让学生进行具体分析、实际操作的教育环节，这就导致学生虽然有基本的理论基础，但是却无法将这些理论应用到具体的工作和任务中。很多财务管理专业的学生进入到社会之后都需要将所有的专业知识从头学起，这其实反映出高等学校"财务管理"课程在教育内容规划和配置方面舍本逐末的特点。从 OBE 理念视角出发能够明显地看到，现阶段高等学校"财务管理"课程的实践性教育环节设置并不是以教育目标为导向，而是以课程规划为导向，这就意味着实践性教育环节是否能够有效地提高学生的综合实际操作能力并不被高度重视，更多的是任由学生自由发展，这其实无法满足高等学校财务管理专业教育开展的实际需求。

（3）"财务管理"课程学生教育效果反馈有限。从财务管理课程的开展目标导向来看，"财务管理"课程的核心教育目标在于培养学生的综合财务管理能力，而专业领域知识是学生综合财务管理实践操作能力的基础。但是，在学生教育效果反馈评价方面，如果只是将专业领域知识作为衡量和评价的唯一标准，对于财务管理课程目标达成而言，自然无法落实整体目标和效果。而现阶段，高等学校"财务管理"课程的学生教育效果反馈还存在明显的应试教育痕迹和模式特点，学生考前复习、规划重点等已经成为一种相对普遍的现象。这就导致"财务管理"课程的学生教育效果反馈出来的成果不能真实反映出学生的学习效果，虽然对于学校而言，高等教育阶段不追求学生的"成材率"，但是高等学校具有对学生进行综合培养并且为学生奠定就业专业素养和综合能力的责任与义务。从 OBE 理念的视角可以明显看到，高等学校"财务管理"课程并不是以学生教育效果为首要目标，所以对财务管理课程进行改革的意义和重要性也就由此凸显。

1.2 基于 OBE 理念的"财务管理"课程改革的可行性

（1）OBE 理念可以指导"财务管理"的课程环境。OBE 理念强调成果并不是学生相信、记住、感受、知道和了解，而是强调学生将知识内化。换言之，OBE 理念强调学生能够真正意义上通过"财务管理"课程环境获得一种内化的能力体现，而不仅仅是对理论知识学习的暂时表现，所以从这一层面来讲，如何能够帮助学生实现财务管理理论知识的内化，如何提高"财务管理"课程中学生理论知识的运用能力，是 OBE 理念在"财务管理"课程中应用的具体方向，而这一方向可以有效地指导财务管理课程环境改革。所谓财务管理课程环境，实际上就是将课程开展方式、内容、氛围等按照培养学生内化能力的目标进行整合和优化，而这契合了现阶段高等学校"财务管理"课程对学生财务管理能力培养的客观需求。所以，将 OBE 理念融入"财务管理"课程体系中，能够指导财务管理课程环境的优化与完善，带动高等学校"财务管理"课程开设的环节向更精细化的方向发展。

（2）OBE 理念能够完善"财务管理"的课程内容。OBE 理念强调，学生的学习成果不仅仅是对理论知识的知道和了解，还包括了对理论知识的实际应用，以及在实际应用的过程中可能涉及的价值观和其他情感因素。从高等学校"财务管理"课程的实践性教育环节的开展情况能够明显地看到，OBE 理念能够弥补当前高等学校财务管理课程实践性教育环节的不足。一方面，OBE 理念能够有效地指导高等学校财务管理课程对实践性课程内容予以丰富与充实，这一点是传统的教育理念的不足之处。而另一方面，OBE 理念不仅关注学生对财务管理专业知识的实践与操作，更主要的是还关注了学生在财务管理专业知识应用过程中的道德标准和职业素养的建立等，这能够进一步丰富高等学校"财务管理"课程实践性内容的价值。

（3）OBE理念可以优化学生教育效果反馈体系。OBE理念强调学生的学习成果应该兼顾生活中的重要内容和技能，并注重其实用性。所以单从理念层面来讲，毫无疑问，OBE理念能够对财务管理专业的课程评价及教育效果反馈体系和机制进行优化。OBE理念更多地强调将教育效果反馈的方式与专业实际操作、生活实践等有机结合在一起，而这是以往财务管理专业中比较少见的内容，所以OBE理念有助于高等学校财务管理专业教育效果反馈评价体系的进一步完善与优化。而且，基于OBE理念的核心思想在于"逆向思维"，因此将OBE理念融入高等学校"财务管理"课程，有利于将教育效果反馈广泛地应用到课程改革进程中，从而打造出具有动态化发展的改革体系和模式，这样更有利于高等学校财务管理专业结合就业市场的实际需求，对学生进行专业层面的培养，构建更加灵活的课程模式。

2 基于OBE理念的"财务管理"课程改革的具体对策

2.1 聚焦"财务管理"课程目标

OBE理念在"财务管理"课程改革中的应用，首要任务是聚焦财务管理课程的目标。在传统的教学目标基础上，将社会就业目标、学生实践能力综合培养目标共同融入既有的财务管理课程目标体系中，进一步丰富课程目标的内涵。

第一，深入社会就业环境进行深层次调研，了解当前财务管理岗位就业人员的综合素养和基本的实操能力要求，将这些要求进行提炼，并结合本校已开设的课程，进行深层次的挖掘，选择适合的内容纳入财务管理课程目标中。将这些全新的内容作为财务管理课程改革之后的课程内容，在课程开展的过程中，培养学生的基本综合素质和实操能力，然后推动学生在走上工作岗位之后，可以快速适应身份角色的变化，提高学生的综合就业能力。

第二，需要对学生课程内容和教学方式进行深层次的调研。学校可以组织财务管理专业学生的教学评价，通过学生的教学评价对当前本校财务管理课程的内容和教学方式进行综合评价与分析，总结和归纳本校财务管理专业教学内容和教学方式存在的局限性，并且对学生合理课程内容和教学方式的期待予以回应。当然，在本校对财务管理专业课程目标进行改革的过程中，还是要秉持着学校对专业课程开设的专业性，避免盲目迎合社会需求和学生需求而忽视学校自身的教育属性，应该聚焦财务管理课程目标，对传统的财务管理课程目标进行充实与完善。

2.2 扩大学生课程实践机会

扩大学生课程实践机会强调在OBE理念下，学生综合素质的提高应建立在理论与实践的双重基础上，所以在现有的课程内容体系基础上，本校应该增加各种关于财务管理实操课程。在这方面，本校可以每个学期开展财务管理岗位"擂台赛"，通过实操的方式，调动学生参与实践活动的积极性和主动性，在学校内部营造课程实践的环境与氛围，在传统理论教学的基础上着重突出实操，以便于学生通过财务管理实操比赛，不断锤炼自身的专业技术和专业能力。同时，除了实操比赛以外，本校还应该将财务管理实训活动配置到基本的教学实践周期中,以每周安排一节实训课为佳,次之也要以每月为单位,为学生安排具体的实训课程。而且,所有的实训课程时间都要保持在 90 分钟至 120 分钟,确保学生在实训课程中获得积极的实训体验,并将实训课程参与结果纳入学生的成绩评价体系中。

2.3 提高教师教育评价期待

提高教师教育评价期待是指在 OBE 理念下,教师在组织财务管理课程内容的过程中,应该不断采取提高教学目标层次的方式,来提升学生财务管理综合素质。在这方面,本校教师可以采取分层教学法,针对学生的实际情况,采取更具有针对性的教学手段和教学内容。通过合理的教学内容配置及教学设定目标的调整,针对不同学生的不同情况达到不同的教育效果,从而提高本校财务管理课程的教学水平。第一步,本校教师可以将学生的单月理论成绩、实训成绩作为分层依据,将不同学生按照理论水平、实训水平等进行分组,不同小组合理安排不同的教学内容,然后为学生设置不同的教学目标,定期考核学生的目标达成情况,并结合目标达成情况,提升与调整教学内容层次。第二步,本校教师需要提高自身的教育评价,期待在学生满足低层次教学目标之后,适度调整教学目标的尺度,进一步提高教学目标,引导学生达成更高的目标,以此促进财务管理专业学生综合素质的提高。

2.4 实施专业教育反向设计

实施专业教育反向设计就其本质而言,是强调本校财务管理专业课程在评价反馈的基础上,应该结合反馈评价的结果进行深层次的教育优化和教育体系改革。尤其是在实施 OBE 理念的基础上,既要考虑到结合学生学习及未来就业发展的实际需求反向设计学校财务管理专业课程内容和教学方法,同时也要考虑到在学校反向设计教学内容和教学方法的过程中,教学效果不可能一蹴而就。换言之,本校在基于 OBE 理念进行财务管理课程改革的同时,还需要结合每一教学阶段的实际教学效果,反向进行专业教育内容的优化与完善,以此来打造本校财务管理课程改革的动态化模式。

3 结语

综上所述,高等学校财务管理课程具有改革的必要性,同时鉴于 OBE 理念非常契合当前高等学校财务管理课程改革的客观需求,所以 OBE 理念有益于高等学校财务管理课程改革进程的推进。因此,本校结合 OBE 理念对财务管理课程进行改革与优化,结合 OBE 理念的反向设计、提高教育评价期待、扩大实践教育机会及聚焦课程成果目标等核心观念,优化财务管理课程的内容和方式,从而更好地促进高等学校财务管理课程的发展。

参考文献

[1] 龚新龙,韦嘉雯,唐鸿. 基于 OBE 理念的混合式教学模式改革——以财务管理课程为例 [J]. 教育信息化论坛,2021(10):68-69.
[2] 郑海英. 新时代背景下基于 OBE 理念的财务管理专业课程改革研究与实践 [J]. 商业会计,2021(18):118-123.

OBE 理念下"财政金融基础"课程混合式教学设计探索

沙 旭 张朝君

摘 要：教学设计是混合式教学过程中最为关键和核心的部分，在 OBE 理念的指导下，本文探索"财政金融基础"课程的混合式教学设计。通过阐述 OBE 理念和混合式教学设计的内涵，发现当前"财政金融基础"课程存在教学目标不明确、教学方式方法陈旧、考核评价体系单一等问题，提出了制订预期学习产出、改革教学方式方法、构建考核评价体系等教学设计思路。

关键词：OBE 理念；财政金融基础；混合式教学设计

2018 年，教育部颁布了《普通高等学校本科专业类教学质量国家标准》，明确提出大学本科专业教育质量评价要突出学生中心、产出导向、持续改进。这与成果导向教育理念（OBE 理念）不谋而合。在 OBE 理念的引导下，新的教学模式不断出现，并在改革的过程中显示出各自的特点，其中，混合式教学模式正逐渐成为大学教学中的一种新模式。在互联网时代，混合式教学模式基于"以学生为中心"的教育理念，能更好地突破时空限制，教师借助互联网信息化技术平台，为学生提供较为丰富的学习资源，使学生学习的主动性、积极性和创造性大大增强。"财政金融基础"是会计学专业开设的一门选修课程，其目的是使学生熟悉有关财政学、金融学的基础理论，从而为将来的实际工作奠定坚定的理论基础。本文以 OBE 理念为指导，探索财政金融基础课程的混合式教学设计，这不仅契合了信息技术时代教学改革的重要需求，也是对提升教学质量的重要探索。

1 OBE 理念与混合式教学设计的内涵

OBE 理念最早在美国学者 Spady 撰写的《基于产出的教育模式：争议与答案》一书中提出，其主要内涵是以预期的学习成果为驱动，进行反向的教学设计，反推出学生需要接受什么样的知识及如何评价学生对知识的掌握程度，并通过对教学效果评价及学生的反馈进行后期持续改进。而现行的混合式教学模式已突破"线上教学与线下面授的混合"，更多强调师生之间、生生之间的"交互"。教师不再是一味地主导灌输，而是更加强调学生个性化的习得和创造性的生成，这种理念与成果导向性的 OBE 理念有一定的相通之处。因此，将 OBE 理念应用到混合式的教学实践中，对于优化和改进教学设计具有重大的借鉴意义。

2 "财政金融基础"课程的教学现状及存在的问题

2.1 教学目标不明确

教学目标是课程体系的关键要素，是课程标准的核心内容。在传统的教学过程中，教师和学生把更多的精力放在财政金融的基本概念、基本原理和基本方法的学习上,忽视了学生在财政金融方面分析问题、解决问题的能力培养。特别是在结合会计学专业背景,利用财政金融相关知识,解决财政金融体制改革和经济形势变化对企业、单位财务状况影响的相关问题上。这不仅影响学生对"财政金融基础"课程的深入学习,也使课程的教学目标与学生毕业要求及企业需求不一致,达不到开设此课程想要的实际效果。

2.2 教学方式及方法陈旧

"财政金融基础"课程的传统教学方式,以教师课堂讲授、学生被动输入为主。这种"灌输式""填鸭式"的教学方法,很难产生较好的教学效果。同时,课堂教学还受到课时、场地的限制,师生之间很难充分利用课堂时间进行有效互动,在讲晦涩难懂的内容时,学生参与度不高,学生的主动性和积极性消磨殆尽。此外,面对互联网时代成长起来的新一代大学生,传统的教学方式不仅难以调动学生学习的热情,而且很难对不同学习能力的学生开展个性化和差异化的教学。

2.3 考核评价体系单一

在传统的考核评价中,高校更多集中在对教师教学质量、教案设计等方面的评价上,而对学生的评价比较单一,一般通过学生出勤情况、课后作业情况及期末考试进行判定。而期末考试则更多考核学生对教材基础知识的掌握。这种考核方式更侧重于对学生记忆能力、应试能力和解决固定答案问题的能力的考核,对于学生应用知识、分析问题、解决问题及创新能力的评价存在片面性,不利于创新人才的培养。

3 OBE 理念下"财政金融基础"课程混合式教学设计思路

OBE 理念下的混合式教学围绕"预期学习产出—教育投入与教育过程—评价学习产出"的思路展开,整个教学过程遵循"反向设计"的原则,以学生的"学"为中心,进行混合式教学设计,通过评价学生学习成果来改进原有的教学设计和修正预期学习成果,如图 1 所示。

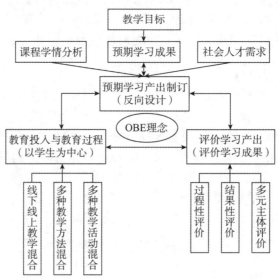

图 1 OBE 理念下混合式教学设计思路

3.1 反向设计，制订预期学习产出

（1）制订教学目标。OBE 理念强调学生从一开始学习就要有清晰的目标和预期表现。为了更好地实现预期学习成果，需要充分考虑教育利益相关者的要求和期望，既有国家和社会的需求，也有学校办学思路的需要，更有学生自身可持续发展的需求。"财政金融基础"是会计学专业开设的一门选修课程，其目的是使学生熟悉相关财政学、金融学的基础理论，并能够利用财政金融基础知识，分析国家体制改革和经济形势变化对企业、单位财务状况的影响。"财政金融基础"课程依据高校应用型本科定位及会计学人才培养的毕业要求，设定课程的教学目标。课程的教学目标主要从知识、能力和素养三个层面来构建，如表 1 所示。

表 1 "财政金融基础"课程教学目标设计

目标类型	具体标准
知识目标	理解和掌握财政、金融的基本概念、基本原理和基本方法
能力目标	学会运用财政金融的基本原理和方法认识并解决相关问题，具备分析财政金融体制改革和经济形势变化对企业、单位财务状况影响的能力
素质目标	培养学生的创新创业精神，自尊自信，提升相关专业兴趣；培养具备开放思维、沟通协作能力、基本职业操守的应用型人才

（2）优化教学内容。通过对会计学专业"财政金融基础"课程的学情分析，我们发现，很多学生已经适应"课本式""填鸭式"的课堂教学，普遍缺乏学习上的自主性和能动性，在单一模式的课堂教学中少有批判性思维和创新意识。以学生"学"为中心并不是否定教师"教"的重要性，反而对教师的教学内容提出了更严格更高的要求。传统的照搬照抄教材，学生感觉枯燥乏味，内容过于陈旧，学生课堂参与度不强。因此，在教学内容上需要进一步优化，要以"贴近行业前沿、符合学生实际、激发学生兴趣"为原则，突破教材内容，利用混合式教学，丰富教学资源，打破教学时空限制。在教学内容整体架构上分成若干主题单元，保证教学内容的深度和广度。

3.2 正向实施，改革教学方式及方法

（1）开展线上线下教学，打造开放课堂。在传统的教学中，"财政金融基础"课程采取常见的"讲述+作业"的形式，教师在台上授课，学生在台下被动输入。教师讲授在先，布置习题在后，"以教带练"，很难在 45 分钟的课堂上发挥较好的效果。而在 OBE 理念的指导下，采用线上线下混合式的教学模式，打破课堂上的时空限制，能做到课堂内外学习的有机结合，使学生能够充分利用时间。"财政金融基础"课程可以借助雨课堂、学习通和智慧树等平台，实现线上线下的混合式教学，做到课前线上预习、课上线下学习、课后线上复习。例如，课前，教师可以借助雨课堂发布财政金融方面的学习材料，导入相关章节的学习目标，并设置一些开放性的问题，学生可以提前做好相关预习工作。课堂上，教师可以将时间和精力转向重难点讨论，深化知识要点，强化理解运用。课后，教师再通过网络平台发放开放性的课后习题。线上线下混合式教学能有效地将学生被动学习转化为主动探究，有助于学生创造性思维能力的增强和学习效率的提升。

（2）丰富教学方法，活跃课堂氛围。"财政金融基础"课程理论知识较多，为了让学生积极参与，信息双向流通就显得尤为重要。首先，课程组可以利用互联网资源，搜集最

新鲜、具有代表性的财政金融方面的案例素材。同时，可以邀请学生共建网络教学案例库，并在课堂上进行思考、讨论和分析。其次，在课堂中善于启发学生，可以按照"启发—提问—引导"的教学方式，不断向学生抛出问题，启发学生独立思考，让课堂"活"起来。再次，采取小组合作学习方式，让学生充分发挥主观能动性，协作完成任务。最后，建立课堂奖励机制，通过设置个人积分和小组积分等方法，激发学生的学习热情。

（3）开发特色教学活动，兴趣驱动学习。为了促进学习成果的顺利完成，在教学的过程中，要结合学习目标和学习内容，开发有特色的教学活动，鼓励学生大胆探索，增强创新意识和创作能力，从而不断激发学生的学习兴趣。在"财政金融基础"课堂上，开展灵活多样的特色教学活动，如抢答、话题讨论、头脑风暴、直播视频展示、问卷调查等。充分发挥电子信息平台的优势，不断增强课堂的趣味性，使学生由被动输入转化为主动学习，增强学生学习的能动性。同时，还可以通过创设情境、现场模拟来推理情节，交流意见，实现教学融合，理论联系实际，不断提高学生思考问题、解决问题的能力，让学生乐学、会学。

3.3 持续改进，构建考核评价体系

考核评价体系的设计如图2所示。

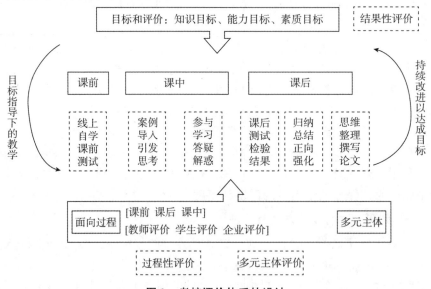

图2 考核评价体系的设计

（1）构建过程性评价，关注学生能力、素质的培养。教学评价是混合式教学过程中的一个重要环节，在OBE理念的指导下，过程性评价从课程教学开始持续至课程教学结束，具有过程性、情景性和动态性的特点，它能够及时反馈在教学过程中学生的学习情况，从而达到强化和改进学生学习的目的。财政金融基础课程的过程性评价，主要分为课前、课中和课后三个阶段。课前阶段主要考核学生的学习态度、自学能力以及预习成果，通过线上自学、课前测试进行评价；课中阶段，主要考核学生的学习能力，通过案例分析、任务驱动、翻转课堂、头脑风暴等手段评价学生对知识点的理解能力；课后阶段，主要考察学生的创新精神和实践能力，通过课后测试检验成果，通过归纳总结加以正向强化，通过课程论文的撰写提高学生分析问题、解决问题的创新思维和实践能力。与传统教师"以教带

练"所形成的测验等评价不同,这种评价模式不仅关注学生对基础知识的掌握程度,而且更注重学生知识内化的能力、情感态度的衡量,以及培养其财政金融方面的核心素养。

(2)增强结果性评价,映射多维课程目标的实现。研究表明,来自结果性评价的各种反馈信息,对学习效果有明显的影响。结果性评价能够直接检验学生达成学习目标的程度。OBE 理念下的结果性评价更加注重学生在应用和创造层面成果的实现,通过检验学生在知识、能力和素养方面所取得学习效果,使学习过程与课程目标前后呼应。在"财政金融基础"课程上,结果性评价不是简单的期末考试,而是通过课程的学习,以课程论文或者调查报告形式来展现学习成果。引导学生运用财政金融方面的知识,解决财政金融领域的实际问题,不断提高学生分析宏观经济政策的能力,让学生能做到掌握课程基础知识与原理方法,同时培养学生独立思考、分析问题、解决问题的能力,最终具备财政金融方面的核心素养,包括语言沟通能力和创新合作意识等。通过强化结果性的评价,又使考核评价体系向课程目标回归,从而形成学习闭环,确保学习效果。

(3)实施多元主体评价,激发学生自主学习的兴趣。教学评价的设计也应该体现主体的多元化,在评价主体的选择方面,要改变传统教师"一言堂"的评价模式,要将教师评价、学生评价及企业评价相结合。在课前自主学习上,教师可以利用雨课堂等教学平台,记录学生在线学习进度,评价学生学习任务完成度;在课中进行的线下小组合作学习时,组织学生进行互评,评价在课堂的参与性、小组合作情况等;课后进行线上巩固拓展,线下撰写课程论文,还可以以小组为单位,训练学生策划"财政金融"方面的商业计划书,并邀请企业相关人员对商业计划书进行评价打分,形成企业对学生知识应用能力的评价。通过多元主体的评价方式,教师可以及时了解学生对所学知识的掌握程度及自身在教学过程中存在的问题,并能针对性地实行个性化和差异化的教学,对学生的学习起到激励作用,从而激发学生自主学习的兴趣。

4 结语

结合 OBE 理念,采用混合式教学模式对"财政金融基础"课程进行教学设计,为课程教学改革找到了现代化的教育信息技术媒介,这打破了传统以教师为主导,从而转向关注学生的"学",实行多元化的评价学习成果,使得教学的持续改进落到了实处。基于 OBE 理念的混合式教学模式的设计,不仅推动了现代化的教学手段在教学中的应用,还调动了学生学习的积极性,有利于提高学生分析问题和解决问题的能力,从而为经济类课程的教学提供了一定的参考。

参考文献

[1] 徐艳兰,鄢小兵,张琼. 基于 OBE 理念的经济学混合式教学设计 [J]. 高教学刊,2020(8):4.

[2] 王春美. 基于 OBE 理念的新闻实践课程教学设计与改革——以音视频节目制作为例 [J]. 传媒,2020(3):4.

基于 OBE 理念的"公司战略与风险管理"课程教学设计探讨

徐 伟

摘 要：本文讨论了如何在"公司战略与风险管理"课程中贯彻 OBE 理念。本文在概述课程性质与 OBE 理念的基础上，回顾了相关文献，从教学方式、考核方式着手，进行了具体的教学设计，并提出了在运用 OBE 理念时应当注意的事项。本文的研究结论对于今后开展"公司战略与风险管理"课程的教学改革、提升学生的沟通与团队协作等能力、提高课堂教学的效果等有一定的借鉴意义与参考价值。

关键词：OBE 理念；公司战略；风险管理；课程设计；教学改革

1 "公司战略与风险管理"课程与 OBE 理念

1.1 "公司战略与风险管理"课程性质

"公司战略与风险管理"课程内容广泛，跨越多个课程门类，如生产管理、营销管理、企业文化、信息管理、知识管理、产业经济等，具有综合化、集成化、实践性强等特点。"公司战略与风险管理"课程通过理论讲授、课堂讨论等方式，向学生传授企业如何在动态变化的环境下，开展战略分析、战略选择、战略实施与风险控制，最终实现企业战略目标的过程，主要涉及战略管理导论、外部环境分析、内部环境分析、企业战略目标、公司层战略、业务层战略、国际化战略、战略实施、风险控制等内容。

2009 年，"公司战略与风险管理"课程已经加入注册会计师考试，在原有审计、会计、财务管理、税法、经济法等专业性较强的科目基础上，更加注重解决公司问题的能力。本科"公司战略与风险管理"课程的教学内容，一般与注册会计师考试所指定的教材内容有所差异，但基本上借鉴与参考了中国注册会计师协会所编写的"公司战略与风险管理"课程的教材内容。

1.2 "公司战略与风险管理"课程教学重点

在"公司战略与风险管理"课程的教学过程中，如何把零散的知识整合起来解决复杂的战略管理问题，如何做到理论联系实际、如何调动学生的课堂学习积极性并培养实践能力是课程教学的重点。

1.3 OBE 理念概述

OBE 理念是近几年教育领域一种较为流行的教育思想与观念，它强调以学生学习效果和成果为导向，每个环节的设计和实施都应紧密围绕学生，课堂教学也应体现"以学生为中心"的原则，包括相应评价体系的设计也需遵循这一原则，对学生所获得的知识、技能等学习成果进行评估。

OBE理念对于教育工作者的启发在于：教师必须要清楚学生最终需要学习什么知识与技能。只有明确了教学目标，以学生为中心，充分调动学生的学习积极性，从结果导向出发，重新设计与安排教学活动，才能真正让学生有学习的获得感与成就感。

2 "公司战略与风险管理"课程教学改革现状

相关学者研究"公司战略与风险管理"课程的改革，主要有四种思路：第一种，从案例在本课程中的应用视角出发，探讨应用策略，提升学生的参与度，改善课程的授课效果；第二种，紧扣新技术与互联网，如MOOC、翻转课堂、线上线下结合等，探讨智慧教学工具背景下，本课程如何适应新形势；第三种，围绕OBE理念，探讨如何应用新的教学模式，如研讨式教学、项目式教学，提升教学效果；第四种，研究OBE实施之后的教学效果评价。"公司战略与风险管理"课程改革与教学设计的相关研究文献梳理如表1所示。

表1 "公司战略与风险管理"课程改革与教学设计的相关研究文献梳理

研究思路	有代表性的学者	代表性观点
研究案例在"公司战略与风险管理"课程中的应用	陈前玉，周勇涛（2019）；周惠平、王枫（2021）	将案例规范、合理地应用到"公司战略与风险管理"课程中
研究新技术背景下的"公司战略与风险管理"课程如何适应新形势	李占强（2019）；赵梓翔、陈静（2019）；颜申申（2021）	结合翻转课堂、线上线下课程建设、MOOC等，设计与优化"公司战略与风险管理"课程
围绕OBE理念探讨如何应用新的教学模式	刘洁，潘月杰（2019）；冯志军（2021）；李新娥、杜辉（2019）；谭雅（2021）	坚持OBE导向，积极探索项目式、研讨式等教学模式
研究OBE实施之后的教学效果评价	崔颖（2020）	研究OBE实施之后的评价维度与评价实施

3 基于OBE理念的"公司战略与风险管理"课程目标

课程目标是与专业目标一脉相承的，它是专业目标的具体支撑与贯彻体现。它的目标归根到底是服务于专业人才培养目标。人才培养目标一般包括知识目标与能力目标。

工商管理类人才培养目标的知识目标层面，一般会有掌握战略和风险相关的理论知识的表述；能力目标层面，一般会有培养战略思维、培育风险意识、提升创新能力、增强团队合作能力、提高语言表达能力和沟通能力等要求。

课程目标始终是专业人才培养目标的具体延伸与体现。因此，对于"公司战略与风险管理"的课程目标而言，应该是通过战略与风险相关理论的讲授，通过相关的小组案例分析过程，使学生能掌握战略与风险的相关理论知识，培养其战略思维与风险意识，提高学生的创新能力、团队合作能力、语言表达能力、沟通能力。

4 基于OBE理念的"公司战略与风险管理"课程教学与考核方式

4.1 教师讲授法

因为课程有较多的理论,课堂讲授是必不可少的环节。课程内容主要包括战略管理概论、战略分析、战略选择、战略实施、企业面临的内外部风险、风险管理策略、风险控制等。通过任课教师讲授,将战略管理的基本理论知识传递给学生。

为了确保这个过程的顺利,应当坚持几个原则。

(1) 精简与优化PPT。由于课程内容多且非常抽象,因此需要教师精简PPT,对教材的理论内容的逻辑框架和知识体系做一个系统的梳理与提炼。PPT内容应当重点突出、一目了然,最好能够结合思维导图,将每一章节的内容以图表的形式,形象生动地展示出来。这对教师的教学能力提出了很高的要求:教师必须要"吃透"教材内容,掌握教材内容的内在线索与编写逻辑。精美的PPT样式设计,能给学生带来视觉上的美感,激发学生的学习兴趣。

(2) 借助案例提高学习效率。案例往往是现实社会中某一具体企业实践的总结与浓缩。案例解析的过程,就是学生理解与消化理论知识的过程,也是运用理论知识分析的过程。与抽象的理论知识不同,案例往往更加具体、生动,也贴近现实生活,易于学生理解。

(3) 借助智慧教学工具辅助教学。因为理论知识概念多且较为抽象,因此课堂讲授法应结合必要的习题练习,如雨课堂的随堂练习等,帮助学生巩固学习效果,也便于教师及时、灵活地调整授课节奏。

(4) 借助线上、线下相结合的方式。在大数据、慕课等大背景下,从长远看,课程建设的"线上+线下"的发展趋势日益明显。因此,有必要借助知识点小视频、线上直播、线上录播等方式,打造全方位的学习空间,提供多维度的学习资源与素材。

4.2 学生参与式教学

在学习过程中,如果学生不能发挥参与作用甚至是主体作用,始终被动地等待教师传授知识,那么学习的效果是不理想的。学生参与式教学,是指通过案例研讨、小组讨论、分组汇报等方式开展教学,它的目的是锻炼与培养学生的创新能力、团队合作能力、语言表达能力、沟通能力。

(1) 教师指定具体的案例。教师会指定具体的案例内容,并且做好班级分组与分工。各个小组成员4~5人,确定1名组长,全班大致可分为10组。每组将会分配不同的案例,以防止抄袭和偷懒行为。

在整个学期中,这10个小组依次委派代表通过课堂PPT汇报与展示案例分析的结果。汇报完毕之后,会有班级互动,其他小组的同学可以提出3个问题。提问结束,教师要就案例分析的结果进行点评。

(2) 学生根据项目要求搜集案例。教师不指定具体的案例内容,只给学生一个方向指引,由学习自己查阅文献与搜集相关的资料,经过加工、提炼与分析,同样也经过小组分工、讨论,最后通过课堂PPT的方式展示项目的成果。

4.3 课程考核方式

OBE理念下,根据结果导向原则,要想使学生掌握相应的知识和培养相应的能力,则必须构建和设计对应的课程考核方式。

如表 2 所示,考核由平时成绩与期末成绩共同构成,分别占 40% 和 60%。其中,平时考核由平时作业、考勤、案例分析与汇报三部分构成,依次分别占平时考核的 30%、30% 和 40%。平时考核尽可能做到有所依据、公正合理。例如,平时作业可以通过雨课堂系统批阅、评分;学生的考勤在雨课堂都有扫码签到记录;案例分析与汇报,有学生汇报的 PPT 和提交的 Word 版报告。

表 2　课程考核设计

考核项目	比例	形式	构成比例	平台/设备	依据
平时考核	40%	平时作业	30%	雨课堂	雨课堂系统评分
		考勤	30%	雨课堂	扫码签到记录
		案例分析与汇报	40%	教室内电脑	分析报告与 PPT
期末考核	60%	期末考试	100%	纸质版试卷	试卷作答

除了平时的考核之外,期末还有一次纸质版的试卷考核,其中案例分析占据了 35%~40% 的比例,着重考查学生的理论分析、技能迁移与理论应用的能力。

5　OBE 理念下"公司战略与风险管理"课程教学的注意事项

5.1　注重案例的典型性与时效性

由于现实中的案例众多,因此案例的遴选应当具有典型性,这样对企业战略决策才能有较强的指导意义。

有一些教材的案例还是十多年前的案例,缺乏时效性。这些案例的背景环境与当下的经济环境还是有所差异的。众所周知,大数据、人工智能、移动互联网、云计算、区块链等新兴技术已经深刻影响了当代的生产方式与生活方式。除了一些经典的案例之外,这些缺乏时效性的案例,对于当下的企业战略决策的指导作用相对有限。

5.2　构建本校的案例库

围绕应用型人才培养的目标,构建本校的战略管理案例库。尽可能地选择本地区、本区域经济发展实践中的典型案例,加以浓缩、加工与提炼,化繁为简,去粗取精,形成有本校特色的案例库,便于教学、案例分析、期末命题等。有了稳定的本校案例库,就可以为后续的案例在教学上的应用提供基础与条件。

5.3　加强学生小组管理

为了防止小组内的"搭便车"行为,必须切实抓好小组内的成员管理。为了防止组内的偷懒与不合作行为,可以赋予小组长评分的权利,也即组内成员的评分并不一定是相同的,小组长可以根据成员各自的表现予以评分。同时,每一位成员负责的分工,应尽可能具体化、明确化,杜绝隐性的偷懒行为,也使小组长对成员的评分有所依据。

5.4　配合学生满意度的调查

利用问卷星、质量管理系统等,定期进行学生课堂满意度的调查,及时了解学生的意见和建议,这是必不可少的辅助环节。只有及时了解学生对课程的反馈、对任课教师的反馈，重视学生的意见与建议，了解学生的满意度，才能真正树立学生主体地位，贯彻OBE理念。

5.5 持续改进

教学改进是一个动态提升的过程，难以一蹴而就。案例库的建设，需要时间的积累。即使建好了案例库，内容也要与时俱进，不断更新。考核方式，尤其是比例构成，也不是一成不变的，可以根据学生的反馈，在动态教学中，不断予以调整和优化。各项智慧教学工具的运用，也是动态变化的。

6 结语

作为新时代的教师，应当与时俱进，及时了解与学习新的教育理念。当下，OBE理念正在众多高校中如火如荼地实施和开展，也从侧面佐证了该教育理念强大的生命力。

"公司战略与风险管理"课程因为其理论的抽象性，采用单纯的课堂讲授方式并不能很好地达到要求。而如果能借助OBE理念，坚持以学生为中心、结果导向、持续改进的原则，重新设计与优化课程设计、教学设计，一定能切实改善教学效果，实现课程目标，进而服务于专业人才培养的目标。

参考文献

[1] 陈前玉，周勇涛．战略管理课程教学中"全案例"教学模式的应用［J］．西部素质教育，2019，5（12）：8-11.

[2] 周惠平，王枫，韩玺．案例教学法在战略管理教学中的提升策略研究［J］．创新创业理论研究与实践，2021，4（11）：23-24.

[3] 李占强．基于MOOC和开放式案例的翻转课堂教学研究——以《战略管理》课程为例［J］．教学研究，2019，42（1）：75-81.

[4] 赵梓翔，陈静．基于线上线下混合式教学的全案例教学模式设计——以《战略管理》课程案例研讨会为例［J］．教育现代化，2019，6（92）：196-198.

[5] 颜申申．公司战略与风险管理课程翻转课堂教学与案例教学法的混合式教学模式探索［J］．老字号品牌营销，2021（9）：114-116.

[6] 刘洁，潘月杰．基于OBE理念的应用型本科"战略管理"课程教学改革探究——以北京联合大学商务学院"战略管理"课程为例［J］．教育现代化，2019，6（27）：68-70.

[7] 冯志军．基于OBE教育理念的企业战略管理课程建设研究［J］．黑龙江科学，2021，12（7）：1-4.

[8] 李新娥，杜辉，陶金元．《企业战略管理》课程项目式教学模式探究［J］．教育教学论坛，2019（39）：174-175.

[9] 谭雅．工商管理专业《战略管理》课程教学模式的探析［J］．质量与市场，2021（20）：181-183.

[10] 崔颖．OBE理念下本科商科课程研讨课的效果评价实证研究［J］．河南工业大学学报（社会科学版），2020，36（3）：92-99.

基于 OBE 理念的应用型高校专业课课程思政实施路径探析
——以"税法"课程为例

郑春晓　张冠楠

摘　要：本文从"税法"课程思政的角度出发，依托 OBE 理念对"税法"课程在应用型高校进行教学设计改革，探讨教师在教学过程中的课程思政建设，并以 OBE 理念对高校的课程思政具体实施进行探索。

关键词：OBE 理念；税法课程思政；实施路径

1　引言

课程思政建设是高校将知识教育与学生思想教育相结合的改革，是我国高等教育教学知识与价值观统一的理念碰撞。用知识育人，用思想感化人是课程思政建设的核心所在。课程思政建设适应时代的发展脉络，也符合课程改革的需求，是提高学生思想建设的有效共识。目前，纵观应用型高校专业课程，将 OBE 理念与课程思政建设有效融合的相关研究及实验探索还相对较少，那么将两者有效融合的高校将会在课程建设上前抢占先机。

2　OBE 理念及课程思政的内涵

2.1　OBE 理念的内涵

成果导向教育（OBE）理念最早是由美国学者威廉·斯派蒂在 20 世纪 80 年代提出的，该理念在国外发展比较成熟，是以教师为中心的投入型教育理念。狭义的 OBE 理念认为，结果好坏体现教学过程好坏，结果是基础。总之，课程的教育目标是根据专业人才的培养目标和毕业要求设计的。OBE 理念是以学生为中心的"终身学习教育观"、因材施教的"多元智能学习观"、多种教学方式的教育情境"建设性学习观"，并体现了"创新""适用""实用""能力为本的质量理念"等。

2.2　课程思政的内涵

课程思政的内涵是坚持将以德树人作为核心所在。在经济全球化时代，对于学生的教育不应当仅仅是知识的传授，而应当帮助学生树立正确的价值观，以更好地顺应时代的发展。高校应秉持全程育人、全方位育人的理念。课程思政秉着润物细无声的方式将价值观传输给专业课程中的每一位学生，潜移默化地引导学生树立正确的人生观，做到内化于心、外化于形。因此，课程思政建设要求每位专业课授课教师同心、同向、同行，坚决拥护党的领导,以保证立德树人的前提。

3 基于OBE理念的课程思政实施路径探索——以"税法"课程为例

3.1 基于OBE理念,融合课程思政确立教学目标

"税法"课程是广东理工学院会计学院会计学专业、财务管理专业的专业课程。广东理工学院会计学院致力于在OBE理念下,融合课程思政要素,结合以学生为中心的学习理念,以学生的学习发展为基础。各高校应了解现状,探索学生的潜力,促进全面发展;秉持的教学设计和教学实施的目标是学生通过教学过程最终所取得学习成果,因此高校应重视评价和反馈学生在学习中的效果,建立一个有效的反馈机制,从而使效果评价有效地帮助学生调整学习、教师调整教学、学校调整工作。

"税法"课程依据学校应用型本科定位及应用型人才培养目标,基于OBE理念,融入课程思政要素,结合会计学专业、财务管理专业人才培养方案的毕业要求,设计的教学目标有:

①了解各税种的含义与特征,了解各税种之间的关系;

②理解增值税等税种的概念及应纳税额的计算;

③能够运用基本方法与技能,独立完成企业实际经济业务案例中涉及的税收问题的计算,具备分析和解决问题的能力,具备税收及管理、法律等方面的知识;

④树立正确的人生观,成为能够胜任实际税务管理工作的应用型专门人才。

3.2 明确OBE理念、融合课程思政元素教学的关键问题

OBE理念强调教育设计、实施和评估的目标和标准是学生在教育过程中最终获得的学习成果。为此,教师在进行教学设计之前必须了解以下问题:希望学生通过循序渐进的指导获得哪些学习成果?教师可以做些什么来有效地帮助学生实现这些学习成果?教师需要如何将课程思政与以教科书为基础的OBE理念相结合?教师如何知道他们的学生取得了哪些学习成果?具体实施环节如图1所示。

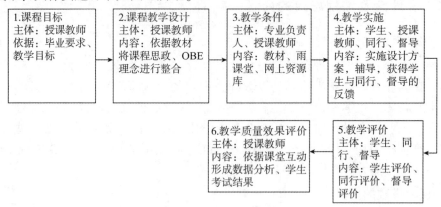

图1 教学实施环节

3.3 基于OBE理念,融入课程思政元素的"税法"课程教学设计

OBE理念同样强调学习成果、学生主体和持续改进的愿望。基于这一理念,实施了"税法"课程的教育方案,其具体的教学设计环节如图2所示。

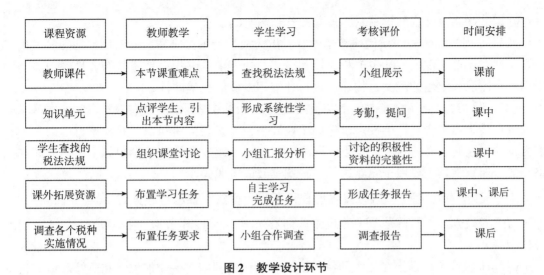

图 2 教学设计环节

基于 OBE 理念，融入课程思政元素的"税法"课程教学设计，只有明确课程思政与 OBE 之间的对应关系，才能充分达到预期的教学效果。本文以"税法"课程为例，将思政资源的挖掘、专业知识点的结合、融入的思政元素、成果导向目标四者之间的对应关系进行展示，如表 1 所示。

表 1 基于 OBE 理念"税法"课程融入课程思政举例

项目	举例
思政资源	①近年来，违反税法的典型案例 ②近年来，我国财政收入支出的数据 ③近年来，我国税收法律法规的改革政策
课程思政的切入点	我国现行税法体系；税收的含义和职能
融入的思政元素	①四个自信，爱国情怀；社会主义核心价值观 ②责任意识，使命意识；遵纪守法，依法纳税
成果导向目标	①帮助学生理解中国特色社会主义道路自信、理论自信、制度自信、文化自信 ②加强对学生的爱国主义教育，树立正确的社会主义核心价值观 ③通过数据分析，使学生直观了解税收在我国财政收入中的重要地位及税收的最终去向，理解税收在我国经济建设和社会发展各方面发挥的重要作用。强调公民依法纳税的重要性，帮助学生理解公民为什么负有纳税义务，培养学生的责任意识与使命意识

3.4 基于 OBE 理念、融入课程思政元素的"税法"课程，采用多元化的教学方法、教学手段

教学设计应遵循主动教学的内容有用性、学习真实性、任务挑战、过程互动和良性环境五个要素。当代大学生是拥有创新观念和鲜明个性的群体，他们有着独立自主的价值观，倾向于"浸润式"的教育手段，对于"暴力灌输式"的教育手段具有一定的抵触心理。

广东理工学院会计学院开展"税法"教学时，秉承 OBE 理念，融合思政要素。

（1）教学应以专业教学为重点，结合专业课程的定位和学生的现实，注重实践能力与理论知识的联系，结合教学材料，但与教学材料分离。

（2）与现实社会相联系构建教学内容，扩大教学范围，丰富教学案例，加强教学内容的真实性，创造条件激发学生的积极性和情感，使学生能够积极地坚持探究性学习。努力根据社会需求和学生的现实，构建、编写和应用专业的教学课件。

（3）教学过程应注意在课堂上花费的时间，充分考虑到学生的有效学习时间。基本知识通过在线学习平台进行传授。学生利用在线平台探索和构建知识，并根据自己的兴趣和能力主动构建有意义的学习。学生的课外时间主要是通过教师的教学视频、讲座视频和网络交流，课堂教学主要用于问题讨论、案例实践或实践操作。

3.5 基于OBE理念、融入课程思政元素的"税法"课程考核方式

对于考核方式，不再是单一的最终式考核方式，考核环节应包括阶段性考核和期终考核。

（1）阶段性考核是指在传统的例行演练和测试的基础上，增加税收和监管政策的讨论和案例操作。以"税法"课程为例，可以对近年来出台的减税等对民生有所贡献的政策措施进行整理，调查分析其效果。分析这些措施对纳税人、社会和国家的作用，同时增加实际案例的分析测试，增加对学生实务的考核，加深学生对知识的掌握与理解程度，保证学生知识点的活学活用。

（2）期终考核主要是用期末考试成绩评定。期末考试可以结合相应的论述题考查学生解决实际问题的能力。优化后的该种考核方法改变了过去简单评估学生知识掌握情况的考核方法。它融合了综合思维和价值观引导，赋予学生分析、解决、提炼和升华思想的能力，也体现了OBE理念。

（3）高校应充分利用大数据、教育信息化、网络资源和现代教学手段，从教学和学习两个方面提高教学效果。基于以学生为中心的教学理念，有效利用教学视频、电子书、大屏幕多媒体演示、在线演示、网络教学等各种教学手段，使课堂教学生动，提高教学效果，提高教学效率。

4 结语

广东理工学院会计学院通过"广播教学"来展示学生普遍存在的问题（需要提示的要点），使学生能够立即看到操作效果；利用互联网将课堂教学扩展到课外活动，学生可以根据自己的需要在互联网上学习相关内容。教师可以多多利用网络这个有效载体，通过网络上传各种思政资源、案例教学资源等，也可以通过发布雨课堂作业，在教师客户端及时掌握学生的作业情况，更有效地开展教师教学活动。教师可以设置微信公众号，发布和课程相关的慕课资源等，也可以建立微信答疑群，及时为学生答疑解惑，还可以利用多媒体教学系统进行广播教学。总之，广东理工学院会计学院致力于构建基于OBE理念的专业课课程思政，在不断的实践探索中将两者有效结合是每个教师的奋斗愿景。

参考文献

[1] 邹丽琴. 基于OBE教育理论的"思政课"教学创新策略分析[J]. 南国博览, 2019(3): 130.

［2］李煜. 中国优秀传统文化融入大学生思政教育路径探究［J］. 科教导刊（中旬刊），2019（8）：94-95.

［3］杨骏. 人文关怀与高校思想政治教育的融合路径分析［J］. 改革与开放，2018（24）：130-132.

［4］高德毅，宗爱东. 从思政课程到课程思政：从战略高度构建高校思想政治教育课程体系［J］. 中国高等教育，2017（1）：43-46.

［5］赵明刚. 提升高校思政课教学吸引力的路径探讨［J］. 教育评论，2015（4）：59-61.

基于 OBE 理念的课程思政教学实践
——以"成本会计"课程为例

梁燕瑜　赵　燕

摘　要："成本会计"是财务管理、会计学等专业的核心课程之一，该课程岗位实践性很强，在工作岗位上要求学生职业素养比较高。目前需要探索在 OBE 理念的背景下结合课程思政教学实践改革，满足当前社会对成本会计岗位人才的需求。本文结合"成本会计"课程教学模式，分析目前"成本会计"课程教学存在的问题，并提出基于 OBE 理念，将思政教育融入"成本会计"课程教学的必要性和课程教学改革设计，以学生预期学习成果为起点，重构教学内容、改革教学方式、完善考核体系，并基于学习成果达成度持续改进，形成"成本会计"课程教学体系，提高学生岗位适应性，满足应用型人才培养目标。

关键词：OBE 理念；课程思政；成本会计

1　背景

OBE 理念强调以学生为中心，教学过程以成果为导向，强调教学设计为提高教学质量服务。根据该理念的要求，授课教师首先要了解本专业的人才培养目标，并把这些培养目标分解为本课程的知识目标、能力目标和素质目标，同时融入思政育人目标，设计合理的教学体系和教学方案，也就是通过学生是否达到特定的培养目标，来检验教学成果，并根据教学结果反向设计教学任务。所以，课程设计非常重要，设计是否合理直接影响教学成果；授课教师也可以通过实验教学过程验证实践能力，反向推导设计教学内容、教学课件、教学大纲等。"成本会计"课程的授课教师应该根据 OBE 理念，结合课程思政内容，以学生学习成果为中心，反向设计教学内容，设计合理的教学方案，提高学生对"成本会计"课程的学习兴趣及参与课堂的互动性，从而提高教学质量，实现教学目标。

2　基于 OBE 理念的思政教育融入"成本会计"课程教学的必要性

OBE 理念是一种强调以学习者为中心，基于学习者未来所需的知识、技能和素质等进行人才培养的教育思想。落实 OBE 理念就是要将人本素质教育贯穿人才培养的始终，将思想政治教育贯穿教育教学的全过程。在 OBE 理念下推行"成本会计"课程思政是实现思政教育融入专业教学的现实途径，将思政元素融入专业知识，能够提升课程教学质量，帮助学生塑造健全人格、培养高阶思维能力、提高政治站位，有效提高会计人员的整体素质。

在授课教师对 OBE 理念进行深入研究的基础上,"成本会计"课程组开展对该课程教学大纲、教学目标、教学设计、教学方法、教学评价、课程考核等的改革与实践,这对于本课程的建设具有一定的实践参考意义。

3 "成本会计"课程教学存在的问题

3.1 基于 OBE 理念的思政教学目标不明确

"成本会计"课程与其对应的考证和比赛方面不明显,所以教学过程以成果为导向的教学目标不突出。教学过程中将重点放到专业实操和应用性上,所以 OBE 理念下的教学目标不明确。很多学校的"成本会计"课程教学目标就是把专业知识传授给学生,通过学习成绩评定该课程的教学目标是否达到,往往忽略过程考核和人文思政培养,这不利于提高成本会计人员的职业素养,不符合新形势下的人才培养要求。近几年也有很多高校积极推进课程思政建设,同时也取得了一定的成果。但部分高校"成本会计"课程融入的思政内容很少,衔接比较困难;部分老师在课堂上直接引入思政内容,比较生硬,所以该课程思政教学目标仍然需要完善。

3.2 教学体系需完善

一般来说,"成本会计"课程会按照其核算的流程安排章节,每一章节核算一个流程,虽然章节是单独设计的,但是各章之间逻辑关系非常密切。然而上课时通过讲解单独一个知识点,很容易忽略章与章之间的逻辑关系,所以导致学生能理解单独一个知识点,但是独立完成一个完整的成本核算流程时就无从下手,因为理不清逻辑关系。同时,因为成本核算的环节比较多,计算公式和方法也多,有些计算方法的名字很相似,它们之间既有联系也有区别,所以学生也很容易混淆各种方法。例如,计划成本分配方法,既有辅助生产费用分配,也有制造费用分配,但是它们之间又有区别,很多学生会把这些方法弄混,所以"成本会计"课程教学体系需要完善。

3.3 教学方法不够灵活

大部分教师还是采取以教师为主、学生为辅的传统教学模式,在这种教育方式下学生被动接收知识,积极性和参与性都不高。且考核方式单一,主要是授课教师出卷期末考核,对于过程考核及思政内容考核较少。此外,还存在激励机制缺乏,课程效果反馈滞后等问题,教学效果没有完全达到最初设想的理想状态。

教学内容主要讲解教材内容,很少渗透实际账务处理和思政内容。由于该课程授课的课时和教材内容的影响,以及教师对 OBE 理念的理解等导致教学方法不够灵活,思政内容渗透不充分,并且教学过程缺乏统一设计,课程组教师对 OBE 理念下的思政课程教学模式还未深入了解等问题。

4 基于 OBE 理念的思政教育融入"成本会计"课程教学设计

4.1 完善"成本会计"课程教学目标

"成本会计"课程教学目标应该立足本专业的人才培养方案的培养目标,设计教学目标和育人目标。

教学目标:以就业为导向,以能力培养为核心,以培养学生掌握生产企业成本核算技能为目标，以制造业企业成本核算的一般流程为主线组织教学内容。根据本课程结构特点，通过案例教学法、实践教学活动将理论渗透于实践操作中的模式来组织教学，理论教学与实践操作同步进行，提高学生的专业技能，为学生今后从事成本核算岗位工作打下坚实的基础，从而达到教学目标。

思政育人目标：将思想政治教育内容融入"成本会计"课程教学过程，通过专业课与思政相结合，融通教学，培养学生静以修身、俭以养德的品质，以及量入为出的观念，防止铺张浪费的不良作风，树立正确的人生观和职业观，具有团体合作精神、具有责任感、集体荣誉感；节约成本、创造社会价值，潜移默化中让学生接受主流价值观的熏陶，从而达到思政育人的目标。

4.2 完善"成本会计"课程教学体系设计

（1）"成本会计"课程设计原则。以培养具有成本会计核算能力为重点，以生产企业工作过程为主线，以会计岗位工作任务为载体，借助线上线下混合式教学，让学生置身于生产企业经营管理过程和成本会计工作岗位的职业情境中，在情境中融入课程思政的良好职业道德，爱岗敬业、客观公正，认知职业环境，接受成本会计核算任务，与他人分工协作，逐步完成经济业务的核算。强调理论联系实际，着力培养学生实际从事成本会计工作应具备的基本知识、基本技能和操作能力。

（2）基于OBE理念反向设计"成本会计"课程目标。"成本会计"课程立足学校应用型本科区域人才培养的定位，结合会计学专业人才培养方案的毕业后工作岗位要求，培养具有较高道德文化素养和法纪观念，有较强社会责任感，具备创新精神、创业意识与合作能力的德智体美劳全面发展的高素质应用型人才。基于OBE理念，结合本专业对应的培养目标反向设计"成本会计"课程教学目标，如表1所示。

表1 "成本会计"课程教学目标设计

目标类型	专业培养目标	课程具体教育目标
知识目标	掌握管理学、经济学、会计学、成本会计等方面的基本理论和基本知识	①能够正确认识成本会计的课程性质及课程研究对象，了解成本会计核算流程 ②理解和掌握成本会计的基本概念、原理及核算的方法
能力目标	掌握会计核算和会计分析的基本方法，提升分析问题、解决问题的能力	①学会运用成本会计的基本原理及方法解决企业对应岗位内容 ②具备成本会计核算能力，参与企业管理
素质目标	①熟悉有关财务会计方面的法律、法规，以及与企事业单位纳税相关的税收政策和法规 ②具有良好的思想品德与职业道德，具有强烈的社会责任感与公德心	①树立正确的人生观和职业观，具有责任感、集体荣誉感；节约成本、创造社会价值 ②增强自学能力及语言表达能力，提升在实际工作中的理解及分析问题的能力、团队合作意识

（3）基于OBE理念、融入思政元素的"成本会计"课程教学设计。基于OBE理念的课程教学设计是立足于人才培养目标，根据课程教学目标进行的课程教学设计。课程设计需要考虑课程教学过程和效果反馈，考核标准以反映学生能否达到教学目标为主，教学过程围绕该目标实现而设置。基于OBE理念的"成本会计"课程思政的教学设计思路："成

本会计"课程开设定位—"成本会计"课程能实现的学习成果—取得预计成果的途径—评价取得成果的方法—保证成果持续的方案。为实现该教学设计思路,其具体的教学设计方案如表2所示。

表2 "成本会计"课程思政教学内容设计

模块名称	章节知识点	思想政治教育的融合点	预期学习成果
模块一:成本核算基本流程	第一章 总论 第二章 成本核算概述	培养学生静以修身、俭以养德的品质,以及量入为出的观念,防止铺张浪费的不良作风	能够正确认识成本会计的课程性质及课程研究对象,了解成本会计核算流程
模块二:成本要素费用生产过程核算流程	第三章 费用在各产品和部门之间的归集与分配	客观公正、实事求是、坚持准则的职业操守	理解和掌握成本会计各要素核算的方法(独立环节核算)
模块三:成本会计生产月末费用核算流程	第四章 生产费用在完工产品与在产品之间的核算	具有责任感、集体荣誉感	理解和掌握成本会计费用月末分配核算的方法(综合分析核算)
模块四:产品成本计算的基本方法核算流程	第五章 产品成本计算方法概述 第六章 产品成本计算的基本方法 第七章 产品成本计算的辅助方法	树立正确的价值观,培养学生的严谨性	学会运用成本会计的基本原理及方法解决企业对应岗位内容(综合核算成本环节)
模块五:成本报告流程	第八章 成本报表	信息披露需充分可信,同时培养学生正确的职业理想、职业修养和道德品质	具备成本会计核算能力,参与企业管理

4.3 基于OBE理念的"成本会计"课程教学方法

(1)基于OBE理念,结合现代新技术,创新教学方法。例如,利用雨课堂平台导入慕课、微课、微视频、音频等方式布置教学任务,课前做好预习。在教学过程中,利用线上线下混合模式拓展教学资源,改善之前局限于教材授课的现象,同时加强思政内容的引用,导入企业成本核算模拟整个流程,达到提高实操能力的效果。教学过程中也可以通过雨课堂抽查提问的情况进一步了解学生掌握知识点的情况来检验教学成果。课前、课中和课后都可以通过雨课堂平台发布谈论的主题,开展头脑风暴,活跃课堂气氛,积极鼓励同学们思考和谈论,引导学生由被动学习转换到主动学习,提高学生参与度。

(2)探索使用讨论式场景教学的课堂教学模式。教师将专业理论和实践知识与社会主义核心价值体系、家庭理财教育、诚信教育、创新创业教育等思政教育元素相融合,教师根据现实经济活动内容和场景设计教学内容和环节,把课程思政内容嵌入这些场景,使晦涩的知识点与现实经济活动甚至是日常生活进行关联,一方面容易让学生有看得到摸得着的感觉,从而透彻理解知识点;另一方面可以增强课堂趣味性,提高学生的学习积极性和思想素质。

(3) 探索使用探究性学习模式。通过"案例引导→发布小组任务→小组完成任务→小组PPT汇报→学生和教师共同评价"的过程实现教师引导，学生自主探究和解决问题，最大限度减少教师讲授时间和满足学生自主发挥的渴望。通过分组主题研讨、实时案例分析，提升学生的逻辑思维能力、语言表达能力及团队协作能力。同时，教师引导学生课后学习最新经济案例、观看相关法制节目，要求学生撰写观后感，并定期组织财经案例辩论赛等活动，帮助学生增强诚信意识和法制观念，提升法治素养，树立正确的"三观"。

(4) 利用网中网成本会计平台、雨课堂网络教学平台、面授等混合式教学法。任课教师课前精心准备思政教学资源，通过雨课堂平台发布问题，提前让学生思考授课任务；在网中网"成本会计"课程中选取适合本节课的案例，通过平台布置给学生课后练习，模拟企业真正的成本会计岗位，让学生充满参与感，在实操过程中也能充分了解企业需要的专业素养；面对面与学生上课的时候可以直接交流，教学中融入思政元素。在授课过程中，运用多种智慧教学工具，可以有效提高教学效果，以及学生学习积极性和能动性。

4.4 基于OBE理念的"成本会计"课程考核方案

(1) 建立多元考核评价体系。根据"成本会计"课程的性质与特点，综合采取笔试（开卷、闭卷）、课堂测验、课堂讨论、实训操作、学科竞赛成果互认等方式。课堂讨论、实训操作及竞赛模式可以适当加入思政元素考核，科学、综合地评价学生的水平和能力。

(2) 强化过程性考核。过程性考核就课堂教学过程而言，是对学生课堂学习过程（如出勤、课堂提问、课堂讨论）、课堂作业与测验等方面的表现与能力的综合评价。各任课教师应当积极推进探究式、启发式、互动式、研讨式、线上线下混合式课堂教学，一方面不断改进课堂教学效果，另一方面融入课程思政，也为过程性考核的实施提供条件。

(3) 调整终结性考核占比。成本会计的实验操作比重较大，有很多企业模拟账务处理。其过程性考核构成，主要包括课堂考勤、课堂作业、课堂测验、主动学习，也包含思政融入内容等方面。建议过程考核占比40%。

5 结语

"成本会计"课程实操性比较强，社会要求职业素养比较高，为了培养社会需要的成本会计人才，该课程的改革势在必行。基于OBE理念结合课程思政对"成本会计"课程教学的改革是一种适应当代教学的创新方式，在该理念的指导下，本文以学生终身发展为中心思想，并以学生学习成果为导向，结合课程思政内容融入点，针对该课程的特点提出教学目标、教学体系、教学设计、教学方法以及教学考核方面的改革，并结合本校实践教学过程中取得一定的成果。接下来，"成本会计"课程教学实践过程中会继续遵循该理念进行改进，努力提高教学质量，培养本专业应用型人才。

参考文献

[1] 章雁. 关于本科"中级财务会计"实施课程思政教学的思考 [J]. 商业会计，2020 (7)：103-105.

[2] 杨志宏. 浅谈成果导向教育（OBE）理念的起源、发展及理论基础 [J]. 学周刊，2019 (29)：5-6.

基于OBE理念的线上线下混合式教学模式探索
——以"财务管理案例分析"课程为例①

姚 琼 陶新元

摘 要：传统"财务管理案例分析"课程教学模式主要是教师讲授，学生处于被动学习的状态，因而缺乏互动性和课堂趣味性。本文基于OBE理念，发挥新时代网络优势，打破传统课堂教学模式，有效利用翻转课堂和线上教学工具，以成果为导向，以提升学生专业知识应用能力、挖掘学生研究和创新能力、提高学生综合素质为目标，进行线上线下混合式教学模式探索，助力高校培养适应国家社会经济发展需要的高素质应用型人才。

关键词：OBE理念；翻转课堂；线上线下；混合式教学法

1 "财务管理案例分析"课程教学现状

"财务管理案例分析"是为加强财务管理专业学生专业技能训练而开设的一门专业技能选修课。本课程要求学生掌握案例分析的基本原理和运作程序，能够运用所学的财务与会计学及其他相关学科的基本理论和技巧方法，通过对案例的阅读，对问题的识别、分析和讨论，学会分析问题和解决问题，深刻理解企业财务管理的先进理念和实用方法，掌握公司财务管理的内容体系和运行机制，熟悉各类企业主要业务的财务管理特点、重点、难点和应用案例，达到灵活运用财务管理工具管理和控制企业经济活动的目的。现阶段主要是传统讲授模式，各章节讲授的是财务管理业务内容相关实际案例的分析，案例分析中要求把过去所学习的"财务管理"课程知识点恰当地进行应用。从讲授内容来看，本课程需要学生具备较强的财务管理基础知识，因此案例分析前要求学生掌握财务管理基本理论和方法。但从实际教学过程中来看，遗忘已学财务管理知识的学生较多，教师需要花费大量时间帮助学生回顾财务管理知识。

2 基于OBE理念的"财务管理案例分析"课程教学改革内容

OBE理念强调以学生的学习产出为导向，学习产出在本课程中具体体现为学生案例分析报告写作与演讲，借此提升学生分析实际案例、解决问题的能力，因此本课程改革应围绕学生的成果（即案例）展开，基于此提出以下改革措施。

---

① 项目：广东省本科高校2021年课程思政改革示范项目"管理会计课程群课程思政团队"（202121049）；"财务管理案例分析"课程研究型学习线上线下混合式教学一体化设计研究。

2.1 案例的选取

市场上现有教材所选大部分案例不适宜将财务管理相关理论知识和方法应用于案例分析，使得财务管理知识点与案例分析脱节，且部分案例年代久远，案例内容没有体现现代财务管理的新方向、新要求。学校培养人才始终是为社会服务的，在OBE理念下确定"财务管理案例分析"课程学习产出，首先要考虑学生未来从事的就业岗位所需要的基本能力和社会需求，因此应当选取能应用财务管理理论和方法相关知识点且时效性好的、具有代表性的实际案例来进行分析，让学生了解并初步掌握现阶段实际工作中财务管理业务的方向及财务管理工作岗位对学生的能力要求。基于此，本课程以证券交易所官网披露的上市公司信息为起点，重点关注社会新闻报道的公司，结合实际教学内容进行案例选择，让学生总结案例论证的思路与支撑维度，培养学生的问题导向的分析论证能力。

2.2 案例分析报告设计

市场上现有教材基本上没有把主要篇幅放在案例分析上，而是主要介绍案例素材并对案例进行简单的提问，并没有告诉学生应该怎么样应用相关理论知识和方法进行分析，也不能充分激发学生主动思考和探究。改革的重要之处是需要重新设计分析报告思路和分析方法，通过将学生已学的知识点在案例中进行运用，充分展示财务管理基本理论和方法的相关知识点与企业财务管理现实工作的关联。基于此，案例分析报告应该由表及里，围绕"是什么—为什么—有什么后果"展开，由教师事先提出问题，要求学生就每个问题的论证支撑维度、支撑素材与事实依据撰写分析报告并展示，据此培养学生成果导向的论证逻辑思维。

2.3 线上学习视频

本课程要求学生前期已经学习并掌握财务管理基础知识，但从实际教学情况来看，遗忘已学财务管理知识的学生较多。因此需要引入在线课程，让学生课前对已学的知识进行回顾，以更好地掌握财务管理知识在案例分析和实际工作中的应用。

2.4 引导与点评

教师需要在研究型学习的分组讨论和翻转课堂上引导学生演讲和辩论，让每一位学生能充分融入这门课的学习当中，形成研究型学习模式并培养创新精神和团队协作精神，挖掘学生的研究创新能力。学生通过辩论不仅能够更深入地理解已学的知识，更全面地分析案例，让财务管理理念深入人心，而且可以提高学生的演讲水平和辩论能力。因此，教师不仅要引导学生进行演讲，还要对学生的演讲、辩论及分析报告进行点评，这对教师提出了更高要求。

3 基于OBE理念的"财务管理案例分析"课程教学模式探索

OBE理念以学生学习产出为导向，日常教学活动围绕学生的学习成果而开展。本课程教学以线上学习方式回顾相关理论知识和方法、线下分组讨论并写案例分析报告、翻转式课堂由学生作为案例分析报告主讲人进行，形成一种全新的混合式教学研究型学习模式，是非常适合该课程教学的一种新模式。具体教学方法如下。

3.1 课前自主学习

由于本门课程需要运用财务管理基础知识，并且大多数学生已经遗忘，所以需要学生课前自主观看线上视频。这是最重要的环节，但很多学生自主学习习惯较差，容易导致线上学习效果不佳。基于OBE理念，教师将涉及的案例分析知识点设置为几个小问题检测学生学习效果，督促学生自主学习。

3.2 课中能力展示

线下利用翻转课堂，让学生对案例进行分析并撰写报告，课堂上进行学生演讲和辩论，以此检验学生学习成果。在课前自主学习的前提下，课中可减少枯燥的财务管理基础知识的讲授时长，从而在有限学时内尽可能扩充教学内容，同时做到以学生成果展示为导向，突出重点，调动学生学习积极性。课堂上以学生进行案例分析展示为主、教师为辅，因此教师应熟悉案例内容，案例相关的理论背景与重点、难点，并对案例内容、分析方法、步骤及要求向学生做简要说明，对应注意或可能出现的问题进行适时必要的讲解和提醒。

3.3 课后总结提升

经过课后总结，不断提升教学质量，这是OBE理念的精髓。教师要根据学生的成果展示情况，调整教学方式和教学内容。学生难以通过线上回顾方式掌握的基础知识，要重点讲解；较难的案例分析，需要教师适时指导学生进行分析报告写作；学生汇报展示时，教师要引导学生演讲，并适时提出问题，让所有学生参与思考与辩论。

3.4 课程评价体系

为了贯彻OBE理念，本门课程改变传统的单一的评价方式，采用多角度的评价模式，将线上学习和线下展示纳入考核体系。课程评价以线下翻转课堂考核为主，重点考查学生分析和解决问题的能力，具体考核内容是分组讨论的案例分析报告、演讲PPT和辩论过程。同时，将线上视频学习时长、习题测试等作为线下考核的补充。

4 结语

本文将OBE理念与学校培养适应国家社会经济发展需要的高素质应用型人才的目标相融合，发挥新时代网络优势，探索适合"财务管理案例分析"课程教学的新模式：以学生成果展示为导向，利用翻转课堂将线上线下学习有机组合，把传统课堂教师作为主讲者转换为学生作为主讲者，形成学生主动学习和研究型学习的新型课堂模式。本教学模式旨在培养学生的问题导向的分析论证能力，挖掘和调动学生的潜在学习能力，提高学生的演讲和辩论能力，训练学生的团队协作精神，将"财务管理案例分析"打造为一门可以全方位提高学生专业素养和能力的课程。

参考文献

[1] 吴克平. 基于OBE理念的《财务分析》课程教学体系探索与实践 [J]. 现代商贸工业, 2022, 43 (15): 227-229.

[2] 陈玲娟, 李俊, 冉茂平. OBE理念与翻转课堂融合下的"运筹学"教学研究 [J]. 科技风, 2022 (10): 116-118.

基于OBE理念的国际经济与贸易专业人才培养模式分析

邓宁君　刘颖佳

摘　要：全球经济的发展日新月异，就业竞争不断加剧。应用型本科高校在课程构建中，既要着力提高学生的专业技能，又要在培养体系中加入创新创业教育的部分，以激发学生的创新意识，增强学生自主创业的能力，从而扩大学生就业选择范围，减轻就业压力。基于OBE理念，国际经济与贸易专业以培养满足国贸领域工作与管理的高素质人才为目标，需要结合当前教育需求，改进人才培养模式，以满足当今社会发展对新型人才的需求。本文重点探究基于OBE理念的应用型高校国际经济与贸易专业人才培养模式的价值及其有效策略，希望对同类本科高校专业教学有所帮助。

关键词：OBE理念；国际经济与贸易专业；人才培养模式

1　研究背景与现状

OBE理念由美国学者Spady于20世纪80年代率先提出，其在《基于产出的教育模式：争议与答案》一文中将OBE理念定义为"清晰地聚焦和组织教育系统，确保学生在未来生活中获得实质性成功的经验"。

国内学者在翻译OBE时，出现各种不同的表述，如"基于学习产出的教育""基于学习结果的教育""成果导向教育""以成果为导向的教学模式""以产出为本的教育""基于学习结果的教育模式"等。教育界开始从新的视角审视传统教育模式及其弊端。相对于OBE而言，我国持续至今的传统教育模式是一种输入或投入导向的教育模式，注重校园建设、经费投入、设备更新、师资培训、图书购置、教学计划、课程体系、专业建设、教法采用等。创新创业教育像OBE一样，也是一种新型的教育方式，是为了适应提高自主创新能力、建立创新型国家及缓解教育大众化背景下就业压力的需要而产生的，是以培养和提高大学生创新创业能力为目的的教育方式。民办本科高校以培养应用型人才为目标，这种教育方式与民办本科高校的特点高度契合。

大学生创新创业能力是OBE的重要指标之一，依据"以学生为中心"教育理念和OBE的反向设计教育理念和方法，对创新创业课程的设计和实施具有重要的指导意义。教学应以目标为导向，从需求出发来设置应用型专业学生的课程体系与考核方式。因此，创新创业能力的提高是创新创业教育的目的，高校创新人才培养模式具有深刻的现实意义。

基于OBE理念的国际经济与贸易专业人才培养模式的改进有利于高等院校专业教育

的可持续发展。只有结合社会发展需求,突出教学的实用性,借助创新创业教育锻炼学生对专业知识的应用能力,积累专业实践经验,才能真正培养出社会市场需要的人才,才可以激发国际经济与贸易专业的新活力,从而实现该专业的可持续发展。在我国的高等教育大众化改革的大背景下,各大高校招录人数逐年增加,而国际经济与贸易专业作为热门专业之一,吸引了大量学生报考,其毕业生数量也呈上升趋势。但是,就业市场的岗位数量有限,日益增加的毕业生数量与日趋饱和的就业区域的矛盾日益突出。基于 OBE 理念的国际经济与贸易专业人才培养模式则有助于改善这种现状,通过扩大创新创业教育在日常教学活动中的比重,可以培养国际经济与贸易专业学生的创业能力,扩大其就业范围与就业岗位选择,为其毕业后迈进就业岗位打下坚实的基础。

2 基于 OBE 理念的国际经济与贸易专业人才培养模式构建分析

基于 OBE 理念的国际经济与贸易专业人才培养模式是时代发展的必然要求,高校要抓住时代发展的脉搏,在打造专业师资队伍的基础上,开展创新创业教育,提高专业教学的实践性,培养综合素质高的新型人才。

2.1 建立具有 OBE 理念的师资队伍

高校需要结合 OBE 理念的需求,提高专任教师理论与实际结合的教学能力,创新授课方式,引导学生将理论知识与现实情况相结合,激发学生的自主创新意识,最终增强学生创新创业的能力。

从专任教师的角度来看,国际经济与贸易专任教师需要具备与时俱进的教学能力,积极更新自身的观念,不断了解创新创业教育的最新成果,努力提高自己的专业教学能力,在专业教学中有效融合创新创业教育的指导。在实际的授课环节中,也要注意对学生综合能力的培养,除学习能力外,还要注重对学生表达能力、组织能力、协调能力的锻炼。

从高校的角度而言,学校需要为专任教师提供诸多支持机会。例如,邀请相关专家学者或相关企业管理者开展专题讲座对教师进行培训,开展高校之间创新创业教育实践的分享交流活动,要求国际经济与贸易的专任教师积极参与,从而打造一批具有丰富创新创业理念的专业团队。

2.2 以 OBE 理念为基础的专业教学模式

教赛融合的课程体系是实施 OBE 理念的重要保障和基础。OBE 理念在课程层面的落实至关重要。这一问题不解决,将会使整个 OBE 教学体系在很大程度上失去其建构基础和内在合理性,从而徒具其表。OBE 理念认为,学科专业开设的每门课程都要起到支撑学生能力达成的作用,因此课程设计者应以学生预期学习目标为出发点,反向设计课程体系。国际经济与贸易专业需要从以理论知识教学为主的模式中走出来,根据社会发展需求,在教学活动中结合专业的性质与特点,向学生灌输以成果为导向的理念,全面提升学生的综合素质。

对此,相关本科高校需要更新传统的专业教学课程的设置,在借助专业教材开展教学的过程中,必须融合最新的专业前沿信息,使学生保持专业理论的"最新化",能够借助理论知识解决专业实际问题;在学生的毕业要求中,适当增加对学生能力、素质考察比重,由此来设置课程体系,进行培养方案的制订与修改。

此外,基于产学相融合的角度,高校应重视"双师双能型"教师的引进,聘请在国贸领域拥有丰富工作经验的人才作为兼职教师，从实际工作的角度为学生讲解相关的就业知识，分析就业前景与发展方向，丰富学生对本专业的认知，及早明确自身的发展方向。广东理工学院国际贸易教研室教师结构如图1所示。

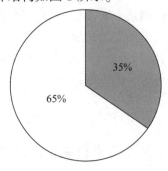

图1　广东理工学院国际贸易教研室教师结构

2.3　创设专业实践的良好机会

成果导向的OBE理念倡导"聚焦结果，反向设计"，由结果反推教学和课程设计，落实在培养目标上就是根据社会需求来反向制订人才培养目标。因此，创新创业教育培养目标的设置不应采用由学校到社会的"由里到外"模式，而应"由外到里"，从社会需求出发进行反向设置，即根据社会经济发展和产业需要的"结果"反向设计和制订人才培养目标。这样才能使高校在"成果导向"的指导下制订人才培养目标，培养与社会经济发展需求"无缝衔接"的人才。

国际经济与贸易专业强调理论与实践的融合，为了满足学生的就业需求，突出创新创业教育，高校需要为该专业学生提供相应的平台和机会，使他们在实践中获得锻炼和提升。第一，高校可聘请行业领域专家、企业高级管理者、青年创业者、创新创业成功典型代表，让他们从"实战"的角度为学生提出建议；强化实践环节的教学，通过开设与企业对接的创新创业实践项目、创新创业专题讲座等多种形式，提高实践学分的比重。第二，大多数高校已经积极响应创新创业的号召，创设了一些创新创业平台，高校可以借助这些平台指导国际经济与贸易专业学生探索创业项目，并为其提供一定的资金支持，锻炼学生在实践中解决问题的能力。第三，高校还需要借助其社会资源，为国际经济与贸易专业学生寻找基本对口的实习企业，使学生在真实的就业环境中对学习成果进行检验，从而发现自身的能力缺陷并有针对性地进行相关改进，为其之后的正式就业奠定坚实的基础。

综上所述，在国际经济与贸易专业的教学中，需要全面理解OBE理念并融入人才培养方案的方方面面，在提高学生专业技能的基础上，强化学生的创新创业意识并进行相应的培训，使其更好地应对和满足社会发展的新需求。

3　基于OBE理念的国际经济与贸易专业人才培养模式实践成果分析

近年来，基于OBE理念的国际经济与贸易专业人才培养模式在本专业取得了一定的实践成果，该实践成果对于本校乃至应用型本科高校的国际经济与贸易专业教学改革具有一定借鉴意义，激发了国际经济与贸易专业的学生参加创新创业比赛与项目的热情和意向，如图2、图3所示。

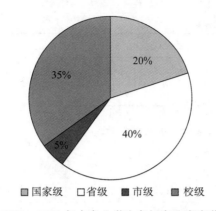

图 2　2020—2021 年本专业学生参加专业竞赛获奖比例

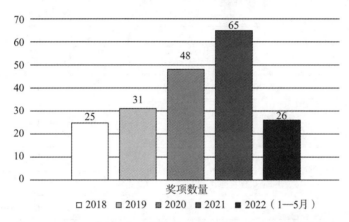

图 3　2018 年至 2022 年 5 月本专业学生参加专业竞赛获奖情况

笔者团队带领的部分国际经济与贸易专业的学生参加了多个大学生的相关专业竞赛，如中国"互联网+"大学生创新创业大赛、"挑战杯"全国大学生课外学术科技作品竞赛、全国高校商业精英挑战赛、"标准化+"调研大赛、跨境电商创新创业公益大赛等，并多次获得国家级、省级、市级奖项。同时，团队教师也积极指导学生参与创新创业训练项目，相关实践成果也凝练成多篇论文并成功发表于《现代商业》《中国市场》《新丝路》《消费导刊》等刊物上，其成果也促进了省级与校级创新创业教育改革项目的顺利结题，如表 1 所示。

表 1　2020—2021 年指导学生成果一览

级别	年份	项目类型	成果展示
国家级	2020	第八届全球大学生国际经贸与商务专题竞赛中国区选拔赛	中国国际企业信息化管理评估及优化研究 一等奖
	2021	全国高校精英挑战赛	团队三等奖
		阿里巴巴 GDT 全球	团队一等奖
	2022	全国高校精英挑战赛	团队一等奖

续表

级别	年份	项目类型	成果展示
省级	2020	大学创新创业项目	Emotional Pocket 立项
			情感森林立项
	2021	广东省科技创新战略专项资金立项项目	基于应用主成分分析法的企业信息化评估体系下对未来企业数字化转型的研究
		互联网+大学生创新创业大赛	链接帮扶获优秀创新项目奖
		挑战杯	中国国际企业信息化管理评估及优化研究获三等奖
		互联网+大学生创新创业大赛	RPA 软件机器人铜奖
			科技时代下的蓝天飞梦铜奖
		Shopee 杯	团队二等奖
市级	2021	粤港澳大湾区 IT 应用系统开发大赛	RPA 软件机器人获优秀团队奖
校级	2021	质量工程结项项目	情感森林
			创美生活工作室
			宿舍小叮
		挑战杯校内选拔赛	中国国际企业信息化管理评估及优化研究获三等奖
			宿舍小叮获优秀奖
		互联网+大学生创新创业大赛	RPA 软件机器人获铜奖
			科技时代下的蓝天飞梦获铜奖

大学生的创新成果可从其各种实践活动特别是参加专业竞赛所取得的效果上体现出来，主要表现在 OBE 的开展、大学生创新创业项目、大学生创新创业竞赛、专业知识竞赛、专业实践竞赛、社会关注和成果等方面。上述成果是基于 OBE 理念的教育相关表现，也是创新创业能力的具体体现，还是基于 OBE 理念的效果在大学生身上的展现。

4 结语

近年来，跨境电商、数字贸易等相关行业在新时代的背景下取得了飞速发展，改变了传统的国际贸易相关行业的发展模式。应对转变，应用型本科高校中的国际经济与贸易专业应当引入 OBE 理念，以成果为导向，综合培养学生的实践能力，使学生能够适应新时代的行业发展变化。

参考文献

[1] 宋之帅，王章豹. 我国创新创业教育生态系统演进历程与发展趋势[J]. 中国高等教

育，2020（2）：38-39+54.

[2] 顾佩华.基于"学习产出"（OBE）的工程教育模式——汕头大学的实践与探索[J].高等工程教育研究，2014（1）：27-37.

[3] 王昕红.能力导向的学习结果评估：撬动欧洲博洛尼亚进程一体化的杠杆[J].世界教育信息，2014（17）：19-23.

[4] 李志义.用成果导向教育理念引导高等工程教育教学改革[J].高等工程教育研究，2014（2）：29-34.

[5] 申慕野.浅议OBE教学模式下的汉语国际教育专业硕士培养[Z].第八届北京地区对外汉语教学研究生论坛文集，2015.

[6] 海莺.基于OBE模式的地方工科院校课程改革探析[J].当代教育理论与实践，2015（4）：37-39.

[7] 邱剑锋.OBE教育模式下的操作系统课程教学改革[J].计算机教育，2015（6）：28-30.

[8] 梁丽萍，陈晓琴.融创新创业与专业教育为一体的应用型人才培养模式改革——以国际经济与贸易专业为例[J].赤峰学院学报（自然科学版），2015（21）：237-238.

[9] 王永泉，胡改玲，段玉岗，等.产出导向的课程教学：设计、实施与评价[J].高等工程教育研究，2019（3）：62-68+75.

[10] 马永斌，柏喆.创新创业教育课程生态系统的构建途径[J].高等工程教育研究，2016（5）：137-140+150.

OBE 理念下"应用统计学"课程形成性评价体系构建

张 倩

摘 要：为了综合评价学生学习过程中的知识、能力、情感、态度等，提高教学质量和效果，实现应用型人才培养目标，本文遵循"以学生为主体、评价内容多元化"的原则，在 OBE 理念的指导下，借助雨课堂等数字化学习工具，实现对学生动态学习数据（课前、课中、课后）的收集分析，从评价主体、评价方法、评价内容三个方面改革考核评价方式，构建"应用统计学"课程的形成性评价体系，实现教、学、评一体化，以期激发学生的学习兴趣、优化学习动机，促进学生综合能力的发展。

关键词：应用统计学；OBE；形成性评价；雨课堂

1 引言

"应用统计学"是标准化工程专业的一门专业基础课，是学习其他专业课程的基础，也是社会实践中重要的应用工具，主要培养学生数据收集、分析与处理的能力。随着社会的不断发展，标准化战略作为国家创新战略的一部分，在提升区域竞争力的过程中发挥着越来越重要的作用。2021 年 10 月，中共中央、国务院印发了《国家标准化发展纲要》，根据该纲要中关于加强标准化人才队伍建设，提升标准化技术支撑水平，推动标准化工作向数字化、网络化、智能化转型的工作要求，高校在培养标准化人才时必须重视学生的计算机应用能力和数据收集处理能力。

因此，为了培养适合社会需求的应用型人才，确保学生毕业后能适应经济社会发展的需要，胜任标准制定、实施等方面的工作，教师在讲授"应用统计学"时必须坚持成果导向教育（OBE）理念，以学生的学习目标和学习成果为导向，强调统计思想的培养和统计方法的实际应用。同时，根据《广东理工学院关于推进课程考核改革的指导意见》中关于"加强对学生学习过程的考核，全面客观地评价学生的学习活动与学习效果，切实提高人才培养质量"的要求，结合《广东省教育发展"十四五"规划》中提出要利用信息技术赋能教育教学改革创新，本文拟针对标准化工程专业"应用统计学"课程教学中存在的痛点，在 OBE 理念的指导下，发挥数字化学习工具在信息收集、反馈中的重要作用，构建形成性评价体系，科学全面地评价学生的综合素质。

2 "应用统计学"课程传统考核评价中存在的问题

"应用统计学"课程知识点抽象、繁杂，学生对课程用途的理解大多来源于课本中的例题，使得大部分学生产生了"统计学只是数学"的错觉。标准化工程专业中的很多学生是文科背景，多数学生在学习过程中对问题一知半解，容易放弃学习。而传统的考核评价方式往往与教学分离，期末考试所占比重过高，学生更注重分数，在学习过程中出现"以考试为导向"的心理，为应付考试而死记概念公式，找所谓的重点，学习效率低、考试通过率不高，无法掌握标准化人才必备的数据收集分析能力。

传统的考核评价方式主要存在以下几点问题。

2.1 学生缺乏临场感

传统的考核评价方式虽然也涉及形成性评价，但是评价内容、主体、方式比较单一，平时成绩考核以出勤率和按时完成作业两个指标为主，评价流程较固定，更多是在学生的学习过程中进行测试打分，按一定比例计入期末成绩，其评价目的依然是对学习结果进行判断，而非以促进教与学为目的；同时，也缺乏数字化学习工具，不强调学生课前课后自主学习，学生学习成效多采用提交课后作业的形式进行考核。这种考核评价方式不能完整地体现学生的真实水平和对知识掌握程度，缺乏教学临场感和认知临场感，无法调动学生的兴趣和积极性，因此本质上不属于形成性评价，也无法体现OBE理念。

2.2 学生对统计思想理解不充分

标准化工程专业的学生学习统计学的目的在于应用，尤其是在社会经济领域，传统的考核评价方式未重视统计思想的培养，导致大部分学生只能解答教材中条件比较理想化的问题，却在面对条件较复杂的实际问题时则不知所措。

2.3 形成性评价占用教师大量时间

学习各种评价范式、设计评价活动、提供评价反馈会占用教师大量时间和精力，这也是造成一些教师在理念上接受形成性评价思想，但在实际中简化评价内容、维度和标准的主要原因。

3 形成性评价体系的构建

为了解决传统考核评价方式中存在的问题，实现标准化工程专业的培养目标，更好地培养应用型标准化人才，本文结合以往教学改革的实践经验，基于OBE理念，从评价主体、评价方法、评价内容三个方面改革传统的考核评价方式，构建适用于应用型本科高校标准化工程专业"应用统计学"课程的形成性评价体系，并将其应用于2020级本科标准化工程专业的教学实践中，实现教、学、评一体化，以期激发学生的学习兴趣、优化学习动机，促进学生综合能力的发展。

如图1所示，"应用统计学"课程形成性评价体系的实施主要分为课前、课中、课后三个阶段。

阶段一：课前阶段。

教师通过雨课堂向学生推送适量的预习课件，内容不宜过多，10页左右为宜。为了提高预习效果，可以在课件后设置1道简单的客观题，由平台自动评价，根据平台反馈的学生预习数据，教师可以检查学生预习成效，并据此调整授课内容。在此阶段，教师主要评价学生自主学习的能力，考查其学习态度和对理论知识的理解程度。

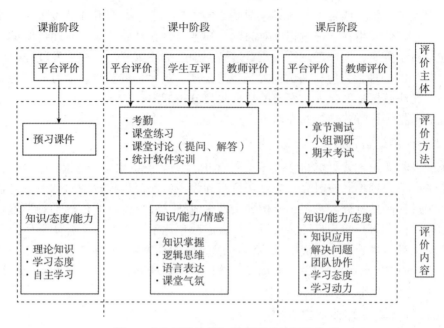

图 1 "应用统计学"课程形成性评价体系

阶段二：课中阶段。此阶段的评价主要分为四个方面。

（1）考勤：教师在上课时要求学生通过雨课堂签到，由平台记录考勤数据，期末时给出考勤总分。

（2）课堂练习：为了及时了解学生对所学知识的掌握程度，课堂上可以通过雨课堂发布练习题，教师在讲解后给出清晰的评分规则，学生之间进行互评打分。

（3）课堂讨论：每节课的前 10 分钟使用雨课堂随机点名的功能抽查，了解学生对上节课内容的掌握程度，通过互动的形式及时查漏补缺，教师对该环节学生的表现进行评价打分。

（4）统计软件实训：以实践中的案例设定课内的实训项目，重点考察统计软件的使用，教师根据学生在实训环节的表现和完成的实训作业进行评价打分。

通过以上四个方面的课中评价，一方面考查学生对知识的掌握程度，另一方面也锻炼了学生的逻辑思维和语言表达能力，同时也活跃了课堂气氛。

阶段三：课后阶段。此阶段的评价主要分为三个方面。

（1）章节测试：每章学习结束后，通过雨课堂发布章测验，主要由客观题组成，可以由平台自动评价打分，教师根据平台反馈的数据及时掌握学生的学习成效。

（2）小组调研：学期初向学生下达任务，要求学生在结课前分组进行一次实地调研，可以自由选择感兴趣的领域，通过发现问题、设计解决方案、收集数据、统计分析，最终提交调研报告，教师根据学生完成的调研报告进行评价打分。

（3）期末考试：统一闭卷考试，减少识记的试题，增加应用分析的内容。

通过以上三个方面的课后评价，既能考查学生知识应用的情况，又能提高学生团队协作和解决问题的能力，激发学生的学习兴趣和学习动力。

4 各阶段形成性评价指标的设计

为了使构建的"应用统计学"课程形成性评价体系更具操作性,本文以授课教师的实际教学情况为基础,结合专家意见,设计了课前、课中、课后各阶段具体的形成性评价指标,如表1所示。

表1 各阶段形成性评价指标

	指标	说明	计分方法	占比
课前	预习课件	完成雨课堂中预习课件的观看,且总时长不少于5分钟	观看页数不足5分钟扣10分/页,总时长不足5分钟酌情扣分,每次满分100分。该项最终成绩为所有预习课件成绩的平均分	2%
课中	考勤	限时1分钟内扫描二维码或输入邀请码签到,超时记为迟到	旷课扣5分/次,迟到扣3分/次,早退扣3分/次,请假扣1分/次。期末根据到课率给出考勤分数,满分100分	8%
	课堂练习	限时完成课堂上通过雨课堂发布的练习题	学生通过雨课堂进行互评打分,教师审核,每次满分100分。该项最终成绩为所有课堂练习成绩的平均分	5%
	课堂讨论	课堂上前10分钟使用雨课堂随机点名,抽检学生对已学知识的掌握程度和对新知识的预习效果	对于回答积极准确的学生,及时在雨课堂中给予课程表现加分,20分/次。该项最终成绩为所有课程表现加分总和,100分为上限	5%
	统计软件实训	完成课内设定的实训项目,提交实训作业	教师结合软件操作和提交的实训作业进行评分,每次满分100分。该项最终成绩为所有实训成绩的平均分	16%
课后	章节测试	限时完成雨课堂发布的章节测验	章节测验由客观题组成;教师提前设置答案后,即可由雨课堂自动评分,每次满分100分。该项最终成绩为所有章节测验成绩的平均分	4%
	小组调研	结课前学生分组完成一次实地调研,每组提交一份调研报告	教师根据调研报告中展示的学生的分工情况和运用统计方法解决实际问题的能力对每位学生进行评分,满分100分	10%
	期末考试	完成期末统一闭卷笔试	教师根据评分标准批改试卷,满分100分	50%
		总计		100%

如表1所示,课前、课中、课后各阶段具体的形成性评价指标包括了预习课件、考勤、课堂练习、课堂讨论、统计软件实训、章节测试、小组调研、期末考试等八个指标,授课教师在学期初根据所带班级的实际情况,确定最终的形成性评价指标,并向学生详细

解释各指标的计分方法和占比，引起学生对形成性评价体系中每个环节的重视。

5　结语

本文基于OBE理念构建的"应用统计学"课程形成性评价体系可以改善传统考核评价方式中评价内容、评价主体、评价方式单一化的问题，教师能够及时收集教学信息，并据此调整后续教学，真正实现教、学、评一体化。借助雨课堂等数字化学习工具辅助形成性评价，一方面可以提高教学临场感和认知临场感，另一方面也可以记录教学中的全过程数据，提高评价的效率，帮助教师从低效费时的人工形成性评价中抽身，投入更多精力设计教评环节和测评内容。学生可以根据平台上产生的学习数据，及时进行自我反思、自我评价、自我调整。学生参与到评价环节，通过同伴之间的讨论合理评价他人，进而加深对自身学习过程的理解，主动参与更深入的学习过程。这样能够增加学生的责任感，对学生情绪产生正面影响，使学生从形成性评价中获益。

调整后的评价方式注重学生统计思想的培养和统计方法的应用，能够提高整体教学效果评价的效度和信度，帮助学生获得未来步入社会所需的技能。学生真正掌握统计方法后，可以灵活运用所学的统计知识。将统计思想融入学科竞赛中，以"实战"锻炼学生解决问题的能力，提高学生的专业性能力和通用性能力，使其更加匹配企业对毕业生的需求，为社会培养更多适配的应用型标准化人才。

参考文献

[1] 白艳红. 工程教育专业认证背景下课程目标的形成性评价研究与实践[J]. 中国高教研究，2019（12）：60-64.

[2] 赵慧臣，张雨欣，李皖豫，等. 人工智能时代数字化学习工具评价模型的建构与应用建议[J]. 中国电化教育，2021（8）：85-91+125.

[3] 张倩. OBE理念下应用统计学教学改革实施效果评价——以广东理工学院标准化工程专业为例[J]. 对外经贸，2020（7）：136-138.

[4] 周琳，周文叶. 形成性评价：促进学生自我调节学习能力的养成[J]. 上海教育科研，2020（2）：53-57.

[5] 刘敏，吴始年. 英语教学形成性评价云端测评模式构建[J]. 外语教学，2020，41（5）：71-75.

基于 OBE 理念的"互联网金融"课程 O2O 教学模式改革与实践

沈杨阳

摘 要:"互联网金融"是一门实践性较强的课程,强调学生毕业后进入企业利用课本理论知识解决实际问题的能力。随着"互联网+"模式的发展,如何利用金融科技解决"互联网金融"课程教学问题,对金融院校人才培养方案提出了挑战。广东理工学院自 2019 年开设互联网金融专业以来,发展迅速,但课程建设和教学模式仍存在不足,应基于 OBE 理念与 O2O 模式进行课程改革,以成果为导向、学生为核心,革新教学内容模式、优化课程体系结构、提高学生实践能力,培养创新型、应用型本科人才。

关键词:OBE 理念;O2O 模式;互联网金融;课程建设

1 引言

成果导向教育(OBE)理念,最早由美国学者 Spady 提出,该理念主张以学生为本,注重教学目标与实施结果相结合,即学科专业人才培养质量目标。该理念指出:"通过四年本科教育,最终希望让学生取得何种成果?为什么要取得该成果?作为教师如何有效帮助学生取得该成果?如何判断学生通过本科教育最终是否达到该成果?"OBE 理念迫切需要将课程体系建设与教学质量改革落实。

互联网金融专业的社会实践性较强,通过四年应用型本科教育,最终目标是实现教师以"教"为中心向学生以"学"为中心的转变,希望满足学生个体对学习的内部需求、社会对人才的外部需求,增加毕业生创业、就业机会。那么,作为专任教师,如何结合自身专业教学优势帮助学生达到预期成果?如何通过教学课程改革、教学模式创新将最终目标落实?本文将 OBE 理念与 O2O 混合式教学模式相结合,落实学生毕业最终目标,紧跟互联网产业发展和行业人才需求,以职业能力、毕业就业、教育成果为导向设计课程目标、知识体系、案例研究型教学模式和学习成果动态评价考核的人才培养方案,对课程建设与教学模式进行改革,并形成持续反馈、不断改进、系统性的课程教学质量体系,以期改善"互联网金融"课程的教学质量,促进学生知识技能的提升,有效连接产业端和教育端,培养应用型本科人才。

2 互联网金融专业教学现状反思

2.1 尚未形成以行业需求为导向的人才培养方案

互联网金融是专业性较强的前沿科学，企业倾向于掌握互联网交易、营销平台系统开发、产品设计、数据挖掘、系统测试、运营等方面的人才，要求应聘者兼备计算机与金融理论知识，熟悉主流 Web 前端技术和服务器端编程语言；掌握 AJAX/XML/JSON、MySQL、MongoDB、C++语言、Java、Python 等计算机数据库、语言和软件的使用。但事实上，高校在课程体系建设方面普遍侧重于金融理论知识体系开发，课程设置集中于金融学、经济学、统计学等传统理论性金融学类课程，金融技术与科技类课程建设较少，如金融大数据挖掘、编程开发课程建设滞后，对金融与互联网交叉课程关注度不够，无法实现学科知识融合、技术集成和复合型人才培养目标，与社会实践部门人才需求脱节，不能适应市场发展的需求。

2.2 教学及考核模式单一

授课模式简单，基本以专任教师讲授为主，学生被动学习，课堂教学环境沉闷，学生参与度低，不能兼顾学生参差不齐的实际需求，普遍反映听课效率低。教材选择缺乏应用型本科教育特点，知识点滞后。教师授课完全按照教学大纲与课本内容，注重传统理论教学，但实际上，互联网金融变化日新月异，授课内容及模型方法落后，与互联网金融发展现状脱节，学生毕业后难以适应行业发展需求。

互联网金融专业期末考核仅通过任课教师根据教材出的题进行考试评分，教师划重点、学生考前突击重点获得卷面高分，缺乏对学生实践操作能力的培养与考核，忽视了应用型本科教育的实质。

2.3 重理论、轻实践

互联网金融属于新兴行业，高校人才培养方案在设置金融与计算机理论知识的同时，要提高学生行业实践操作能力，注重理论知识传授和实践操作的同步进行。要培养跨学科、产学研一体的复合型人才，毕业生不仅要掌握金融基础理论和思维方法，还要具备熟练的 IT 技能和实际操作动手能力。但事实上，目前互联网金融专业尚未形成一套完整的课程体系，现有课程建设偏向于传统金融学，金融与计算机交叉课程设置较少、实务操作课程少、课堂理论与实际工作完全脱节，重理论、轻实践，忽视了对学生动手实践能力的培养，学生进入企业面临无法适应等问题。一方面，企业大量缺乏互联网金融专业操作人才；另一方面，学校培养的大批学生又无法胜任工作需求，不能满足企业对人才的需求。

2.4 缺乏新型交叉学科师资团队和实训平台建设

我国互联网金融专业试点时间晚，一方面，接受互联网金融研究方向学习的教师较少，大部分教师偏向传统经济金融领域研究，师资力量滞后，教师对交叉学科了解甚少，无法及时向学生教学，部分教师缺乏在互联网金融企业工作的经历和经验，甚至对所教授课程知识点不熟悉，都是边学边教，更谈不上传道授业解惑。另一方面，互联网金融教学更多依赖于对金融行业大数据的开发与挖掘，而金融数据库和平台购置成本较高，实训室平台建设经费不足,用于数据挖掘的实验室较少,实训课较少,缺乏专业化的师资团队和实训操作平台。

3 基于OBE理念的互联网金融专业课程目标设计

3.1 互联网金融专业发展现状

互联网金融专业隶属于金融学类,是金融领域与移动互联网行业交叉形成的新兴学科,该课程不仅要求学生系统性地掌握经济学、管理学、互联网等理论方法知识,还能为商业银行、证券公司、保险公司、互联网公司等金融企业提供一线人才,适应区域经济建设和社会发展需要。2016年,教育部首批6所高校开设互联网金融专业,截至目前,全国共有58所高校开设互联网金融本科专业,其中公办院校20所、民办院校38所,仅广东金融学院将互联网金融作为重点专业。我国互联网金融专业起步晚、尚处于初步探索阶段,未形成系统、完善的理论体系。

为了优化课程体系结构,广东理工学院互联网金融教研室率先开展OBE本科教学人才培养创新实践,拟培养具备互联网金融专业基础知识和计算机实践能力的跨领域人才,毕业后从事互联网金融相关行业产品设计与营销、金融数据挖掘与分析、理财投资、风险管理岗位。互联网金融教研室现有从事一线教学工作教师21位,着重理论知识传授,具有互联网金融实务模拟操作系统、RESSET金融研究数据库、ERP企业经营模拟沙盘等实训操作软件,并设置智能风控实验室和智胜云数据库开展实践教学;同时,建立校企合作基地,与高顿教育科技有限公司共建数字经济产业学院,以"校企协同育人"办学理念,深化产教融合、产学研用、采用"市场需求接轨""校企定向培养输出"等教学方式,培养应用型数字化本科人才。

3.2 互联网金融专业教学课程质量管理体系结构

为了实现OBE理念的最终目标,完善互联网金融课程改革:在纵向上,强调课程质量建设、专业质量建设、教研室质量建设、学院质量建设及学校质量建设等五个层次的有机组合,逐层递进采用逆向思维的方式进行课程教学设计改革,即人才培养逆过程;在横向上,课程质量建设通过完善课程体系,传授学生基本互联网金融专业知识和思维方法;专业质量建设整合创新课程教学大纲,指导学生开展技能大赛,培养学生实际操作和应用能力,两者结合以满足学生个体对学习的内在需求。通过教研室质量建设,实现产教融合、产学研复合型人才的培养;通过学院质量建设,实现校企合作、协同育人,向社会输送适应行业发展的人才,有效帮助学生取得OBE的建设目标;通过学校质量建设,提升学生就业、升学率、职业能力和职业感悟,判断OBE理念的最终目标是否实现,如图1所示。

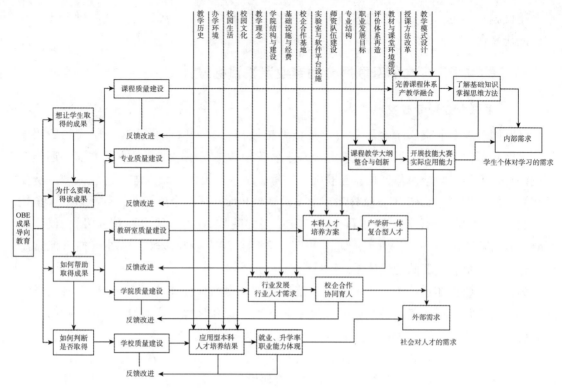

图 1　OBE 教学质量管理结构关系

3.3　互联网金融专业课程设计目标

根据"互联网金融"课程最终成果目标和教学经验，在确定行业岗位需求基础上，将"互联网金融"课程各模块分为基础理论知识模块和行业实操能力模块，基础理论知识模块突出对互联网金融基础知识的掌握，包括互联网金融概述、互联网投融资管理、互联网消费金融等模块；行业实操能力模块突出对互联网金融企业工作所应具备的技能，如互联网金融风险管理、供应链金融、大数据与征信管理等模块。通过构建O2O教学模式，采取"线上+线下"授课形式，由校内导师和每个模块的行业专家共同授课；采取教师讲授、边讲边练、互动研讨、翻转课堂等方式；针对每个模块设置课堂讨论、课后作业、PPT展示、实训报告等考核模式；拟培养一批掌握金融基础理论知识和网络金融存贷业务、产品营销、客户理财等业务操作技能，从事互联网金融信审专员、稽核专员、催收专员、客户开发、客户管理及关系维护、客户理财顾问、互联网金融产品开发等基础扎实、实践能力强、综合素质高、具有较强可持续发展能力的应用型本科人才，如表1所示。

表1 "互联网金融"课程体系设计

模块名称	课时设计	授课形式	授课教师	授课方式	授课地点	考核方式	毕业去向
互联网金融综述	4	线下	校内导师	讲授	普通教室	课堂讨论	1. 就业企业：银行、保险、证券等传统金融机构和新型互联网金融企业 2. 就业方向：金融产品研发与设计、信息系统分析、商品模式设计与产品运营、金融数据分析
虚拟货币与数字货币	4	线下	校内导师	讲授+翻转课堂	普通教室	课后作业	
现代网络支付体系	8	线上+线下	校内+企业导师	边讲边练	普通教室+机房实训	PPT展示	
互联网银行与小额贷款	4	线下	校内+企业导师	讲授+互动研讨	普通教室+机房实训	课堂讨论	
互联网投融资管理	4	线下	校内导师	讲授+互动研讨	普通教室+机房实训	课后作业	
互联网保险	4	线下	校内+企业导师	讲授+互动研讨	普通教室+机房实训	课后作业	
互联网消费金融	4	线下	校内导师	讲授+翻转课堂	普通教室	课堂讨论	
互联网供应链金融	8	线上+线下	校内导师	讲授+互动研讨	普通教室	PPT展示	
大数据与征信管理	8	线上+线下	校内+企业导师	边讲边练	普通教室+机房实训	实训报告	
互联网金融风险与管理	12	线上+线下	校内+企业导师	边讲边练	机房实训	实训报告	
互联网金融监管	4	线下	企业导师	讲授+互动研讨	普通教室	PPT展示	

"互联网金融"课程设计的最终目标，是使互联网金融人才具备以下能力：①基础业务理论和管理能力，能够从事银行、证券、保险、基金等金融机构基础性服务工作；②计算机操作及互联网金融实践能力，熟练运用大数据、移动互联网、区块链、人工智能、数据挖掘等各类工具开展产品设计和营销；③互联网思维及金融创新能力，具备创新精神和创业意识，顺应互联网金融发展趋势，将传统金融与互联网相结合，发展金融科技，实现智能运营；④金融监管能力，洞察互联网金融风险因素，了解风险管理流程，协助金融监管部门控制金融风险。所以，根据成果导向的互联网金融人才培养设计，高校互联网金融专业建设与课程设置应注重学科交叉，强化互联网金融理论，强调计算机知识、网络技术运用能力的培养，建设数据挖掘、信用评估、风险评价等相应的课程体系。

4 融合OBE理念与O2O模式的互联网金融专业教学创新设计

高等教育课程改革要注重质量保障体系，实现可持续发展。基于OBE理念的教学改革要做到：抓理论（注重金融与互联网融合实践性项目和理论研究）、建专业（建设符合行业需求的人才培养方案）、改课程（培养互联网金融重点教学课程、尝试 O2O 新形态教学模式和资源）、变结构（实施数字化战略、建设智慧高教平台）、促融合（搭建产教融合创新平台、产学协同育人基地）。

4.1 以市场需求为导向，注重应用型本科人才的培养

随着移动互联网技术的不断发展，企事业单位侧重需要扎实理论基础与专业技术的复合型金融人才，各互联网金融机构招聘岗位，如互联网产品经理、投资经理、互联网金融销售顾问，均要求具备计算机相关知识与技能，熟悉系统运营、数据开发、软件测试。高校要顺应互联网时代的潮流，根据市场需求逆向培养学生，课程设置要注重学科交叉，在掌握理论课时的基础上，知晓互联网金融业务、法规与监管、网络技术，注重学生实操能力的培养，并不断结合互联网金融社会热点和毕业生工作反馈情况，调整、完善课程知识体系，动态修订应用型本科课程教学大纲。

4.2 构建集"教学练考赛用"六位一体的 O2O 混合式教学模式

O2O 即是将传统线下业务与移动互联网技术融合，让互联网成为线下操作的前台。"互联网+"模式的高效性、便捷性，也让 O2O 线上线下混合教学成为高校课程改革的新方向，其将移动互联线上教学技术与传统线下课堂有效结合，实现师生线上线下、虚实相结合的教学新模式。为了提高教学质量水平，互联网金融专业拟构建以"教、学、练、考、赛、用"六位一体的线上线下混合式教学模式，如图 2 所示。

图 2 基于 O2O 混合教学模式

(a) 教师授课；(b) 线下学习；(c) 边讲边练；(d) 课程性考核；(e) 技能大赛；(f) 实学实用

(1) 在"教"方面，采用多元化授课风格。课前预留时间对学生提出的问题进行答疑；课堂上以板书为主、教材及 PPT 为辅，不断更新授课内容，结合当前互联网热点话题开展案例实践教学；以研讨答辩、案例点评、师生互动、翻转课堂等多元化授课方式，小班教学，一起探讨互联网行业知识，碰撞思想的火花。

(2) 在"学"方面，利用 O2O 在线、离线、线上到线下学习方式，与互联网前沿技

术相结合。课前利用雨课堂、慕课、B站等线上平台提供在线学习资源，学生带着疑问听课；课后通过线上平台向任课教师咨询，打破了传统线下教学在时间、空间上的限制，丰富教学形式。

（3）在"练"方面，课上，通过实训课采取边学边练的方式；课下，利用智能风控实验室、智胜云大数据金融软件平台，带领学生模拟互联网金融相关行业业务；课余时间在校外企业导师带领下，学生进入互联网金融企业实地实习操作业务。

（4）在"考"方面，取消"一考定终生"教学评价，开展过程性课程考核，构建创新培养体系，不以考试评价学生，通过设置多元评价标准，融合课前、课堂、课后、串联预习、测试、提问、翻转、实训实操等，进行多维交互的动态评价考核。

（5）在"赛"方面，为了检验学生的实际操作能力，激发学生学习兴趣，带领学生参加互联网创新创业知识竞赛、大学生数学建模大赛、智能机器人大赛、证券投资模拟大赛、"金育杯"金融智能投顾大赛等，以赛促学，将理论知识运用到实际操作中。

（6）在"用"方面，通过校企合作，将待毕业实习生送入互联网金融企业顶岗实习，将学校所学知识运用到实际工作岗位中，以毕业率、升学率、考试能力、工作职业能力、工作感悟作为评判标准来考察互联网金融专业实际用途。

基于OBE理论互联网金融课改流程如图3所示。

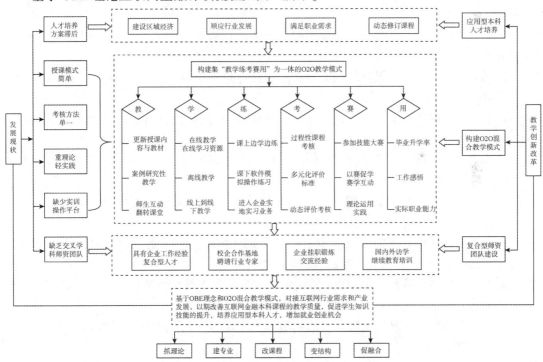

图3 基于OBE理论互联网金融课改流程

4.3 开展数字化战略，建设智慧与科技兼具的金融师资队伍

高校课程建设与人才培养，需要一支优秀的教师团队，互联网金融是时效性较强的前沿学科，一线专任教师不仅要有扎实的金融理论研究，而且要知悉互联网前沿科技知识、了解企业业务操作流程，将互联网理论知识与企业实践操作相衔接。首先，学校要倾向于

聘任具有互联网金融工作经验或具有金融、计算机知识的复合型人才。其次，学院要开展校企合作基地，聘请行业专家与校内专职教师共建互联网金融师资队伍，校内教师侧重理论知识传授、行业专家偏向企业实操经验指导。再次，派遣一线任课教师利用空闲时间到企业挂职锻炼，与行业专家交流经验，及时了解互联网金融岗位最新变化，补充授课经验。最后，鼓励并资助互联网金融教师开展国内知名教学团队的访学、继续教育培训交流，培养一支优秀的跨学科的金融师资团队，以培养应用型数字化人才。

5 结语

广东理工学院互联网金融教研室未来发展要基于OBE理念，面向学生培养目标整合课程知识体系，完成互联网金融交叉学科教师人才引进；高水平建设线下和线上混合式教学模式和多元化授课风格；融合科研案例、学科竞赛、企业项目，开展案例研究型教学模式改革，带领学生参加互联网创新创业知识竞赛；设计作业量规表等，开展学习效果动态评价考核，构建以学生为主角、以成果为导向、以教师为导演的精准、高质教学创新设计，以期改善互联网本科教学质量，提高学生知识技能，实现教学团队的建立和教学资源的共享，促进教学成果转化，增加学生在互联网金融行业就业机会。

参考文献

[1] 李建军，吕勇斌．互联网金融课程建设与人才培养模式的思考［J］．中国大学教学，2018（5）：64-68．

[2] 李志义，王泽武．成果导向的课程教学设计［J］．高教发展与评估，2021（3）：91-98+113．

[3] 王金旭，朱正伟，李茂国．成果导向：从认证理念到教学模式［J］．中国大学教学，2017（6）：77-82．

[4] 周显鹏，俞佳君，黄翠萍．成果导向教育的理论渊源与发展应用［J］．高教发展与评估，2021（3）：83-90+113．

[5] 刘卫东，黄蕾，冯若雯．基于OBE人才培养模式的本科教学质量管理体系重构［J］．国家教育行政学院学报，2021（10）：19-30．

[6] 孙传猛，杜红棉，李晓，等．融合OBE与PAD理念的智能控制课程教学模式研究［J］．高等工程教育研究，2022（1）：157-162．

[7] 杨慧，闫兆进，慈慧，等．OBE驱动的工程教育课程教学创新设计［J］．高等工程教育研究，2022（2）：150-154．

[8] 刘勇，曹婷婷．金融科技行业发展趋势及人才培养［J］．中国大学教学，2020（1）：31-36+59．

[9] 汪洋．O2O教学模式的实践与反思——以《互联网金融》课程为例［J］．时代金融，2019（27）：143-145．

[10] 黄璐，倪兴兴，李苏一，等．互联网+金融背景下的证券投资学实验教学探索［J］．实验室研究与探索，2021（4）：159-162+175．

[11] 何宏庆．互联网金融背景下高校复合型金融人才培养探究［J］．教育理论与实践，2018（30）：14-16．

基于 OBE 理念的"网上店铺运营"课程教学改革研究

阮淑婷

摘　要："网上店铺运营"课程是面向电子商务专业开设的一门专业必修课。目前该课程存在教学目标不明确、学生学情差异大、校企实操衔接性不强、评价方式比较单一等问题，而以 OBE 理念为核心思想对课程进行教学改革，有助于解决这些问题。教学改革主要专注于：教学目标以企业岗位工作内容为导向设计学习成果，教学实施中注重创造实操环境，对学生学习成果进行阶段性评价和多元化评价。

关键词：OBE 理念；电子商务；网上店铺运营；教学改革

OBE 理念是一种以成果为目标导向，以学生为本，采用逆向思维方式进行课程体系建设的理念。OBE 理念的特点在于，其教学成果并不是注重学习的暂时表现，而是强调学生学习内化到其心灵深处的过程；其教学成果不仅指学生所了解的内容，还包括应用于实际的能力和形成的价值观。学生的学习目标和课程设计与教学清楚地聚焦于学生在完成学习过程后能达成的最终学习成果。课程设计与教学要充分考虑每个学生的个体差异，以弹性的方式满足学生个性化学习的需求，从而达成学习成果。教师应该提高对学生学习的期待，制订具有挑战性的执行标准，以鼓励学生深度学习，促进更成功的学习。根据最后取得的顶峰成果，按照反向设计原则设计课程，开展教学活动，分阶段对阶段成果进行评价。

1 传统"网上店铺运营"课程教学中存在的问题

"网上店铺运营"课程主要是面向电子商务专业学生开设的一门专业必修课。随着电子商务行业的快速发展和对其他行业的渗透，"网上店铺运营"课程未来也可能面向物流、国际贸易、跨境电子商务等其他专业开设。由于电子商务行业更新速度快，变化内容多，"网上店铺运营"课程相应地也要做出改变。当前，"网上店铺运营"课程存在的问题主要有以下几个。

1.1 教学目标不明确

"网上店铺运营"课程是实操性很强的课程，而传统的课堂上，教师把主要精力放在书本上，忽视了"网上店铺运营"课程在实际市场操作中所遇到的问题，与企业需求匹配不上；在教学内容上，传统的课堂上教师整齐划一地把学生往一个方向培养，忽视了学生的个性化需求和发展。这些问题都会为学生毕业后就业设下障碍。

1.2 学生学情差异大

学生来自不同的省份,且有的在城镇长大,有的在农村长大,有的家长开工厂或做生意,也有的家长在企业上班。这些不同的因素影响着学生的择业观。去大城市还是回家,是就业还是创业,这些想法都影响学生在课堂上的学习方向和动力。

在上"网上店铺运营"这门课前,学生已经学过或者同时在学的课程有"电子商务基础""经济法""会计基础""管理学基础""网络技术与应用""经济学基础""计算机应用基础""网页设计与制作""市场营销基础""电子商务法""商品拍摄与图片处理""视觉营销""跨境电子商务""客户关系管理实务"等。这些课程为学生学习"网上店铺运营"奠定了良好的理论基础。但由于学生个体对于各门课程的掌握程度不一样,导致学生学习"网上店铺运营"时的知识基础也是有差异的。

由于课程内容或教师的人格魅力的不同等因素,有些学生上课全神贯注,有些学生课上玩游戏,有些学生跟别人聊天。所以每位学生的学习态度也是不一样的。

1.3 校企实操衔接性不强

"网上店铺运营"有32个理论讲课学时和32个实训实践学时,但32个实训实践学时往往由于缺少教学设计而流于表面,难以与企业工作岗位需求对接,学生学完"网上店铺运营"课程后,发现自己仍无法胜任电商运营相关工作。根据学校实习学生的实习情况,发现有同学出现经常换工作甚至失业的情况。另外,学生在校期间缺少对企业实际环境的了解,导致没有"提前做好工作准备"的意识,为了学而学,没有考虑知识和运用之间的联系。

1.4 评价方式比较单一

"网上店铺运营"课程采用统一的评价方式,缺少对学生个性化发展的考虑。总评成绩由平时成绩和期末成绩组成,其中平时成绩由考勤和平时作业组成,期末成绩以分析报告或试卷形式进行。成绩组成看似比较合理,但没有结合课程的特点进行改良。整个评价过程缺少对个性化学习和阶段性学习的有效划分和评价,评价来源只有教师。

2 OBE理念下"网上店铺运营"课程的教学改革

针对传统"网上店铺运营"课程教学中存在的问题,基于OBE理念对本课程进行教学改革。教学改革主要从教学目标、教学实施和教学评价三方面进行。首先,需要确定学生的学习成果,从找工作的网站,实习学生和用人单位反馈,在校学生等渠道获取学生的培养方向,从而明确教学目标;通过为学生创造实操环境,增强教学实施过程与企业需求的联系;采用阶段性和多元化评价重新构建教学评价体系,满足OBE理念对学生学习结果的检验要求。

2.1 教学目标以企业岗位工作内容为导向设计学习成果

教学目标是指在教学活动中所期待得到的学生的学习成果。根据智联招聘、58同城等学生常用的找工作网站显示的企业工作岗位需求,以企业岗位工作内容为导向,初步把学生的培养方向分为品类运营、运营推广(新媒体运营)、美工设计、网店客服四类。学校继续做好实习学生的实习岗位统计,邀请实习学生和学生所在工作单位填写课程建议问卷,及时了解学生的实习情况和市场需求,并对学生培养方向做出调整。由于学生学情的差异，有些学生的学习缺乏方向和动力。在学习课程的前期给学生创设工作情境，让学生"身临其境"，学生可以对课程学习有更多贴近实际的期待或规划。在电子商务本科生的企业综合实习环节，学校老师对学生进行实习企业走访，其中与企业签下的《广东理工学院校外实践教学基地共建协议书》积累了大量可供使用的企业资源。

以笔者代表学校签下的广州市蔬绿农产品有限公司为例。这家公司的主要业务是蔬菜批发，供货给酒店等大型稳定的客户。公司需要在网上寻找更多的业务，因此需要电子商务人才，也就跟我校所培养的电子商务专业的学生是需求对口的。通过课程前期的带领学生走访企业，让学生实地了解企业工作岗位的内容，明确学习方向，增强学习动力。学校最新印发的《广东理工学院驻企业指导实习教师管理办法》表明，学校和企业的关系将进一步紧密。通过驻企业指导实习教师的协助，让在校学生有参观企业实体的机会，加强学校课程内容和企业需求的联系。在跟在校学生沟通交流并结合学校师资设备等条件后可增加培养方向，以更大程度地满足学生的个性化发展需求。课程思政的主要形式是将思想政治教育的理论知识、价值理念及精神追求等融入各门课程中去，潜移默化地对学生的思想意识、行为举止产生影响。在引导学生定下自己的学习成果目标时，应充分地与学生探讨我国的思想政治教育的理论知识、价值理念以及精神追求，使学生树立正确的远大理想。

2.2 教学实施中创造实操环境

教学实施是实现教学目标的中心阶段，教学实施策略的选择既要符合教学目标、教学内容的要求和教学对象的特点，又要考虑在特定教学环境中的可能性。"网上店铺运营"不是纯理论的课程，有一半的学时是实践的，所以必须想方设法为学生创造类似于或相当于现实的实操环境，缩短课本与企业的距离。目前，我校电子商务专业正在使用的网店运营仿真系统是西安青软信息科技有限公司提供的电子商务教学实训软件。这款软件旨在通过模拟以 B2C、B2B、C2C、G2B 多种交易模式为主的电子商务活动，同时辅以虚拟银行、第三方支付平台、物流中心、EDI 等电子商务环境，使学生获得从宏观的电子商务环境到具体的电子商务应用的直观认识，从而完成教学的认知性和验证性实验任务。另一款是深圳典阅科技有限公司提供的典阅跨境电商运营决策模拟沙盘平台系统。这款系统基于对跨境电商真实运营环境的模拟而打造决策分析模拟实验教学，通过还原跨境电商市场经营环境，配合电商平台数据分析，让学生根据模拟结果制订具体的运营决策，能够帮助学生掌握跨境电商运营的关键点，系统性地建立跨境电商思维模式，提升创新创业水平。

网店运营仿真系统能够让学生体验操作的过程，但网店运营仿真系统像一款游戏，让学生在类似乌托邦的环境中进行操作，因此与现实还是有一定距离的。我校学生踊跃参加的比赛有全国大学生电子商务"创新、创意及创业"挑战赛、"挑战杯"中国大学生创业计划大赛、中国"互联网+"大学生创新创业大赛、全国跨境电商专业能力大赛等。通过参加比赛，积累电子商务知识和实操经验，本校学生和外校学生进行交流，拓展电子商务思维；在电子商务本科生的企业综合实习环节中，学校老师对学生进行实习企业走访，其中与企业签下的《广东理工学院校外实践教学基地共建协议书》积累了大量可供使用的企业资源。

学校通过外聘合作企业的老师进校教学，弥补网店运营仿真系统和电商竞赛不够接近真实市场的不足。外聘老师分享在真实市场中遇到的实战案例，通过案例还原，让学生们去思考和解决问题，淘宝网是中国深受欢迎的网购零售平台，平台操作相对比较成熟，有系统上的问题可以找到客服及时解决，弥补了网店运营仿真系统不够成熟、存在系统上的问题的不足。

淘宝平台被中国企业广泛使用，因此学生毕业后到企业工作可以直接使用淘宝平台进行操作。目前我校运用淘宝平台作为课程的实操平台，取得了良好的效果，得到了毕业学生工作后的积极反馈，认为淘宝平台非常实用。老师可以指导学生通过淘宝平台 0 元个人开店，练习采购进货、商品上架、营销推广、物流送货、财务结算等一系列网店运营流程。最后，按照教学目标所设立的学习成果，按培养方向分为品类运营、运营推广（新媒体运营）、美工设计、网店客服四类，让每类培养方向的学生展示自己的最终成果，其他类培养方向的学生则以同行的身份参与学习和以消费者的角度进行评价。

2.3 采用阶段性评价和多元化评价

教学评价是以教学目标为依据，按照科学的标准，运用一切有效的技术手段，对教学过程及结果进行测量，并给予价值判断的过程。OBE 理念将学生的学习进程划分成不同的阶段，并确定每个阶段的学习目标。这些学习目标是从初级到高级，最终达成顶峰成果。因此，针对不同的学习阶段进行评价，不断地促进学生的学习效果。

在"创设工作情境"阶段，在实地走访电商企业和理论课融入课程思政后，学生逐渐了解电子商务工作岗位内容，确立自己的发展方向，此时让学生选择好自己的学习成果尤为重要，在接下来的训练中就要围绕定下的学习成果而展开。此阶段需要评价学生是否认真分析并有效地定下了自己的学习成果。

在"创造实操环境"阶段，通过使用网店运营仿真系统，参加电商竞赛，引入企业导师和操作淘宝平台，学生不断升级锻炼自己的电子商务运营能力。此阶段是一个核心的阶段，主要评价学生是否有独立或与别人合作运营电子商务平台的能力。

在"展示学习成果"阶段，学生把自己在选择的培养方向上创作的作品在班里展示。此阶段主要评价学生在自己选择的培养方向上是否有创新能力。多元化评价指形成评价过程多元、评价方式多元、考试内容多元、成绩构成多元、考试管理全程监控等全方位、全程性的评价体系。所有评价过程限定现场、限时创作，避免学生抄袭等情况；学习成果由分析报告、仿真系统排名、电商竞赛成绩、试卷成绩、淘宝平台销售利润、创作作品等构成；成绩由初级评价、中级评价、高级评价多元构成，分别对应阶段性评价中的三个阶段；由学校老师、企业导师、同班同学三方进行评价，所得分数按比例汇成总评成绩；最终成绩使用定量、定性的评价标准对学生进行评价。

3 结语

通过将 OBE 理念引入网上店铺运营课程教学中，重新制订教学目标，在教学实施过程中通过使用网店运营仿真系统，参加电商竞赛，引入企业导师和操作淘宝平台，使学生能够理论联系实际，辅以阶段性和多元化评价，让学生在自己选择的培养方向上尽可能地发挥自身潜力，达到有针对性的、高质量的教学效果。

参考文献

[1] 李玉保,郭尚敬,司振书,等.基于OBE教育理念的动物疫病防控技术课程改革初探[J].畜牧与饲料科学,2018,39(10):83-85.

[2] 刘杰,赵永强,刘晋钢.基于OBE理念的"C程序设计"课程教学改革与探索[J].教育理论与实践,2022,42(3):61-63.

[3] 李志义.解析工程教育专业认证的成果导向理念[J].中国高等教育,2014(17):7-10.

OBE 理念下"证券投资学"课程设计优化探索
——以广东理工学院为例

郭秋芳

摘　要：成果导向教育（OBE）理论是当前较为主流的教育理论，其核心理念是提倡学生学习成果都要对标新时代高质量人才培养目标、各层课程体系要对标新时代对课程改革的要求等，本文基于 OBE 理念，以"证券投资学"课程为研究对象，进行教学形式、课程目标、教学内容、教学过程、考核形式等方面的优化探索，供课程设计参考。

关键词：OBE；证券投资学；课程设计；优化

1　引言

Outcome-Based Education，简称 OBE，中文译为成果导向教育，是当前高校较为主流的应用理论，可归为实用主义学派。成果导向教育理论的核心逻辑是聚焦于学生受教育后学习能力和学习成果而进行反向推导，围绕学生在学习结束时能清晰地确定学生能达到的目标，并将其作为中心支点，然后根据中心支点组织课程、教学和评核，达成既定的人才培养目标。

美国学者斯派蒂（Spady）在其成果导向课程设计理论中提出了两个黄金法则，一是反向设计（Design Down）教育规划的起点和焦点，从期望学生取得的最终学习成果开始，反向确立支持学习成果的课程和教学设计；二是必须保留能达到最终学习成果或支持学习成果的课程内容，结构性调整或删除一部分与学习成果只有轻微关联的课程内容。

遵循上述法则，广东理工学院金融工程专业教研室经仔细研究发现，"证券投资学"作为各高等院校财经法专业的核心课程，颇具应用性强的特色，可作为 OBE 导向课程改革的试点课程。鉴于此，金融工程专业教研室迅速构建了具较强师资力量的"证券投资学"授课与教研项目组，结合 OBE 成果导向法、学校特色、学生特点等重新撰写了"证券投资学"的教研教改方案，同时深入挖掘课程潜力，积极申报各类相关课题，务求通过项目驱动打造一门高质量的精品课程。项目组在研究过程中拟定了课程的三个次新迭代方向。一是向"在线开放课程建设"方向迭代。通过组建教学团队、教师自建 SPOC（私播课）等方式从课程应用向课程建设转变，逐步积累并优化教学视频，最终达到完全自建课程的目的。二是向"课程思政示范建设"方向迭代。在授课过程当中，不断动态挖掘思政点，将"证券投资学"建设成具有较高水平的课程思政示范课程。三是向"一流本科课程"方向迭代。通过不断优化课程设计，不断加大课程建设力度，将"证券投资学"建设成符合省一级标准的"一流本科课程"。

2 OBE 理念下教学形式优化

"证券投资学"对学生的动手能力要求较强，较为适合融入 OBE 理念进行课程教学。以广东理工学院为例，学校 2018 年起试点选择了若干门课程探索"线上+线下"的教学模式。"证券投资学"融入了 OBE 理念后将教学形式设计为：理论课线上完成，见面课在实训室完成。通过大量的实际应用，提升学生的动手能力，符合应用型本科的办学定位。

2.1 创建学习视频

创建高质量的学习视频是实现在线课堂的重要环节。项目组将《证券投资分析》教材的内容分模块和板块制成学习视频，每个视频的时间、内容和设计遵循一定的原则。

其一是严格控制时长。每个教学视频时间不超过 15 分钟，时间过长不利于学生吸收掌握。其二是精选内容。视频的教学内容侧重短和精，尽量做到一个视频内容只讲一个知识点，着重将该知识点的来龙去脉讲清楚；并结合相应的案例进行讲解，每个知识点后布置相应的问题让学生思考。其三是重视频设计。视频的创建多用动画、动图、PPT、板书等，力求生动形象，最大限度地调动学生的学习积极性。视频创建好后教师将其放在相应的学习平台上供学生学习，令学生可以随时随地学习。同时在平台上设置留言区，创建学习 QQ 群，增设助教答疑，多方收集学生的学习反馈，使项目组能根据学生的学习特点不断对教学知识、教学方法、教学视频等进行改进和完善。

2.2 整理学习资料

"证券投资学"课程涉及的知识面较广，教师要搜集整理相应的辅助资料上传至相应的学习平台，供学生学习查阅，以加深对该课程的理解和掌握。资料主要包含两个方面。其一是案例资料。教师除了在学习视频内容上结合相应案例进行讲解外，要在教学平台上放置更多的案例分析，让学生自主学习、理解和掌握。其二是延伸学习资料。在学习平台上整理出该课程的延伸学习资料，如国外市场的投资软件、国际证券投资的政策制度和法律条文等供学生拓展知识面，加深理解。

2.3 线上闯关作业

项目组结合 OBE 理念构建了一套较为合理的线上作业体系，该体系结合了从业考证、专业比赛、学科竞赛等内容，在布置作业时在学习平台上设置一个闯关模式，学生通过个人闯关或团队闯关完成作业并进阶下一环节直至完成所有练习，完成所有闯关方能进入期末考试环节。该模式寓学于乐，使学生在完成作业的过程中有较强的获得感、体验感，能有效激发学生的学习兴趣，尤为适合当前年龄段的应用型本科学生，能较好地达到教学目的。

2.4 线下实盘演练

线下教学方面，项目组探索学赛融通、能力融合的模式，实现实践与比赛的深度融合，并结合 OBE 理念进行反向设计，拟定了以赛促学、以赛促教、学赛融通的教学新形式。第一，在教学安排上提前将面授课设置在实训室进行授课，授课教师通过对当前主流的分析软件进行使用讲解，让学生能利用分析软件完成绝大部分证券的基本信息采集，进行财务报表下载，实时观察证券交易盘面的动态，对证券进行技术分析，形成一系列研究报告。整个过程将学生所学知识加以具体运用，通过实践去验证理论，一方面提升学生理论联系实际的水平，另一方面大幅提升学生的就业能力水平。第二，将学科专业竞赛赛场迁至线上，保留学科竞赛的内容与方式，兼顾专业教育的实践教学，有效结合第一课堂与第二课堂，以教学改革为抓手，实现专业教育和课堂教学的有效融入，实现课程高阶性与竞赛创新性的同频共振，实现学生理论知识能力和创新实践能力的融合，做到以赛促教、以赛促学、学赛融合、质量提升。

3 OBE理念下课程目标优化

基于OBE理念的"证券投资学"课程目标可优化为三个部分，一是课程思政目标，二是课程教学目标，三是人才培养目标。

3.1 课程思政目标

（1）办学定位与思政育人相结合。倡导应用型本科学生必须适应经济发展新常态，从服务创新驱动发展的理念出发，内强素质，外树形象，激发学生潜能，树立报效国家、服务地方经济的远大理想与宏伟目标。

（2）人才培养与思政育人相结合。财经法等"新文科"专业辨识度高，学科定位明细，就业方向明晰，大概率从事财政、经济、金融、法律等专业工作，工作广泛涵盖从基层到高层知识内容，突出知识传授、能力培养、素质教育"三位一体"的全面教育，培养学生的家国情怀，提高专业素养和综合素质及分析解决实际问题的能力，引导学生在毕业进入社会之际，坚定政治立场，恪守职业道德，勇于承担社会责任。

3.2 课程教学目标

（1）办学定位与课程教学相结合。紧紧围绕应用型本科办学定位，以学科为依托，以应用型专业教育为基础，以社会人才需求为导向，培养高层次应用型人才，培养知识、能力和素质全面协调发展，面向生产、建设、管理、服务一线的高级应用型人才为目标。

（2）人才培养与就业创业相结合。财经法等"新文科"专业的培养目标是培养符合区域经济社会发展需要，具有较高道德文化素养和法纪观念，具有较强社会责任感，具备创新精神、创业意识与合作能力的德智体美劳全面发展的高素质应用型人才。要求学生掌握各类专业基础知识，如金融、统计、财务、法律等，具备运用数学和统计学对金融问题进行分析、研究、应用的能力，具备现代金融工程和经济统计的基本技能与实践能力。

3.3 人才培养目标

（1）知识目标。当前，金融业逐步走向微观化，基于OBE理念的"证券投资学"课程的知识目标至少应包括三大知识板块。其一，证券投资基本分析。学生应掌握证券投资的基本理论、基本知识、证券市场运行的基本规律、管理原则以及证券投资的一般技术和策略等；掌握主要证券投资工具的特征、投资基本理论和基本方法，并具有一定的证券投资分析能力。具体包括宏观经济分析、证券投资的行业分析、标的公司基本分析、标的公司重大事项分析、标的公司财务分析等。其二，证券投资技术分析。学生应基于对中国经济、社会、文化和历史的综合认识，对当前技术变革有深入理解，同时基于对行为金融和投资心理学知识的理解，同步进行专业知识的学习。具体包括技术分析理论、量价关系理论、K线理论、形态理论、支撑和压力理论、技术指标分析等。其三，证券投资组合与主流分析软件应用。学生应能够掌握有效的学习方法，运用现代技术与软件，能主动接受终身教育，适应投资理论和实践的快速发展，尤其是对量化投资、大数据、智能投资等新型投资方法的学习与掌握，培养学生对实际问题进行综合分析和解决的能力。

（2）素质目标。综合素质的提升是人才培养的关键，以广东理工学院的"证券投资学"课程为例，课程素质目标的立足点有三个。一是要能促进学生的品性素质提高，如诚实正直等方面的基本品性素质；提升言谈举止、心态等交往素质；提升职业定位、个人规划、挫折承受力等专业必备素质。二是要能促进学生的精神素质提高，如专业自信心、持之以恒、积极进取、自强不息等精神素质；提升洞察力、应变思维、创造性思维等素质。三是要能培养学生"价值基本的投资"的理念、较强的市场经济意识、较强的社会适应能力、金融创新精神以及证券操作、分析能力，使其熟悉国内外专业证券投融资知识，为未来进入相关企业奠定良好的基础。

（3）能力目标。能力目标可分为校内目标与就业目标。

本校的校内目标设定为：会买卖金融产品—投资理财—获取从业证书，要求学生掌握证券投资的基本理论和相关实务操作，掌握金融产品交易与分析能力、金融机构业务操作与管理能力、金融计量和数理分析能力，并能从事最基本的金融业务操作，树立正确的投资理念。

将学生的就业目标设定为：达到证券公司、基金公司等金融机构的基层从业人员入职要求，培养和发展学生的证券投资与管理知识与技能，在掌握证券投资学基本概念和基本原理的基础上，把握各种金融工具（特别是证券投资工具）的特性，学会分析各种证券投资机会，了解各种投资环境，制定最佳的投资管理策略；全面系统掌握证券投资学的基本概念、基本理论和基本方法，熟悉证券市场的运作，并能够运用所学知识服务政府部门、金融机构、证券机构、企业及从事投资活动的个人实践，更好地适应市场变化的需要；后期能发展成具备金融量化交易与分析能力、计算机编程与金融建模能力、金融产品设计能力、金融风险管理能力，兼顾理论型的应用人才。

4　OBE理念下教学内容优化

OBE理念下的"证券投资学"教学内容优化有：一是在每个章节加入思政点的纵向优化，二是选择有代表性的课程章节进行提升实训课程占比的横向优化，从而达到教学内容的整体优化。

4.1　纵向优化

"证券投资学"课程主要讲解证券的投资。中国的资本市场，1990年至今已历经几十载，占改革开放四分之三的时间。在某种意义上，中国A股市场的主板代表了中国的核心经济体系，中小板代表了中国经济的活跃性，创业板与科创板代表了中国经济的创新性与成长性。可基于落实高校立德树人根本任务，将课程思政要求内化到课程内容与课程讲授当中去，将课程按目录分解到相应的章节对课堂进行设计。课堂设计大致分解为四个专题部分，一为思政部分，通过整理国内资本市场发展史的逻辑脉络，在每个时间节点融入新时代下的新理念、新思维，融入家国情怀、职业道德、法制意识、历史文化等多个思政元素，如期实现专业教学与思政教育的无缝融合，达到润物细无声的教学效果；二为理论部分，主要讲授基本理论知识，实现理论固化效果；三为实践部分，与现实生活、未来职业规划等接轨，借鉴证券公司开户前的投资者教育流程作为专业教育；四为深化部分，循序渐进地进行教学推进，通过讲解案例、评讲作业等融入社会主义核心价值观、习近平新时代中国特色社会主义思想等，引发学生的家国情怀与自我反思。

4.2 横向优化

精选教材主编老师在八大行业完成的几十项重大时效分析课题作为教案，以研促教，深入浅出地讲解运用现有的基础知识去解决工程问题的具体过程与分析方法，尤其是最新科研成果的介绍，有效激发了学生对材料失效分析对其新材料研究的向往，增强学生探索能力、开拓能力和综合分析能力。特别强调理论与实际相结合，线下课程采取与证券企业共同开发的模式，增加了"以赛促学"的核心环节，符合应用型本科及校企合作的基本原则，充分利用了社会资源，引导学生、其他学习者在学习课程后，能达到"三个一"的要求：至少能考取一个专业证书（证券从业资格证）；至少能增加一个就业方向（能到证券公司、基金公司、银行等金融机构担任证券类基层从业员工）；至少能具备一个知识能力（对个股的基本分析能力）。

5 OBE 理念下教学过程优化

"证券投资学"作为应用性较强的学科，教学过程有其独特的方法，教学过程要融入OBE 理念，并进行优化，形成可创新、可借鉴、可量化的新模式。

5.1 多元创新

OBE 理念下的"证券投资学"的教学过程创新可分为两大方面。一是教学过程中理念的创新。通过在教学过程中融入知识传授、能力培养、素质教育"三位一体"的全面教育理念，培养学生的家国情怀，坚定政治立场，恪守职业道德，承担社会责任的政治意识，最终实现课程润物细无声的思政目的。二是教学过程中方式的创新。在"证券投资学"的教学过程中增加了"以赛促教、以赛促学、学赛融合"的核心环节，通过比赛竞技，让教师与学生体会投资逻辑，正视自身短板，以比赛培养老师、以比赛培养学生、以比赛提升水平，充分利用网络资源与社会资源，实现成果导向，从而提高师生的专业素养，提升师生的综合素质及分析解决实际问题的能力。

5.2 互相借鉴

证券市场信息时效性极强，"证券投资学"要在教学过程中不断动态调整，实时更新法律法规与规章制度，借鉴行业的先进做法，形成具有鲜明特色的课程教学过程体系，从而为各类课程提供借鉴经验。以广东理工学院为例，"证券投资学"课程遵循了应用型本科的教学原则，融入 OBE 理念，以证券行业专业人员水平评价测试为蓝本，将一般业务水平评价测试对应的基础科目《证券市场基本法律法规》和《金融市场基础知识》作为学生期末考试的客观部分考题，使大部分学生既能备考期末考试也能备考资格考试，一举两得。此外，结合各类比赛挑选出一批对证券业务兴趣较强的学生，在一般业务水平评价测试的基础上，让他们参加专项能力测试，包括证券投资顾问专业能力水平评价测试、证券分析师专业能力水平评价测试、保荐代表人专业能力水平评价测试等，让他们进行证券投资顾问、证券分析师、保荐代表人等岗位就业模拟，测试其是否能熟练掌握相关专业知识，达到相应专业能力水平，评估其能否胜任投资银行业务、证券投资顾问业务、发布证券研究报告业务等岗位。

5.3 量化标准

教学是一个系统工程，课程在融入 OBE 理念后，教学过程要达到可以量化的标准方能凸显效果。以广东理工学院为例，"证券投资学"课程的衡量标准设置为：课程教学理念先进，坚持立德树人，教学设计、组织与实施突出学生中心地位；根据学生认知规律和接收特点，创新教与学模式，因材施教，做到应知尽知、应教尽教、应讲尽讲；促进师生互动、生生互动、资源共享、知识生成，教学反馈及时，教学效果显著；课程内容与时俱进，依据学科前沿动态与社会发展需求动态更新知识体系，契合课程目标，教材选用符合教育部和学校教材选用规定，教学资源丰富多样，体现思想性、科学性与时代性；课程管理与评价科学且可测量；教师备课要求明确，学生学习管理严格；针对教学目标、教学内容、教学组织等采用多元化考核评价，过程可回溯，诊断改进积极有效。教学过程材料完整，可借鉴可监督。

6 OBE 理念下考核形式优化

课程考核是检验教师教学技能与效果、学生学习水平与能力的重要环节。OBE 理念下的课程考核方式改革，应加强对教学过程的管理，丰富考核内容和形式，注重学生学习过程考查、学生学习能力与实践能力评价。根据各专业培养目标和各门课程的具体要求，科学合理地设置平时学习效果及实践操作的评分权重，激发学生学习的积极性和主动性，引导学生重视自身实践应用能力的培养，使教学工作的重点能真正落实在学生的能力培养和素质提高上，全面提升课程教学水平与人才培养的质量。

6.1 丰富考核方式

OBE 理念下的课程考核方式改革，可根据课程本身性质和特点，灵活选择考核方式，推行多种形式（笔试、口试、答辩、上机、测验、小论文、设计、制作等）、多个阶段（平时测试、作业测评、课外阅读、社会实践、期末考试等）、多种类型（作品、课堂讨论、课内测试、创作设计、研究性学习报告、文献综述报告、实验报告、设计报告、调查报告、课程论文、课外作业、学科专业竞赛等）的考核方式改革。以"证券投资学"课程为例，在丰富考核方式方面，我们平时拟采用课外作业、上机、设计、小论文等多种形式进行考核；形成平时测试、作业测评、期中考查、社会实践、期末考试等多阶段考核模式；构建课堂讨论、课内测试、实验报告、调查报告、课程论文、课外作业、学科专业竞赛等多种类型的考核方式。

6.2 加强过程考核

"证券投资学"课程在加强过程考核方面，可以以 16 周为考核周期，形成小组合作学习机制，每 1 周进行小组演练，每 2 周布置一次课后作业，每 4 周进行一次课堂单元（章节）测验，第 8 周进行期中考试，第 16 周后进行期末考试。同时以课堂讨论、课堂提问、小组合作、录制课程、模拟比赛等方式加强过程考核。一方面，用好用足学校出台的新政策，鼓励学生参加高水平比赛，大规模奖励带队老师及获奖学生，同时提升教师与学生的素质；另一方面，带头探索"以证代考、以证加分"等新考核模式。在调整总评成绩构成方面，注重过程考核，适当加大平时成绩所占比例，适当调低期末考核成绩的占分比例，拟设置比例为平时成绩占总成绩的 50%、期末考核成绩占总成绩的 50%，达到理论与实操考核比重相一致的状态。

7　结语

综上，OBE 理念下的课程设计优化，必须从课程设计、教材、学与教、学习评价设计等方面对标新时代高质量人才培养目标，不只是列出教学法的名称，还需要描述如何实行，解释所选方法如何达成预期学习成果，方可保证和提升人才培养的质量。

参考文献

[1] 张鑫宇，关丽坤，李震. 混合教学模式在"机械设计基础"课程教学中的实践［J］. 江苏科技信息，2022（2）：10.

[2] 教育部关于一流本科课程建设的实施意见［EB/OL］.（2020-02-20）［2022-06-30］. http://edu.gd.gov.cn/zwgknew/jyzcfg/dfjyzcfg/content/post_3929017.html.

[3] 徐淑娴. OBE 模式下的民法总论课程教学模式改革［J］. 湖北开放职业学院学报，2019（7）：15.

[4] 张剑. 从国家级一流课程建设看英语学科的课程改革［J］. 西北工业大学学报（社会科学版），2021（7）：15.

[5] 胡雪敏，杨文秀，李妍. 基于 OBE 理念新疆应用型纺织人才培养模式研究［J］. 教育教学论坛，2021（3）：31.

跨境电商产教融合与OBE培养模式、理据与操作
——以广东理工学院为例

梁慧仪

摘　要：本文对当前跨境电商新媒体人才需求现状、我校当前跨境电商教学的现状、我校跨境电商新媒体人才培养中存在的问题进行了仔细、全面地分析与研究，并基于OBE理论，试探讨在跨境电商产教融合背景下新媒体人才培养模式的改革，从而使我校培养出能满足企业需求的跨境电商新媒体人才。

关键词：跨境电商；产教融合；OBE模式；新媒体人才培养

1　引言

近年来，我国跨境电商市场规模逐年提升。受新冠肺炎疫情影响，2020年以来，境外民众的消费渠道进一步向线上转移，我国跨境电商市场规模进一步增长。数据显示，我国跨境电商市场规模由2016年的6.7万亿元增长至2020年的12.5万亿元，年均复合增长率达16.9%。中商产业研究院预测，2022年我国跨境电商市场规模将达15万亿元。根据中国电子商务研究中心发布的《中国跨境电商人才调研报告》相关数据，2021年，中国跨境电商领域的人才缺口已达450万，跨境电商人才需求同比增长11.2%。跨境电商行业在发展，需要更多的专业人才来支撑。

众所周知，应用型本科院校的教学目标是根据教育发展的趋势，适应社会的需求，适当调整各专业人才培养的模式。受全球疫情的影响，传统的跨境电商营销模式逐步向直播带货模式转型、升级，从而使本来就缺乏的跨境电商人才缺口更大，对于跨境新媒体人才就更难求了。因此，多所应用型本科院校的教师开始考虑如何使用OBE理念下的教育模式。有学者提出，在传统的跨境电商教育模式下进行OBE理念的改革。OBE理念将"产出"作为关键词，这与传统的跨境电商校企合作模式极为匹配，加上有产教融合模式的深度合作，使教师的授课模式改为理论结合实践，师生之间有了更多的反馈、交流机会，学生的实践课有了实际性的实操。OBE教学模式的改革对于培养实操性强的新媒体人才具有十分重要的意义。

2　OBE理念概述

OBE（Outcome-based Education）理念，又称成果导向教育、能力导向教育、目标导向教育或需求导向教育。OBE理念是一种以成果为目标导向、以学生为本，采用逆向思维进行课程体系建设的理念，是一种先进的教育理念。OBE理念强调使学生明白接受这种教

育模式能学到什么,能掌握什么技能,最后能从事什么样的工作。

斯派蒂认为,OBE 是指围绕某一阶段学习结束后所有学生能够获得的关键结果,清楚地聚焦和组织教学活动的一种教育模式。这意味着在跨境电商人才培养开始之前就对学生能够获得的学习结果有清晰的构想,然后设计课程、组织教学和实施评价,确保实现这个学习结果。应用型本科院校结合地方区域、行业发展的实际需求和学生特点确定跨境电商本科层次新媒体人才培养的课程体系,同时结合 OBE 理念反向推出跨境电商新媒体人才培养核心课程的教学大纲、课程设置、课程标准以及教学设计,并设计以学生为中心的教学评估体系,这对于跨境电商新媒体人才培养将起到至关重要的作用。

3 产教融合概述

产教融合在近几年得到前所未有的重视,研究和实践的领域从教育领域逐渐扩展到企业、行业、城市、社会等多个层面。随着国家发改委等六部委共同发布《国家产教融合建设试点实施方案》,产教融合相关的政策牵头部门由教育部转为国家发改委,这意味着产教融合不再局限于学校和企业,而是作为宏观政策取向,以产教融合型城市为建设视域进行推进,不是一校一企的事,而是一座城的事,由一个省份来集聚政策和资源共同推动。

4 广东理工学院跨境电商产教融合新媒体人才培养现状

就跨境电商运营一职,人才需求主要来自广东省,占全国 51.6%,而仅深圳、广州两城合计占比就达到 48.8%,"中国跨境看广东,广东跨境看广深"的特点,同时适用于人才需求,究其原因,背靠珠三角强大的供应链体系,广深外贸产业根基深厚,而鼓励创业、财政补贴等各项开放政策持续释放红利。与 2020 年第一季度相比,深圳与广州分别以 224.3%、158.2% 的增速向跨境电商运营人才抛出橄榄枝。智联招聘发布《2021 外贸人才形势研究报告》,展示外贸进出口人才的供需形势及流动特征,并重点聚焦跨境电商人才趋势,为各决策者、企业与从业人才提供参考。

广东理工学院经济管理学院目前只在电子商务专业的专科开设了跨境电商这门课程、在本科的电子商务和国际贸易专业开设了跨境电商实训这门课程,但只涉及一些基本知识的介绍,学生对如何操作跨境电商平台、如何去寻找境外客户等却没有实践机会,培养的人才属于单一人才,综合具有这三方面专业知识的人才凤毛麟角,难以满足跨境电商企业对跨境电商人才的要求,就更不用说新媒体人才培训了。

4.1 没有开设跨境电子商务本科专业,未能满足社会的迫切需求

我校于 2016 年在商务英语、电子商务、国际贸易专业分别开始了跨境电商、跨境电商实务、跨境电商实训等课程,但是没有跨境电商专业,对于新媒体的课程也只是在这两年因为社会的需求才增设。然而,这些课程都只是让学生初步了解跨境电商的基础知识,并没能让学生真实体会跨境电商新媒体运营的真实场景,其教学内容与实训内容远远跟不上跨境电商的发展,教学内容相对落后,且存在与跨境电商新媒体岗位严重脱节的现象。

4.2 跨境电商新媒体师资力量严重不足

我校从事电子商务、国际贸易专业教学的教师大多是硕士研究生以上学历,有些还是博士研究生,他们的理论知识渊博,但缺乏企业实践经验;而来自跨境电商企业的教师,实践经验丰富,但是不会教。此外,由于跨境电商是一种新的国际贸易形式,从出现到迅

猛发展时间很短，相关专业理论还在不断发展完善中。据了解，目前我校主要由国际贸易专业、电子商务专业的老师从事有关跨境电商课程的教学，老师们虽然进行了线上线下的培训，了解了跨境电商的发展趋势、店铺的建设与营销、常用跨境社交媒体、利用跨境电商平台发布产品、产教融合校企合作教育新业态培养跨境电商人才等知识，但还算不上很专业。至于结合新媒体人才的培养，只有极少数老师能教新媒体的技术，能结合跨境电商教学的教师少之又少。在这种情况下，电商专业的很多教师都是边学边教，教学过程晦涩难懂，在一定程度上影响了跨境电商人才培养的质量。

4.3 课程体系设置不合理，不注重反馈

目前，我校跨境电商相关专业的教学仍停留在枯燥的课本理论上，未能够针对社会需求以及行业发展现状的变化及时进行理论知识更新。此外，教学平台的有限性也极大地限制了跨境电商新媒体的发展，几乎没有教材内容支撑或教材内容严重滞后；在教学团队上，师资力量较为薄弱，缺乏精通理论与强于实践的专业老师。不仅如此，课后师生不注重反馈，学生在学习过程中遇到难题时，不会选择向教师请教或请教师解惑，对提升学生专业技能方面产生不利的影响。

4.4 学生的新媒体实践机会不多

跨境电商"直播带货"的兴起，促使很多高校也开始新建新媒体直播学院和开设跨境电商直播课程。跨境电商直播主要面向出口跨境电商平台，卖家需要通过如速卖通、亚马逊等自媒体平台对产品进行推介，还运用短视频等方式进行宣传。而各大跨境电商直播平台注册门槛变高，学生没有机会在真实环境中得到锻炼，只能通过课本或者用自学的模式去理解跨境电商直播各个步骤。因此培养新媒体直播技能的效果差，学生根本学不到操作的技能，学校培养不出企业迫切需要的跨境电商业务型人才。对跨境电商新媒体人才的培养不能仅局限于理论知识的学习，更应该把学生放到真实岗位上，熟悉相关业务的操作，培养他们解决问题的能力，然而跨境电商企业大多将运营团队设在深圳和广州，导致学生能够体验跨境电商直播的岗位不多，不能给学生提供实习岗位。

5 OBE 理念下的产教融合跨境电商新媒体人才培养模式的创新

OBE 理念强调能力培养与能力训练，是一种典型的学习产出驱动教育模式。斯派蒂认为，在 OBE 模式中，学生最后学到了什么要比如何学习和何时学习更重要。OBE 的教学理念主要包含了四个大问题：学生们要得到什么样的结果，为什么是那样的成果，教师应该如何帮助学生掌握对应的学习成果，以及怎样检测与评价学生掌握的知识成果。

OBE 的主要步骤大致可以划分为五个：第一，确定学生最终要获得的成果；第二，设计对应的课程体系，进而推动学生获得对应的成果；第三，确定教师多采取的教学方式，在选取的过程中，一定要选择出适合学生发展的教学方法；第四，定期进行对应的评价，该评价是指学生在每一个阶段的比较而不是学生之间的比较，根据不同时期的比较，了解学生的学习态度，进而作出对应的调整；第五，分步获得学习的成果推动体系循环。基于 OBE 理念，依据跨境电商职业岗位特点，针对当前跨境电商新媒体人才培养的问题，建议本科调整人才培养目标，创新人才培养模式，满足企业对跨境电商人才的需求，推动跨境电商行业的发展，以促进我校跨境电商新媒体的人才培养发展，带动区域消费升级和经济发展。

5.1 增设跨境电商本科专业

2020年教育部公布了《普通高等学校本科专业目录（2020年版）》，跨境电子商务成为新设的51个专业之一。包括广东科技学院、浙江外国语学院、杭州师范大学钱江学院在内的全国7所高校获批开设跨境电子商务本科专业。广东省只有广东科技学院成为首批获批跨境电子商务本科专业的学校，至今，据统计，广东省获批跨境电子商务本科专业的学校有华南师范大学、广东白云学院等6所高校。从目前的情况来看，跨境电子商务本科专业的招生非常火爆，而且报考分数远远超过招生分数，因此，建议我院申报跨境电子商务本科专业，减轻其他高校该专业的招生压力。

5.2 到企业参与岗位培训

学校与企业通过合作办学的方式来共同培养跨境电商新媒体人才，双方可以共同致力于打造"双师型"队伍，形成"双师型"队伍资源库。学校提供教学师资等资源，鼓励教师去相关行业企业学习、挂职锻炼，帮助教师深入了解跨境电商直播行业发展状况，掌握新时期跨境电商新媒体人才所需的专业技能，为更新教学内容、改进教学方法、提高师资专业技能和素养积极进行准备。在寒暑假期间，鼓励讲授该课程的教师参加全国跨境电商新媒体岗位培训师等培训，有助于跨境电商新媒体教学工作。

另外，企业提供实习机会和实战经验，双方共同合作，培养符合企业所需的综合性高素质人才。学生定期去企业观摩实习，接受企业的指导，了解跨境电商新媒体人才应具备的能力。学校定期邀请企业专家来校对师生开展相应教学和培训。企业也可以借助学校的师资、科研能力促进企业的发展。通过校企融合发展，校企双方合作共同致力于培养符合当下市场需求的高素质应用型人才，由企业和学校共同制订计划和目标，通过校企合作、工学交替、共同育人等方式搭建可持续发展的育人合作机制。

5.3 科学制定教学方法

随着网络的高速发展，新媒体直播的内容和形式不断更新换代、推陈出新，人才培养方案及课程内容要符合当下人才培养的需求，通过适时调整教学方法，提高人才培养的针对性和适用性。首先，加快教学管理机制改革，积极吸引校外力量参与教学实践。学校和企业要相互配合，相互探讨，科学制定符合直播趋势和企业需求的新媒体人才培养方案，课程内容要紧跟跨境电商直播发展的趋势，及时对现有课程内容重新完善和修订，丰富教学内容和教学方法。其次，创新教学模式，提高跨境电商新媒体人才培养质量。跨境电商是以实践为主的课程，传统的跨境电商教学已无法适应当前人才培养的实际发展需求。灌输式教学法无法让学生真正参与到教学过程中，也容易使课程内容变得枯燥。因此，要根据跨境电商的营销环境，模拟真实销售场景，创设仿真课堂，为学生提供较为贴切的新媒体直播环境，以此增强学生的适应能力和应变能力。再次，科学调整教学内容，激发学生学习兴趣。跨境电商新媒体人才的培养过程不同于其他专业的人才培养，具有较强的灵活性和时效性，这就要求直播教学的内容要与时俱进，不断更新。教师在教学过程中要调整理论和实践教学比例，将英语、跨文化教育和新媒体直播主题有机结合，教师要选取当下跨境电商热门新媒体话题，帮助学生学习、剖析成功的案例，提高学生参与度，让学生从被动接受向主动参与学习的状态转变，培养综合能力强的跨境电商新媒体直播人才。

5.4 产教融合，共建实训基地

高校联合企业进行跨境电商人才的培养，企业在跨境电商新媒体人才培养方案和课程体系的设置上提供帮助。这种培养模式对提升学生的实践能力非常有帮助。我校已经和广州棒谷科技股份有限公司、南京奥派信息产业股份公司、湖南典阅教育科技有限公司等有了产教融合共建实训基地的合作关系，让学生参与跨境电商直播的真实工作，可以增强学习的趣味性，激发学生的主观能动性，将理论知识应用到实践中，提高跨境电商直播的实践操作能力。

我校已与肇庆市电子商务服务中心、肇庆市网商协会联合设立了跨境电商新媒体运营中心、跨境电商新媒体人才储备和培训基地，共同培养面向肇庆跨境电子商务综合实验区新媒体人才，共同打造跨境电商的新媒体人才链、产业链和生态链。未来，我院将与肇庆市一些跨境电商龙头企业共建跨境电子商务产业学院，向社会输送跨境电商新媒体直播的紧缺人才。

6 结语

本文分析了当前跨境电商新媒体人才需求的现状、我校跨境电商新媒体人才教学的现状，并对当前我校教学中存在的问题进行了分析与研究，并就出现的问题提出了应用OBE理念产教融合背景下我校的跨境电商新媒体人才培养的教育教学模式改革，采用多方面、宽领域和多层次的教育教学方法进一步推动我校的跨境电商新媒体人才培养计划，进而培养出一大批跨境电商业务型人才，从而缓解目前就业的压力，适应时代的发展。

参考文献

[1] 2022年中国跨境电商行业市场数据预测分析［EB/OL］.［2022-08-04］. https://www.askci.com/news/chanye/20220804/1353381943220.html.

[2] 跨境电商人才需求同比增长11.2% 2021中国跨境电商企业数量及人员规模分析_中研普华_中研网［EB/OL］.［2021-06-07］. https://www.chinairn.com/hyzx/20210607/142207793.html.

[3] 教育部学校规划建设发展中心. 新工科下人才培养OBE模式［EB/OL］.［2021-07-28］. https://baike.baidu.com/reference/58131770/e5d0yx3yS05Zdj2LFwlazFAOekF947vLp5x1RydvKWSVNxoAC9jBKLpfkjBP0lMFqFjWzkZaQ4CkowvVRng3JHoNcNiJrQ.

[4] SPADY W G, MARSHALL K. Beyond Traditional Outcomebased Education［J］. Educational Leadership, 1991（2）.

[5] 苏凤敏. 基于OBE教学理念下跨境电商实训课程教学设计的研究［J］. 电子商务, 2020（01）：86-87.

[6] 蒋戴丽. OBE理念下面向东盟培养跨境电商人才创业胜任力的教学实践研究——以南宁职业技术学院为例［J］. 教育观察, 2021, 10（46）：28-32.

基于 OBE 理念的 CDIO 项目驱动教学模式人才培养研究
——以应用型本科高校经管专业为研究对象

黎传熙

摘 要：应用型本科高校人才培养要体现对实用知识与技能的普及传授，需要突破传统教育理念和教学模式的约束，更需适应产业需求和市场导向。针对院校人才培养模式和服务地方经济的诉求，结合 OBE 思维理念和 CDIO 模型，将 CDIO 项目驱动教学模式引入经管专业教学中，让学生通过完成项目加深对专业课程以及知识点的学习和运用，进而培养学生独立学习、团队合作、交流沟通和解决实际问题的能力，为应用型本科经管专业人才培养模式和教学体系改革提供借鉴。

关键词：OBE；CDIO；项目驱动；人才培养；PDCA

1 问题提出

随着经济产业结构转型升级和市场对现代高端复合应用型人才需求的攀升，高校要重点培养大学生创新应用能力，培养服务社会经济发展的高端人才。为加快推进现代高等职业教育，高职高专积极响应申报应用型本科高校，也不乏学术型本科院校转型应用型高校的范例，形成国家教育战略转型的新趋势、新格局。

"大众创业、万众创新"的倡导为创新创业拉开了序幕，成为助推经济扬帆起航的强大动力。但受传统教育和观念影响，教学中往往存在教学方法陈旧、教学手段单一等问题，或仅依赖教材，开展为数不多的案例讨论、情景模拟，难免造成学生为应付考试而死记硬背概念和理论，对实际问题的分析解决能力不足，导致人才培养和社会需求存在差距，出现供需结构矛盾。

应用型本科高校应积极响应与实施创新驱动发展战略，搭建创新创业平台，弘扬创新创业文化，激发创新创业热情，而教学方式和人才培养理应促进学生对相关基础理论知识和国家政策的理解，提升学生实践应用的能力。将"互联网+"等赛事作为任务中心，围绕应用型人才培养目标，培养理论知识和实践应用能力兼备的复合型人才。

2 概念内涵及研究意义

2.1 OBE 及 CDIO 概念及内涵

OBE 理念，又称能力导向教育、目标导向教育，是以成果为目标导向，采用逆向思维进行课程体系建设理念，即确定成果—构建体系—确定策略—自我评价—促成结果。CDIO（Conceive-Design-Implement-Operate，构思—设计—实现—运作）的根本目的是通过项目驱动式实践教学，使学生融会贯通理论知识，更加灵活地掌握和锻炼实践技能，培养综合能力，其本质是使教学对象能自觉加入专业课程和实践项目中，并通过项目驱动指引，以理论指导实践，以实践加深对理论的认知。

2.2 项目驱动教学概念及内涵

项目驱动教学是指师生通过共同作用实施完整项目的系列教学活动，教学内容分布在子项目中，以完成具体项目为线索，培养学生自主学习、思维理念、创新意识和能力，尝试具备探索发现、思考和解决问题的方法路径。

项目驱动本质上包含了教学内容、思维意识、实践技能的系统性、组织化的持续系统活动。第一，项目驱动教学法结合理论知识、实践技能，有具体的实际应用价值，与企业的社会再生产过程及商业经营过程有着紧密的联系。第二，发挥教学对象的主观能动性，让学生在接受理论体系学习之后，依据市场需求、专业导向、个人兴趣制订和实施项目计划，在项目实施过程中，模拟融入真实企业可能遇到的瓶颈或问题，并依据项目团队解决实际问题。第三，项目应具有一定的挑战性和普遍性，需要花费一定的时间、精力及良好态度才可能较好完成，且完成项目需要有公平、公正、公开的评价指标，结项需要有具体的成果展示等。

2.3 CDIO项目驱动教学模式+经管专业的研究背景及意义

CDIO是基于工程教育改革理念，研究以产品研发—运行—结束为载体的系统教学过程，综合培养学生工程基础知识、个人素质、协调沟通和工程系统能力。国内外许多高校将CDIO理念应用于教育改革中，如麻省理工学院最早采用CDIO教育模式，我国先后也有十多所重点高校的相关专业开展了CDIO教育教学改革试点，培养出了一大批适应社会需求、岗位需要和企事业单位欢迎的应用型人才，取得了良好的社会反响。但值得注意的是，首批试点高校CDIO改革试点一般集中在机械、电气、土木、电子、化工等专业，截至目前，基于经管类CDIO培养体系的改革研究相对较少。

本文以广东理工学院经管专业为研究背景，分析影响培养目标、教学计划、创新能力、考核方式等指标，研究将CDIO理念和人才培养模式有机融合的人才培养新模式。广东理工学院以工科为基础和特色，多学科共同发展，培养能适应市场需求导向和服务地方经济的人才。经管学院是学校首个二级学院，实行"产教融合、校企合作"的人才培养模式，坚持"以人为本、以本为本"的办学方针，深入实施创新驱动和内涵式发展，面向粤港澳大湾区，致力培养适应地方经济社会发展所需要的具有实践能力和创新精神的高素质应用型人才。因此，本文旨在构建基于CDIO项目驱动教育模式的经管专业培养方案，将工程教育的改革方案移植到经管专业中来，探索具有明确培养目标、教学目标和学习目标，教学、实践环节准备充分，学生主动学习和实践，方法适当、评价良好、结果显著，课程之间有机融合、能持续改进的人才培养模式。

3 应用型本科专业实践教学中存在的问题

近些年许多企业单位出现用工缺口，甚至是用工荒现象，尤其是新业态、新技术的应用型人才短缺极为严重，人才供需出现结构性失衡，表现出高校人才培养目标与产业需求不一致、人才培养与产业升级不协调、岗位技能需求与学生能力缺失等多种矛盾，导致人才供需结构性失衡的重要原因有以下几点。

3.1 理论教学和轻实践培养

经管专业实践课程体系分为校内综合实践以及校外实践，同时在每门专业课程（专业基础课+专业核心课+专业选修课）的实践课时安排方面，也规定了不小于50%的实践实训目标。但即便设置了实践教学环节，很多专业课在实践教学中仍普遍存在教学目标不清晰，无明确的能力提升要求和实践能力衡量评判标准。学习过程实践环节少，重理论教学和轻实践培养，安排例行公事式的实践操作，难以从根本上提升学生实践动手能力。

3.2 师资流动频繁，教学手段及形式单一

民办高校教师流动性较大，存在着教师队伍年轻化、教学经验不足等现象。年轻教师有着丰富的理论知识，但缺少丰富的实践经验，使教学手段单一，缺乏对学生的实践训练，在课堂上过于侧重理论的讲解，在教学内容的选择上存在惯性依赖，在讲解过程中不能紧扣市场需求，影响了教学的整体质量。

3.3 教学方式不灵活，课程应用性无法紧扣市场需求

民办高校教学资源和教学条件有限，很多教学过程和知识传授局限于教材，加之部分教材中没有构建应用思维和培养应用能力的路径指标，单一式的教学模式或只是对教材内容的解释，闭门造车的授课方式比比皆是，与企业实践活动和实际需求脱轨。除此以外，由于课程讲解需要依附教学大纲和教学进度，因此普遍存在教师单向靠PPT授课，进行灌输式教学，导致许多学生学习完课程，通过考核后便遗忘了所学知识。

3.4 实训条件限制，校外实训基地未起到辅助实践作用

第一，在人才培养方案的制订上，专业课程中绝大多数专业基础课、核心课、选修课的实践实训环节应不小于50%。实践教学的重要性不仅得到了多方的肯定，也是学生提升核心竞争力的重要途径。但由于实训条件的限制，很多高校的实践课程形式还比较单一，有的依靠校内现有实训设备完成，甚至仍以课堂实践为主，势必导致实践效果大打折扣。

第二，校内综合实践。目前实行CDIO教学教育模式的高校普及度不够，许多高校还主要依靠传统知识的传授。但应用型本科高校承担着培养应用型实践人才的重任，以广东理工学院经管专业为例，各个二级学院或系部积极响应号召，鼓励大学生参加创新创业活动，组织承办与开展各类竞赛活动，协调组建大学生孵化基地和创新创业产业园。但也存在以下问题：①对于竞赛活动，学生参与度不高，通过比赛提升实践能力的方法不具有普遍性；②学生知识体系匮乏，能晋级市赛、省赛、国赛的学生微乎其微，绝大多数学生的实践项目落地难，难以为继；③学生缺乏各种资源和经验，某些活动和技能竞赛要在教师的指导下完成，有些甚至是教师的项目移植过来，无法最大限度发挥学生的创新思维、创新能力及主观能动性。

第三，校外实践。为满足市场需求和有效对接企业，应用型本科院校均积极建立和扩充校外实习基地，与企业签约，但从实际运行情况来看，校企合作仅流于表面，绝大多数校外实训基地在专业实训效果中作用有限，大多数单位无法让学生接触与核心部分有关的管理事务，学生到实习岗位很难接触到岗位的实质性工作。

3.5 没有因材施教，专业知识未有效整合

第一，生源差异（本科、普通专科、成人专科、高职扩招）和专业差异是学生个体差异的基本特征。经管各个专业的知识体系相互融通，专业课程的开设相互交织。但对于不同专业教学而言，人才培养方案、课程教学大纲、发展与就业方向都应分门别类，应因材施教，对学生知识的传授、能力的提升、素质的要求也应有所不同。

第二，由于高校老师工种的特殊性，高校对专任教师没有实行坐班制，学院与学院之间、专业与专业之间、教研室与教研室之间、教师与教师之间缺乏有效的沟通，加上民办院校教师频繁流动，现阶段实践教学很难形成一个完整的教学体系。

第三，由于受实践条件的限制，许多实践课程在开展后各自独立，不能真正将各个模块有效衔接起来，但实际上专业与专业之间、课程与课程之间、知识体系与知识体系之间都有不可剥离的耦合关系，这造成了学生不能有效地将知识体系、课程内容衍生和转化，各项能力得不到有效整合。

3.6 教学评估体系和教学评价标准不够完善

经管专业的实践课程成绩评判方面存在着不足，目前就考核方式来说，课程考核一般分为考试科目和考查科目，考试科目的平时成绩由课堂表现、考勤、作业三部分组成，一般占整体成绩的30%。考查科目的考核方式或为课堂测验，或为论文、调研报告、项目汇报等，但实践项目的评定没有详细的标准，成绩的高低取决于任课教师的主观判断，而且多种形式的实践考核方式，或多或少存在论文、调研报告的抄袭及项目汇报"吃大锅饭"现象，项目团队分工不明确，团队成员干多干少一个分，干好干坏一个人等现象，教学评估体系和教学评价标准对实践过程评判存在失真性，难以反映学生真实水平，无法对教学起到重要的指引和促进作用。

4 项目驱动下的CDIO实践教学改革路径

针对经管专业教学过程中普遍存在的问题，专业教育需以社会需求为前提，以行业市场为导向，既要遵循传统理论知识的人才教学，重视学生综合素质的提升，同时也不能忽视对学生专业实践能力的培养。CDIO项目驱动教育理念是对实践教育指导思想的理性认识，是指导实践教育的基础，要激发学生学习主动性、调动积极性、提升学生理论和实践综合能力，培养适应市场需求、具有创新性思维的实践技能人才。因此，从教学目标、教学内容、教学方法、实践教学模式和考核方式等方面，依托CDIO项目驱动思维理念，积极对经管专业开展全方位的教育模式改革探索。

4.1 构建与设计教学目标和以CDIO项目驱动的教学内容

（1）根据OBE-CDIO理念制定出经管专业实践教学理论体系，根据最终培养目标，分解出各项子目标，将子目标工作分解并植入课程之中，形成理论结合实践的学习实践路径。第一，明确教学宗旨、教学目标和教学任务，夯实理论教学过程，以CDIO作为教学目标的实践指引，从更深、更广和更实际的角度，延伸和拓展教学内容，将知识转化为成果。第二，设定课程的总目标及各项子目标，指导与监督学生完成各项指标。第三，提出以综合能力培养为主的课程构建框架体系，打破专业与课程界限壁垒，有效结合基础知识

与专业，强化实践应用场景、加大团队协作力度，重点培养学生实践能力，使学生能够熟练运用专业知识解决实际问题。

（2）设计以CDIO项目驱动为引擎的，集"培养目标+课程内容+实践能力"的教学模式。以学生为主体，进行驳接与扩容零散知识，提升与整合各项能力的项目驱动教学。具体来看：第一，教师传授基本原理和基础知识；第二，学生学习基础知识，并逐一完成子项目；第三，通过参与实际的竞赛项目、科研项目，锻炼创新能力、理论转化能力，全方位掌握、逐步深化各项能力。

（3）在实践教学环节中，将国家级、省级、市级等赛事（如"互联网+"大赛、"挑战杯"大赛、"双创"大赛、"攀登计划"）作为项目驱动，将各个专业的特色比赛（如国际贸易专业的"跨境电商贸易技能竞赛"、金融专业的"金融风险控制大赛"、物流管理专业的"物流方案设计大赛"、电子商务专业的"电子商务策划大赛"、标准化管理专业的"标准化+调研大赛"、工商管理专业的"ERP实训大赛"、市场营销专业的"营销策划大赛"等）作为依托，锻炼学生的创新设计能力、实践动手能力。

除此之外，还可让学生设计与制定"能力提升戴明环PDCA"（Plan-Do-Check-Action，制订计划—计划实施—检查效果—再行动）：第一，设计与制定实践能力提升的具体目标、达到目标的方案和行动指南；第二，参考整体方案逐一实践目标，并在实践中思考能够获得何种能力，在行业内达到何种水平；第三，在目标指引下进行实践，对比实践结果与计划的偏差，加以完善和改进。在循环过程中不断实施计划，发现问题，最终通过OBE-CDIO激发学生学习兴趣，实现全方位能力素质的培养、提升能力，更好地适应社会需求、岗位需要。

4.2 改进与创新教学方法

CDIO教育模式注重培养学生的知识获取能力、终身学习能力、沟通协作能力、思维创新能力等，促进教学对象全面提升知识水平、能力和素质。项目驱动教学理念由单向灌输式转向引导探究式，树立主动参与理念，改进与创新教学方法，通过课程实践、校内综合实践、校外实践等多种形式提升实践能力。

项目驱动教学比课堂习题更接近"实战"，更能激发学生的热情和积极性，参考任务驱动式教学，结合当前国家、省市、院校的各类赛事，鼓励学生参与各类项目，指导学生理解理论知识，并为学生设计方案提供指导和建议，通过市场调查，收集、整理和分析数据，撰写调研报告，最终熟悉对实际问题的全面解决方法、路径，从而锻炼学生解决问题的能力，多途径提升学生的综合能力。

4.3 加强与创新实践教学

积极引导和鼓励教师加强实践教学模式，以重大赛事为主要驱动力，以校内实践为能力提升辅助工具，以课程内实践课为单项训练手段，多管齐下、多条渠道为教学对象提供更多实践锻炼机会。

第一，可以通过导入课程及实践，将各项赛事作为项目驱动模拟演练，以专业课程和理论基础为行动指南，全面培养学生创新思维意识和执行力，通过文献搜集或调查研究，培养学生运用工具的能力、收集资料与汇总资料的能力，并提升学生田野调查的能力。深入市场做第一手资料的搜集与调研，并将数据进行筛选和汇总，全面提升学生各项分析、归纳、总结综合的能力。

第二，加大校园、院系和专业的实验室投资力度，坚决贯彻执行应用型本科高校的教学宗旨和目标，使学生所学知识转化为生产力和成果。

第三，加强政校、企校两方以及政企校三方合作的力度，通过政府牵引、企业驱动、学校配合的多方合作方式，保持长期良好的多方共赢。避免应用型教学闭门造车，多创造机会让学生"走出去"，通过类似调研市场、数据处理分析、撰写报告等方式解决企业问题。同时结合"引进来"政策，聘请企业人员到学校讲学、开设讲座，做比赛的评委。企业人员拥有更成熟、更丰富的经验，学校可以通过他们的讲学和指导，开阔学生的视野，扩大学生的知识面，弥补校园教学的单一性和局限性，全面提升学生综合能力。

4.4 重启与整合考核方式，建立多元化的考核体系

实践教学注重对实际能力的评定与考核，最终成绩可以结合课程特点、专业需要、岗位要求，可将考核方式定为平时表现+实践项目+综合设计能力+创新设计能力等多个方面、多个维度，全面对学生成绩进行评定。多样化、多方式、多维度的考核途径可以有效避免学生在学习过程中照本宣科，适当地变通考核方式可以避免应用型高校教育"唯课本论""唯概念论"等现象的出现，有效提升学生理论结合实践的能力和应用能力。

5 研究总结

应用型本科院校承担着培养应用型技术技能人才的重要任务，目前以经管学院为研究的教学单位，还存在与应用型人才培养条件不匹配的各种问题，因此本文基于以OBE为驱动核心、以CDIO项目教育为研究框架、以赛事任务为依托的教学模式，探索CDIO项目驱动教学理念指导下的经管专业实践教学体系构建，最终培养具备理论知识、实践运用能力和创新思维能力，能适应社会需要和岗位需求的现代复合型人才。

参考文献

[1] 中华人民共和国中央人民政府. 中共中央国务院关于深化教育教学改革全面提高义务教育质量的意见[EB/OL]. [2019-07-08]. http://www.gov.cn/zhengce/2019-07/08/content_5407361.htm?trs=1.

[2] 胡贝. OBE-CDIO理念下工业设计专业课程实践教学体系运用研究[J]. 科教导刊, 2020(24): 61-62.

[3] 苏西·博斯, 约翰·拉尔默, 周华杰. 项目式教学[M]. 陆颖, 唐玥, 译. 北京: 中国人民大学出版社, 2020: 5-7.

[4] 赵永生, 刘毳, 赵春梅. 教学学术视野下的CDIO——兼论燕山大学的实践与探索[J]. 高等工程教育研究, 2017(6): 141-144.

[5] 刘昆明, 李娟华, 熊道陵, 等. "双一流"背景下基于CDIO模型的研究生创新人才培养体系的探索——以江西理工大学化学工程专业为例[J]. 广工, 2020(17): 209-210.

[6] 蒋建峰. 产教融合背景下基于CDIO模式的人才培养研究[J]. 中国多媒体与网络教学学报, 2020(6): 17-18.

[7] 李志峰,陈莉. 我国高等工程教育转型:历史变迁与当代实践逻辑[J]. 高校教育管理,2019(4):91-98.

[8] 周新民,孙荣俊,胡宜桂. 基于CDIO理念的新工科人才培养教学模式研究[J]. 教育探索,2020(3):54-57.

[9] 韩飞燕,葛延峰,刘俊琴. 疫情背景下基于OBE的市场营销学混合式教学设计与实践[J]. 对外经贸,2021(1):142-146.

[10] 张庆新,唐晗梅,周嘉斌. 校企合作背景下园林专业OBE-CDIO教育模式研究——以惠州学院为例[J]. 黑龙江生态工程职业学院学报,2020(5):128-132.

OBE 理念下 "仓储与配送管理" 课程改革探索

刘 潜 黎子华

摘 要：OBE 理念以学习成果为导向，在课程改革中为实现培养应用型人才提供理论基础。以"仓储与配送管理"课程为例，对课程安排的不足之处进行分析，以此为基础将 OBE 理念应用于课程改革的总思路、课程设计中，在课程实施过程中始终围绕学习的产出目标对其进行多维度、持续的评价和改善，突出"以学生为中心，服务于企业"的教学理念，培养具有创新驱动力的物流行业的综合应用型人才。

关键词：OBE 理念；课程设计；创新改革

1 引言

伴随着产业结构的不断变化及产业服务要求的不断提升，现代物流业的发展不断升级，社会对物流专业综合性人才的要求也就更高。而仓储与配送作为物流系统运营的重要环节之一，市场需求必然会更加苛刻。为了满足市场需求，传统意义上只具有单一功能的仓储配送活动将逐渐成为历史，新的仓储配送商业模式将会成为未来发展大趋势。面对这样的发展趋势，传统教学模式培养的仓储配送人才已经远远无法满足来自产业的需求，培养具备实践能力的应用型人才迫在眉睫。

OBE（Outcome Based Education）于 20 世纪 80 年代提出后备受关注。OBE 认为，教学传导方向应该进行适当调整，即教学应该由教师推动传导转变为学生需求拉动传导。继而针对应用型人才教育这个主题，以广东理工学院"仓储与配送管理"课程为例，在引入 OBE 理念后，深化课程教学目标，将教学内容融入企业需求，实现教学源于企业又服务企业，达到培养具有创新、实践能力的应用型仓储配送人才的教学目标。

2 课程现状

2.1 课程简介

依据"仓储与配送管理"课程教学大纲，从总体目标、知识目标、能力目标、素质目标四个方面对原有课程设计内容进行叙述，具体内容如表 1 所示。

表1 课程设置目标

总体目标	知识目标	能力目标	素质目标
让学生在完成课程之时，掌握能胜任第三方物流企业或制造业企业、商品流通企业仓储配送管理部门职业工作的专业能力——学生应当能够合作或独立地进行货物商品方面的收发货、出入库、集拼和分拨、盘点与保管、配送业务等工作，最终养成胜任第三方物流企业或制造企业、商品流通企业仓储部门职业工作的综合职业能力	了解仓储与配送的基本理念，重点掌握围绕仓储及配送中心相关的作业流程、方法等，如仓储商务、仓库保管、仓储所能开展的流通加工、商品养护等基本知识及理论	通过课程的学习，学生具有较强的服务意识、责任感和吃苦耐劳品质；通过分组活动，培养团队协作能力；培养学生的实际操作能力，进行相关单据的生成与填写	逐步提高学生走向社会需要的适应能力、实际操练能力，仓库保管作业的保管、仓储物的分类、库存控制的方法、仓库安全和质量管理、配送线路的相关设计的能力，切实结合实际，将社会需求作为教学出发点，更好地满足学生的就业需求

2.2 现阶段课程设计不足之处

（1）课程知识缺乏。当前课程的教学目标虽重视应用型教育，对于学生学习目标与成果更重视应用方面，但缺少对学生理性思想分析的构建，更多是依赖现有教材目录及内容进行理论课程的设置，缺少对课程的延伸。以仓储地点选址及规划这一部分为例，学生们的知识缺口在于：①依赖于书本进行理论知识的介绍，对于该部分理论介绍较为详尽，但是其还涉及经济学原理、物流管理等相关知识，在实际讲解中需要进行补充。②数模知识也较为缺少，由于这部分内容需要大量计算且要一些线性模型辅助分析，所以这一部分内容在总体课程设计中没有涉及且在实际上课时放弃讲解。综上，实际模糊的课程知识体系与教学目标之间的对应关系被弱化，在课程实施过程中所采用的教学方法与组织形式不能很好地服务于课程目标的实现，对教学过程产生极大困难，因此考核评价方式也不能很好地验证和落实课程目标的达成情况。

（2）缺少实际操作环节。"仓储与配送管理"课程的教学模式是以课堂理论教学为主，但实践操作占很大的比例，而教学条件的限制导致更多地强调学生对仓储与配送管理理论知识的学习，实践教学内容比例较小，弱化了对学生实践动手能力的培养。以仓储设备及技术讲解为例，大部分设备（货架、叉车、AGV等）只能通过图片或网上视频了解，并不能亲身操作感受，继而间接影响学生们对设备特性的理解。局限的课堂讲授和课本知识，不利于加深学生对知识内容的理解，甚至导致学生较强的厌学心理，无法达到预期的教学目标。

（3）考核方式的单一性。该课程作为物流专业核心课程，考核方式虽是采取期末闭卷成绩与平时成绩按照一定权重结合的方式进行，但期末闭卷成绩占比为70%，仍为课程主要考核方式。作为一门实践性较强的仓储管理类课程，30%的平时成绩还被分为考勤、作业和课堂表现三大部分，缺少实质性的过程学习的考评，导致学生对过程性积累关注度不足,且对行业的需求目标掌握不清,只是为上课而上课,为硬性完成作业而去做作业,为应对考试而去复习,无论是考核还是考察效果在一定程度上都不尽如人意。

综上,无论课程知识点理解的设置,还是实际授课方式,以及考核模式,都有待进一步改进,以完善课程的预期目标。

3 基于OBE理念的"仓储与配送管理"课程改革思路

3.1 完善课程知识体系

在实际授课中,对于学生们来说最难理解的就是有关运筹学的相关知识点。在物流管理专业培养方案中,所涉及的运筹学的相关知识或课程设计寥寥无几。而不仅物流管理这个专业与运筹学有千丝万缕的联系,且"仓储与配送管理"这门课程中涉及的资源调度、最优配送路线设计、流通加工时间安排等都需要用线性规划的思想进行问题求解,所以所使用的教材中有将近一半篇幅都在讲解运筹学理论的实际应用,而这一方面的知识学生们却比较薄弱且对知识的需求较为渴望,因而在教学中建立如图1所示的知识体系补充运筹学的相关知识或是开设运筹学基本课程,将有助于学生们更好地了解这门课程,甚至将有助于其他课程的学习理解。

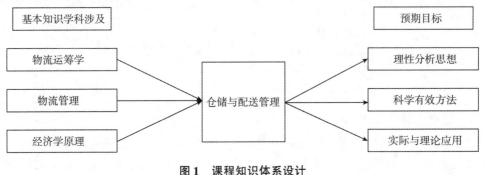

图1 课程知识体系设计

3.2 多元化课程设置

在进行课程内容设计时,结合课程目标以及源于课程内容需求、企业诉求,将课程内容重新进行梳理,按照工作模块将课程内容分解、重组,制订一体化的学习目标与计划,实现对学生能力的全面培养。在OBE理念的基础上,为了体现以学生学习成果为导向,可对课程进行反向矩阵设计。这种设计方式能够在知识、能力及素养三个维度实现课程中具体目标、反馈评价、学生学法、教师教法与一般目标之间对应关系的更好呈现。以流通中心加工作业资源调度最优化及加工设备安排促使最优生产时间为例进行课程多维度矩阵设计,具体如表2所示。

表2 多维度矩阵课程设计

教学目标	教师教法	学生学法	评价与反馈
1. 运用运筹学基本理念合理安排流通加工所需要的资源，做到设计方案在理论上零浪费，与实际应用的差额最小化 2. 对于不同数量的加工设备，通过合理设计方案实现加工时间最优化 3. 实现使用Excel等软件进行规划求解、需求最优方案	1. 通过案例导入引导学生们对问题进行思考；如何确保在最低成本下进行作业 2. 通过数模结合的方式在课堂上进行授课，以诱导的方式让学生们明确如何在约束条件下确定可行区域的最优解 3. 通过相同类型题目进行巩固，或在课堂上进行实际操作加强理解 4. 通过学生自讲来达到复习与检验听课效果的目的，对不足之处进行补充，在条件允许的情况下让学生通过Excel软件对约束问题进行求解，以达到实际应用效果	1. 课上听讲，课下复习，在有效时间内对知识点进行巩固 2. 分组合作，以学生宿舍为单位进行复习，通过全员监督进行复习，并通过Excel实现求解 3. 根据教师课堂讲授和讲解例题进行学习，尽可能达到举一反三的效果，通过自讲检验自己是否已掌握知识点 4. 加强与教师之间的交流，在课堂上进行反馈，有问题及时解决，消除知识盲点	1. 学生进行自我讲解时，需要思路清晰，使其他同学明确讲解重点 2. 对讲解的内容进行评价，对优秀之处进行总结，继续保持，不足之处加以改正，进行全方位评价，达到全面参与的状态 3. 对于积极参与的学生在实践中给予分值奖励，在一定程度上激发学生们学习积极性

3.3 优化课程考查方式

结合OBE理念，在应用型人才培养模式下，教学内容和形式都需要改变，既需要关注学生理论知识的掌握程度，也要关注学生实践能力的提高，同时对学生的学习过程及学习程度更要高度重视。在学习成果评价上，加强学习过程考核，并对考核情况进行及时公示与反馈，做到公开公正，让学生对自己的学习情况有所掌握，从而有的放矢。在教学成果评价上，采取课程阶段性调研与毕业生调研两种形式相结合的反馈方式。在课程进行过程中，基于前期了解的学生对课程相关知识的掌握情况来对课程的难易程度进行安排，课程中期调研的目标是及时调整课程的授课方式；后期对学生的学习成果进行调研，总结教学中的不足并及时改进。而对于毕业生的调研需要打通学校与企业之间的渠道，根据实际从事相关领域工作的学生在企业中的工作情况及企业对学生的反馈评价，适时改正，不断完善教学目标，最终实现课程改革PDCA循环，提升课程质量。

4 结语

物流行业作为国家极度缺少应用综合型人才的行业，其在产业结构高速发展的背景下对应用型人才的需求迫切，因此应用型本科传统的教育理念需要革新。基于OBE理念，以"仓储与配送管理"课程为例，对现阶段课程设计的不足之处进行分析，并坚持以学生学习成果为导向，始终围绕"成果产出"这一目标进行课程重组与设计，关注能够体现过程性考核的多元化评价与反馈，从而实现课程教学模式的创新及教学质量的提升，以求取得较好教学与学生反馈效果，达到双赢局面。

参考文献

[1] 刘宏伟，郑健，陈欣，等. 基于OBE+过程评价的物流管理专业核心课程教学改革研究——以安徽大学《物流学》为例［J］. 物流科技，2022，45（4）：167-169.

[2] SPADY W G. Outcome-Based Education：Critical Issues and Answers［M］. Arlington：American Association of School Administrators，1994.

[3] 赵玉欣，王倩，王晓煜. 基于OBE理念的《物流运筹学》课程智慧化教学改革实践［J］. 物流科技，2021，44（11）：158-160.

[4] 胡玉洁，李春花. 基于OBE理念的应用型本科人才培养模式改革探索——以"仓储与配送管理"课程为例［J］. 中国市场，2020（32）：166-168.

基于 OBE 理念的"国际物流"课程改革研究

吴一帆

摘　要：基于 OBE 理念的高校课程改革是培养高质量人才的必经之路。本文基于 OBE 理念，以"国际物流"课程为研究对象，具体分析了本课程改革的必要性及课程教学的现状。在此基础上，从课程目标、教学方法、知识结构、考核评价等维度深入探讨了课程改革方案，以期为广东理工学院培养创新型、实践型、综合型物流人才提供参考。

关键词：OBE 理念；国际物流；课程改革

1 引言

2020 年新冠肺炎疫情以来，国际贸易形势紧张，为国际物流行业的发展带来了巨大的挑战，物流企业面临着转型升级，这对物流管理专业学生的综合实践能力、技能水平提出了更高的要求。"国际物流"作为物流管理专业的核心课程，具有较强的交叉性和实践性，对其进行改革至关重要。广东理工学院作为应用型本科院校，应满足社会经济发展的人才需求，大力推进物流管理的教学改革。因此，广东理工学院应全面推进 OBE 教育改革，以学生为教育核心，以成果为目标导向，为广东省经济发展培养高素质的新型人才。本文基于 OBE 理念，对"国际物流"课程的教学改革展开详细的探讨。

2 "国际物流"课程改革的必要性

2.1 行业层面

2020 年以来，新冠肺炎疫情席卷全球，各行各业发展都遭到了重创，尤其是国际物流行业，面临着巨大的挑战，市场将迎来新一轮的重组，急需高质量、应用型、复合型、创新型人才。这就要求"国际物流"课程在教学过程中，融入实践性课程元素和思政元素，积极将大数据、物联网、云计算、人工智能等信息技术与课程结合，开发实践性、项目化课程，增加实操教学内容，以提升学生的综合实践能力。

2.2 学校层面

广东理工学院是应用型本科高校，学校始终以培养应用型人才为目标导向，依托大湾区，聚焦高质量人才培养。历年来，学校不断深化教学改革，加强校企之间的合作，致力于培养适用于国家社会经济发展需要的高素质应用型人才。"国际物流"课程具有较强的实践性和国际性，且广东省国际贸易发达，对国际物流人才需求缺口大。作为应用型本科高校，有责任为广东省经济的发展输出高质量的国际物流人才。因此，急需以学生为中心，以区域经济发展需求为依据，重构"国际物流"课程知识体系。

2.3 学生层面

当今社会人才竞争激烈，"内卷化"现象严重，物流管理专业毕业生谋求一份合适的工作越来越难。根据对物流管理专业学生的需求调研分析，大部分学生希望在课堂中接触到一些实操性、技能性知识。若"国际物流"教学过程中，能够关注"新工科"背景，结合行业人才需求，审视学生技能需求，对课程知识体系进行重构，则可有效提升物流管理专业毕业生的差异性和竞争力。

3 "国际物流"课程教学中存在的问题

3.1 以课堂教学为主，缺乏实践教学

目前，"国际物流"教学侧重于基本概念及理论知识讲解，主要包括国际物流基本内涵、国际物流运输方式、报关报检、国际贸易术语、国际运输保险、贸易磋商等内容。由于课程内容烦琐且专业性强，课程教学枯燥无味，学生对理论知识的接受程度低，导致学生学习的主动性不强。如报关报检涉及的国际物流单证编制内容，由于缺乏相关的软件资源（如单证填制系统），单纯地课堂讲授而没有具体的实操实践，学生容易丧失学习的积极性。这种脱离实际的课程教学，使得学生对国际物流的理解只停留在理论层面，对具体的岗位能力要求了解不足，无法与实际国际物流行业的人才需求匹配。

3.2 以理论知识为主，忽视学生能力培养

"国际物流"知识专业性强、内容更新迭代快。当今世界各国关系变幻莫测，国际局势紧张，各国贸易政策不一致，这就要求学生既了解宏观的国际形势，又具备较强的综合实践能力。而日常的课堂教学未能融入课程思政元素，脱离实际，学生无法从更高的维度理解专业知识。另外，课程内容设计不合理，以理论知识为主，未能从学生角度出发挖掘学生的能力，导致学生能力不足，无法解决具体的国际物流问题。

3.3 课程考核方式单一，缺乏合理的考核机制

目前，"国际物流"课程考核方式主要以平时成绩与期末考试两部分构成，平时成绩主要由考勤、作业、课堂表现等部分组成；期末考试以闭卷形式考核，且期末考试成绩占比较大。这种传统的考核方式看似注重结果，实则依然偏向于对理论知识的考核，忽略了对学生实践能力的考核，导致学生日常上课不认真听讲，大部分学生往往只是在期末考试前一两周临时抱佛脚，突击复习考试要点，以短暂的知识记忆应付考试。这种考核方式难以全面地考核学生的学习效果，也不利于激发学生的学习积极性。从长远看，虽然大部分学生能够通过课程考核，但缺乏独立解决国际物流相关问题的实践能力，这必然会导致学生在未来的职业发展过程中受到限制。

3.4 教学环节设计不合理，教学方法陈旧

首先，"国际物流"虽然设置了实训课程，但缺乏先进教学理念的指导，大部分实训课程流于形式，未能达到预期的实践效果。其次，教学体系不完善。实践课程设计的学科交叉性不够，且内容滞后，更新不及时，实践内容脱离实际，难以提高学生的创新能力与综合实践能力。最后，教学方法过于陈旧，依然采用传统的讲授与演示方法，难以激发学生的积极性。

4 OBE理念下"国际物流"课程改革方案

"国际物流"是物流管理专业的核心课程,具有非常强的实践性和学科交叉性。因此,"国际物流"课程需要以 OBE(Outcome-based Education,成果导向教育)为教学改革理念,以培养创新型、应用型、复合型物流新人才为目标导向,依托物流行业人才需求,立足广东理工学院应用型本科的教学宗旨,以学生为主体,提高学生的综合实践能力,具体改革方案如图1所示。

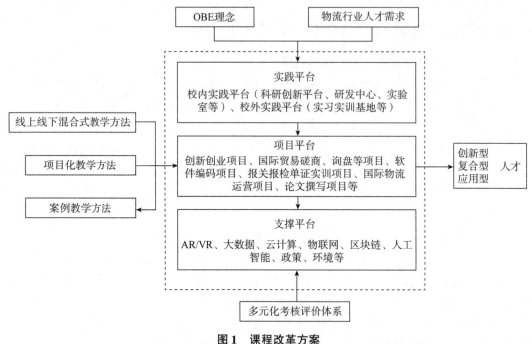

图 1 课程改革方案

4.1 重构课程目标体系

依托 OBE 理念,立足广东理工学院物流管理专业人才培养方案和课程大纲,并根据行业人才需求情况,重构"国际物流"课程目标体系。

(1)理论目标:熟悉国际物流基本内涵、特点,熟悉国际物流的运输方式,熟悉进出口报关流程,熟悉进出口商品检验流程,熟悉国际物流运输保险合同;理解国际物流系统与网络,理解国际贸易交易程序,理解国际物流标准化内容,掌握国际贸易术语,掌握国际贸易相关单证的填制。

(2)能力目标:国际物流运营能力,物流资源的统筹规划能力,国际物流服务供应商开发能力,国际贸易磋商、询价能力,国际货运代理能力,报关报检能力,国际物流路线优化能力;填制相关报关报检单证、订船订舱能力;承办国际物流运输保险,物流数据挖掘、数据分析、数据可视化能力;掌握数据库、云计算、AI人工智能等计算机及网络技术。

(3)素质目标:具备吃苦耐劳、团队合作精神;责任心强,抗压能力强;思维敏捷、善于思考、沟通能力强;具有较强的学习能力。

(4)思政目标:结合"十四五"规划和2035年远景目标纲要,在教学过程中,引入思政元素，培养学生成为遵纪守法、道德高尚、诚实守信、爱国敬业的国际物流新型人才。

4.2 优化教学方法

教学方法需要根据学生需求的个性化和多样化不断地进行更新，对于"国际物流"课程的改革，本文将运用以下3种教学方法实施。

（1）线上线下混合式教学方法。以线上开放课程资源为依托，基于雨课堂等智慧教学辅助工具，在课程教学过程中通过多种教学理论、教学策略和方法激发学生的积极性，有机地将在线课程与传统课堂教学和线下实训项目结合起来。通过混合式教学，拓展教与学的时间和空间，重构传统课堂教学，关注学生个性化学习和多样化发展。

（2）项目化教学方法。将传统的章节化课堂教学转换成项目化、模块化实践教学。以学生为主体，以项目为主线，以实践教学为手段培养学生的实践能力，进而实现"教学做一体化"教学模式。

（3）案例教学方法。以企业实际的国际物流案例为切入点，对国际物流知识进行重构和整合，并加强教师与学生、学生与学生之间的讨论，深化"以案教学"，提高学生解决实际国际物流问题的能力。

4.3 搭建三平台互支撑体系

结合广东理工学院应用型本科教学理念及实践型人才培养目标，搭建三平台互支撑课程教学体系。该体系分为支撑平台、项目平台、实践平台。支撑平台包括AR/VR、大数据、云计算、物联网、区块链、人工智能、政策、环境等；项目平台包括创新创业项目、国际贸易磋商、询盘等项目、软件编码项目、报关报检单证实训项目、国际物流运营项目、论文撰写项目等；实践平台包括校内实践平台（科研创新平台、研发中心、实验室等）、校外实践平台（实习实训基地等）。

4.4 建立多元化考核评价体系

课程考核是检验学生学习效果的有效途径，也是持续改进教学的依据。在课程改革实施过程中，采用线上与线下、理论与实践相结合的多元化考核评价体系。线上考核包括课程在线学习与阶段性测试，线下考核主要由项目实施（包括项目过程评价、项目报告、项目汇报、项目答辩等）、课堂参与及期末考试组成，如表1所示。

表1 多元化考核评价体系

考试方式	考试内容	所占比例
线上	课程在线学习	10%
	阶段性测试	10%
线下	项目过程评价	10%
	项目报告	10%
	项目汇报	5%
	项目答辩	5%
	课堂参与	10%
	期末考试	40%

多元化的考核评价体系，能够从多维度考核学生的学习情况。一方面，多元化的考核评价在一定程度上增加了学生的学习压力，但适当的压力能够推动学生主动接触知识，而项目实践的考核能够提高学生的综合实践能力。另一方面，多元化考核评价能够帮助教师及时了解学生的学习情况及学习进度，了解学生的薄弱环节，有利于教师持续推进教学改革。

5 总结

综上所述，"国际物流"课程的改革对物流管理专业人才的培养具有重要的教育意义。本文基于OBE理念对"国际物流"课程的知识体系、教学方法、实践教育、考核评价体系等做了具体的探讨，这些是当前"国际物流"课程急需改进的地方。而课程的改革是一个庞大的系统工程，还需要加强学校教学软硬件资源的建设、加强教师队伍建设、优化教学环境等，以更好地推进课程改革，更好地培养创新型、实践型、综合型应用人才。

参考文献

[1] 周艳. 基于OBE理念的物流工程专业《采购与库存控制》课程教学改革研究[J]. 珠江水运, 2021 (23): 115-116.

[2] 严筱. 基于OBE理念的《仓储管理》课程思政效果评价[J]. 物流科技, 2022, 45 (4): 170-172+177.

[3] 王献合, 刘绍丽, 李敏. 新工科背景下民办本科高校实践教学改革途径探索[J]. 创新创业理念研究与实践, 2019, 2 (4): 20-22.

[4] 郭琳, 邵舒羽. 应用型本科高校物流类人才培养模式研究[J]. 现代商贸工业, 2022.43 (1): 52-54.

[5] 任腾, 汤敏. 基于OBE的物流与电子商务实践课程改革[J]. 物流技术, 2022, 41 (3): 121-124.

[6] 徐永新, 侯刚. 基于OBE理念的地方高校应用型课程改革研究[J]. 大学教育, 2022 (2): 77-79.

基于 OBE-PDCA 理念的"物流装备与技术"课程改革研究

林　芳

摘　要："物流装备与技术"是广东理工学院物流管理专业的专业核心课程，在授课中，存在理论知识点繁多、硬件实训形式单一的情况，研究采用成果导向教育（OBE）结合 PDCA 循环法来进行课程改革。为在课程设计中充分体现应用型本科院校的培养方向与素质要求，首先要配合物流管理专业学生的个性化学习要求，明确"物流装备与技术"课程中的教学成果，让学生通过学习过程完成一定的挑战，然后将学习的成果反馈，用来改进原有的课程设计与课程教学。在整个教学过程中执行计划、执行、检查、处理的循环，持续改善这门课程的教学效果。

关键词：OBE；PDCA 循环教学；应用型本科

1　引言

"物流装备与技术"以物流企业有关的储运业务为情境，以实际业务操作训练为主线，以物流操作与管理能力的培养为重点，主要介绍物流系统中涉及的各种物流装备与物流技术的类别及特点，旨在让学生了解相关的理论知识和掌握实践技能。课程教学内容安排要符合高技能人才培养目标和岗位的任职要求，对学生职业能力培养起主要支撑作用，对学生职业素质养成和团队精神起到明显的促进作用。广东理工学院作为应用型本科院校，在"物流装备与技术"课程中运用成果导向教育（OBE）、结合 PDCA 循环法，促使本课程持续改进教学效果，达到更好的教学目标，让学生掌握最新、最前沿的物流装备与物流技术，贴合应用型本科院校物流管理专业人才培养目标，突出应用型本科院校的办学特点。

2　相关理论

2.1　OBE 教学法

OBE 是英文 Outcome-based Education 的缩写，是一种以学习结果为导向的教育理论。该理论强调，让学生通过各教学环节能收获到理想的学习果实，是教学设计与实施的目的。OBE 由美国学者斯派蒂首先提出，后被应用于美国和澳大利亚的基础教育改革中，继而被世界各国广泛运用于各类型工程实践能力人才培养中。2016 年，我国成为《华盛顿协议》第 18 个正式成员，意味着我国建立的工程教育认证体系得到了国际认可。该体系把 OBE 理念植入了学生的培养目标中，进一步明确了学生的学习目标和毕业要求。

2.2 PDCA 循环法

PDCA 循环法由美国质量管理大师戴明博士采纳，因戴明的宣传获得普及，又称戴明环。PDCA 是英语单词 Plan（计划）、Do（执行）、Check（检查）和 Act（处理）的简称，PDCA 循环就是按照计划、执行、检查、处理这四个顺序对质量进行管理，力求质量不断循环上升，达到不断优化的目的的科学程序。

2.3 OBE-PDCA 的教学模式

OBE 教学法的关键步骤是：确定学习成果，构建课程体系，确定教学策略，自我参照评价，逐级达到顶峰。将 OBE 教学法的这几个关键步骤与 PDCA 循环法的四个过程相结合，可形成一套促成独特效果的教学新体系，将其应用于"物流装备与技术"课程学习中，可起到双管齐下、事半功倍的作用。

OBE 教学法与 PDCA 循环法结合的教学模式如图 1 所示。

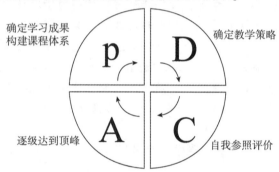

图 1　OBE 教学法与 PDCA 循环法结合的教学模式

3 "物流装备与技术"课程教学现状

3.1 理论知识点繁多

"物流装备与技术"是物流操作管理的基础课程，同时也是理论性与实践性均较强的一门综合性课程，教学中要求理论必须与实践密切结合。根据课程的内容，结合现实情况和相应的实践操作，培养学生并使其掌握一定的实操技能，提高学生综合工作能力。但是在"物流装备与技术"课程的教学内容中，需要重点介绍物流环节中的起重机械、装卸搬运机械、输送机械等物流设施设备，关于这些设备的理论知识点较多，内容也相对比较枯燥，学生难以产生兴趣。有些知识点虽然可以配合视频与图片讲解，但是需要一定的理论知识基础才有办法吸收和消化，所以理论的学习是前提。

3.2 硬件实训形式单一

因实训场地和经费的限制，物流装备的实践课有些在物流硬件实训室进行，但也是比较小型的装备，如手拉液压托盘搬运和手动液压堆高车，这种小型物流装备的操作不能满足所有教学需求。其他的装备，有些是采用视频观看的方式去了解，有些是去到企业进行简单的参观，无法深度参与。目前的硬件实训主要是在硬件实验室进行简单的立体仓库出入库操作，形式较为单一。怎样提高学生的学习热情和积极性，是本课程授课需要解决的问题。

4 基于 OBE-PDCA 的教学模式的优越性

面对"物流装备与技术"理论知识难消化难理解、硬件实训形式单一的教学现状，可以运用 OBE 结合 PDCA 循环法来进行课程设计。在课程教学中先明确"物流装备与技术"的学习成果，配合物流管理专业学生的专业人才培养要求，引导学生通过学习完成一定的挑战，之后再根据学生学习的成果反馈来改进原来的课程设计与课程教学。通过不断地反馈与改进，在整个过程中进行计划、执行、检查、处理的循环，持续改善教学效果。

4.1 有助于学生理解与消化理论知识点

采用基于 OBE-PDCA 理念的教学方法，学生在整个学习过程需要完成自我实现的挑战，每个人的进度与学习要求都有所区别，有些同学理解快，有些同学理解慢，教师需要在教学过程中把握好教学进度，统筹安排，不能一刀切。这种方式使得未能较快理解理论知识点的学生慢慢消化理解，学习吸收能力较强的同学则可以进一步深入学习其他的理论。

4.2 有利于在硬件实训条件有限的情况下提高学生主动性

学生对"物流装备与技术"课程的固有印象就是各种陌生而种类繁多的装备理论学习、简单的实训操作，普遍缺乏学习兴趣。多数学生不会进行课前预习与课后复习，完成作业也是应付了事。在教学过程中，学生遇到问题去主动分析问题、主动寻求解决方案的情况极少，大部分依赖老师去解决问题，缺乏解决问题的主动性。基于 OBE-PDCA 理念的教学方法使得学生根据确定的学习成果自主安排，在每一次循环中进行挑战，挑战成功又给学生带来成就感，凭着这种一次又一次循环挑战的成就感不断向上提升，取得更好的学习成果。

5 基于 OBE-PDCA 的课程设计

OBE 教学法的核心观点是强调个性化培养与教学，重视学生的能力本位培养，认为每一位学生通过合适的教学都能获得成功。在 OBE 教育模式中，学生"学到了什么"和"是否成功"远比"怎样学习"和"什么时候学习"重要。PDCA 循环法指每一件事情先做计划，计划完了以后去实施，在实施的过程中进行检查，检查以后再把检查的结果进行改进、实施、改善，把没有改善的问题又放到下一个循环里面。二者结合过程中，由 OBE 遵循着 PDCA 循环的过程来进行设计。

5.1 OBE-P（计划）阶段

在计划阶段需要做好两件事，一是确定学习成果，二是构建课程体系。

（1）确定学习成果。OBE-P（计划）之确定学习成果如表 1 所示。

表 1 OBE-P（计划）之确定学习成果

序号	学习成果
1	掌握各种物流装备与技术知识结构
2	掌握各种装备实验技能，具备动手能力
3	具备各种物流装备与技术实践能力

OBE 要求学校和教师应该先明确学习成果，配合多元弹性的个性化学习要求，让学生通过学习过程完成自我实现的挑战，再通过成果反馈来改进原有的课程设计与课程教学。

本课程学习成果的确定,是根据应用型本科院校对物流管理专业学生的培养要求,使其能更好地与企业需求对接。

(2) 构建课程体系。"物流装备与技术"课程模块如表2所示。

表2 "物流装备与技术"课程模块

序号	项目名称	基本学时
1	装卸搬运技术装备	8学时(理论+实训)
2	物流包装技术装备	8学时(理论+实训)
3	集装单元化技术装备	8学时(理论+实训)
4	仓储技术装备	8学时(理论+实训)
5	自动仓储系统技术装备	8学时(理论+实训)
6	自动分拣系统技术装备	8学时(理论+实训)
7	流通加工技术装备	8学时(理论+实训)
8	物流信息技术装备	8学时(理论+实训)

本课程模块由8个项目组成,分别对应8种现代物流主要技术装备,每种技术装备的理论加实训的基本学时为8学时,因是个性化教学,学生根据各组完成项目的情况可灵活调节各项目学时数。课堂教学中设计思维导图,基于项目式内容分解教学,整个环节有课堂重点内容的梳理和小结,需要学生课前自主学习、课中协作探究、课后拓展应用,主要包括项目目标、项目任务、项目分析、相关知识、项目实施、项目考核、知识拓展以及巩固训练环节。期末考核中,注重实训方面的考核,让学生结合现实情况和相应的实践操作,培养学生并使其掌握一定的实操技能。

5.2 OBE-D(执行)阶段

这一阶段需要确定教学策略并执行。"物流装备与技术"课程授课对象为物流管理专业的学生,授课学年一般是大三,这一时期学生已基本掌握物流管理基础知识,具备一定的理论与实践基础,但是消化和吸收知识的能力因人而异,有些学生对物流知识敏感且吸收快,有些学生对物流管理知识还是一知半解。OBE特别强调学生学到了什么而不是教师教了什么,特别强调教学过程的输出而不是其输入。这时可以采用个性化教学,对不同能力的学生采用不同的教学策略。具体的实施策略是项目式教学,把课程分解为8个项目,由学生个人或组队完成,每个项目都有明确的教学目标,达到目标即完成任务。

5.3 OBE-C(检查)阶段

这一阶段主要进行自我参照评价。OBE的教学评价聚焦在学习成果上,而不是在教学内容以及学习时间、学习方式上。"物流装备与技术"课程学习效果评价标准强调学生个人的学习进步,因此在检查阶段,设立三方面的评价标准:一是学生个人以前对物流装备技术的认知水平,二是学生现在对物流装备技术的认知状态,三是为以后学习物流装备技术所做的主动性行为。通过这三方面的评价,教师了解学生对学习内容的掌握程度,进行针对性评价分析,为下一步处理打下基础。

5.4 OBE-A(处理)阶段

这一阶段OBE教学法的目的是逐级达到顶峰。因为是个性化教学,每个学生的学习进程略有不同，每个学生接受知识所处的阶段也不一样，对每个阶段我们设置的目标，学生是否完成，要逐一进行检查，将检查结果进行总结，找出在本课程中还存在的问题，引入下一个OBE-PDCA循环中。经过多次循环以后，学生的学习目标从初级到高级，最终达到顶峰成果。

当然顶峰并不意味着结束，在质量管理中，PDCA循环是循序渐进、循环不止的，在课程教学中，我们也遵循质量管理的原则，让OBE-PDCA循环不断，推动教学质量逐步上升。到达一个顶峰后可设置不同的教学目标，往另外一个方向去循环前进。

6　总结

广东理工学院作为应用型本科院校，对学生的培养更注重满足社会经济发展和企业需求，基于OBE-PDCA理念的课程改革可先在物流管理专业的"物流装备与技术"课程中运用，在实施过程中不断监测教学质量，进而积累经验，进一步推广到物流管理其他课程，推动物流管理专业培养模式的完善。

参考文献

[1] 高志荣．基于OBE理念的课程考核体系研究与实践[J]．计算机时代，2022（2）：107-110．

[2] 周海花，尹楠．基于OBE理念的高等学校教学改革研究综述[J]．科技经济市场，2019（12）：131-133．

[3] 马佳，汪宏友．成果导向教育（OBE）理论研究文献综述[J]．创新创业理论研究与实践，2019，2（16）：88-89．

[4] 冯艺，吴丽萍，刘文龙，等．基于OBE教学法联合PDCA在汽车类课程改革与实践应用[J]．时代汽车，2022（10）：110-111．

[5] 杨慧，江学良，孙广臣，等．基于OBE-PDCA理念的特设专业实践教学体系的重构与运行——以城市地下空间工程专业为例[J]．高等建筑教育，2022，31（3）：181-187．

[6] 刘俊，潘超．OBE结合PDCA教学模式在高校"新工科"教育中的应用[J]．湖北理工学院学报，2021，37（3）：65-68．

[7] 高学贤．"物流系统建模与仿真"课程混合式实验教学探索——基于OBE教育理念[J]．教育教学论坛，2022，（3）：85-88．

[8] 于海峰，赵明霞．成果导向教育（OBE）理念与过程管理方法（PDCA）融合的课堂教学模式实践[J]．轻工科技，2019，35（6）：185-186．

[9] 李燕敏，王泽闻．基于OBE理论的学生工程实践能力提升策略[J]．中阿科技论坛（中英文），2022，（2）：144-148．

[10] 苏占华，赵志凤．基于OBE理念的项目教学模式优化研究[J]．黑龙江科学，2022，13（5）：116-118．

基于 OBE 理念的高校艺术设计类专业理论教学改革初探

龙 媛

摘 要：高校艺术设计类专业注重培养学生实践和应用能力，但是在理论教学中却常常陷入困境。理论类课程的繁复性、抽象性容易导致学生产生抵制情绪，难以从课堂获得提升。在 OBE 理念的引导下，可以从教学目标、教学形式、教学评价和改进等方面对课程进行改革，促进兼具知识素养和技能素养的艺术设计人才的培养。

关键词：OBE 理念；艺术设计；理论教学；教学改革

艺术设计是一门综合性、应用性强的学科，它涉及社会、文化、市场、技术等诸多因素。具体来看，艺术设计还可以细分为平面设计、视觉传达、产品设计、环境设计等方向。现代社会生活的方方面面都离不开艺术设计，市场对于艺术设计专业人才的需求急剧增长。高校艺术设计类专业的课程体系相对完善，兼顾通识课、专业课和实践课，但是从实际教学来看，普遍存在重技能、轻理论的倾向。除了对理论课程重要性认识不足的原因，理论课程在教学设计上的枯燥、单一也是导致学生不感兴趣的重要因素。OBE（Outcome-based Education，成果导向教育）以学生为主体，以成果为教学导向，注重能力培养的教学理念，对于艺术设计理论教学改革具有重要的借鉴意义。

1 高校艺术设计类专业理论教学的困境

生活节奏的加快和社会竞争的加剧，使得浮躁和急功近利成为时代的通病，不少人把掌握一门能尽快上手的技能作为学习的最终目的。但是高校与技能培训机构不同，高校不仅培养学生的专业技能，更加注重对人的全面塑造，让人成为有思想的个体。在高校艺术设计类专业中开设适当的理论课程，不仅有助于学生夯实必备的专业基础知识，也是学生进一步深造的前提条件。

艺术设计类的理论课程包括"设计概论""设计美学""设计心理学""中国造物文化史""世界设计史""思维与设计"等，内容涉及古今中外设计类相关理论知识，从艺术史到艺术家、艺术流派、艺术作品、创作理论等，涵盖内容非常广泛。面对大量的概念、知识点，学生普遍存在畏难、排斥心理。理论是通过演绎或归纳得出的系统知识或者一般规律，在语言上具有抽象性特点，其目的在于激发思考，利用普遍的规律举一反三，更好地理解各种现象。抽象的语言加大了学生的理解难度，如何启发学生通过理论进行思考和指导实践成为一个难题。

2 OBE 的发展及在艺术设计学科中的运用现状

OBE 即成果导向教育、结果导向教育、产出导向教育，该概念最早由美国学者斯派蒂在 20 世纪 80 年代初提出。斯派蒂在其论著中提出，OBE 的重点不在于学生的成绩，而在于学生在课程结束后真正拥有的能力。OBE 的实质在于以学生为中心，聚焦学生最终获得的成果，强调课程要以最终成果为导向反向设计。OBE 理念在实践中逐渐完善，得到国际社会的广泛认可。2005 年开始，中国高校也开始逐渐将 OBE 应用于教学中。2018 年，中国教育部颁发了《普通高等学校本科专业类教学质量国家标准》，标准中突出学生中心，突出产出导向，突出持续改进。

OBE 理念早期主要被应用在工程学、生物学、农学等理工学科，近年来在人文社科中的教学成果逐渐丰富，但是在艺术设计学科领域的探索相对较少，并且主要集中在实操性较强的课程中，例如基于 OBE 理念的"广告设计""色彩搭配""景观设计""文化创意产品开发""包装设计""数字媒体创作"等课程教学实践和改革。以往研究一般从教学目标、教学设计、教学评价和反馈等环节对课程进行改革，重点讨论高校艺术设计类专业中理论教学改革的研究十分少见。本文以高校艺术设计类专业为背景，从教学目标出发，围绕学生能力培养，以教学成果为导向，聚焦于如何借鉴 OBE 理念改善理论教学设计。

3 基于 OBE 理念的艺术设计理论教学改革探索

如何突破艺术设计类专业理论课程吸引力不足、课堂教学枯燥、学生学习兴趣不足等困境，是培养知识素养与技能素养兼备的设计人才不能忽视的问题。结合 OBE 理念在各个学科改革中取得的成果，艺术设计理论教学可以从以下方面进行改善。第一，结合社会需求、教学大纲和学生需求制定明确的教学目标。第二，以最终的教学目标反向设计教学过程，理论结合实践，分阶段实现教学目标。第三，围绕学生的学习成果制定教学评价体系，不断改进，重视成果完善与提高，形成教学闭环。

3.1 制订明确的教学目标

OBE 理念的核心在于以结果为导向，所以制定合理明确的目标是展开教学的第一步。相比理工科课程，人文社科、艺术学科的理论类课程的学习成果相对较难量化，教学过程对学生产生的影响需要较长的时间才能显现出来。因此在制定基于 OBE 理念的艺术设计理论课程目标时，首先要摆脱僵化、简化的思想，既要借鉴 OBE 的目标思维，重视学生在课程结束时获得的成果；又要认识到教学的短期目标和长期目标同样重要，灵活转化课程中的可作为成果进行评估的内容。

同时，在制定目标时要综合考虑社会需求、教学大纲和学生需求。教学大纲的制定往往会参考社会的需求和专业人才培养大纲，但是时代瞬息万变，所以每次在展开新一学期的教学之前，还应再结合实际时代变化来调整教学目标。比如，近年来虚拟现实和增强现实等新技术的兴起对艺术设计产生了巨大的影响，在教学中增加对这部分知识的掌握要求，能够满足时代对人才的新要求。艺术设计人才培养大纲从基本素质、知识要求、能力要求三方面明确了培养目标，这为每门课程的具体目标提供了基本方向。以学生为中心是 OBE 理念的一个重要体现，在制定目标时，对于学生的已掌握知识、模糊知识、知识盲区要有不同的侧重点，对于学习基础不同的学生要有所区分。基于 OBE 理念的教学旨在帮助每一位学生成功，但是并非在同一进度下的成功。在实际操作中，开课初期进行学前摸底可以作为有效的参考。学前摸底可以分为两个部分，第一部分为对于该门课的知识前测，第二部分为对学生学习期待和自我规划的调查。基于此，学生对于自己的认知差距有基本了解，一定程度上可以激发学习动力。同时，教师可以进行更加有针对性的教学目标设定。

3.2 反向设计教学过程

教师根据课程的目标，反向设计教学过程，并将其分解为不同阶段的教学任务。在此过程中，教师需要协调人才培养计划和教学计划之间的关系，保证整体进度的推进和阶段目标的落实。针对不同能力培养目标，选择合适的教学形式。

课堂教学是艺术设计理论课程最主要的常规教学形式，这是因为这类课程要求学生了解大量概念、人物、作品、文化背景等知识性内容，课堂阐释可以达到更广和更深的内容。但是这并不意味着课堂教学只是教师一个人的灌输，而更加需要调动学生的参与积极性。根据费曼学习法，把复杂的知识简单化，通过以教代学的方式能更好地促进知识的掌握。因此在教学过程中，可以鼓励学生对冗长的概念或观点进行简化，并且通过讲解的方式在课堂上展示，让每位学生都成为"小老师"。此外，充分利用雨课堂等智慧教学工具，将传统课程与线上教学优势进行结合，增强学生的参与感。例如，将弹幕、投票、抢红包等互动功能与课堂辩论、分组讨论等结合起来。

根据艺术设计专业特色，将"项目式教学"和"以赛促学"等方式融入课堂中。在能力培养目标中，通过沟通、设计以解决实际问题是高校艺术设计类专业必不可少的内容。相比技能类课程，在艺术设计理论课程中，这一能力却往往被弱化，其原因主要在于我们将实践能力局限在了绘图或者操作设计软件等技能的掌握上。而事实上，实践能力还包括信息搜集与分析、团队沟通协作以及项目管理等能力。因此，对于艺术设计理论课程，我们同样不能忽视对实践能力的培养及考查。项目式教学是以学生为中心执行具体项目的教学方法。研究表明，项目式教学通过实现知识、信息共享和讨论，能够显著提高学生的参与度，因此在很多国家和地区受到大力推广。具体操作时，教师可以根据课程特点，提供项目主题，让学生分组执行，在一定时间内解决实际问题。

3.3 强化评价及改进环节

教学评价是对教学成果的反馈，是教学过程与目标完成度的检验。传统的教学评价以教师点评为主，评价标准较为随意，评完即结束，较少有后续的跟进。基于OBE理念的课程评价要基于课程目标设立清晰的标准，让学生明确知道自己的问题和改进方向。例如，评价学生的创意说明时，可以从背景分析、主题思想、设计目的和手法、应用元素、色彩搭配阐述等模块进行具体客观评价，而不是笼统地凭借主观喜好点评优劣。

在实际工作中，一个项目的完成往往需要不断修改完善才能最终定稿。但是在教学评价中却经常止步于点评，缺乏学生修改的环节。因此在课程评价时可以采取分阶段考评、修改后复评的方式完善教学评价系统，而不是将学生成果展示积压在授课最后一周，做完汇报之后，即使有问题也不进行改善，这样依旧违背了OBE理念。

4 总结

设计教育区别于纯粹的美术教育，除了传授艺术技能，还需要培养学生解决实际生活中设计需求的能力。只有在理论的指引下，设计才能达到美学和实用的良好结合。因此，提高高校艺术设计类专业中的理论教学效果不容忽视。本文借鉴OBE理念，结合教学实践，针对艺术设计理论课程教育中所遇到的困境，从教学目标、教学形式、教学评价和改进等方面提出改革建议，希望为高校艺术教学改革提供有益探索，为培养兼备知识素养和技能素养的艺术设计人才作出贡献。

参考文献

[1] 常伶俐.基于"OBE"理论的高校艺术专业课程教学改革——以"数字媒体创作"为例[J].艺海，2020（1）：75-78.

[2] 陈欢.在OBE理论指导下构建"螺旋递进式"项目实践教学的探析——以《广告设计》课程为例[J].创新创业理论研究与实践，2021，4（18）：175-177.

[3] 程晴.基于OBE教育理念的环境艺术设计专业"景观设计"课程教学策略探究[J].科学咨询（教育科研），2021（7）：73-74.

[4] 付莎莎.就业为基 素养为核——高校艺术设计学专业理论课程教学的改良刍议[J].戏剧之家，2019（21）：156-157.

[5] 高婷，温为才.基于OBE的《文化创意产品开发》课程改革实践[J].设计，2021，34（1）：89-91.

[6] 教育部高等学校教学指导委员会.普通高等学校本科专业类教学质量国家标准[M].北京：高等教育出版社，2008.

[7] 姜波.OBE：以结果为基础的教育[J].外国教育研究，2003（3）：35-37.

[8] 骆太均.OBE教育理念下环境艺术设计专业教学改革探赜[J].大观，2020（9）：39-40.

[9] 苏芃，李曼丽.基于OBE理念，构建通识教育课程教学与评估体系——以清华大学为例[J].高等工程教育研究，2018（2）：129-135.

[10] 许陈颖.基于OBE理念的"文学概论"课程教学改革与实践探索[J].黑龙江教育（理论与实践），2022（2）：87-89.

[11] 杨晓丽，刘妹.思政融入OBE教学法在色彩搭配课程的实践与探索[J].创新创业理论研究与实践，2021，4（13）：164-167.

[12] 叶霞.试析艺术设计理论教学中的"纲"[J].美与时（中），2014（10）：48-49.

[13] SPADY W G. Outcome-Based Education: Critical Issues and Answers [M]. Arlington: American Association of School Administrators, 1994.

基于 OBE 理念的"设计概论"课程教学研究

陈扬杨

摘　要："设计概论"课程是偏重理论的课程，学习过程相对枯燥，而设计是应用性较高的学科，在教学过程中，如何使理论知识能够较好地被学生理解接纳，并且使理论与实践相结合、为实践所用，是教师应该思考的问题。OBE 理论是以结果为导向的教学方式，注重学生的学习效果，与设计类的课程目的相一致，因此，将 OBE 理论与"设计概论"课程相结合，对课程进行教学研究，围绕认识设计、如何设计和设计练习三个部分去论证 OBE 理论在设计概论教学中的应用与作用。

关键词：OBE 理念；设计概论；教学研究

"设计概论"课程作为设计专业全体大一学生的设计入门必修课，其目的是为新入专业的学生建立对设计学科的基本认知。目前，设计学院较为常见的教学方式仍强调要点的记忆，最终以闭卷考试进行评估。然而，设计是应用学科，上述教法相对枯燥，导致学生学习兴趣不高，教学效果大打折扣。因此在教学的过程中，如何使知识理论的吸收方式变得更加有效，如何真正通过概论课程建立正确开放的设计认知，是"设计概论"课程亟待解决的问题。

1　OBE 理念

OBE（Outcome-Based Education，成果导向教育）是一种以"学生学习效果为中心"的教育，主要注重学生在获取知识的过程中，教师要用什么样的教学设计、教学内容、教学方式让学生达到预期学习目的，以提高人才培养的质量。在教学实践中，引入 OBE 理念，强调学生发挥主观能动性，能够取得较好的学习目标，使学生在明确所学的知识体系基础上，引导学生学习、掌握这些知识点，其最终目的是使学生具备独自思考、发现问题、解决问题的能力。OBE 培养体系要求学生在完成必备的理论课程学习之后，还需要把离散、独立的理论知识通过实践贯穿成一个完整、连贯的知识体系。例如，高校大学生的毕业设计、实习实训、实验课程等方面的实践环节，它不但可以提高学生学习效率、解决不懂的理论问题，还能将理论与实践相结合，培养学生的动手能力，提高学生的综合素质。

2　OBE 以设计成果为导向的教育及其实施架构

OBE 模式是以成果导向为主的教学，强调学生通过教育过程最后所取得的学习成果。OBE 强调的是，学生取得的学习成果是什么，为什么要让学生取得这样的学习成果，如何有效地帮助学生取得这些学习成果,以及审核学生是否已经取得了这些学习成果,如图1所示。

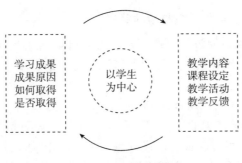

图1 OBE 模式原理

按照 OBE 理念的要求,以成果导向为中心,主要关注在教学中学生从知识获取、能力培养、素质提高三个方面取得的效果。

2.1 在知识获取方面

OBE 不仅要对所学的理论知识进行验证,更要注重在验证过程中激发学生发现问题,以此设计实践方案去解决发现问题的兴趣,促进学生对所学理论知识的掌握和吸收。

2.2 在能力培养方面

对学生能动性的培养是很重要的一个方面。为了提高学生的学习能力,需要引导学生团队协助分工或自主查阅资料。学生通过自主分工学习的方式,一方面可以预习实践教学环节的内容,另一方面是在课堂上可以和教师形成良好的互动。因为学生提前储备了一些实践经验和相应知识,就能达到理想的教学效果。

2.3 在素质提高方面

教师主要采用以学生为中心的实践教学,这种方式促使学生主动利用所学知识对问题进行分析与解决,可以激发学生的学习兴趣,以此培养学生的创新思维、创新能力和创新意识,从而提高学生的综合素质。

在设计教学的过程中,应该因材施教,根据学生的整体能力和现有水平决定教学框架,教师也要在教学过程中根据学生的个体差异进行教学引导,及时修正教学行为。OBE 要求教学实施者要先明确学习成果,再根据成果反馈来改进原有的课程设计与课程教学。

3 OBE 理论在"设计概论"课程中的应用

3.1 "设计概论"课程性质

(1)课程类型、性质、作用。"设计概论"课程为专业必修课,主要目的在于让环境设计专业的学生掌握关于设计概论的理论知识,让学生学习该课程后能对设计这一大学科门类有一个总体的认知,为学习后续课程提供扎实的理论基础。

(2)课程与专业培养目标关联。课程通过学习设计概论的基础知识,培养学生应有的专业素养,提高学生专业知识水平,对环境艺术设计具有很强的理论意义,可以为后续专业课程的学习打下坚实基础。

(3)综合素质重点。在专业课程教学中融入中外优秀历史文化元素,引入设计与人类文明、社会发展与生活追求、设计与社会责任、设计与创新思维、设计与审美、设计与环境等元素,引导学生将学习同社会发展与人民生活需求相联系,在学习和创新中追求自身价值的实现。

3.2 课程教学内容、实践训练与指导策略

课程实验(实训)项目通过学习设计概论的基础知识,培养学生应有的专业素养,提高学生专业知识水平,对环境艺术设计专业来说具有很强的理论意义,可以为后续专业课程的学习打下坚实的基础。

(1)阶段一:认识设计。设计(Design)一词源于拉丁文,其本义是"徽章、记号",即事物或人物得以被认识的依据或媒介。设计是在做事情之前的预想和构思,在中国古代,设计与营造密不可分,最初的设计行为和生产相联系,工匠既是生产者也是设计者。设计是人类改变原有事物,使其变化、增益、更新、发展的创造性活动。设计是构想问题和解决问题的过程。"设计概论"这门课程主要包括三大部分,即设计史、设计理论和设计批评部分,如图2所示。这三个部分有一定的逻辑顺序,首先是设计史部分,学习设计的发展历史;其次是设计理论部分,在实践之前先有理论支撑;最后是设计批评部分,属于对近代设计作品的评价与鉴赏。这三个部分环环相扣,能够全面提高学生的设计素养。

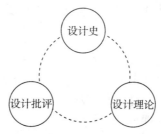

图2 "设计概论"课程主要包括的内容

(2)阶段二:如何设计。

1)认知与归纳。采用符号学理论,对作品的背景、概念与要素进行分析,对事物进行归纳与提取,对于传统纹样或者某种事物,不能只看到表面,应该去理解物象后的深层逻辑。只有对事物的本来面貌进行一定的认知与理解,对信息进行收集、分析、归纳与提炼,才能进行之后的设计。就中国古建筑举例来说,在看待建筑纹样时,不能只关注装饰的外表,更要能领略其背后蕴意深厚的中华文化内涵。

2)解构与重组。在对事物的认知与归纳基础上,对其进行解构,是打破现有的形态,对图形进行重新分解,抓主要特征或者生成逻辑中的要点,再对其进行重新组织,即对视觉造型语言基本元素进行重组。解构与重组是先理解现象从而认清本质,再到为我所用的一套方法论,比逻辑思维的方法高一个维度。这不同于归纳与总结,也不是简单分析,而是可以重组最后为我所用的一种设计方法。

(3)阶段三:设计练习。

第一步,资料收集:收集织物设计相关资料,了解设计的程序,查看相关案例,学习经验。

第二步,前期构思:根据要求确定表现形式、比例、内容等问题。构思的内容包括符号形式提取的来源、纹样的寓意、色彩的提取,并制定完整的设计图纸及设计说明。

第三步,实验过程:①绘制织物设计线稿图纸,根据前期构思确定方案,再绘制出线

稿织物设计纹样；②上色，在完成线稿之后，对线稿图进行上色，可以选择不同的工具，颜料不限；③写设计说明，在完成上色之后，要对自己的设计写一段简洁的文字说明。

第四步，总结过程：根据整个实验过程，总结经验与不足，为下一次实训做准备。

第五步，完成作品：完成织物设计并拍照记录，完成实训报告。

学生作业（部分）如图3所示。

图3 学生作业（部分）

4 教学成果及总结

"设计概论"课程结合OBE理念，通过递进的三个阶段及三种策略方法的教学设计，在讲授设计基础知识的同时，力求能够最有效地建立学生正确的设计观念及思考方式，提升对信息搜集、分析、判断的能力。学生经历了对设计"懵懂—认识—了解—思考—表达"的整个过程，达到了教学预期目的。

伴随着大数据、人工智能等技术的发展，进行设计的方式必然会不断进步，但对设计的基本认知和思维方式在一定时间内不会产生颠覆。更好地利用现有的技术手段及新的理论知识进行教学，以实现教学效果的提升，无疑是高等教育的最大增长点。

参考文献

[1] 付阳. 设计概论课程实践训练指导策略探究[J]. 装饰，2020（10）：80-83.

[2] 解国梁，杨忠国，林彦宇，等. OBE教育理念下高校实践教学体系建设研究[J]. 内蒙古民族大学学报（自然科学版），2021，36（3）：258-261.

[3] 李东泽，瞿燕花. 基于OBE教育理念的环境设计专业建设研究[J]. 美术教育研究，2018（14）：107.

[4] 刘艳君. 基于OBE教育理念的课程教学设计[J]. 科技风，2020（29）：65-66.

[5] 张莹莹. OBE教育理念下艺术设计专业教学改革探究[J]. 艺术科技，2018，31（4）：171.

基于 OBE 理念的"综合商务英语"课程改革与实践

周桂林

摘 要:"综合商务英语"作为高校英语专业核心课程,其课程建设与改革的重要性不言而喻。本文旨在通过教学实践,探索 OBE 模式下"综合商务英语"的课程大纲、教学模式和教学测评改革,探索其有效性、可操作性和可持续性,以提升人才培养质量。

关键词:OBE;综合商务英语;教改

商务英语专业作为广东理工学院成立最早的专业之一,近年来正不断推进专业建设。依托于"综合商务英语二"线下一流课程的校级课题,以及"综合商务英语"线上线下混合式"金课"建设的探索与实践的省级课题,积极探索 OBE 模式指导专业建设与改革,取得了一些成效。

1 实施 OBE 教改的必然性

从国家外语人才培养层面而言,2018 年教育部颁布普通高等学校《外国语言文学类教学质量国家标准》,其中明确规定,商务英语专业是要培养具备英语应用能力、商务实践能力、跨文化交流能力、思辨与创新能力、自主学习能力,能从事国际商务工作的复合型、应用型人才。随后在 2018 年 11 月举行的第十一届"中国大学教学论坛"上,教育部高等教育司司长吴岩提出了"金课"标准,即课程要具有高阶性、创新性和挑战度。2019 年,在第四届全国高等学校外语教育改革与发展高端论坛上,"新文科"建设理念提出。以上种种,无一不显露国家对于人才培养的重视,以及教改的必然性。

广东理工学院坐落于粤港澳大湾面积最大的主体城市肇庆市,立足于行业产业发展及职场需要,学校定位为应用型大学,其培养目标为面向珠三角地区培养应用型、实践型外语人才。从专业培养目标和课程建设而言,"综合商务英语"是为商务英语专业开设的专业核心课,共分为四个阶段,包含"综合商务英语(一、二、三、四)",覆盖大一、大二学生。本课程的教学目标是使学生掌握扎实的英语语言基础知识,并能够在商务场景中使用英语语言知识和商务知识、技巧,服务于国际商务事宜,成为适应社会需要的应用型涉外商务工作者。鉴于此,OBE 理念应用到"综合商务英语"课程将掀起新一轮的教改,同时也为广大一线专任教师提供新的教学思路和方法。

2 OBE 的内涵与核心

OBE 是以结果为基础的教育,或以成果为导向的教育,该理念最早用于工科人才的短期培训中,是一种以结果为目标的教学模式。1994年,美国学者斯派蒂在《基于产出的教育模式:争议与答案》中明确提出了OBE的概念、内涵、发展演变以及操作应用等。斯派蒂定义OBE为"教育系统中的每一项活动设计都应基于最终的学习者学习成果"。他倡导每一位学习者都会获得成果。因此,OBE是一种基于学习成果的教学模式,强调学习者取得的学习成果,以最终学习成果为起点,为达成这一成果目标来反向设计教学目标、课程体系、教学策略、教学方法以及教学质量评价等,从而让学生真正实现学有所长,学有所成,提升教学质量。但这里所说的学习成果并不是学习成绩或学习的暂时表现,也不仅仅是学生所了解的内容,而是学生经过有效的学习后所掌握的能够将所学知识应用于实际的能力和学习过程中塑造的价值观及形成的思维等。因此,为了实现该结果目标,OBE三大核心理念围绕以学生为中心、以成果为导向持续改进展开,并一直贯穿整个教学过程。

3 OBE在"综合商务英语"课程中的教学设计和实施

"综合商务英语"作为专业核心课程,其在人才培养过程中具有重大意义。基于OBE教学模式,将从课程大纲、教学模式和教学测评来探讨其在实际教学中的意义,以期为当前英语专业教学改革提供一些实践经验和可行性思路。

3.1 课程大纲的制定

OBE模式下的教学明确聚焦于学习者学习成果,是一种以预期学习产出为中心来反向设计、实施和评价的教育模式。因此,首先就要从课程大纲的制定着手,让一线教师参与其中,从源头抓起,做好一系列有利于学生达成学习成果的顶层设计。

鉴于此,"综合商务英语"课程组专任教师聚在一处,共同商讨大纲。经过多次讨论、调研和论证,结合多年来教学实战经验,才制定出"综合商务英语"课程教学大纲。基于OBE的教学模式,大纲以学生获得能力与学习结果为教学目标和指导原则,其课程的基本要求不仅局限于传统的听、说、读、写、译五个技能,还包括职业技能证书考核。在技能证书方面,为培养具有商务实践能力的能从事商务工作的复合型、应用型人才。该大纲规定,学生要通过全国商务英语认证考试证书中(高)级或通过BEC认证考试证书中(高)级考试。此大纲作为指导教学的纲领性文件,其核心要求和基本导向都是学生成果,符合学生自我发展与社会需求。该大纲的独特之处还在于,设置了面向未来企业实际需求的课程内实践项目,构想了学生毕业时应达到的能力及其水平,从结果出发设计了相应的实践环节,使得本专业学生尽早熟悉商务环境和提升自己的综合能力。具体而言,"综合商务英语(一、二、三、四)"四门课程都有特定的实践课程,尤其以"综合商务英语二"和"综合商务英语四"最具特色。"综合商务英语二"面向的是大一新生,课程开设时间为第二学期,彼时的学生刚刚进入大学不久,对商务英语专业没有太多的认知,甚至一无所知,对本专业没有深入了解也没有形成学科认同。因此,"综合商务英语二"课程实践的任务之一就是安排学生以小组为单位,开网店做生意,此任务开学即下达,期末完成,最低要求为完成一单交易。针对当前电子商务和互联网的快速发展,网店就是其中的一个载体,能够让学生亲身参与,满足学生重体验、爱交互、喜独特的个性化需求,且能让学生在真实的商务环境中更好地理解本专业的专业属性,激发学生的学习情感和学习者主体意识。"综合商务英语四"则着眼于学生未来商务实战,主要强调学生取得的商务实践能力，采取小组作业，分别设置了企业介绍、商务电话交流、外籍客户接待、企业应聘与面试、产品介绍及功能演示、会展情景英语六项任务，作业为提交小组音频和文字材料。此任务在一定程度上锻炼了学生的团队协作能力、信息搜索能力、角色扮演能力和问题解决能力。同时，这些实践项目的开展也为学生提供了试错的机会，让他们能认识到自己的不足并持续改进。

3.2 教学模式的转变

"综合商务英语"课程顾名思义，既包含了商务知识，也囊括了英语语言知识，学习内容较广，在有限的课时要求内要达成的课程目标多。此外，该课程涵盖内容较有深度，内容精选权威期刊 The Economist 的文章，商务知识、商务文化和商务案例丰富，且每个单元都包括六个维度的内容：Reading, Grammar, Listening, Career skills, Culture at work and Dilemma。不仅如此，为了让学生更好地理解教学内容，在教学过程中教师还要大量补充国际经济、贸易、企业管理、企业财务、知识产权等背景知识，教学操作难度较大。从学生层面而言，本门课程学习难度较大，无论是课前导学、课中听课还是课后延伸学习都需要耗费大量的精力且收效甚微。显然，传统教学模式无法满足当前需求，基于 OBE 模式的教学在此情况下应运而生，以此来创新教学培养模式，驱动人才培养方式改革。

对教学模式而言，正所谓教无定法，凡有利于结果达成的方法都是好方法。因此，对于教学模式而言，可根据学生的学情、班情、性格等，采取适宜的教学模式。商务英语教学重视研讨式教学模式，即教师精心挑选现实社会生活中与教材内容密切相关的热点和难点，创设问题情境，组织与引导学生积极思考、共同讨论、相互启发，进而获得理性、深刻结论。有别于传统"填鸭式"和"以教师为中心"的教学，研讨式教学更加注重以学生为中心，通过分组、互动式教学，能更好调动学生参与性与自觉能动性，是真正践行 OBE 理念的教学模式。OBE 注重学生获得创新能力、组织策划能力和批判性思维的高阶能力，而这些能力的取得必须要为学生创设一个好的学习情境，在此情况下，研讨式教学发挥了极好的作用。

在"综合商务英语二"第二单元"Brands"教学中，有一个比较典型的研讨式教学案例。根据单元主题，教师以中国品牌为主题给学生设置以下问题：中国品牌形象演变；中国品牌发展史；中国著名品牌案例分析；中国国家品牌发展战略；中国制造与中国智造比较；中国优秀品牌创始人故事分享会；中国品牌与世界品牌。此项任务可作为课前导入和课后知识延伸穿插到课堂教学中，让学生通过分组合作，锻炼学生资料查询和实际动手能力。首先学生自己动手去搜集、整理、归纳和总结与主题相关的信息，而后在课堂上通过 PPT 展示分享小组成果。然后进入研讨环节，其他小组同学可补充或者提出问题，主讲人要对此进行回应，此环节有利于信息的交流与思维的碰撞。在讨论环节，教师要适当地干预和引导，尤其是第一次讨论时需要给学生示范，引导学生从高中思维模式中逐渐走出来，让学生知道怎么讨论，有什么要求和规则，以及一些注意事项。教师在此过程中要充当引导者角色，把握大的原则和方向，并让课程思政巧妙融于其中。最后，教师要及时提供点评和反馈，对学生的表现提出完善建议，同时鼓励和认可他们的努力。如此，学生有参与感和成就感，有表达的诉求和分享的欲望，课堂上有话可说，有对学习成果的强烈期待，并渴望得到教师的认可。各个小组同学在分享时，大家共同讨论，积极思考，互相汲取知识与经验，共同成长。鉴于此，研讨式教学依托于教师设置的活动，让学生由被动接收知识者转换为主动构建知识者，在参与、讨论和点评中去提升自我能力。

当然，研讨式教学对于主题的设置也有一定要求。其一，主题的设置要涉及主题纵向演变，比如讲品牌时，引导学生用一种历史的眼光看问题，如中国品牌以前被贴上山寨、低端的标签，而现在中国则拥有了一些在全球非常瞩目的品牌，如安克成为全球第一的数码充电品牌，深圳大疆则在全球无人机市场占有很大比例，比亚迪是全球新能源汽车的引领者。从纵向来看，从过去到现在的设定，比较式内容学习，让学生能对主题有比较客观的理解，让学生了解我们过去品牌的尴尬定位，也更能激发学生学习强国和学习报国的个人情感。其二，要与当下国家发展战略结合，用一种发展、长远和可持续的眼光看待问题。由中国品牌可以想到中国品牌发展战略进程，由以前的 Made in China（中国制造）变成 Created in China（中国创造），由昔日"世界加工工厂"转变为"世界创造之地"。其三，要利用考试、比赛等实战促成学生实践能力的提升。在学习过程中，适逢 2022 "外研社国才杯"国际传播力短视频大赛正式启动，大赛的主题就是"中国智造"。借着这个比赛的东风，鼓励学生利用所学、所知、所长去积极参赛，充分发挥学生自主学习和提升自我管理能力。学生在比赛中获益匪浅，往往还能收获意想不到的结果。例如，学生在此过程中学会了视频拍摄和视频剪辑的技能；有的学生涉猎到更多课外知识，如《超级工程》《中国制造业走向 2025》等，并了解到目前中国制造的强大；还有从心理层面对中国品牌有更深层次的认识，知道了"国潮"与年轻一代的故事，加深了对中国优秀传统文化的了解与认同。其四，要学会利用主题如何讲好中国故事。未来中国将越来越多地走向世界，在"一带一路"的背景下，跨境电商将会成为一条不可忽视的新的空中丝绸之路，和陆地上"一带一路"相互呼应，相互补充。的确，作为商务英语专业学生，未来他们将走出国门，与外国客户进行贸易活动，彼时的他们就代表中国形象，因此如何讲好中国故事就变得尤为重要。

3.3 教学测评的优化

教学测评是评估学生学习成效产出，也是践行 OBE 理念的重要手段。"综合商务英语"课程评价机制结合了过程性评价和形成性评价。本门课程平时成绩占比为 40%，期末考试成绩占比为 60%。对学生课堂表现、互动研讨、作业完成度、专题汇报与答辩、课外实践、比赛参与以及期末考试等，从多维度加以评价。例如，在课程准备阶段，通过雨课堂或对分易设置一些问题，引导学生进入主题，主要为客观题；在课程导入阶段，通过小测验来检验学生预习成果；在课后巩固阶段，可以采取多样化的测评方式，如随堂测试、主题报告、主题辩论、手抄报等。要特别注意信息技术在教学评测中的巨大作用，要做到让信息技术在真正意义上辅助教师进行教学，成为有效的演示工具、交流工具、辅导工具和测评工具。该测评方式让学生不再将考试成绩作为唯一标准。评价方式的多元化有利于学生发展多元化，更有利于实现 OBE 理念下每位学生都能获得成功的结果期待，只不过这个成功的标准不一、形式不一，实现的时间也不一而已。

4 结语

OBE 教学在"综合商务英语"课程实际教学中取得了一定的成效，它以结果为导向，倒逼教学工作者为了实现学生获得成功而重新设计和制定教学大纲，改进教学模式，优化教学测评，由此形成了一个有效的、可操作的和可持续发展的教学闭环。此种教学模式遵循了以学生为中心的原则,重视学生的个性化与多元化发展,让学生真正实现能有所学、学有所用,同时提升学生自我学习和自我管理能力,形成良好的学习和思维习惯,拥有自我分析和解决问题的能力,从而促成学生成功并促进教学质量的提高。

参考文献

[1] SPADY W G. Outcome-Based Education: Critical Issues and Answers [M]. Arlington: American Association of School Administrators, 1994.

[2] 孙媛,房玮楠,徐慧. OBE教育理念下《综合英语》课程的在线教学研究 [J]. 高教学刊, 2020 (30): 110-114.

[3] 聂智. 论高校思想政治理论课基于问题导向的研讨式教学模式的建构 [J]. 思想理论教育导刊, 2017 (9): 126-129.

[4] 杨璘璘. "一带一路"背景下就业创业一体化的商务英语专业特色建设研究 [J]. 教育现代化, 2016 (15): 41-46.

[5] 徐珺,史兴松. 商务英语教学的任务型设计——以《商务沟通》英语课为例 [J]. 外语电化教学, 2011 (6): 66-71.

OBE 教学模式下的大学英语教学研究

韦桂柳

摘 要：网络资源与传统课堂的结合是本科大学英语教学中实施混合式教学的一种尝试。本文介绍了 OBE 理念指导下大学英语课混合式教学模式，即教师在传统课堂结合 We learn 平台的优势，辅助学生完成交互式学习任务，在平时成绩考核内容中优化过程考核，课堂注意语用身份转换。该模式的教学一方面利于教师实现教学目标，运用多种教学资源来实践和丰富教学，提高课堂时间的利用率和英语教学效率；另一方面，相较于传统教学模式而言，该模式的教学有助于学生提高自主学习能力和解决问题的能力，符合本科院校的人才培养目标。

关键词：OBE 理念；大学英语；We learn 平台；过程考核

1 前言

传统大学英语教学以教师为核心，教师根据教材设计教学内容，教学手段相对单一，考核侧重参考学生的期末成绩，对学生的学习过程考核不够细化，教师不能及时掌握学生在学习过程中遇到的问题。对于多数学生而言，他们习惯高中时期的英语教学模式，部分学生对大学英语学习产生松懈心理、积极性减弱，不能较好地完成课堂作业及课后任务。因此，传统大学英语教学模式不能满足教师和学生的需要。

2 OBE 教学理念

OBE（Outcome-Based Education，成果导向教育）理念由美国学者斯派蒂提出，他认为，学习成果的重点在于弱化学生的学业分数，从多维度考量学生课程评价标准，优化自主学习模式，强调成果导向，重视学生学习成效，积累这些成果有利于学生毕业后较快地适应未来工作和提高解决问题的能力。我国学者文秋芳在此基础上提出了"输出驱动假设"，将 OBE 理念应用于大学英语教学中，进而取得了很好的成效。张男星等认为，"OBE 作为一种以学习者为中心、学习结果为导向的教育哲学思想，这一理念能有效解决新高考模式下学生生源结构多元化、生源差异大所产生的问题。"

目前 OBE 理念在中国高校各专业教育中积极推广。同时，OBE 理念为大学英语教学开辟了新的局面，该理念重新定义了新的教学模式，强调教师在教学过程弱化其主导地位，教学设计依托国家和高校人才培养方案，以学生为中心，使学生在整个学习过程中针对"教师定制化的"任务，进行个性化的学习，学生在收获的成果过程中积累的能力将利于其今后发展。

3 基于 OBE 理念的大学英语教学模式构建

OBE 理念指导的教学设计和教学实施的目标需要解决四个方面的问题：第一，教师希望学生取得什么样的学习成果？第二，学生取得这样的学习成果的作用是什么？第三，教师怎样设计课程指引学生取得这些学习成果？第四，获取这些学习成果所具备的能力对学生将来有怎样的帮助？

因此通过 OBE 理论，教师逆向设计课程和教学模式，结合学生的差异化学习成果，优化平时成绩评价考核方案，对学生知识、能力、素质综合进行客观评价。结合广东理工学院的实际情况，基于 OBE 理念的大学英语教学模式构建情况如下。

3.1 线下教学与 We learn 平台相结合

目前广东理工学院公共英语课选取的教材为全新版大学进阶英语（外教社版），该教材配备了 We learn 软件，便于教师和学生在电脑客户端、手机客户端使用，We learn 软件为教师进行线上+线下教学提供了必要的平台支持，教师在课前、课中、课后通过登录 We learn 平台实时查阅学生的学习动态。课前，教师在 We learn 平台发布群公告，提前向学生布置课程预习指导。例如，学生按主题要求查阅相关背景资料、整理主题相关评论、主题关联的中国文化内容、影视动画、歌曲等，预习指导不设固定答案，学生自由搜集资料，自行筛选并上传到 We learn 客户端，既实现了集思广益、资源共享，又有效提高了学生的学习成就感。课中，教师通过 We learn 平台布置话题类任务，如头脑风暴、小组讨论等，学生登录 We learn 客户端参与线上话题讨论，通过文字回复或以语音形式参与讨论；同时，教师利用 We learn 平台向学生布置随堂作业，查看 We learn 平台形成的大数据错题反馈，可灵活调整习题讲解计划，合理分配讲解时间。课后，为了有效巩固学习成果，教师在 We learn 平台上传微课、课件、习题资源等，学生根据自身的个性化需求有选择地学习。

3.2 交互式学习任务

OBE 理念指导下的交互式学习可促进生生互动和师生互动，增强学生语言输出能力，提高团队合作能力和责任感。其中，生生交互式学习任务包括海报制作、小组辩论、英语动画片配音、PPT 主题项目展示、英语短剧编排、拍摄和视频制作等。师生交互式学习任务设计包括师生问答、话题讨论、案例分析、调查报告分析等。例如，在 PPT 主题项目展示任务中，教师向学生布置小组任务，任务需全部组员参与，组员之间经过前期分工查阅资料、中期相互协作讨论、后期共同制作 PPT，最终以完整的 PPT 为小组成果，每组 PPT 成果向全班展示并增加学生解说，在此期间教师和他组学生可针对 PPT 内容提问，小组成员负责答疑，课后教师根据每组的特色进行个性化点评。

3.3 优化平时成绩过程考核

广东理工学院大学英语的总评计算方式为：总评 = 平时成绩总评×40% + 期末成绩×60%。为优化平时成绩过程考核，大学英语平时成绩总评线上评价可参考 We learn 平台导出的形成性评价方案，该评价方案综合统计学生在线资源学习、线上课堂签到、头脑风暴、点赞、课堂表现、线上作业等情况；线下评价参考学生口语训练、小组 PPT 主题项目汇报、影视成果展示等。线上和线下结合的评价模式看似复杂，实则简单易行；学期初，教师通过 We learn 平台设置平时成绩考核指标，分配各项指标权重，学生随时通过 We learn 平台查看个人学习情况和课堂活动参与统计，了解个人学习成效和积累的经验分值，便于后期有针对性地调整学习方法，加强薄弱环节的学习。课前，教师在每单元开始前上传学习资源、设计测试题、主观题评价标准。课中，学生按照要求完成任务，学生个人分数统计由 We learn 平台核算。一些在线下进行的课堂任务成绩，教师自行在 We learn 平台为学生进行登记，确保每次课堂活动给学生打分赋值，帮助学生积累经验值。课后，教师导出指定任务的形成性评价，通过查看学生经验值排名和学习时长，动态了解学生的学习行为和学习效果，既能纵向分析学生的阶段学习情况，又能横向统计学生在班级的排名。期末，教师根据学期初设置的权重比例导出所有学生的学期形成性评价作为学生平时成绩参考。

线上线下相结合的评价方式，较为客观地反映学生一段时间的学习情况，且经验值统计方式易于学生接受，促使学生之间的良性竞争。此外，教师通过 We learn 平台大数据分析，对经验值高的学生赠送经验值作为奖励，持续鼓励经验值中等的学生，为经验值低的学生提供帮助，敦促学习态度松懈的学生端正学习态度、积极主动学习。

4 结语

在 OBE 理念指导下，教师在弹性的时间框架内实现教学目标，结合使用 We learn 平台实践和丰富教学，课堂任务呈多元化，利于合理分配课堂时间和提高英语教学效率。优化后的过程评价避免传统评价方式单一、不够客观的弊端，便于教师精准掌握学生阶段性学习成果，及时调整教学方法，进行有针对性的教学。在 OBE 理念指导下，实施混合式教学模式培养的学生，经过逐步实践阶段性成果，其学习行为、交际、合作、思辨能力将得到提升，这与本科院校的人才培养目标相一致。今后，随着大学英语教学模式的不断优化与完善，OBE 理念在未来将更好地为大学英语教学服务。

参考文献

[1] SPADY W G. Outcome-Based Education：Critical Issues and Answers［M］. Arlington：American Association of School Administrators，1994.

[2] 教育部. 高等学校课程思政建设指导纲要［N］. 中国教育报，2020-06-10.

[3] 教育部高等学校大学外语教学指导委员会. "大学英语"教学指南（2020 版）［M］. 北京：高等教育出版社，2020.

[4] 张男星，张炼，王新凤，等. 理解 OBE：起源、核心与实践边界［J］. 高等工程教育研究，2020（3）：109-115.

[5] 文秋芳. 构建"产出导向法"理论体系［J］. 外语教学与研究，2015（4）：547-558+640.

[6] 耿莉莉. OBE 理念下大学英语写作线上与线下结合教学法探究［J］. 湖北开放职业学院学报，2021（12）：168-170.

[7] 曾晗，刘婷. 人文社科课程在工程教育认证能力培养中的作用［J］. 教育教学论坛，

2020（5）：248-250.

［8］白塔娜．OBE 模式背景下高校英语教学模式的发展与创新研究［J］．教育现代化，2017（44）：50-51.

［9］蔡基刚．课程思政与立德树人内涵探索：以"大学英语"课程为例［J］．外语研究，2021（3）：52-57+112.

［10］徐锦芬．高校英语课程教学素材的思政内容建设研究［J］．外语界，2021（2）：18-24.

［11］李新姣．课程思政理念下"大学英语"混合式教学探究与实践［J］．湖北开放职业学院学报，2021，34（18）：178-179.

［12］文秋芳．"产出导向法"与对外汉语教学［J］．世界汉语教学，2018，32（3）：387-400.

基于成果导向的大学英语混合式教学研究

招周银

摘　要："互联网+"教育时代背景下，混合式教学模式迅速推广，大学英语课程被赋予了新的内涵。以成果导向为基础，进行反向教学设计，以培养学生的预期学习结果为切入点，提出了可参照性的线上+线下混合式实施方案，设计与之对应的学习活动和评价手段，确保英语混合式教学设计能够落实到位，并以此为修正教学设计步骤的有效参照。通过迭代循环，营造有效的监督反馈机制，力促教学质量持续改进。

关键词：成果导向；大学英语；混合教学

英语教学属于人文教育的范畴，从本质属性的视域审视，教育过程应在做好"外化于形"的基础上，侧重于"内化于心"的生命感知教育。在新时期背景下，大学英语混合式教学应用越发广泛，极大地促进了学生的个性化学习和深度学习。成果导向教育作为一种先进的教育理念，最初起始于工程教育领域，强调能力培养及能力训练。随着时代的发展，成果导向逐渐在高等教育教学课程中得到渗透和应用，将其应用于大学混合式英语教学中具有很强的可行性。通过以预期学习成果为驱动，开展与传统教学模式不同的反向教学设计，使线上线下混合式教学与成果产出保持同步，结合成果反馈，再重新对混合式教学设计进行倒推式的优化整合，势必会产生新一轮的优质教学成果输出。

1　成果导向教育概述

成果导向教育也称需求导向教育，英文缩写为 OBE。成果导向教育理论最初是由美国提出来的，之后在欧美国家风行，甚至主导并引领了工程教育改革，而且成果颇为丰厚。该理念引入我国后，迅速在高等学校得到应用和实践，取得了不俗的反响。

1.1　成果导向教育目标

简而言之，基于成果导向的教育的精髓在于预先构想出学生学习结束后能够获得的能力，即对学习成果进行定义预期，利用以终为始的思维，致力于预期成果的成果，结合有效的量化评价，反向优化设计和改进教学活动，以期促进学习结果的最终实现。成果导向教育在保证学生主体地位的基础上，强调以能力培养为中心，重视学生的体验，能够全力开发学生的学习潜力和主观能动性，深受学生的好评。在实际实施过程中，成果导向教育需要秉承如下目标：一方面，将教学视为一个有机整体，给学生提供能够达到预期学习成果的指导和帮助，无论是教育资源的投入，还是教学氛围的优化，都要致力于对学生知识、能力和品质的培养。另一方面，基于成果导向教育理念，学校应该不断健全教育环境，提升教师专业素养，为学生成才成长保驾护航，确保学生达到预期的学习成果。最终的学习成果并不应该作为学习目标，而是应该围绕这些学习成果来设计，通过教学转化为学生具备的实际能力、学习体验，让学生提升竞争力，实现高阶认知成果。

1.2 成果导向教育原则

为保证教学取得实质性的效果，成果导向教育需要遵循如下原则。首先，由于成果导向教育聚焦最终的学习成果，为此无论是在指导计划学习表现中，还是在对学习过程进行评价和反馈的过程中，都需要坚持聚焦明确的原则。其次，基于个性化学习需求以及多元化社会人才需求，高校应坚持拓展机会的原则，一来不断创造真实、高效的学习情境，二来立体化提供多阶教育资源，致力于学生实践技能的培养，督促和鼓励学生敢于挑战并超越特定的学习成果。要求教师完成自身指引者的角色，积极更新指导模式。再次，坚持高期望值以及金课两性一度标准的原则。以金课建设为切入点，不断增加课程教学的挑战度，满足学生高阶能力的晋级要求。最后，坚持从结果向下设计的原则，依托最终的学习成果，侧重对课程设计、教学指导的优化，致力于学生评价系统的健全，鼓励所有学生向成果目标发起冲击，做学生成功的守护者。

2 大学英语混合式教学分析

随着信息化教育时代的来临，互联网+教育成为常态。所谓混合式教学，就是在传统教学的基础上，通过引入线上教学模式，发挥线上教学所独具的优势和价值，从而形成"线上"+"线下"形态下的教学类型。二者的融合是混合式教学产生最佳效能的基础，如何平衡二者的关系，做到既不偏不倚，又能够产生和谐、彼此促进的效应，就要求教师从改变传统教学思维入手，明晰新时代混合式教学的意蕴与用途，从而从主观上不断尝试作出探索和研讨，指导学生由浅到深地进行学习，确保混合式教学能够提高学习效果。当然混合式教学并不是简单将二者进行无关联的叠加，也不是迎合时代开展花样翻新的教学活动，更不是刻意使用在线平台和数字化的教学资源。而是借助现代化信息技术和教学平台，需要教师课前对教学内容进行精心准备、整理，同时上传至平台，调动学生自主学习的积极性，让学生完成指定练习；基于练习统计结果，教师及时改进备课内容；之后依托混合式教学引导学生探究学习，进行有针对性的讲解，由于讲解精准贴近最近发展区，学生理解更为透彻，有效解决了本次课的教学重难点；最后教师利用多样化的评估手段对学生进行课堂学习评价，并反馈学生，确保学生学有所获的同时，能够更上一层楼。通过将线上与线下教学有机融合，服务英语课程体系设置，设计学用结合的课堂活动，构建多元学习的教学模式，实现线上有资源、线下有活动、过程有评估的一体化衔接模式，使教学过程形成有效的学习闭环。

3 基于成果导向的大学英语混合式教学设计

基于成果导向教育理论的指导，围绕大学英语教学现状，在实施混合式教学的过程中，应该按照如下主线入手，即明晰预期学习成果—获取预期学习成果—反馈学生学习成果的思路。在恪守"反向设计"原则的基础上，坚持以学生为主体，最后结合评价数据结果对以往的教学设计进行全方位地优化，确保预期学习成果的最终达成，如图1所示。

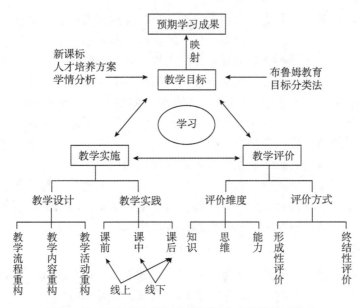

图1 基于成果导向的大学英语混合式教学设计思路

3.1 明晰预期学习成果

首先,在实施混合式教学的过程中,一定要做好预期学习成果的定义,真真切切掌握学生能做到什么。其次,结合专业人才培养趋势,根据课程标准的要求,做好学情的统计和动态管理,掌握学生对英语学习的个性化要求与建议。最后,依托布鲁姆教育目标分类法的思维,重新对教学目标进行审视和重构,以确保全效映射出英语教学中学生的预期学习成果。

3.2 获取预期学习成果

根据所掌握的预期学习成果,教师运用反向的方法,做好能够实现这一成果的一系列跟进活动,确保混合式教学设计时刻处于优化的状态,为教学实践冲破阻力保驾护航。此时要求教师做好教学流程、内容与活动的统筹工作,具体体现在课前、课中和课后三个环节。例如,课前组织学生进行线上学习;课中做好传统线下教学的跟进;课后将混合式教学有机融合,发挥其应有的作用。

3.3 反馈学生学习成果

在成果导向的持续渗透下,大学英语混合式教学势必会取得一定的教学成果。如何确定并评价学生的成果?这就要求实施科学合理的多维度评价体系,从知识、思维和能力等方面入手,一来有效反映学生提升的空间,以及是否达到预期或者超出预期多少;二来对于学习成果的调整和完善也会起到积极的作用。

4 基于成果导向的大学英语混合式教学模式重构

根据预期学习成果确定重构设计框架,不断优化设计并修正教学设计各环节,确保英语混合式教学效果最优化。

4.1 重构设计教学目标

精准高效的教学目标是课程能否取得成功的关键,在大学英语混合式教学的设计与实施过程中,一定要以成果导向为指引,确保教学目标起到应有的领航效应。首先,混合式教学目标一定要与英语教学的学情保持一致,既不能好高骛远、脱离实际,也不能故步自封、停滞不前。这就要求教师做好目标难度的把控,确保与学情高度匹配,这样才有利于提升学生学习的专注力和自信心,为实现预期学习目标夯实基础。其次,教学总体目标应该细化为不同类型的小目标,在满足内外部需求的基础上,要求教学目标既兼顾学校特色,又能够支撑学校人才培养目标,同时满足学生的多元化要求。与此同时,教学总体目标要与中期目标以及短期目标保持同步,使三者既协调一致又相互独立。基于布鲁姆教育目标分类法的内涵,混合式教学应按照知识维度和认知过程维度分开实施,确保准确凸显教育理念。最后,对于新型混合式教学模式而言,英语线上教学目标与线下教学目标还要有所区分,其中线上教学侧重低阶思维目标,而线下教学则以高阶思维目标为主,二者要保持合理的递进,有效映射学习过程实现预期学习成果。

4.2 重构设计教学流程

预期学习成果的重构与实现,还需要对混合式教学流程进行优化,做好三个阶段的深入划分,将课前环节、课堂教学与课后拓展环节形成有机互动。

首先,在课前环节当中,线上教学要做好精心的准备,结合预期学习成果,将知识点进行提炼。利用微课等线上教学方式,提前呈现给学生,组织学生在课前完成相关学习任务,同时填写学习效果评测。基于微课+学习评价系统的课前任务阶段,不仅能够全方位支持学习者,帮助学生有效进行个性化精准学习,而且可以有效发展学生的低阶思维,全效释放课前预习的功能。其次,在课堂教学的过程中,成果导向的渗透应以之前生成性问题为主,根据学生课前任务阶段出现的问题或疑惑,开展针对性的教学指导和提升活动。线下课堂教学要注重培养学生的应用实践能力,加强互动教学的开展,侧重对重难点的巩固。最后,在课后拓展环节当中,教师要善于将线上、线下教学中存在的问题进行归纳,总结发现的新思路、新想法,之后做进一步健全教学的工作,将优化的课件和学习资源分享到学习平台,通知学生及时观看和学习,让学生对知识有深入理解。此外,还可以设计一些具有高阶性、挑战性的任务,激励学生进行调整,以期实现拓展和拔高的目标。

4.3 重构设计教学内容

无论是教学目标的重构,还是教学流程的完善,都离不开教学内容的支撑。只有最大限度地发挥教学内容的载体功能,才能够产生成果导向的最佳效能。

新时期教育改革背景下,大学英语混合式教学应从教材的加工、设计入手,对教学内容进行重构设计。课前,英语教师应基于课标的内容和目标,让学生明晰核心学习内容的知识点。根据学情和关键点,做好线上微课的设计、录制工作,达成教学内容的浓缩效果。在课中教学当中,教师要整理好线上教学的反馈情况,结合重点、难点等关键点,进一步做好核心教学工作的安排,做好讨论内容的小组划分,进行展示性交流讲解,力争在课堂上使学生能够有效掌握核心教学内容,并可以达到灵活运用相关知识点的目标。在课后环节,要求教师做进一步的整合,针对教学内容中不完善的细节,遵循层次性和关联性的原则,采取拓展性学习的方式,在学习平台中补充上传相关学习资源。学生可根据学习情况,灵活安排学习时间,并有选择性地进行学习,激发学生自主学习的动机。

4.4 重构设计教学活动

对于混合式教学而言,基于成果导向理论,在设计教学活动中,要求构建全方位大学英语学习生态，以学生为中心，循序渐进、按部就班地开展教学工作。首先，以微课+学习系统为基础，以培养个性化自主学习为理念，在教学活动设计中要注重情感元素的渗透，适当提供情绪化的教学元素，让学生对混合式教学产生正确的认知，促进思维、能力、情感态度的提升，以期实现高阶认知目标。其次，在教学活动实施过程中，要求以ARCS（Attention-Relevance-Confidence-Satisfaction，注意—关联—信心—满意）模型为指导，注重问题导向、成果引领、任务驱动，激励激发师生互动，做好互动交流、结果展示。最后，由教师组织并发布相应的应用实践任务，侧重实现知识的应用迁移，直至最终完成整个教学目标，满足学生终身英语学习需求。

4.5 重构设计教学评价

基于成果导向的大学英语混合式教学改革应采取过程性与终结性评价并用的模式，致力于对学生参与、自主学习能力和综合素养提升的培养评价。

一方面，依托在线测试、在线作业等方式，检测学生对知识点的具体掌握情况，结合自我评价、平台评价和同伴互评的方式，侧重对学生成果的质量、参与展示交流效果进行考评。将小组打分与教师打分进行统筹，保证评价的客观、公正。另一方面，评判学生预期学习成果要遵循系统性、程序性的原则，从多维度的视角出发，包括测试、观察、访谈、写作等，有效促进过程化学习。此外，关注学生个体的成长发展，依托多渠道学习成果展示，评价内容要多维化，将课程考核常态化、日常化。

综上所述，全球对话背景下，基于成果导向教育理念，大学英语混合式教学应恪守反向设计总原则，贯彻成果导向教育理念，强调对学生知识、能力和素质的综合培养。依托现代化教育信息手段，以能力为导向，以学生的预期学习成果为切入点，以混合式教学为实施手段，率先明确学生的预期学习成果。将线上资源与线下资源有机结合，配合有效的监督反馈机制，提高学生的自主学习能力。教师还要注重实现育人功能，促进学生的生命成长，确保教学产生一精多会、一专多能的效应，促进高阶学习成果的达成，帮助学生实现预期学习成果。

参考文献

[1] 程兰."线上+线下"混合式大学英语语法教学探索与实践——基于建构主义理论的教学探索[J]. 黑龙江生态工程职业学院学报, 2021, 34（3）：158-160.

[2] 张景发. 基于成果导向的高职商务英语专业扩招生源校企"双元"实践课程体系构建研究[J]. 佳木斯职业学院学报, 2022, 38（2）：149-151.

[3] 高春梅. 基于中国大学慕课SPOC平台的"学术英语"混合式教学改革研究[C]//人才培养与教学改革——浙江工商大学教学改革论文集, 2019：111-115.

[4] 隋军, 贾承昊. 成果导向教育理念与人文社会科学混合式教学改革实践——以东北大学法学课程教学改革为例[J]. 沈阳农业大学学报（社会科学版）, 2020, 22（5）：630-635.

[5] 张玉双. 大学英语听说课混合教学模式构建要点[J]. 长春师范大学学报, 2021, 40（11）：164-167.

基于 OBE 理念的"综合商务英语"课程教学设计创新研究
——以 TED 演讲为例

李 琳

摘 要：基于 OBE 理念，对"综合商务英语"课程教学设计提出新的要求；结合应用型本科院校的人才培养定位和英语专业人才培养目标，对"综合商务英语"课程设计进行改造和优化，重新设计课程学习目标、课程教学内容框架、课程模式和评价等部分。基于 OBE 理念，依托 TED 演讲平台的教学创新设计体现了以"学生为中心"和"以产出为导向"的教学理念，设计和持续改进教法和学法，以激发学生学习原动力和提高教育教学质量，满足全球化对于商务英语人才市场的需求，形成课程特色和创新，有效提升该门课程的教学品质和效果。本文以 TED 演讲为例，对基于 OBE 理念的"综合商务英语"课程教学模式进行研究，以供参考。

关键词：OBE 理念；TED 演讲；创新教学设计

1 引言

全球经济和科技发展瞬息万变，使生活在地球村的人际交往和人际关系越来越频繁与紧密。英语作为第一国际性语言，是深化全球化、打造国际地球村的重要交流方式。随着社会的发展和进步，人们更加关注教育投入的回报与实际产出的现实需要，成果导向教育 (Outcome-Based Education，OBE) 在美国、英国、加拿大等国家成为教育改革的主流理念。1981 年，OBE 理念由 Spady 率先提出后，以惊人的速度获得了广泛重视和应用。美国工程教育认证协会全面接受了 OBE 理念，并将其贯穿于工程教育认证标准的始终。2013 年 6 月，我国被接纳为《华盛顿协议》签约成员。用成果导向教育理念引导工程教育改革，具有现实意义。此外，教育部于 2014 年启动了《高等学校商务英语专业本科教学质量国家标准》的编写工作，要求培养英语基本功扎实，具有国际视野和人文素养，掌握语言学、经济学、管理学、法学（国际商法）等相关基础理论和知识，熟悉国际商务的通行规则和惯例，具备英语应用能力、商务实践能力、跨文化交流能力、思辨与创新能力、自主学习能力，能从事国际商务工作的复合型、应用型人才。针对当前我国高校商务英语教学的现状，当务之急在于如何从成果导向去探索有效的教育途径，从唯课本、唯理论、唯讲授、唯考试的传统模式向成果导向型的创新教育模式转化。TED 演讲作为一个具有国际视野、传播正能量，包含创新性、丰富性和时事性特点的内容，如果能在"综合商务英语"教学中得到应用,则有助于提高英语专业学生自主思考的能力、批判性思维能力和创造能力。同时,对于学生听说能力的提升等也影响深远。TED演讲中的国际商务领域的商务领袖及商务专业人士的相关主题演讲,有助于拓宽商务英语学生的国际视野,弥补目前高校商务英语专业中教材无法满足的学习资源短缺,打破英语语言专业师资跨专业教学素质水平的局限性。

2 OBE理念与"综合商务英语"教学

2.1 OBE理念内涵

美国学者Spady在1994年出版的《基于产出的教育模式:争议与答案》中指出,"基于成果的教育明确地意味着关注和组织教育系统中的每件事物,围绕着一个根本的目标让所有的学生在完成他们的学习经历后能获得成功"。OBE教学理念意味着学习之初就要考虑学习的预期结构,结合商务英语专业教学,其核心的变化是彻底摒弃以往以教师为中心的商务课程体系构建方法,教学设计根据教学大纲设定的教学目标,围绕学生语言及商务专业知识、语言及商务应用能力、综合素质需达到的指标,全面构建课程体系,进行教学设计。因此,教学大纲应该遵循市场需求等实际因素,OBE教学理念下的教学质量监控与评价以学生学习结果为唯一标准,要求课程设置、教学、考核评价都要依据培养目标,并与培养目标具有一致性。

2.2 商务英语教学现状

(1)课程教学大纲、授课计划及教学评价现状。课程教学大纲是课程教学的指导性文件,目前,很多高校课程教学目标的可操作性并不强。"综合商务英语"这一课程对教师的要求较高,然而大多数教师是没有商务实践经历的,他们对教学大纲的理解可能会有不同,并且很难统一教学理念,所以实现多个教师上课以达到相同的教学效果有一定困难。因此,教学大纲应明确学生应具备的素质和商务实践能力,而授课计划的编写及教材内容的选取则应考虑教师的意愿,灵活合理安排,不应局限于教材的内容。教学评价机制过于单一,依然以笔头考试为主,没有根本性的变化。

(2)教学改革方面。教学改革没有实质性、颠覆性的变革,没有在工程教育专业认证的理念上做到根本性的改革,同时很多高校对于教师的教学内容、教学方法、教学手段和考核方式等统一化、制度化,较难体现以学生为中心的素质和能力的培育提升。学校和教师并没有重视"综合商务英语"课程对于教师的商务素养、管理素养和综合素质的较高要求,教师应注重此门课程的内涵水平和科技前沿性的提升,尽管改革纲要取得了很多新的突破,但教学改革并没有实现真正意义上的变革。

(3)传统教学模式对于教学的影响。以教师为中心的传统教学模式对课程教学设计的影响根深蒂固,教师的教育理念更新缓慢,缺乏教学内容与教学手段的创新,甚至创新的观念和执行还会受到质疑和阻碍。例如,从教材和授课内容来讲,教同一门课的老师的教材和授课内容必须统一,课堂上仍旧以教师教授为主;此外,对于该门课程的课堂导入,每个单元习惯于按照话题进行几个简单问题的探讨,这种导入没有任何实践价值和国际商务内涵。从教师和学生的角度来讲,传统教学模式阻碍了教师职业素养的提升和学生的学习积极性。实际上,很多专业教师为了上好这门课程,一直在不断提升自身专业水平,因为他们知道,作为一名"综合商务英语"课程的主讲老师,除具备基本的语言素养外,还应该有丰富的实践经验和开阔的商务国际视野。

2.3 基于OBE理念的"综合商务英语"教学预期成果

《高等学校商务英语专业本科教学质量国家标准》要求培养英语基本功扎实,具有国际视野和人文素养,掌握语言学、经济学、管理学、法学(国际商法)等相关基础理论和知识,熟悉国际商务的通行规则和惯例,具备英语应用能力、商务实践能力、跨文化交流能力、思辨与创新能力、自主学习能力,能从事国际商务工作的复合型、应用型人才。实施OBE教学理念应重点把握好三个关键问题:反向教学设计、以学生为中心的教与学的实施、持续改进的教学评估。通过成果导向的教学设计(反向设计)、教学实施(学生中心)和教学评价(持续改进),高校教育可以实现从传统教育学科导向向培养目标导向的转变,从以教师为中心向以学生为中心的转变,从质量监控向持续改进的转变。

OBE教学理念遵循反向设计,笔者认为,教学活动在实施之前,教师应分析学习该门课程应达到的预期成果。例如,"综合商务英语"课程可从三个方面设置预期成果:无障碍语言交流能力、国际商务实践及应用能力、思政水平。

3 以OBE理念为导向,结合TED资源的"综合商务英语"课程设计研究

凭借推崇和坚持"共享"理念的TED演讲,引领现代教育和知识革命,也势必影响知识和教育的未来发展。TED是Technology,Entertainment,Design(科技、娱乐、设计)的缩写,TED演讲活动跨越国界,演讲的主题也包罗万象。值得一提的是,英语是TED演讲和网络平台的通用语言,演讲中不乏商界精英、创业导师和精神领袖,这些资源相较于传统的"综合商务英语"课程来说是无法实现的。TED演讲资源十分珍贵,其优越性和必要性显而易见,尤其是一些有针对性的演讲素材,如果运用到教学中,对于培养学生的英语交流能力、商务实践能力,以及国际商务思维都有很大助益。

在教学过程中,教师根据教学大纲分析并设定教学预期成果,采取案例式等教学方法,在学习活动中,教师引导教学,学生自主完成相关的学习任务,如表1所示。

表1 "综合商务英语"教学预期成果等相关设定

教学成果预期	教学方法	学习活动
语言知识目标、商务应用能力目标、思政育人目标	案例式、问题驱动、在线混合方法	教师:分布任务—开启活动—拓展任务
		学生:自主学习—实施活动—课后拓展及作业完成

笔者以《新标准商务英语综合教程(四)》教材为案例,从TED演讲资源中挑选了5位商界精英、创业成功者或知名企业家的精彩演讲,演讲内容涉及语言学、经济学、管理学以及哲学等方面,演讲者都具备丰富的学习能力、商业实战经验及高级管理经验、国际视野和优秀的英语语言能力,从而将TED演讲作为学习任务材料,为学生构建课前自学、课上讨论、课后自我展示平台。在整个教学过程中,紧扣"基于成果"这一理念,始终把教学环节各部分与达到预期成果紧密结合,有助于提高学生的英语输出能力,提升"综合商务英语"课程的教学效果。同时,弥补了传统教学中教材的不足,突破了商务英语教学平台的局限性。

笔者从三个阶段来解读教学实践设计:基于TED演讲的课前准备、基于TED演讲的

课堂导入与输出以及基于 TED 演讲的课堂教学及课后拓展。

(1) 基于 TED 演讲的课前准备。笔者以《新标准商务英语综合教程(四)》教材为例,教学周期为 16 周,选取课文 Unit 1~Unit 5,每个单元都有相应主题,分别是世界经济改变、企业责任、企业管理、创业及资源保护等 5 个主题,根据主题寻求 TED 演讲中的相关资源,贯穿教学的每一个环节。这 5 位国际商务导师分别是 Bill Eckstrom, Wendy Woods, Fang Ruan, Bill Gross, Lana Mazahreh。教师通过雨课堂平台发布预习作业,学生需要了解演讲者的基本情况,以及熟悉和理解演讲内容。学生在课前对相关演讲进行观看,并完成雨课堂相应练习。学生在自主学习的同时,不仅可以提高自主学习能力,还能提高相关商务知识、拓展国际视野。通过听取商业精英的演讲,了解国际商务战略及策略,提高学生的商务实战能力。同时,相关 TED 演讲中的背景知识及商务实战,也有助于学生理解教材中选自权威期刊 *The Economist* 中的相关案例、商务术语和企业背景,做到知行合一,避免纸上谈兵。

表 2 为演讲者个人简介,表 3 为针对每个单元学习主题对应的 TED 演讲话题。

表 2 演讲者个人简介

Speaker(演讲者)	About the speaker(个人简介)
Bill Eckstrom	Bill Eckstrom is the President and founder of the EcSell Institute. Bill has spent his entire career in the sales arena; the first 14 years in personal production and then 13 in various sales leadership roles
Wendy Woods	Wendy Woods is a Managing Director and Senior Partner of Boston Consulting Group (BCG) and Vice Chairman of BCG's Social Impact practice, which she helped create
Fang Ruan	Fang Ruan is co-lead of the BCG Henderson Institute in China and a regional leader of the People and Organization Practice in Asia-Pacific based in BCG's Hong Kong office
Bill Gross	Bill Gross is the founder of Idealab, a business incubator focused on new ideas. (He's now the chair and CEO.) He helped create GoTo.com, the first sponsored search company. He also created the Snap! search engine, which allows users to preview hyperlinks
Lana Mazahreh	BCG's Lana Mazahreh wants individuals, companies and countries to take action against the fast-growing water crisis. She is the Project Leader at Boston Consulting Group, Nairobi, Kenya

表 3 针对每个单元学习主题对应的 TED 演讲话题

Topic of each unit(单元主题)	TED talk topic(TED 演讲主题)
Unit 1 Change	Why comfort will ruin your life
Unit 2 Responsibility	The business benefits of doing good
Unit 3 Governance	Management lessons from Chinese business and philosophy
Unit 4 Start-ups	The single biggest reason why start-ups succeed
Unit 5 Resource	3 thoughtful ways to conserve water

(2) 基于 TED 演讲的课堂导入与输出。课堂导入是商务英语教学的一个重要环节。精心设计的课堂导入活动还可以丰富教学形式和内容、提高学生的语言交际能力。Turney

等人提出，课堂导入具有引起注意、激起动机、构建教学目标、明确任务及建立联系五大功能。OBE教学理念强调从教师的教学目标和学生的学习成果出发，反向设计并实践课堂教学。本文在OBE理念指导下，结合TED演讲视听资料导入、翻译经典导入及阅读式导入等课堂导入方法，在课堂教学过程中根据：学习风格调整课堂教学方向，积极培养学生的发散思维，同时融入课程思政元素，如表4所示，有利于学生树立正确的人生观。

表4 每单元课程设计

单元主题	语言及商务实践知识导入与语言输出	思政元素输出
Unit 1 Change	Favorite Success Quote	敬业精神、学习意识、竞争意识
Unit 2 Responsibility	CSR，TSI and TSR，high leveraged model	个人责任及社会责任意识
Unit 3 Governance	"two-hat model" invented by Gao, signature program from "Xiaohongshu" and Ma with steering wheel. The Management lessons can you learn from Chinese philosophy in the talk (Confucianism and Taoism)	传统文化、管理意识
Unit 4 Start-ups	The wild success od Airbnb, the failure example of "Z. com" and the success example of "Youtube"	创业经验、坚持不懈的精神
Unit 5 Resource	The three lessons from water-poor countries, Corporate Heros Network	爱国精神、全球公民意识及社会责任感

（3）基于TED演讲的课堂教学及课后拓展。TED演讲是一个国际化的演讲平台，通过基于TED演讲的课前准备和课上导入，充分激发学生的学习兴趣，增强其求知欲，发展其探索性思维。学生通过自主学习，提高语言基本功，从语音、语调、语法、句法、章法规范等方面提高综合语言应用能力。课堂上教师作为引导者，引导学生分享自主学习的成果。遵循OBE理念，教师对学生的语言学习进行评测，真正转变传统的教学模式，明确学习预期成果。

教师可以就每个单元的主题发布拓展建议及指引。笔者主要将模拟学习和案例学习作为课后拓展任务。例如，①对TED演讲做无字幕泛听，并且写总结，然后进行无字幕听写，整理句法和词汇，总结语法和句型，同时，也可以总结管理经验及商务实践建议，最后通读字幕全文，对演讲进行模仿，学习商务演讲技巧，了解职场经验，提升英语交流能力。②根据相关主题，参照教材要求，对于每个话题可开展案例式学习及职场模拟演练，如本教材第四单元"Start-ups"，学生就"How to start up a company and organize a global team?"这一主题进行团队合作，要求设计公司品牌、公司名称，以公司开业发布会的形式介绍公司的成立、运营以及未来发展愿景等。

4 教学反思

在"综合商务英语"课程教学设计过程中，教师和学生在每一环节都要明确自己的培养目标和学习成果，明确自己在大学四年所要学习的知识，明确商务英语系列课程所要解决的问题，明确商务英语专业学生毕业后的社会责任和职业责任，持续获得成就体验，提升就业与执业能力。传统的教学思想和方式已经不适应时代和市场发展要求，纸上谈兵即是空谈，不能满足学生的学习和就业要求，TED演讲资源功能强大，不仅从语言能力方面给学生带来帮助，还从商务、管理、哲学及人生经验方面带来很多其他资源无法满足的优势，如何合理、科学地运用这一资源，在OBE理念的指引下，不断地革新和改进知识点，和实践能力对接，是未来这一课程亟待解决的问题。值得强调的是，新时期、新形势对于教师的要求也越来越高，"综合商务英语"这门课程不同于其他专业课，对于教师的学习能力及领悟能力要求极高，教师也应当在未来的教学中不断学习、积极提升自身职业素养。

5 结语

在国际交流日益频繁的背景下，国家要求高校着力培养具有国际视野，通晓国际规则，能直接参与国际合作与竞争，具有社会责任感的高水平国际化人才。我们应顺应历史潮流，更新教育理念，摒除旧的、不合时宜的教学方法，进行教育改革。对于"综合商务英语"这门课程来说，根据OBE理念，明确教学目标，构建预期成果，围绕培养通晓国际经贸基本理论和实务，有较强沟通能力、应用能力、创新创业能力和较高综合素质的、具有社会责任感的复合型"语言+跨文化沟通+商务实践"三通商务英语人才，进行教学过程构建，并对照国标标准，构建以商务类语言课程群和跨文化商务类英语课程群、跨文化课程群、语言技能课程群的课程体系。TED演讲作为一个国际性的资源共享平台，具备极强的可开发性和潜在价值，TED演讲视频为实现国际化教学资源提供了权威及专业资源的支持，使英语学习不只是局限在教材和课堂之内，有利于学生积极提升其专业素养与创新水平。本研究因受客观因素影响，在教学改革过程中难免遇到困难，希望在今后教学过程中加以完善，继续开发TED演讲及相关的教学资源，以OBE教学理念促进教学效能。

参考文献

[1] SPADY W G. Outcome–Based Education：CrItical Issues and Answers [J]. Arlington：American Association of School Administrators，1994：1-18.

[2] TURNEY CETAL. Sydney Micro Skills [M]. Sydney：Sydney University Press，1975.

[3] 方文君.TED演讲视频应用于大学生英语自主学习的研究——以内蒙古农业大学为例[J]. 教育教学论坛，2019（51）：224-226.

[4] 刘永厚.《高等学校商务英语专业本科教学质量国家标准》解读[J]. 语文学刊·外语教育教学，2015（9）：81.

[5] 习近平在全国高校思想政治工作会议上强调：把思想政治工作贯穿教育教学全过程 开创我国高等教育事业发展新局面 [N]. 人民日报，2016-12-09.

[6] 王立非，叶兴国，严明，等. 商务英语专业本科教学质量国家标准要点解读[J]. 外语教学与研究，2015（2）：301.

[7] 王文豪.英语讲谈类语篇的多模态研究——以A-Talk英语访谈和TED演讲为例[J]. 开封教育学院学报，2019，39（12）：58-59.

基于 OBE 理念的线上线下混合式教学改革路径探索
——以"商务英语写作"课程为例

周慧丽

摘 要：OBE（成果导向教育）理念作为一种全新的教育理念在教育界掀起了一股改革的热潮，它对于实现以学生为中心的教学模式有着深刻的理论指导意义和实践作用，信息化时代的到来又为教育教学的改革创新带来了新的契机。把 OBE 理念作为"商务英语写作"课程教学改革的理论基础，再利用丰富的互联网资源创造一个智慧化、互动式的线上与线下混合教学的学习环境，对于优化和完善"商务英语写作"的课堂教学模式，提高教学效率有着重要的实践意义。

关键词：OBE 理念；线上线下混合式教学；商务英语写作

1 引言

在 21 世纪，人工智能、大数据、物联网等计算机技术得到飞速发展，以各类智能技术为依托开发的网络平台，也为改革创新教育教学模式提供了技术支撑。高校的教育工作者应顺应时代发展的需要，吸收运用最新的教研理念，改变课堂教学思路，整合互联网平台上的资源，创新教学过程，培养学生的知识应用能力，提高学生的自主学习能力。

2 OBE 理念简介

OBE（Outcome-Based Education）即成果导向教育，是以学生的学习成果产出为导向的教育理念，于 1981 年由美国教育家 Spady 提出。它颠覆了传统的注重过程的教学模式，在全世界掀起了一股教育教学方式改革的热潮。OBE 遵循反向设计的思维模式，以学生的学习目标成果为导向，反过来规划课程的教学设计、教学方法、教学过程，形成多元的评价机制评估学生的学习成果。Spady 在《基于产出的教育模式：争议与答案》一书中提到，OBE "清晰地聚焦和组织教育系统，使之确保学生在未来生活中获得实质性成功的经验"。OBE 将教学的重点从注重教学过程变成注重教学结果，从强调教师的教变成强调学生的学，教学效果以学生是否达到预期目标来考量，一切教学活动都围绕着学生的学习活动展开，真正实现了以学生为中心的教学。"学生产出，而非教科书或教师经验，成为驱动教育系统运作的动力，这显然与传统上内容驱动和重视投入的教育形成了鲜明对比。" "OBE 具有目标清晰性、过程灵活性与标准可比性等优点。"

3 "商务英语写作"课程教学改革的必要性

随着经济全球化的不断推进,各国之间的进出口贸易越来越频繁。中国于2001年12月11日加入了世界贸易组织;2013年,中国秉持开放的区域合作精神,又提出了"一带一路"倡议。由此,中国的对外经济和贸易发展呈现出新的特点,对商务英语专业人才的实践能力也提出了更高的要求,这其中除了国际贸易的专门知识之外,还包括语言交流与沟通的实践技能,尤其是商务英语书面沟通能力。因此,"商务英语写作"课程在培养学生的职业技能方面就显得尤为重要。

然而,写作是一项结合了多种认知活动的复杂任务。它包括从背景知识的激活,到信息的收集与综合分析,再到语言输出的全过程,十分强调学生对语言的综合运用能力。传统的"商务英语写作"课程多以教师为中心,课堂以教师单向的知识灌输为主。学生只能机械性地死记硬背知识点,缺乏对知识点的深度理解和灵活运用;学生在语言输出时,常出现逻辑混乱、思维刻板、缺乏批判性思维、跨文化意识薄弱等问题,学生的知识能力体系与职业脱轨、与社会的需要脱节。因此,高校的"商务英语写作"课堂十分有必要打破传统的教学模式,以学生取得预期的写作成果为目标,引入最新成果导向教育模式,即OBE理念,以互联网信息化教学平台为依托,整合线上线下资源进行混合式教学,反向设计教学过程。

4 传统"商务英语写作"课程低效成因分析

"商务英语写作"是商务英语专业的基础课程。它要求学生在已经学习了"综合英语""国际贸易实务"等英语基础课程以及国际贸易理论课程的基础上,掌握在国际商务环境中,按照规范的英文书信格式、遵循必要的写作原则撰写英文商务信函的能力。英文商务信函是企业与外商谈判、沟通的渠道,较高的商务信函写作水平有利于中外企业双方进行有效的沟通,有时还能决定商务谈判的成败。因此,"商务英语写作"是商务英语专业中一门应用性非常强、真正与未来就业岗位接轨的学科。然而,目前大多数高校的"商务英语写作"课程实施起来十分艰难,学生经过一段时间的学习,商务英语写作水平未见显著提高,许多学生甚至还维持在原有水平,究其主要原因如下。

4.1 学习的功利化现象

学生错误判断了学习的预期目标。多数学生的学习以期末通过该门课程的考核、取得学分为目标,因而忽视了这一门课程的内在价值,以及该门课程对自己未来的学业和职业发展所产生的积极作用,学习方法上欠缺学习策略,学习态度上缺乏主观能动性。如果将OBE理念引入"商务英语写作"课程,将有利于加强学生对"商务英语写作"课程的需求,使学生对学习这门课程的目的形成正确的认识,激发学生的学习兴趣和内在动力,提高学生的自主学习意识。

4.2 教学模式单一刻板

传统的"商务英语写作"课堂,以老师的教为主,学生处于被动接收知识的地位。课堂上,老师传授商务书信的写作原则,讲解范文的主旨大意以及重点词句的用法,而学生只能被动地去记,套用现成的句型结构和篇章布局,不懂得灵活运用所学的知识点,根据不同的语境来撰写书信,非但达不到学生提高英语写作能力的目的,反而让写作课变得机械死板，甚至有可能让学生对英语写作产生抗拒心理，产生相反效果。

5 基于OBE理念的线上线下混合式教学改革路径重构

在互联网时代，获取知识的渠道十分广泛，学习方式呈现出多样化的特点。借助互联网平台，打破单一的课堂教学方式，既顺应了时代的发展和学生未来职业发展的需求，又为课程教学改革提供了有效手段。

5.1 合理利用互联网写作平台

根据OBE理念，教学的重点在于学生学会了什么，一切教学方法、教学手段、教学设计都是为达到既定的教学目标服务的，这就要求教师善于利用多样化的教育资源，灵活选择不同的教育策略来达到预期的教育目标。

互联网上有许多优质的教学平台可用于"商务英语写作"课程，如雨课堂、超星学习通、WELearn、批改网等，其中批改网为英文写作、征文以及全国英文写作大赛搭建了一个十分专业的平台。教师一方面可以利用互联网写作平台发布商务英语写作任务，另一方面，还可以根据平台的数据分析结果，对学生的产出成果进行有效评估。教师可以利用平台上的数据，如全班的平均分、高分、低分占比，以及系统自动点评等，细化评价标准，使其可测量、可量化，重视对学生的产出进行及时的、多维度的、科学的评价，并根据不同的预期产出成果，动态化地评估每一位学生的发展水平，优化评价体系。批改网甚至可以对学生的英文作文进行生生互评、老师点评、机器点评以及专家点评等方式，形成多维度、多样化的评价体系，从而改进教学评价机制，对学生的学习成果形成及时、有效的反馈，有利于让学生明白自己的优点与不足，优化学习方法，持续提高学习效率。

5.2 建立线上商务英语写作坊

将一个班分为若干小组，每组由3~5名同学组成，成立商务英语写作坊。教师通过互联网平台，如超星学习通或雨课堂发布写作任务，详细指出商务英语写作的主题及各项要求，如要求根据给定的情景，扮演进口方的角色，撰写一封还盘信函，与出口方进行价格磋商；要求学生以小组的形式，利用互联网多人实时协同写作平台，如"一起写"或腾讯在线文档，多人同步撰写还盘信函。这样做的好处是，同组学生之间可以分工协作，实时同步编辑英文作文，当出现问题时，全组成员及时沟通后立即纠错，是生生互评的一种方式。最后老师根据每一组提交的作文进行点评，选出最优的作文进行展示。以学生为中心、以成果为导向的教学模式，重视的是学生在取得成果过程中的经过历程，以及在此历程中所掌握的技能体现，而非是仅仅在此过程中所学到的知识量化增长。

建立线上商务英语写作坊，开辟一个集体写作创新实践空间，可以让学生创造性地完成写作任务，让学生感到写作不再是一个枯燥、机械的任务，而是集体同心协力的成果。组员之间相互分工、取长补短，如词汇量较丰富的同学可以在取词上精雕细琢，擅于查阅资料的同学可以做调查研究。另外，小组比拼增加了商务英语写作的趣味性，给写作任务注入了竞争因素，让学生为集体荣誉感而奋斗，培养了学生的团队协作精神，在实现课程知识目标的同时，也能促进情感目标的达成。

线上商务英语写作坊，在强调集体成果产出的同时，也强调学生的个人进步。在成员的搭配上，应该综合考虑每位组员的英语写作水平，实现成员间的优势互补，水平较高的组员帮助水平较低的组员进步，这种"传帮带"式的合作模式，既有利于集体的成长，也有利于学生的个人成长。小组内部形成欢乐融洽的合作学习气氛，使"商务英语写作"这门看似枯燥乏味的课程，变得轻松有趣起来。最后老师还应该对学习产出的结果——作文进行个性化、动态化、专业化、多元化的考核和评估，以此来反拨教学，促进教学质量的提高。

5.3 以赛促学

教师可以充分利用互联网写作竞赛平台，鼓励学生参与校级、省市级甚至国家级的商务英语写作比赛。如今，学校、行业协会或者出版社，如上海外语教育出版社（简称外教社）、外语教学与研究出版社（简称外研社）经常定期举办各种英语竞赛，其中就包括英语写作大赛，教师可以动员学生参加类似的商务英语写作比赛，脱离书本知识的限制，开阔自己的眼界。为适应社会发展的需要，这一类比赛的主题往往聚焦时事热点，涉及经济、文化、教育方面的议题，题材也多种多样。为了备赛，学生必然需要主动去获取相关知识，自发地去识记相关词句，同时还会有意识地培养自己的批判性、发散性、创新性思维。

一旦学生将比赛获奖作为自己的学习目标，就会激发其内在的学习动力，为获得荣誉而自主学习。在自主学习的过程中，锻炼和培养学生的逆向思维、求异思维、发散思维及直觉思维，把教学活动真正变成活跃学生思维、启发学生思考、引导学生创造的过程，充分发挥学生创新的潜能。相较于通过期末考试修得学分这种功利化的学习目的，为获得个人荣誉或集体荣誉而学、以赛促学更能激发学生的学习热情，产生巨大的推动力。

5.4 由商务英语写作促进学术论文写作

阿查亚（Chandrama Acharya）将 OBE 理念的实施分为四个步骤，即定义学习产出（Defining）、实现学习产出（Realizing）、评估学习产出（Assessing）和使用学习产出（Using），其中，最后一个步骤是 OBE 理念要求学生经过学习达到的最高层次。"使用学习产出"意味着学生能够将学习成果实际运用于现实的场景之中。

对于在校生而言，能够实际使用商务英语写作的情景并不多，因为他们尚未走上工作岗位，未能真正地接触商务环境，但是商务英语写作的原则和技巧可以经过取舍，适当地迁移到学术论文写作中。两者同为书面作文，有许多的共通之处，如遵循共同的书面写作原则（礼貌性原则、简洁性原则等），在措辞、句型的选择及布局谋篇上，都有可以相互借鉴的地方，两者的学习经验和学习效果之间具有明显的相关性。将提高学术论文写作水平设定为"商务英语写作"课程的一个子目标，将"商务英语写作"课程的学习成果进行有效的正迁移，在使用写作课本身产出成果的同时，还有益于其他关联课程的学习。

6 结语

商务英语专业的人才培养目标对学生的专业技能提出了具体要求，只有具有商务英语综合运用能力、跨文化能力、思辨能力和掌握商务职业知识和技能的高素质、复合型、应用型专业人才才能适应时代和社会发展的需要，这就决定了我们的教学必须摒弃传统的满堂灌式的单向传授教学模式，可以尝试引入 OBE 理念，以社会需求为依据反向设计专业的培养目标、课程体系，使学生的知识体系和能力与社会发展需求相匹配，培养出当前社会真正需要的人才，将教学重点聚焦到学生的学习成果上，围绕产出目标的达成开展一切教育活动，根据学生的职业需求设置多样化的产出任务，以培养学生的职业素养、实操能力为导向反向设计"商务英语写作"课程的教学过程。与此同时，我们还应该抓住现代科技高速发展的机遇，利用最新的互联网技术和互联网资源辅助教学，使 OBE 理念与"互联网+教育"模式实现优势互补。实验证明，OBE 理念与以"互联网+教育"为基础的线上线下混合式教学模式的有机融合有助于培养学生的自主性、探究性和合作学习能力，利用信息化技术平台创设的智慧化互动学习环境能极大地提高学生对"商务英语写作"课程的热情，达到预期教学成果。

参考文献

［1］杨宗凯. 解读教育信息化十年发展规划——兼论信息化与教育变革［J］. 中国教育信息化·高教职教，2014（6）：3-9+15.

［2］SPADY W G. Outcome-Based Education：Critical Issues and Answers［J］. Arlington：American Association of School Administrators，1994.

［3］顾佩华，胡文龙，林鹏，等. 基于"学习产出"（OBE）的工程教育模式——汕头大学的实践与探索［J］. 高等工程教育研究，2014（1）：27.

［4］苏芃，李曼丽. 基于 OBE 理念，构建通识教育课程教学与评估体系——以清华大学为例［J］. 高等工程教育研究，2018（2）：131.

［5］陈楠. 基于成果导向的程序设计课程教学改革研究［J］. 电脑知识与技术，2015，10（11）：108-110.

［6］覃南图. 试论大学创新人才的培养［J］. 玉林师范学院学报，2005，26（1）：4.

［7］ACHARYA C. Outcome-Based Education（OBE）：A New Paradigm for Learning［J］. Centre for Development of Teaching and Learning，2003，7（3）：7-9.

［8］李志义. 成果导向的教学设计［J］. 中国大学教学，2015（3）：8.

OBE 理念下应用型本科院校人才培养方案调查报告

吕丽红　周红梅　蒙子伟

摘　要：本次调查通过对现有人才培养方案进行调研，然后对调查结果进行分析并得出结论，旨在针对人才需求分析和专业定位，分解毕业要求指标点，以成果导向教育（OBE）理念制定专业培养目标，健全人才培养机制，提高应用型本科院校人才培养质量，为未来发展提供重要参考。

关键词：民办高校；应用型创新人才；OBE 理念；人才培养方案

1　调查背景

在教育领域，人才培养方案是学校落实党和国家关于人才培养总体要求，组织开展教学活动、安排教学任务的规范性文件，是实施人才培养和开展质量评价的基本依据。人才培养教育教学改革的根本目的是提高人才培养质量，制定人才培养方案的程序中的一个重要的环节就是调研与分析。

此次调查主要通过问卷调查形式开展，自 2020 年 12 月 21 日开始，至 2021 年 1 月 6 日结束，历时半月，涉及的院校有广东理工学院（50.10%）、广东白云学院（17.05%）、广东科技学院（15.37%）、仲恺农业工程学院（5.18%）、广东海洋大学寸金学院（现已更名为"湛江科技学院"，2.49%）、汕头大学（0.89%）、韶关学院（0.18%）等，最终收取有效问卷数 563 份，如图 1 所示。参与本次问卷调查的教师来自本科院校的各个专业。调研聚焦应用型本科院校的人才培养方案制定，以广东省内学生规模较大的几所民办院校为主，具有较广泛的代表性。

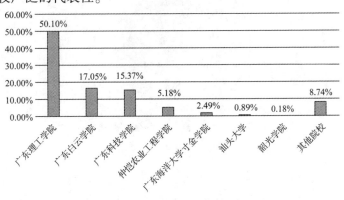

图 1　调查涉及院校

2 调研内容及结果分析

通过研究发现,在对人才培养方案的了解程度方面,42.98%的教师表示十分了解,55.42%的教师表示基本了解,也有1.60%的教师表示完全不了解,如图2所示。

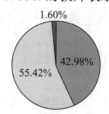

图2 教师对人才培养方案的了解程度

在专业人才培养方案指导性的教育思想和教育理念方面,对于专业课程安排是否合理,31.79%的教师认为十分合理,60.39%的教师认为基本合理,7.82%的教师认为课程安排亟待改进,如图3所示。

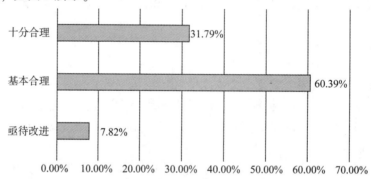

图3 教师对专业课程安排的意见

在人才培养的特色方面,56.66%的教师认为自己院校的专业颇具特色,39.79%的教师认为一般,3.55%的教师则认为需要突出自身专业的特色,如图4所示。

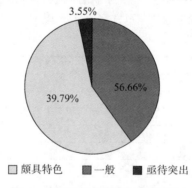

图4 教师对人才培养特色的意见

在调研中发现,34.46%的教师认为专业培养目标完全符合用人单位需求,60.92%的教师认为基本符合用人单位需要,另有4.62%的教师认为亟待改进,如图5所示。

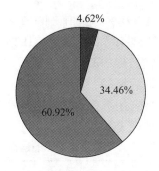

图 5　教师对专业培养目标是否符合用人单位需求的意见

31.44% 的教师认为专业实验实训课程能较好地满足人才培养的需求，60.92% 的教师认为实验实训课程能基本满足人才培养的需求，而 7.64% 的教师认为实验实训课程尚未真正达到企业人才的需求，如图 6 所示。

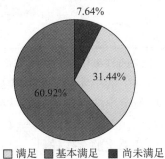

图 6　教师对专业实验实训课程是否能较好地满足人才培养需求的意见

在专业课程的理论与实践教学学时分配方面，35.70% 的教师认为十分合理，57.20% 的教师认为基本合理，7.10% 的教师认为亟待改进，如图 7 所示。

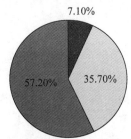

图 7　教师对专业课程的理论与实践教学学时分配的意见

97.34% 的教师认为学校对学生人才培养思路是清晰明朗的，但仍有 2.66% 的教师认为十分模糊。88.45% 的教师认为学校能为学生提供很多机会到行业、企业、社会组织等进行学习实践，提升毕业生的核心竞争力，11.55% 的教师则认为机会较少，其中有部分教师提出，英语专业的学生到企业实训考察的机会较少。同时，学生的自我认知能力和自我反省意识亟待提高。

在人才培养方案的制定过程中，82.42% 的受访教师表示能邀请行业企业和用人单位直接参与毕业要求达成度评价，17.58%的教师则认为企业参与度较低。调研数据显示，教师认为现阶段最需要加强的实践课环节/资源主要体现在实践课授课的条件、实训基地的建设、实践课程设置以及实训室条件的改善等方面。

教师主要通过学生座谈会、课后反馈、专业课程课堂教学问卷调查、随堂咨询以及企业探访等方式收集了解学生对教材选用、授课内容、学生需求以及对教师授课意见建议等信息，从而修订人才培养方案，如表1所示。

表1 教师了解学生意见的途径统计

选项	小计	比例
○学生座谈会	403	71.58%
○专业课程课堂教学问卷调查	352	62.52%
○随堂咨询	315	55.95%
○课后反馈	378	67.14%
○企业探访	295	52.4%
本问卷有效填写人次	563	

95.03%的教师认为十分有必要增加设计性、创新性的实践教育项目，93.61%的教师认为课程及其教学内容基本能映射学生的毕业能力和素质要求。

但就目前高校毕业生在工作中最突出的问题，以及从教师的选择排序来看，大家普遍认为学生的实践能力和学习能力最为欠缺，其次为所学专业知识与实际工作需要相脱节、缺乏对相关行业专业知识的了解以及踏实的工作作风，另外，学生的自律性和团队协作能力较差。

教师普遍认为，在大学期间，学生应首先加强专业知识、综合素质的培养，提高组织管理能力、职业道德素质和实践能力，同时也应注重时间管理和计算机技能、英语综合能力、人文社会意识、数理基础知识的培养，只有这样，才能更好地面对毕业后的发展。

3 人才培养方案改革建议

应用型本科院校人才培养要遵循国家的培养标准，遵循教育规律，不仅要体现应用型本科院校的特色，更要符合区域经济的发展要求。学校与企业应全方位参与到人才培养的全过程。OBE（Outcome-Based Education）理念也称成果导向教育，是一种基于学习成果或者以结果为导向的教育理念。由于应用型本科院校人才学习的目标性很强，因此特别适合 OBE 理念，学校可紧密结合行业、企业的人才需求，与企业技术人员共同研究，科学设置专业课程体系，对人才培养方案进行顶层设计和进一步完善，以创新应用型本科院校人才培养为导向，依据专业认证标准，坚持 OBE 理念，反向设计人才培养方案。结合学校的办学特色与定位，针对人才需求分析和专业定位，制订专业培养目标，分解毕业要求指标点。依据培养目标和毕业要求指标点再构建合理的课程体系及教学标准，完成人才培养方案的制定，确保培养目标符合专业认证标准和专业规范。OBE 理论的课程教学设计与教学评价体系是以学生为中心，以学生获得的能力和知识为目标，通过细化能力指标，形成多元化的教学评价，组建"通识教育+创业教育+专业教育"三结合的课程体系，采用持续循环改进的教学反馈机制，按照"人才需求—培养目标—毕业要求—能力指标—课程体系",切实将创新创业、劳育、美育等元素植入本科院校人才培养计划和相关课程教学大纲,实现培养德智体美劳全面发展的创新应用型人才的目标。

参考文献

[1] 陈贝贝. 基于 OBE 理念的民办高校英语专业高素质应用型人才培养策略 [J]. 湖北开放职业学院学报,2019(11):175-176.

[2] 王婵婵,邵云娜,侯晓华. 基于 OBE 成果导向的人才培养课程体系反向构建 [J]. 电脑知识与技术,2021,17(5):162-164+176.

[3] 吴柳. 素质教育理论与基础教育改革 [M]. 桂林:广西师范大学出版社,1999(12):1-2.

[4] 张森,陈登曦. OBE 教育模式下应用型人才培养的研究 [J]. 学术论坛,2020(10):43-44.

将课程思政元素和 OBE 理念融入"运动解剖学"课程教学中的应用研究

高珊珊

摘 要:"运动解剖学"课程是各高校体育相关专业必修的专业基础课,重视运动技术的解剖学分析、探索人体机械运动规律。广东理工学院体育专业学生的特点是运动技能发展强于理论知识掌握,为此有必要加强该课程的实用性、创新性的教学方法探索与研究。实践证明,以结果为导向的 OBE 理念更能激发学生的学习兴趣,采用课程思政理念为引导,更能强化课程学习的目的性。这种融合式应用的模式更有助于提升学生学习的积极性,有效提高课程教学效果和教学质量。此外,通过对本门课程的实践应用与探索,可为其他体育专业理论教学提供实践依据或借鉴,切实为课程改革和提高教学效果服务。

关键词:课程思政;运动解剖学;课程;教学法

在教育中,最初的课程思政理念普遍被认为是思想道德教育,高校将思政教育的职责普遍分配到思想政治教师和辅导员、班主任的肩上。但是随着近些年的发展,越来越多的研究领域开始看重课程思政理念在专业课程、校园文化、社会实践中的重大作用。这一问题在国家政策方面也做出了指向性引导。2019 年 9 月 9 日,在全国高校思想政治工作会议上,习近平总书记指出:"把思想政治工作贯穿教育教学全过程……要用好课堂教学这个主渠道……其他各门课都要守好一段渠、种好责任田,使各类课程与思想政治理论课同向同行,形成协同效应。"可见,深入开展专业课程的思想政治教育是具有明确的改革发展指引的。从体育学科的特点来看,大部分的体育课程是技术技能教育,学生的发展通常表现为术科课程优于理论课程。"运动解剖学"课程是体育专业学生必修的一门基础类课程,鉴于解剖学的医学专业背景,可在医学院校解剖课程的课程思政发展取得一定成效的契机下,积极在"运动解剖学"课程中融入课程思政元素和 OBE 理念,进行融合式教学,是有效提升该门课程教学成果的有效途径。

1 课程思政和 OBE 教育的背景

1.1 课程思政概述

从教育领域来看,学生的思想政治教育一直是学校高度关注的内容,从中小学到各大高校,政治课、思修课、德育课始终都有一定的课时占比。也就是说,课程思政教育一直有较广泛的发展和热度,但在最开始阶段主要是强调我国中小学、各高校的思政课程教育,近年来,思政教育被要求逐步融入各类课程教学中,这也彰显出课程思政教育的重要性和广泛性。从一定程度上讲,这需要各授课教师积极发挥个人的创新性思维,既要突出思政教育,又要考虑到学生的可接受度。从本质上讲,课程思政强调的是协同育人格局的建立,即各学科、课程要和思想政治有机耦合。

1.2 OBE 理念概述

OBE（Outcome-Based Education）理念,又称成果导向教育。OBE 理念是一种以成果为目标导向,以学生为本,采用逆向思维的方式进行的课程体系的建设理念,是一种先进的教育理念。清楚聚焦是 OBE 实施原则中最重要和最基本的原则,课程设计与教学要清楚地聚焦于学生在完成学习过程后能达成的最终学习成果,并让学生将他们的学习目标聚焦在这些学习成果上。OBE 理念认为,课程设计与教学要充分考虑每个学生的个体差异,要在时间和资源上保障每个学生都有达成学习成果的机会。学校和教师不应以同样的方式在同一时间给所有学生提供相同的学习机会,而应以更加弹性的方式来配合学生的个性化要求,让学生有机会证明自己所学,展示学习成果。如果学生获得了合适的学习机会,就要相信他们会达成预期的学习成果。

1.3 课程思政元素与 OBE 理念融合应用的意义

在以往的教育理念中,强调各门课程的专业特色,如思想政治类课程一定是突出思想教育,专业技能课程一定是重视技能的实践应用,专业理论课程一定是凸显专业知识储备,但是这样的课程模式将学校教育分割为无数小的、零散的内容,如果能有一种理念将所有教育的意义有机耦合,那么就能将教育的价值发挥到最大化。OBE 理念,就可将课程思政元素通过某种渠道进行有机耦合,可实现教育价值发挥到最大化。在教学过程中,教师还可适时将国家的文化发展、教育者和受教育者的人格发展等内容融入进去,真正做到促进受教育者的全面均衡的发展,切实实现教育的育人功能。

2 "运动解剖学"课程的特点及创新教学方法的必要性

2.1 "运动解剖学"课程的特点及存在的问题

"运动解剖学"是体育专业必修的一门基础课,能教会体育专业学生掌握人体基本结构的基础性专业知识。但是复杂的人体系统、相对独立的名词术语、多样化的运动形式,无形当中为学生掌握专业知识增添了阻力。"运动解剖学"课程有一定的实践性,与体育技术动作分析和实验模型观察都密不可分,但是课程中也有单纯的较深入的理论讲述,所以学生既要学会基础理论,也要学会实际应用,这就使"运动解剖学"课程的教学难度大大增加。由于课程的专业性和理论深度的限制,授课教师必须凸显一定的主讲位置、发挥主导功能,在有限的课程时间内,学生很容易疲劳,产生注意力不集中、思路跟不上等现象,使学习兴趣不高和认知性差异成为不可避免的现状。因此,如何帮助学生真正掌握所学的知识,真正做到"理论与实践相结合",是广大教师亟待解决的一个问题。

2.2 创新教学方法以解决存在的问题的思路

从高校的教学活动过程来看,发挥重要功能的两个要素,一个是教师,另一个就是学生。另外,从教学的内容来看,教学内容是在书本中相对固定、规范的,相应的专业培养标准也规定了一些特有的重难点,那么如何充分发挥教师和学生这两者的主观能动性,真正将有限的知识传递得更高效、更直接,就是最根本、最直接的解决方向。总体思路体现在主要内容教学前的课程思政案例的引导和 OBE 理念的导向性作用。在教学过程中预习任务合理增加，学生自主预习和学习时间延长，教师给予一定的任务驱动力，有机融入思想政治教育，进而进行恰当的引导，给学生充分的思考和实践自由，让学生在布置的任务框架内，充分发挥主观能动性，以自己为主导，以小组为研讨单位，能真正主动学习、掌握所学的知识点。

2.3 课程思政元素及 OBE 理念在"运动解剖学"课程创新教法中的意义

从本质上讲，课程思政元素与思想品德、政治立场的教育密不可分。因此，在课程中融入思政元素，恰当运用思想政治教育助推学生更深入地学习专业课是具有一定的可行性的。从体育学科的特点来看，大部分的体育课程是技术技能教育，较多的学生很看重自己的体育专业技能发展，而对理论知识不够重视，他们认为理论是技术技能的辅助，是专业技能的理论素养支撑，因此大部分的理论课程是需要一个切入口将其地位提升上去的。这个切入口就是思政元素，教师在课堂上恰当地将思政理念与"运动解剖学"课程有机融合，将思政教育与专业教育相结合的效果发挥到最佳状态，对提升课程学习的效果及预期具有重要的现实意义。

3 课程思政元素及 OBE 理念在"运动解剖学"课程中的应用

3.1 案例一：关于刘长春第一次代表中国参加奥运会的案例

我们从历史的角度来看，受条件和政治因素限制，刘长春同志从中国到美国选用的是海上航行，时间持续了 3 周，到达美国后，没有进行恢复性训练，也没有时间来倒时差，因而他最终的比赛成绩极不理想。这里面值得分析的点可以概括如下。

（1）骨骼肌结构变化：人体要完成运动，需要运动系统和体内各器官系统协同合作。骨骼肌作为最主要的动力器官，需要提供运动时所需要的能量。同时，运动机能水平要保持在一定高度，需要坚持锻炼和良好的刺激，否则脱训的影响会导致人体骨骼肌代谢能力下降、运动能力受影响。刘长春当时的条件是没有办法完成常规的体育技术训练的，更别提竞技体育的突破成绩的要求。

（2）身体机能变化：海上航行是脱离常规路上的生活条件的，波浪的起伏波动会影响人的前庭器官系统机能，这个原理和人晕车、晕船是一致的。在海上，刘长春连进行常规的体能训练都不能完全保证，更不能针对性地在跑道上完成规定距离的练习，势必会影响中枢神经系统对运动技能维持的协调控制功能。

（3）意志品质：长时间海上航行对机能的影响是巨大的，如运动系统、循环系统、骨骼肌的代谢等，都可进行具体分析，并指出其危害。在此条件下继续坚持比赛易出现过度疲劳以及猝死的风险。为民族和国家的利益，刘长春在克服一切困难的条件下努力坚持了下来，也充分地展现了他自身的人格魅力和高尚的意志品质，是我们当代学生学习的榜样。

3.2 案例二：关于中国体育史上的第一个世界冠军——国家乒乓球运动健将容国团的案例

我们从体育运动技术、战术角度来看，容国团在乒乓球上采用直拍快攻打法，球路广、变化多，他尤精于发球，且推、拉、削、搓和正反手攻球技术均佳，并创造发转与不转球、搓转与不转球的新技术。这里面可见到的切入点如下。

（1）开阔思维：我国乒乓球项目在当代体育竞技中是"梦之队"的存在，但是这样的荣耀也不是凭空流传的。在第 25 届世界乒乓球锦标赛上，容国团先后战胜各国乒坛名将，为中国夺得了第一个乒乓球男子单打世界冠军。他取得成功最重要的原因就是拥有活跃的思维。站在世界大赛舞台上的都是各个国家经过系统训练的专业运动员，如何突出重围取得佳绩，不仅要从刻苦训练上下功夫，更重要的是要开阔思维，懂得随机应变。容国团运用的战术灵活多变，独具特色，开创了我国乒乓球"快、准、狠、变"的近台快攻技术风格。

（2）神经系统机能：容国团有着活跃的头脑，能够快速分析赛场的突发状况并做出准确应对，这离不开其中枢神经系统的协调配合。在运动中，肢体的协调运动依赖骨骼肌的支配，而骨骼肌发力的先后顺序和对抗肌的适当放松是在神经系统的协调控制下运转起来的。因此，对于神经系统机能的学习和分析，有助于在技术训练中理解精细动作的调控。

（3）灵敏与协调素质：灵敏与协调素质是神经系统机能和运动系统机能配合状态的外在表现，运动技能的形成包括泛化阶段、分化阶段、巩固及自动化阶段，只有运动技能的训练达到高阶的自动化，才能在最终的临场发挥中自如地表现出最佳水平。

4　课程思政元素和 OBE 理念融入该课程的积极影响

4.1　将课程思政元素和 OBE 理念融入"运动解剖学"课程的积极效果

实践表明，采用体育精英实例与专业课程内容相结合，是"运动解剖学"课程教学的一种有效尝试。体育竞技领域的所有带有思政元素的案例，都能对学生的心灵发展、情绪激励、注意力控制等方面起到带动作用，激发学生的学习兴趣，增强学生学习的主动性和积极性，从而提高理论教学水平和教学效果。OBE 理念不是单独的一种方案或教学内容，这种教育理念是潜移默化渗透在整个教学过程以及教学方法之中的，诚然这种教育理念并非在每一节课、每一章节都要应用、套用或机械性规定，而是根据实际教学需要加以有机结合，即实用性与创新性相融合。

4.2　课程思政元素和 OBE 教育模式的应用价值

在 OBE 授课模式下，教师为学生创设了先导的思政框架，引导了学生的注意力和情绪、意识发展方向。学生还能在课堂中听故事、学知识并自行组织、安排自己的学习行为，充分发挥自己的聪明才智，从多种角度进行发散性、批判性的思考，最后形成自己解决问题的方案，极大地锻炼了学生的动手能力和创造性解决问题的能力。这种综合能力的提升，不是"运动解剖学"课程本身单一的收获，是和其他课程兼有一定契合度的。这种教学模式能够提升课程的授课效果，降低授课的难度，提升课堂的趣味性，使学生更容易接受并掌握相关知识点。实践表明，此种教学过程和方法符合广东理工学院社会体育专业学生的实际情况和特点，使社会体育专业学生更好地掌握相关理论基础知识。

5　结语

综上所述，深入开展专业课程的思想政治教育是具有明确的改革发展指引的，应用 OBE 理念引导课程教学法的改革势在必行。根据"运动解剖学"的课程特点以及体育专业学生的实际情况，将课程思政元素与 OBE 理念融入"运动解剖学"课程的教学方式是具有一定的可行性的。实践证明，我们应当更加看重课程思政元素在专业课程、校园文化、社会实践中的重大作用，突出 OBE 理念在学术领域和教育教学领域的教学应用，切实做好立德树人的工作。由此可见，在"运动解剖学"课程中恰当融入课程思政元素与OBE理念的教学途径，符合先进的教育理念和"以学生为本"的教学意义，能够真正为学生服务、为课程教学服务。

参考文献

[1] 沈春梅. 新时代高校课程思政与思政课程协同育人的实践创新研究——以江苏海洋大学为例［J］. 大陆桥视野，2021，7（12）：190-191.

[2] 张燕，田伟华. 高校课程思政实施存在的问题及建议［J］. 安阳师范学院学报，2021（6）：150-152.

[3] 丁彦，胡芬. 高校课程思政建设中的困境与思考［J］. 高教论坛，2021（12）：78-79.

[4] 卢晓，刘炜. 高校课程思政实践过程体系探索［J］. 广西教育学院学报，2021（4）：71-76.

[5] 艾德星，杨渐雨. 新时代高校课程思政建设与专业教育融合路径探究［J］. 科教导刊，2021（32）：13-15.

[6] 王伯鲁. 高校课程思政建设的逻辑进路［J］. 洛阳师范学院学报，2021，40（12）：65-67.

[7] 马晶，包玉颖. 医学伦理学课程思政教学改革与实践［J］. 南京中医药大学学报（社会科学版），2019（2）：7-9.

[8] 刘柏森，王刚，赵莉莉. 高校课程思政的理论探源与教育实践［J］. 哈尔滨学院学报，2022，2（1）：19-21.

[9] 杨桂侠. 高校课程思政教学中的难点问题与解决路径［J］. 衡水学院学报，2022（1）：80-82.

[10] 张立涛. 论任务驱动法在高职田径教学中的应用［J］. 当代体育科技，2022，12（1）：58-60.

基于OBE理念开展适应学生身心发展规律的体育教学
——以拓展训练课程为例

闫旋飞

摘　要：从大学生身心发展规律上看，大学生有比较强烈的自我意识，但尚不成熟，拓展训练课程应针对大学生身心发展的规律设计课程内容，多设立一些具有正确引导意义的项目，合理安排男女学生之间的合作与交流。明晰拓展训练教学在OBE理念下应采用哪些教学手段和方法，改进传统的教育教学形式，并收获哪些具体教学效果及启发。学校也应多为学生考虑，合理安排体育课程，正确认识素质拓展训练且积极维护大学生的身心健康。这样才能真正为丰富大学体育课堂教学内容、推动传统体育教学模式改革、促进大学生身心健康发展提供理论上的参考和实践上的指导。

关键词：身心发展；大学生；拓展训练；规律

社会的不断进步一方面对人们的个人能力提出了较高要求，另一方面也十分注重个人的身心健康与合作意识。大学正是丰富学生学习知识、提高工作技能以及促进身心健康发展、培养社会沟通合作能力的关键时期，学校应把握学生身心发展的规律，对大学生进行与其发展规律相适应的教育。体育课程是大学生的必修课程，其功能与促进身心的作用不言而喻。为此，开展一些能促进身心健康发展的课程有着十分重要的意义。本文在分析当代大学生的身心发展规律的基础上，对拓展训练课程的内容、形式及特点进行细致的讨论，探讨大学体育课程中素质拓展课程开设的实效性及可行性，为丰富大学体育课堂教学内容、推动传统体育教学模式的改革、促进大学生身心健康发展和提高体育课程教育质量提供参考。

1 相关背景概述

1.1 拓展训练的相关应用背景

拓展训练于1995年进入中国，目前越来越多地被用于企业员工的培训，也被逐渐推广到各个领域，包括高等学校。拓展训练对适应学生身心发展规律和促进全面的素质教育有积极意义，于振峰在《关于将拓展训练融入体育教学的理论研究》中提出，体育课与素质拓展两者若能有机结合，将具有十分重大的理论与实际运用价值。田新明在《体育教学开展拓展训练的可行性研究》中指出，拓展训练能较全面地提高学生的心理素质，提高其适应能力，是当代体育课程的一个很好的补充。张国旗在《拓展训练课在高校体育教学目标实现中的作用分析——以拓展项目"超音速"为例》中也强调，通过拓展训练的一些实践研究可以验证其对学生身心发展有积极意义。可见，拓展训练项目的发展具有一定的历史积淀和广泛的前景，不仅在企业内训领域，更在高校教育中发挥积极作用。因此，探讨大学体育课程中素质拓展课程开设的实效性及可行性具有较强的实践指导意义。

1.2 拓展训练与身心发展的相关研究

拓展训练教育依据现代较为先进的一系列学习理论和生存知识技能，与休闲体育运动理念有一定的系统关联。从拓展训练项目的设计和实施上看，要有目标设计、实践操作、技能训练、核心思想展示、参与者内心感受、分享收获与思维、总结和拓展讲解等多个环节。在这个过程中，对于受教育者自信心的建立、合作共赢理念的植入、人际交往能力的提升和同理心的塑造，都有积极而深远的影响。因此，该项目强调的是一种体验式的学习与教育过程的实施。从以往的研究来看，大部分的学者都能在系列的调研后，认同拓展训练对参与者身心发展的积极意义，并能够从中发现一些创新性的发展模式，只有紧密结合体育课的内容和任务，有的放矢地进行拓展训练项目实施，才能达到预期的最佳效果。可见，拓展训练主要是以学生的主体地位为出发点，目标是激发学生运动兴趣、培养学生终身体育意识，进而能使绝大部分学生受益。

1.3 OBE 理念的相关研究

OBE（Outcome-Based Education）理念，又称成果导向教育，是一种先进的教育理念。其特点是强调以学生为本，采用逆向思维方式进行课程体系的建设，其成果并非先前学习结果的累计或平均，而是学生完成所有学习过程后获得的最终结果。值得注意的是，该成果不只是学生相信、感觉、记得、知道和了解，也不是学习的暂时表现，而是学生内化到其心灵深处的过程，更注重培养学生将理论知识应用于实际的能力、价值观或其他情感因素。OBE 理念认为，教育的成果越接近"学生真实学习经验"，越可能持久存在。也就是说，在 OBE 理念的授课模式中，各课程应根据最后取得的顶峰成果，按照反向设计原则设计课程，并分阶段对阶段成果进行评价。

2 大学生身心发展规律及大学体育教育

2.1 大学生的身心发展规律特点

大学生群体的年龄在 18~22 岁之间，这个阶段属于青年的晚期阶段，既有青年的懵懂也有成年的独立性，个体发展并没有很成熟的心智，部分学生还处于青春期，个性十足，不能以正确的态度面对困难与挑战，一旦毕业后进入社会，可能就会出现不同程度的人格缺陷或心理问题。因此，大学阶段的教育很有必要根据大学生身心发展规律来合理安排课程，积极推进与其人格发展相适应的教学内容和教学过程。

2.2 大学校园特点及体育教育概述

大学阶段的教育有别于中小学教育，这个时期更应该注重学生人格的健全发展、身心健康成长以及各种知识技能的累积。大学的课程种类较多，知识内涵丰富，而其中的体育课是所有高校大学生的必修课之一，我们可以通过注重对大学体育课程的研究，来积极发展适应学生身心发展规律的体育课程教学。从传统教学实践来看，学生普遍认为当前体育课堂教学存在的主要问题为教学内容单一，教学进度缺乏计划性、设计性，课堂气氛不活跃且趣味性不足等方面。这些原因使学生对体育课的热情逐渐减弱，如果学校体育能丰富内容，增添适合大学生身心发展的体育活动，适当开设丰富有趣的素质拓展类活动，无疑有助于大学生身心的健康发展。拓展训练是非常符合大学生的身心健康发展的体育活动，其不仅具有较强的趣味性，而且强调团队合作，对促进大学生素质教育具有极其重要的意义，同时拓展训练具备与教育相结合的条件，有益于激发学生对体育课的热情以及学生主动学习的过程，从而有效提升体育课程的教学效果。

3 拓展训练课程及其特点概述

3.1 拓展训练课程概述

拓展训练于20世纪90年代进入我国，最先应用于企业员工的内部培训方面，目前越来越多地被推广应用于包括学校教育在内的各个领域。拓展训练也称外展训练，从词语意义上看，其更注重发展人的综合素质。拓展训练对适应大学生身心发展规律和促进全面的素质教育有积极意义，能较全面地提高学生的心理素质，提高其社会适应能力，是对当代大学体育课程的一个很好的补充。因此，学校可以考虑在体育课中安排一定的拓展训练内容，丰富大学生的课余生活。

3.2 拓展训练课程需适应学生身心发展规律

在符合大学生身心发展规律的基础上，开展素质拓展训练课程不仅会吸引学生参加，同时对大学生身心健康发展起到积极的促进作用。

在大学阶段，拓展训练课程的开设需要考虑学生的个性等多方面因素，所以拓展训练课程的内容应主要集中在丰富学生的学习生活、锻炼学生的身心素质和培养学生团队的协作能力等方面。如果课程内容、拓展项目设计得不合理，不仅不能很好地发挥其本身的优势，相反是一种时间和资源的浪费。因此，如何开展适合于大学校园的素质拓展训练课程，使课程意义最大化，是目前大学体育专业的授课教师应该认真思考并探讨的关键问题之一。

大学生具有比较强烈的自我意识和个性特征，但是尚不完全成熟，往往表现为情感丰富但情绪控制能力比较弱，所以拓展训练课程应该针对大学生身心发展的这些规律来设计课程内容。大学课程门类多、任务重，要在有限的课程时间内，将课程内容尽量安排得具有针对性，并注重课程时间分配，保证有足够的时间去完成课程活动与分享。教师可以根据班级个性化特点和实际情况，自主调节与之相适应的拓展训练项目。教师在设计拓展训练课程的时候，更加注重班级学生的学情分析，根据学生的性格特点、班风特点和学习能力来找到需要改进和完善的突破口，然后根据目的设置课程内容。在进行具体课程设计时，可以有各个班级的特点，不一定要完全按照标准的流程进行，可以是单一项目的分段体验，着重强调学生的主观感受，而非教师的单独讲解；也可以设置多课时的组合式教学，以保证学生能有充足的时间完成一次完整的拓展训练任务。

OBE理念强调的是学生的获得性体验，学生获得了合适的学习机会，相信他们就会达成预期的学习成果。这一理念与拓展训练课程的本质不谋而合，因此在教学中可以因材施教。例如，教学A班的班风积极热情，班干部有很好的引导力，学生对教师的互动有积极的回应，但因课堂氛围过于活跃而缺少纪律性，这样的班级需要的是严密的组织纪律性、适当地收敛学生张扬的个性。这样的班级应适当开展安静、逻辑性强的思维类项目，提前立规矩，但是为了照顾该班级本身的个性，需要增加奖惩力度，让学生集中精力处理游戏项目，将张扬热情的个性发挥在奖惩环节即可。而教学B班的学生比较文静，平时上课时，教师在互动提问环节只能选择点名回答才能完成教学任务。因此可看出，该班级课堂纪律好，但是缺少自主创新的个性，班干部做事按部就班、井井有条。因此教师应在上课时积极提升学生学习的热情，发展学生的个性，让学生敢于发言。这样的班级很适合开展班级内部分组、学生自主设计项目的活动，教师在教学的过程中要积极发现班级内的活跃分子，合理分组，在课后的总结环节一定发动每个学生积极发言，严格限定学生发言时长，避免有些同学发言时间过长，而另外一些同学因害羞而说得太少的现象。同时也要积极发现学生的优势并表扬，以鼓励学生。

4 结语

综上所述，从大学生身心发展规律上看，他们既有少年的懵懂也有成年的独立性，有比较强烈的自我意识，但尚不成熟，往往情感丰富但情绪控制能力弱，其抽象思维发展不全面，意志品质有待提高，所以素质拓展训练课程就应该针对大学生身心发展的这些规律设计课程内容，多设立一些具有正确引导意义的项目，合理安排男女学生之间的合作与交流。OBE理念强调以最终目标、最终学习成果或顶峰成果为起点，反向进行课程设计，开展教学活动，这样更能凸显拓展训练的思想教育价值。在拓展训练课程中，依据OBE理念的要求，要更加注重班级学生的学情分析，根据学生的性格特点、班风特点和学习能力来找到需要改进和完善的突破口，然后根据目的设置课程内容，这样才能真正为丰富大学体育课堂教学内容、推动传统体育教学模式的改革、促进大学生身心健康发展提供理论上的参考和实践上的指导。

参考文献

[1] 于振峰,王晨宇.关于将拓展训练融入体育教学的理论研究[J].首都体育学院学报,2004(3):15-17.

[2] 田新明,蔡英梅.体育教学开展拓展训练的可行性研究[J].科学大众(科学教育),2010(10):137.

[3] 张国旗.拓展训练课在高校体育教学目标实现中的作用分析——以拓展项目"超音速"为例[J].晋城职业技术学院学报,2020,13(5):50-52.

[4] 凌占一.普通高校体育课引入拓展训练对学生体质影响的研究[J].集宁师范学院学报,2020,42(5):62-65.

[5] 欧阳群华.拓展训练在高校体育教育中的应用——评《新时代高校体育教育专业人才培养模式理论和实践研究》[J].中国高校科技,2020(8):111.

[6] 杨艳.拓展训练对大学新生人际交往的影响[J].淮南师范学院学报,2016,18(4):146-148.

[7] 闫旋飞.素质拓展训练对青少年团队精神的影响研究[J].文体用品与科技,2018(10):30-31.

[8] 孙克成. 拓展训练对大学生心理健康良性影响的价值探析[J]. 北京体育大学学报，2008（9）：1266-1268.
[9] 翟翔. 拓展训练课程对大学生心理素质的影响[J]. 哈尔滨体育学院学报，2020，38（6）：91-96.
[10] 宋清华，赵新平. "拓展训练"在高校推广的误区及开设措施探讨[J]. 体育世界（学术版），2018（1）：121-122.

基于 OBE 理念的高校体育舞蹈公选课学习体验的优化研究

叶治琨　李智娴

摘　要：本文基于成果导向教育（OBE）及教育数字化的理念，借助 Goldsmiths 的舞蹈复杂性指数量表 Dance Sophistication Index（Gold-DSI），通过对高校大学生体育舞蹈课程的学习表现和课后的体验量化，从教学内容和教学方法，以及教学步骤进行创新设计，从而突出"成果导向、学教融合、体验优化"的教学架构，并积极发展"互联网+教育"，加快推进数字转型和智能升级在体育舞蹈课程中的应用。本文采用文献资料法、问卷调查法和数理统计法等方法进行研究。

关键词：OBE 理念；公选课；体育舞蹈；学习体验

1　引言

当前，OBE（Outcome-Based Education）理念得到了教育界的广泛认同，它通过围绕学习成果来设计和实施教学，从而使教学过程的每项实施手段紧紧围绕学生来展开。同时，随着科学界对舞蹈的兴趣日益浓厚，越来越多的心理测量手段可以用来评估人们的舞蹈学习体验。讨论舞蹈教学已经成为体育界和心理学研究中一个越来越重要的课题，并为发展基于运动的健康和幸福干预提供了一条新的路径。因此，笔者在 OBE 理念的思维指导下，通过分析高校大学生舞蹈心理的现状以及存在的问题，试图寻找一套优化大学生学习体验的教学模式。

本文基于 OBE 理念的目标设计，把体育舞蹈公选课的教学目标逐步分解为阶段性学生学习成果，按照当前实行的以学期为单元的上课模式，把学习体验的反馈效果增长趋势，逐级看作学期目标，以此开展教学活动。同时，借助 Goldsmiths 的舞蹈复杂性指数量表 Dance Sophistication Index（Gold-DSI），并加以适当的修改，用以评估体育舞蹈课程对普通高校大学生的身体、心理和情绪健康的影响，最终给出优化体育舞蹈公选课的课程内容和组织方式。

2　研究对象与方法

2.1　研究对象

本文从广东理工学院 2019 级、2020 级和 2021 级本科学生中，随机抽取参加过体育舞蹈公共选修课的 200 名学生作为研究对象。

2.2 研究方法

（1）文献资料法。为深入了解并研究 OBE 理念在体育舞蹈课程中的发展状况，针对本文的研究内容，查阅中国知网、万方数据知识服务平台，查阅检索"OBE 理念""体育舞蹈""高校公选课"等关键词，并实时关注当下的发展状况，认真总结分析。

（2）问卷调查法。本次调查涵盖广东理工学院本科大一至大三学生，共发放电子问卷 200 份，回收 198 份，有效问卷 182 份，回收率 99.0%，有效率 91.9%。问卷内容从身体意识、社交互动、舞蹈需求、舞蹈训练、舞蹈体验这五个维度对学生的学习体验进行调查。

本研究借助舞蹈复杂性指数量表（Gold-DSI），共设计 25 道题，测得其内部一致性信度为 0.93，一周之后的重测信度为 0.84，验证性因素分析各拟合指数也较理想。该问卷具有比较理想的测量学指标。该问卷主要为简易应对方式，由积极应对和消极应对两个维度构成，包括 18 条目的积极应对维度和 7 条目的消极应对维度。简易应对问卷反映出学生不同应对方式特征及其学习体验的关系，积极应对评分较高时，心理问题或症状分低；而消极应对评分较高时，心理问题或症状分也较高。应对方式评分与学习体验水平显著相关。此量表在国外舞蹈心理界被广泛运用，有较好的信效度，内部一致性系数为 0.79，一周后重测信度为 0.84。同时，对体育舞蹈学习体验测得数据进行偏相关和分层回归分析。数据采用 SPSS 17.0 统计软件处理。

（3）逻辑分析法。结合体育舞蹈教学教法的专业理论知识，从 OBE 理念出发，对高校体育舞蹈优化的发展趋势进行逻辑分析。

3 结果与分析

3.1 高校体育舞蹈公选课学情分析

作为人才培养和聚集的发源地，高校为大学生提供一个思想活跃和接受新事物的平台。体育舞蹈集娱乐、运动、艺术于一体，极大地助力高校的多元化发展。而且体育舞蹈是一项参与性极强的运动项目，非常容易调动学生的参与性和学习的积极性，避免了高校教学内容单一和长期男女分班制的弊端，为高校体育教育增加了新的教学内容，注入了新鲜的血液和活力，是高校体育适应长期发展的重要手段。如今，受社会大环境的影响，大学生普遍存在学习任务繁重和竞争激烈的压力，其精神压力越来越大，而且很大一部分学生的成长过程较为安逸，导致其心理承受能力较差，逆反心理强，社会交往能力弱。美国心理学家 Driscoll 发现舞蹈能成功地减轻大学生在考试期间的忧郁情绪。人们还发现，舞蹈练习可以缓解人的烦躁情绪，消除疲劳、缓解心中的压抑。体育舞蹈通过优美的音乐，配合优雅的肢体动作拉近人和人之间的距离。学生在学习过程中对舞蹈韵味和舞蹈音乐的理解都可以激发和挖掘自身的创造潜力，引起他们对社会和生活的思考，有利于学生形成科学的世界观，从而培养学生在其他方面的创造性思维与创新能力。

3.2 高校体育舞蹈公选课学习体验结果

学生学习体验情况如表 1 所示，学生学习体验前后对比如表 2 所示。

表 1 学生学习体验得分情况

学习体验测试项目	最小得分值	最大得分值	平均数±标准差
身体意识项	6	33	27.07±5.92
社交互动项	7	32	26.36±6.03
舞蹈需求项	8	30	25.76±5.05
训练方式项	3	18	21.71±3.93
了解观察项	8	34	26.76±4.38
积极应对项	18	72	35.36±5.73
消极应对项	7	28	26.25±3.81

表 2 学生学习体验前后对比

学习体验测试项目	学期前平均得分	学期末平均得分	P 值
身体意识项	14.56	16.77	>0.05
社交互动项	16.79	24.56	<0.01
舞蹈需求项	12.11	14.38	>0.05
训练方式项	6.78	13.78	<0.05
了解观察项	18.78	25.96	<0.01
积极应对项	36.72	49.88	<0.01
消极应对项	14.12	16.85	>0.05

从表2可以看出，在对学习体验的研究中，社交互动、训练方式和了解观察等方面的前后对比数据具有显著性差异；代表了积极应对的所有选项的平均得分也有了显著提高。同时，对比身体意识和舞蹈需求，以及消极应对选项的平均得分，前后并无显著性差异。

3.3 OBE 理念下体育舞蹈公选课分析

（1）学习体验分析。由于体育舞蹈项目本身具有鼓励社交、拉近人与人之间距离等特点，学生在学习的过程中，受集体氛围和身体运动两个方面的影响，对社交互动的选项越来越倾向于乐观的态度，尤其在双人舞练习中，普遍会积极配合老师的安排。同时，前后态度转变幅度最大的是在集体面前展示的选项。因此，在内在的认同感发生改观和自信心增强之后，学生对自我训练和探讨舞蹈等行为方式，得到了一定幅度的加强。具体而言，如果学生感知到自身体验中的教学方式有利于建立和谐的同伴关系，那么他们会更倾向于采取深层的学习方式；如果学生感知到师生缺乏交流或同伴关系不佳，那么他们会更倾向于采取表层的学习方式。以了解观察选项为例，原本大多数学生对于体育舞蹈的发展过程持一般或不感兴趣的态度，但随着练习的深入，以及授课老师对动作的分解以及诠释背后所表达的含义，学生在进行一个学期的训练之后，对体育舞蹈更深层次的历史起源也转变为感兴趣或不抗拒的态度。为此，课堂体验中的教学手段和组织安排与深层或表层学习方式都存在正相关关系。因此，教师在安排教学方式时要善于提高小组和舞伴之间的讨论效率，既要及时纠正错误的学习体验，又要适时放手让其感受其中丰富的心理路程，从而形成深层的学习方式并提高教学质量。

(2) OBE 理念分析。在 OBE 理念的指导下，在教学过程中以目标为导向来设计教学过程，使学生通过教学过程所取得的成果最多或能达到的能力最大。因此，首先要明确学生学习的最终目标，也就是说体育舞蹈教师应该清晰地知道通过他们的教学手段和课程安排能使学生在学习上最终达到什么样的标准，得到哪些方面的能力提升。更进一步来看，考虑到学生的内部需求和政府、社会、学校、用人单位及学生家长等对学生的要求和期望等外部需求，在确定具有实用价值的成果时，还要考虑教学内容和结课要求之间的联系，最终达到在教学过程中教师教得明白，学生学得明白的目的。

在 OBE 教学模式中，备课、完善大纲、了解学情、走进学生内部、关注学生的发展状态、充分了解学生的个性化需求、和学生交流学习体验和感悟，都是教师教学工作中必不可少的环节。同时，为了实现个性化教学，课堂形式是互动式的，可以使每个学生在自身的基础上有最大的提高，争取做最好的自己，从而能够高效达到目标。因此，通过调查数据得到的学习体验情况可知，学生对体育舞蹈学习过程中的社交互动和训练方式尤为看重，课程安排的优化重点应当从这两方面入手，从而让学生学会团结互助，学会如何保持良性竞争，学会如何保持正确的练习方式，学会吃苦，能够坚持不懈地努力学习，最终形成终身体育的运动意识。

4 高校体育舞蹈公选课实施路径的优化

4.1 控制练习速度，加强讲解细节

在 OBE 理念的指导下，通过学习环境中的指导与协作，体育舞蹈学习环境理论应当反复强调教学的支持性作用，学生在学习过程中需要通过对教师的深入模仿并理解来加强学习体验。从问卷调查的反馈结果来看，学生对于肢体的模仿练习尤为在意，而且对教师的讲解速度普遍保持在一个中下水平的需求。同时，学生在调查中反映，对自身协调性的练习手段尤为看重，对于单部位的肢体运动，学生的接受度普遍较高，但对于多区域的联动，就常常是力不从心的。因此，教师应当在讲解体育舞蹈基本功和套路练习时，及时注重学生的实时学情反馈。对于不同的肢体练习，通过和学生的沟通和自我专业知识的判定，采取适时的教学节奏，从而让学生在保持自我行动力的同时，能以较少的压力感来保持对新知识的学习与探索。

4.2 促进学习沟通，动态调整氛围

体验式学习不同于传统体育教学，其更加强调学生的实际参与感，由课后学生的学习反馈可知，学生容易在与同伴的沟通和彼此的了解中感受集体的力量。通过这种教学模式，学生会被不断鼓励，投入热情，并积极主动地参与到体育运动当中。例如在华尔兹、伦巴舞等双人练习中，彼此可以互相借力，从而展现出比单人力量更优美的肢体造型。同时，舞伴之间还可以互相讨论位置关系、重心移动和牵引状态等双人技术。因此，体验式学习能够激发大学生的体育学习兴趣，体验体育运动带来的乐趣。教师应当在教学过程中，依据教学任务的不同，适当组织学生增强彼此的信息交流和学习感悟的分享。在学生对自己的技能、特长、不足有所了解后，教师要营造积极的学习氛围，让学生在集体氛围中不断接受反馈信息，从而调整自我，进而提高自身技能。

4.3 注重课后练习，优化指导内容

通过对比学期前后的调查数据可以发现，虽然学生在课堂上学习体育舞蹈的身体动作

后，对体育舞蹈产生了一定的兴趣，但由于缺乏具体可靠的指导，其对于课后如何持续保持学习需求仍存在疑惑，久而久之，就仅限于表面上的浅显学习。在OBE理念教学设计中，反馈结果显示教学情境会引发学生的紧张状态，主要表现在两个方面：一是认知结构上的紧张状态，因为学生已有的舞蹈知识还不足以解决所面临的体育舞蹈动作协调等问题，这就必然引发认知结构上的不平衡；二是认知态度上的紧张状态，认知结构上的不平衡势必引发内心的紧张情绪，从而导致心虚、更加学不好的情况。只有当他们原有的舞蹈认知与体育舞蹈的动作发生联系之后，才可能形成一种具有确定方向的动力。正是从这个意义上说，以课后具体可靠的学习指导为核心的教学手段，才能形成有效教学行为的潜在影响。

4.4 线上开阔视野，线下实践互动

如今由于网络资源的便利性，越来越多的学生可以通过通信设备直接观赏到大量体育舞蹈的表演和竞赛视频。但如何系统且有针对性地学习和鉴赏舞蹈视频，需要有专门的理论知识来指导。而且调查结果显示，学生在整理课堂的实践性知识和理论性知识时，缺乏对自身所总结经验的验证手段。因此，教师应当鼓励开设相关的课后兴趣小组，在学生接触体育舞蹈网络资源时，及时给予科学合理的指导性意见。同时，教师应引导学生的讨论内容走向开放状态，从而达到个性化培养的目的。

5 结语

基于OBE理念的体育舞蹈公选课教学优化研究，以提高学生的学习体验为目标来完善体育舞蹈公选课的教学目标，反向设计教学内容和教学方法，注重教学内容所带来的实时反馈，全面提升了教师的教学能力、学生的沟通能力和学习能力。以成果为导向的OBE理念在体育舞蹈公选课中的教学研究，帮助教师培养具有建构主义的教育观，突出实事求是的教学思维，提高了学生的自主学习能力、身体协调能力和合作能力，改变了传统体育舞蹈公选课教学中的弊端，提高了学生学习的参与度，从而提高了整体的教学质量。

参考文献

[1] 李雷,王卫,李龙.体育舞蹈的健身价值及在我国高校开设的必要性探讨[J].北京体育大学学报,2003(6):814-816.

[2] 郭建鹏,杨凌燕,史秋衡.大学生课堂体验对学习方式影响的实证研究——基于多水平分析的结果[J].教育研究,2013,34(2):111-119.

[3] 刘凤梅.OBE理念下高校公共体育课教学改革的研究[J].当代体育科技,2017,7(34):5-6.

[4] 韩晔.大学生体质健康与心理健康相关性研究[J].体育学刊,2008(5):61-63.

[5] 李丽.基于OBE理念的普通高校健美操选项课教学改革研究[J].体育世界(学术版),2020(1):156-157.

基于OBE理念的高校排球课程练习动机的优化研究

李智娴 叶治琨

摘 要：在练习成果评定的基础上，OBE理念通过反馈机制给学生创设具有针对性的练习环境，从而推动学生学习能力的提升。基于OBE理念的高校排球课程优化改革，应深入研究练习策略与练习效果之间的关系，以及练习动机对两者关系的影响，从而设定课程优化方案的标准，确保高校排球课程的练习成果。本文采用观察分析法、文献资料法和逻辑分析法进行相关研究，结果表明：高校大学生选择不同的排球练习策略，对排球实践练习效果的提升程度有所不同；同时，练习策略与练习动机之间存在着交互效应，共同对高校排球课堂练习的效果产生影响。

关键词：OBE理念；高校排球课程；练习动机；调节效应

1 引言

排球练习能否达到比较理想的练习目标，与是否采用有效的练习策略联系紧密。练习策略是指练习者为了达到练习目的而主动采取的策略，包括各种练习步骤、方法及手段等。进入大学后，参与排球课程的许多学生已经掌握了一些排球练习方面的策略，但是不能确定哪种练习策略更有效，而且排球练习策略的使用也存在不稳定性。因此，笔者通过对OBE理念的深入探讨研究认为，排球课程设计也可以遵循反向设计、清楚聚焦、扩大机会和提高期待的原则。学生的练习成果不仅应包含学生所掌握的排球技能知识以及相关理论，也包含在此练习期间的价值观和相应的动机因素。这需要教练和任课老师深入了解学生的心理特点，尽量避免学生在练习时利用策略产生各种不适应。以人本主义为核心思想的练习心理学认为，练习过程是发挥潜能和实现自我的过程。任何理论知识的实践练习都需要兴趣，兴趣是激发练习动机、促进练习者勤奋练习的因素。因此，动机被认为是直接推动练习者持续不断地投入练习的内在动力。在一定条件下，动机与外部因素协调，能激发学生的练习热情，对学生的排球练习过程产生重要影响。有研究表明，练习策略的运用得当与学生往后练习的积极性有显著的正相关。因此，作为大学排球教师，需要帮助学生结合自身的行为特点来选择相应的练习策略，评价练习策略的使用效果。本文主要研究以下问题：①OBE理念如何对高校排球课程产生影响和作用；②如何运用练习动机来优化高校排球课程的实施。最后，在OBE理念的指导下，运用上述问题的结论来研讨高校排球课程的优化方案。

2 基于 OBE 理念优化高校排球课程的依据和可行性分析

2.1 练习成果导向的调节效应

OBE 理念关注的是成果导向，而当代大学生的运动需求呈现多样化发展的趋势。因此，学生在排球练习的过程中，会根据教材的要求产生适应性的练习动机。据此，教师在开始阶段安排教学内容时，应当针对排球水平和基础不同的学生创设个性化的练习目标。通过评判差异性的教学方法所对应的学习成果，以学生的身心发展为依据，针对性地调节教学内容以适应学生的进一步发展。例如，排球教学在开始阶段往往以某一项或几项单个动作技术学习为练习成果目标，进行教学并贯穿练习过程，这样的内容安排无疑对身体素质较好的学生过于简单和枯燥，缺乏挑战性。由此看来，在高校排球课程的教学中，教师应当先对不同基础的学生进行甄别，并通过沟通了解的方式，对不同水平学生的学习动机进行分类，确立不同水平学生的学习目标，进而根据相应的教学效果，帮助每类学生根据排球课程练习动机来设计挑战并完成自我实现，从中优化练习策略，从而促进练习动机的增长。

2.2 练习成果评价的个性化

在高校排球课程考核方式和标准上，OBE 模式更注重考核的过程性、适应性、导向性。以前传统的练习成果评价方式是终结性和片面性的评价，考核评价的主体是教师，这种对学生练习行为的评价方式简单易操作，具有一定的权威性，但缺乏适应性和针对性，不能很好地激发学生的练习动机，除了用同学之间互评和自评等手段进行补充和完善外，对三种评价方式运用的时机进行把控也尤为重要，这样才能够加深学生的自我认识，使其达到参照标准或完成自我超越。本文对学生的练习成果评价方式有形成性评价、终结性评价、学生自评和同学互评四种。教师可将这四种评价方式有机结合，形成多元性的评价模式，进而反馈到学生的下次练习过程中，从而培养学生的评判力与自我修正能力。因此，在高校排球课程中，对学习成果的评价标准应针对不同水平的学生，制定不同内容的评价过程及修正后的效果评定。

2.3 练习动机提升为本位

OBE 理论强调知识的整合，即通过一段时间的课程学习并实践练习后所能达到的最佳能力。教师除了教授学生基本的排球知识，还要帮助学生形成对排球运动的深刻认识。例如指导学生观看各类排球比赛，引导学生经常关注各类排球运动报道，在课堂上乐于看到有些学生积极分享各类排球知识，促使学生反复学习排球基本技术等。教育的目标应是提供给学生以方法，促进其练习动机的提升，从而帮助其更好地提升的运动能力。因此，高校排球课教师在确立教学目标时应当注重引导学生运用科学的方法进行学习兴趣的培养，在价值观培养和相应的情感因素培养方面，对"中国女排""郎平""中美对抗赛"等排球历史上经典的事件和人物，以"讲好排球故事"的形式在课堂教学中呈现，有助于激励学生练习过程中的奋斗精神。

2.4 高效练习环境的创设建造

以学生为中心来设计和实施教学方案，是 OBE 理念的核心思想。学生的课堂表现为在排球练习过程中参与重复训练、积极发现自身问题、与老师同学互动。一般来说，排球练习动机强的学生在课堂上表现也会很好。教师应以学生都能够精熟地掌握练习内容为目标，提高对学生练习效果的期待，并为学生提供一个适宜的学习环境。除了让学生体验排球运动的竞争性，高校排球课程还应当为学生提供重视合作学习的环境。例如，教师可以在课前对学生进行学习兴趣和喜好的培养，并根据学生排球实力水平来分组安排排球团体比赛；教师还可以提供和创设适宜的比赛环境让学生自主进行合作学习，在这个比赛的过程中，不同技能水平的学生可以建立良性的互动关系，并积极提升自我专业水平，进而形成良好的团队协作意识。

3 基于OBE理念优化高校排球课程练习动机的改革措施

3.1 确定练习成果，策略联动效果

在以兴趣为中心的练习动机驱动下，学生学习排球并展开练习的目的是体验运动所带来的快乐，积极地与外界交流，包括主动练习、合作练习和对抗练习等，所以练习动机的作用主要体现在对练习策略与练习效果关系的调节上。在OBE理念的指引下，整个练习过程是反向设计和正向实施同步进行的，通过兼顾学生能力、运动行为和个人特征。首先，教师应当清晰地整理归纳出学生练习效果的成效蓝图。然后，教师应当观察和分析蓝图的顶峰成果和低效行为的区别，制定可持续发展的练习策略。在学生能力判定方面，主要体现为以个人身体综合素质、排球学习球龄和技能练习掌握度为目标，以期待能对学生的练习水平给出一个合理化的解释。在运动行为方面，主要体现在学生是否能够运用科学规范的练习手段，紧跟老师的教学节奏，在练习效果上不断地提升自我。在个人特征方面，主要体现在课余时间对世界和中国排球发展历程、排球项目规则和相应体坛故事等知识的了解。

3.2 强化练习动机，合理构建体系

对于大学新生而言，首次接触较为全面的排球学习，往往对其各方面的知识都存在认知体系不够清晰等问题，这就需要教师在教学前对学生进行理论知识教学，并辅以实际的指导练习，从而加深学生对排球运动的认识。例如，学习排球可以促进身体的血液循环，提高身体的平衡性，增强自身的心肺动能，同时对人际交往也具有一定的促进作用。又如，向学生描述将来持续学习并参加排球比赛的良好前景，不仅对学业奖学金的评定等个人发展具有促进作用，而且还能增强个体自信心、进而促进团队协作能力的提升。如此一来，不仅能达到教学的目标和初衷，还可以提高学生对排球学习的主动性。在OBE理念下，排球运动中每一项能力的构建，都应当在课程体系的构架下对教学内容进行清晰的梳理。针对学生达到的学习成果目标，结合学生的练习动机和兴趣点，教师应当设计相对匹配并具有一定难度的练习内容。通过对教学内容的整体把握，并结合教师以往的教学经验，前半段课程应当注重学生学习动机积极因素的培养和运动能力的夯实积累，重点在于排球基础能力的提升，后半段课程注重引导学生主动练习和正确运用策略性的练习方法，重点在于不同技能水平发展中解决难题能力的提高。

3.3 设定考核评价，优化课程标准

根据当代大学生的身心发展特点，在对其进行适当的鼓励后，学生在众人面前展示自己的能力时，普遍呈现积极的态度。因此，教师在排球教学的考核评价中，应牢牢抓住学生的这一特点进行积极的心理暗示，引导学生积极参加排球类的各种比赛。依据OBE的

理念标准，教师应当注重学习成果的质量和个人进步的背后动机，评价体系标准应当以自我的超越为首要因素。在高校排球课程中，技术考核的标准制定要根据学生不同的练习水平及其初始阶段能力的涨幅进行有针对性的评价。另外，教师还应充分考虑学生的个体差异，包括其以前所在学校的运动氛围、家庭因素以及个人爱好等方面，可从理论学习和练习动作完成情况等方面进行综合考核评价，制定个性化的评价内容和评价方法。最后，教师务必尊重学生的学习成果，不主观随意地进行考核评定。通过优化课程标准，使学生从多方面、多维度获得学习的成就体验感。

4 结语

兴趣是引导成功练习的重要因素，高校排球课堂教学也是如此，只有充分调动学生的练习动机，才能确保课堂教学的顺利展开，从而达到良好的教学效果。在OBE理念指导下，高校排球课程的优化措施主要有确定练习效果及其对应的练习策略；其次，考虑学生的练习动机，构建合理的排球课程反馈体系；再次，构建具有针对性的练习评价机制，重视排球课堂的练习实施过程，坚持学生的主体地位，充分激发学生在排球课堂上的练习动机。在体验排球课堂趣味性的同时，加深对排球运动技术体系的理解，进而有效提升学生的学习积极性与课堂教学效果。

参考文献

[1] 张荣华，康旋，彭文波，等. 大学生英语学习策略使用特点及发展趋势研究 [J]. 心理发展与教育，2008 (3)：94-99.

[2] 郑金芳. 大学新生英语学习策略浅谈 [J]. 现代职业教育，2018 (34)：148-149.

[3] 刘铮，李健康. 运用OBE理念优化高校体育课程的策略——以乒乓球课程为例 [J]. 教育理论与实践，2021，41 (9)：58-61.

[4] 张玉玲，杨效国. 浅谈激发学生体育学习动机的有效策略 [J]. 吉林教育，2017 (14)：126-127.

[5] 戴红，蔡春，黄宗英. OBE理念下三全育人理论与实践 [M]. 北京：知识产权出版社，2019.

基于 OBE 理念的应用型高校思政课实践教学模式构建路径探析
——以广东理工学院为例

庞明明 王 玲

摘 要：思政课是高校落实立德树人根本任务、发挥铸魂育人功能的关键课程，其不仅有政治维度、理论高度、思想深度，还有很强的实践效度，应用型高校更不例外。因此，积极创新思政课实践教学方式，自觉将 OBE 理念运用到思政课实践教学之中，对应用型高校提升思政课教学质量和效果、培养大学生理论联系实际的能力大有裨益。本文立足广东理工学院应用型本科院校实际，围绕教师、学生和教学设计三个方面梳理学校思政课实践教学现状，从主体、目标、过程三个层面分析 OBE 理念融入思政课实践教学的必要性，试图在 OBE 理念指导下探索构建以学生为中心、以成果为导向、以持续改进为原则的新的思政课实践教学模式，以助力学校应用型、技能型、创新型人才培养。

关键词：OBE 理念；应用型高校；思政课；实践教学；路径

实践教学作为高校思政课行之有效的教学方式之一，愈发受到思政课教师的青睐。习近平总书记指出："要坚持理论性和实践性相统一，用科学理论培养人，重视思政课的实践性。"作为一所应用型本科院校，广东理工学院承担着为党和国家培养德才兼备、知行合一的应用型、技能型、创新型人才的历史重任，对此，思政课的作用不可或缺。因此，新时代下，全面分析学校在思政课实践教学方面存在的突出问题，深度剖析 OBE 理念融入思政课实践教学的重要性，进而探索构建符合学校办学定位及人才培养目标的新的思政课实践教学模式，就显得尤为必要。

1 应用型高校在思政课实践教学方面存在的问题

作为应用型高校，近年来，广东理工学院不仅提高了对思政课建设的重视程度，而且加大了对实践教学人力、物力、财力的支持力度。例如，学校修订并实施了"毛泽东思想和中国特色社会主义理论体系概论"课程新的教学实施方案，明确将该课程实践分为校外实践（8 学时）、校内实践（8 学时）、暑期实践（16 学时）三大环节，每个环节都要求学生全员参与、教师全程指导，且每个环节都要提交实践作品，切实将"毛泽东思想和中国特色社会主义理论体系概论"课 32 个实践学时、2 个实践学分落到了实处，取得了良好的教学效果。但是综观该课程在校教学的具体情况来看，我校在思政课实践教学方面还存在一定的问题，主要表现在以下三个方面。

1.1 教师方面：部分教师教学理念落后，忽视 OBE 理念在思政课中的作用

思政课教师是思政课堂上传道授业解惑的主导力量和第一责任人，其教育教学理念是否先进，直接关系思政课教学质量的高低。习近平总书记指出："思政课作用不可替代，思政课教师队伍责任重大。"然而，由于思政课是理论性、思想性、学理性很强的科目，又加上少数思政课教师没有接受过系统的专业教育、师范教育，难免出现理论知识薄弱、教学经验和教学创新能力不足、教学方法单一、教学理念落后等突出问题，更多采用填鸭式教学、灌输式教学等传统教学方法，忽视案例教学、实践教学，不会灵活运用甚至排斥 OBE 理念，坚持以教师为中心，不注重发挥学生的主观能动性、创造性，严重忽视学生的中心和主体地位，在一定程度上降低了思政课的教学质量和效果。

1.2 学生方面：部分大学生参与思政课实践教学活动的积极性不高

当前，随着大学生人数暴增，就业压力越来越大，很多大学生的学习目的非常明确——学好专业技能、增强就业本领、提高竞争实力。而这些需求是思政课不能直接给予的。因此，作为应用型本科院校的大学生，很多大学生只注重专业课，主观上片面认为思政课是"副科"，专业课是"主科"，学好专业课才是王道。因此，教师在组织思政课实践教学活动时，很多学生不是自觉自愿参与的，而是为了提高平时成绩、获得实践学时被动学习的。甚至有些学生不把实践教学活动看作提高思政课教学效果的重要手段，而将其看作一种负担、一种折磨。因此，他们在参与思政课实践教学活动时就会显得主动性、积极性不高，难免存在走过场、走形式、不走心的现象。即使个别学生对思政课感兴趣，在课堂上也会存在看不懂、听不进、悟不出、学不会的情况，久而久之，原有的一点兴趣也会消失殆尽。

1.3 教学设计方面：没有坚持 OBE 理念的产出导向原则，不能做到有的放矢

高校思政课和专业课最大的不同之处在于，专业课是帮助学生成才的，而思政课是帮助学生立德的。广东理工学院作为一所应用型本科院校，其目标就是要把学生培养成适应现代化建设需要的技能型、创新型、应用型人才。然而，部分思政课教师不能准确把握学校的人才培养目标，不能根据 OBE 理念的产出导向原则精心设计、组织和实施实践教学活动，没有做到有"的"放"矢"。甚至一些教师盲目放"矢"，根本不依据人才培养目标组织教学，更不注重解决学生"知、信、行"的问题，导致学校培养出的部分大学生不能做到德才兼备、知行统一，这既不符合学校应用型办学定位和人才培养目标，也不符合时代发展需要，严重降低了学校人才培养的质量。

2 OBE 理念融入应用型高校思政课实践教学的必要性

OBE（Outcome-Based Education）也称成果导向教育，是 Spady 在 1981 年率先提出来的一种"以预期学习成果为中心来组织、实施和评价教学，以学生为中心，以成果为出发点和导向的教学模式"。由于模式合理、理念先进、效果显著、评价良好，故该理念广受关注。2016 年我国正式成为《华盛顿协议》会员后，针对 OBE 理念的相关研究迅速在国内扩展开来。应用型高校想要有效提升思政课教学效果，就要积极将这种在实践中经受过检验的科学教育理念——OBE 理念融入实践教学。

2.1 在主体上，OBE 理念坚持以学生为中心，有利于促进大学生全面发展

众所周知，以往的教学活动基本以教师为中心，严重忽视了学生作为受众主体的中心

地位，思政课也不例外。然而，OBE 理念引入我国之后，逐渐打破了这一传统，开始"倡导以学生为中心，注重学生内在需要，实现学生的全面发展。"作为应用型高校，广东理工学院要想高质量完成为党育人、为国育才的历史任务，培养出德才兼备、知行合一的高素质人才，必须紧跟时代发展潮流，自觉将 OBE 理念融入学校思政课实践教学全过程，自觉将教学活动的主体从教师转向学生，明确以学生为中心开展思政课实践教学活动，使教学活动切合学生学情，照顾学生需要，依据学生成长发展需求设计教学环节、教学内容，从而促进学生全面发展。

2.2 在目标上，OBE 理念坚持以成果为导向，有利于培养大学生综合能力

育人是思政课教学的重要任务，培养德才兼备、知行合一的技能型、创新型人才是应用型高校的育人目标。怎样实现这一育人目标，是思政课教师在实践中必须要思考、解决的重大理论和实践问题。OBE 理念的兴起为应用型高校思政课教师解决这个问题提供了答案。OBE 理念坚持以成果为导向，所谓成果是指学生在经历了学习以后所表现出的预期的学习结果，成果并非心中的态度或价值观念，而是指内化后的知识在实际中的真实应用。也就是说，一切教学活动都要聚焦学生受教育后能够获得什么能力、技能这个问题。广东理工学院作为应用型高校，十分注重学生实践能力的培养。因此，学校思政课教学也必须同人才培养目标相适应，切实将 OBE 理念融入思政课实践教学，树立成果导向、目标导向，在实践教学中预设产出结果，并根据产出结果逆向设计教学目标、方案、内容及实施步骤，有针对性地开展思政课实践教学，做到目标精确、有"的"放"矢"，从而最大限度地助力学生综合能力、实践能力的培养。

2.3 在过程上，OBE 理念遵循持续改进原则，有利于提高思政课实践教学效果

持续改进原则是 OBE 理念遵循的基本原则。思政课实践教学内容不是一成不变的，思政课建设也不是一劳永逸的，思政课实践教学活动更不能与时代发展脱轨。因此，思政课实践教学必须与时俱进，思政课建设必须遵循持续关注、持续改进、持续发展的内在要求。作为旨在培养应用型人才的本科院校，广东理工学院十分重视思政课实践教学在育人方面发挥的保驾护航作用。当前，时代发展瞬息万变，新事物、新业态、新技术层出不穷，因此，学校必须充分认识到思政课建设发展的时代性，在实践教学过程中必须紧密结合时代发展变化，在人才培养的全程都要注重发现问题、瞄准问题、分析问题、解决问题，促进思政课实践教学内容、形式始终同时代齐进步、共发展，不断增强思政课实践教学吸引力，进而提升实践教学效果。

3 OBE 理念下应用型高校构建思政课实践教学模式的科学路径

新时代下，为了提升思政课实践教学的实效性、吸引力，必须结合时代发展对其进行改革创新。针对应用型高校思政课实践教学中存在的突出问题，积极在 OBE 理念指引下寻觅探索、构建新的实践教学模式科学路径，已成为当务之急。

3.1 坚持以学生为中心，按照"三三制"原则开展思政课实践教学

OBE 理念主张教学要坚持以学生为中心，这是教育领域的一大变革。包括应用型高校在内的众多高校思政课，以往都坚持以教师为中心，教学活动一般采用的是教师向学生单向灌输相关知识，学生只是被动参与学习，主体性不能得到发挥，思政课教学效果欠佳。新时代下，应用型高校要积极引入 OBE 理念，做到以学生为中心，按照"三三制"原则

开展思政课实践教学。

"三三制"中的第一个"三"是指按照"课前、课中、课后"三大教学阶段组织实践教学。首先，课前预习、自我实践。学生通过自学教材、收集资料，激发学习主动性。其次，课中互动、参与实践。老师将理论化的知识点与社会现实结合起来，使理论活起来，引导学生积极参与课堂实践，激发学生学习热情。最后，课后总结、付诸实践。引导学生将所学知识内化于心、外化于行。

第二个"三"是指通过"课堂实践、课外实践、网络实践"三大实践形式开展实践教学。首先，课堂实践是核心。教师或通过运用与主题相关的视频、图片等资源讲解理论知识，或针对相关主题进行小组讨论或辩论，或让学生结合时事政治、社会民生等分享自己的所见所闻、所思所想，从而增加课堂吸引力。其次，课外实践是关键。组织学生开展社会调研、参观学习等活动，将理论与实践相结合，从而提升教学效果。最后，网络实践是补充。引导学生观看各大学习平台的精品在线开放课程，开展网络实践学习。

"三三制"原则改变了以往只注重"课中"一个教学阶段、"课堂实践"一种实践形式的不足。然而，无论在哪一个教学阶段、采用哪一种实践形式，教师都要把自主权交给学生，充分发挥学生的主观能动性，因为"学生越能发挥主观能动性，就越能体现教师发挥了主导作用"。因此，只有在思政课教师全程指导下，在"三三制"原则保障下，学生的主体性、主观能动性才能得到充分发挥，实践教学效果才能凸显。

3.2 坚持以成果为导向，按照"知、情、意、行"四大核心目标培育时代新人

在思政课实践教学过程中，以往大多数教师按照"教学内容—教学方法—育人目标"的顺序来组织实践教学活动。然而，"OBE理念要求多维审视学生学习成果，以'产出导向'为价值遵循，反向对课程建设进行规划"。因此，为了实现应用型人才的培养目标，应用型高校必须在OBE理念的指导下，毫不动摇地坚持以培养具有知（渊博知识）、情（深厚情怀）、意（坚定信念）、行（实践能力）四大核心素养的时代新人为最终导向和成果，在思政课实践教学过程中，严格按照"育人目标—教学内容—教学方法"的顺序反向设计和组织开展实践教学。唯有如此，才能最大限度地实现学校的育人目标。

3.3 坚持以持续改进为原则，建立健全应用型高校思政课实践教学评价机制

对思政课实践教学而言，教育主体、客体、中介以及教学内容、方法、手段都是发展变化、动态调整的，这就要求思政课教师必须根据当时当地的具体情况对实践教学内容、方法作出改变，对教学过程中出现的各种具体问题作出积极回应并提出解决方案。OBE理念强调，教育教学并非机械教条的静止模式，而是动态联系、持续优化的目标达成过程。因此，应用型高校在对思政课实践教学评价时，必须改变以往只注重教学内容是否正确、教学方法是否得当、教学形式是否丰富等传统指标的态度，而要基于OBE理念，立足"持续改进"原则审视、评价思政课实践教学，重点关注课程价值目标是否实现以及实现的程度、学生对理论知识的掌握以及理论联系实践能力提升的程度。同时，要在思政课实践教学内容、实施过程、效果反馈中，不断发现新矛盾、新问题，探索建立思政课实践教学"评价—反馈—改进"良性循环的评价机制，推动实践教学提质增效。

作为一种先进的教育理念，OBE理念已经广泛应用于教学实践中。广东理工学院作为一所旨在培养应用型人才的本科院校，其在开展思政课实践教学过程中也要深度学习、借鉴和运用OBE理念，坚持把"成果导向、学生中心、持续改进"融入思政课实践教学，

努力实现教师主导性与学生主体性的统一、知识传授和价值引领的统一,使思政课成为学生满意的"金课",为学校培育具有"知、情、意、行"素养的应用型新人贡献力量。

参考文献

[1] 习近平.在学校思想政治理论课教师座谈会上的讲话[N].人民日报,2019-03-19(1).

[2] 李丽.基于OBE教育理论的"思政课"实践教学改革探索[J].太原城市职业技术学院学报,2018(8):88.

[3] 高杨.基于OBE理论的高职思想政治理论课教学模式探索[J].绿色科技,2021(8):254.

[4] 陈万柏,张耀灿.思想政治教育学原理[M].3版.北京:高等教育出版社2015:148.

[5] 徐媛,张蕴.OBE理念下高校思想政治理论课建设存在的问题及解决路径探究[J].重庆电子工程职业学院学报,2021(4):127.

OBE 理念下思政课程实践育人实践性研究

张 锐

摘 要：成果导向教育（OBE）理念的实践应用需要学校多方面、多层级的密切合作，其中思想政治教育起着至关重要的作用。OBE 理念针对课程教学改革，从教学内容、教学活动、教学方式等方面提供多元化的实施方案。其中，针对影响实践教学效果的主要因素，课程组提出重视学生的早期学习和教育、重视学生的获得感、注重发挥学生主体作用、提高教师积极性和能力水平的改进措施，增强思想政治理论课实践教育的实践效果。

关键词：OBE 理念；实践育人；实效性

高校思想政治理论课的实践教学是促进大学生思想理论与具体实践相结合的重要环节，也是高校实践教育的重要组成部分。近些年，教育部对思想政治课教学作出新的部署，对课程实践教学提出新的要求。在近几年的教学过程中，在改革思路基础上转变教学理念，探索运用成果导向的教育理念指导思政课教学，注重发挥学生的主体作用，提高了学生学习的积极性，使学生的综合素质得到了有效提高。

1 OBE 理念的界定

成果导向教育（Outcome-Based Education，OBE）理念的实施需要各级学院的密切配合，其中思想政治教育发挥着重要作用。OBE 理念的核心要义为以学生为中心、成果导向、持续改进。在专业认证中，OBE 理念通常被具化为 5 个"度"，用来衡量人才培养机制的有效性。OBE 理念坚持以学生为中心，锚定学习成果，通过对教育教学的全面保障和精细评价实现持续改进。美国工程技术教育认证委员会提出的学位认证标准包括与多学科团队合作的能力、确定规划和解决工程问题的能力、了解时事的能力等。《国家中长期教育改革和发展规划纲要（2010—2020 年）》（下称《纲要》）中指出，教育要以能力培养为重点，加强学生学习、实践、创新能力的培养。对新式人才的追求是现阶段发展中所追求的重要一环。党的十九大报告提出，"要全面贯彻党的教育方针，落实立德树人根本任务，发展素质教育，推进教育公平，培养德智体美全面发展的社会主义建设者和接班人"。因此，强化社会责任、提高创新合作能力也成为思政课最为重要的课程实践目标，通过对课程实践教学环节的改变，实现将 OBE 理念贯穿于实践教育、政治教育之中。

2 适用 OBE 理念的实效性分析

在现有的教学过程中，教师一般发挥主导作用，边教边学。教师设定教学内容，学生循序渐进地学习。如今，学习成果导向教学改变了以往的教学方式，学生应该学什么成为教学实践的中心要点。教师需要从讲师转变为学习过程的推动者。教师成为课程转型过程中的核心要素，课程改革的关键在于对课程的解读和具体的实施方案。例如，"思想道德与法治"课程的教学目标是培养学生形成正确的人生观、价值观、道德观与法治观。这些目标如果仅仅依靠课堂教学是难以实现的，需要学生在体验、实践中实现理论的内化。本课程基于OBE理念，实现教学内容生动化、教学活动情境化、教学手段多样化的同步实施和糅合，最终推动教学实践的发展和相关知识理论的落实。

2.1 教学内容生动化

注重教学内容生动化是指在OBE理念的指导下，结合人才培养体系来进行新式人才的培养。按照先构思、再设计、后操作的顺序，以协同化育人、家庭化培养、个性化指导为要求，进行实践人才的综合培养和发展。在实践人才培养体制改革的过程中，思想课程教学需要进行系列的教学改革尝试，尤其涉及教学内容的更新与发展。现阶段想实现教学内容的成果导向，必须策划贴近学生生活和学习的活动指南。例如，开放式教学的适用。这必然有利于教学内容的趣味性提升，通过内容的改善更有利于实现学生学习和实践的连接，从而激发学生主动学习，实现学生的主动发展。

2.2 教学活动情境化

注重教学活动的情境化在思政课程教学中的应用，教师引导学生用不同的方式创设教学情境。实践教学是在现实中实践人才缺乏和需求量大的背景下产生的，在实践教学过程中，需要科学引导学生进行前、中、后三个阶段的学习和发展。首先，让学生在实践教学前对教材内容有初步了解，并结合生活实际，以合理科学的方式引导学生走近教学课堂，进入课程内容的教学环节。良好的开端对实践教学起着关键的作用。其次，让学生在课前了解法律法规和社会规则在日常生活中的适用性及普遍性。在上课过程中，教师通过网络搜到具有代表性的案例，呈现在课堂上，并组织全班学生进行分组讨论，之后进行小组轮流发言，然后才是教师总结并讲解课程教学内容。这两种实践方式的目的是在课堂上传授理论知识之前，让学生有真实的生活体验，通过学生直接的生活体验来引入知识。这有利于知识的迁移、内化和应用，使学生的认识从感性逐步提高到理性，从现象逐步提高到本质。教学活动的情境化是教师创设具体的、真实的教学情境，让学生融入真实的社会生活环境，在行动学习中观察、感知、体验、思辨，让学生通过学习间接经验，学到现实生活中应掌握的一些经验。教师应认识到，对于理论和实践的学习和方法。只有将理论与实践进行有机融合，才能进一步提高课程教学效果，增强实践教学理论的适用性。

2.3 教学手段多样化

发挥教学手段多样化在课程教学中的作用。在网络化发展的当今时代，"互联网+"时代教学资源、教学媒体的改革发展成为时代教学的研究重点。2020年新冠肺炎疫情的发展，进一步加速了传统教学在线教育理念和教学方式的改变，拓宽了教学实践途径。创建线上线下混合式教学模式成为当前疫情常态下高校教学的一种必要选择。线上线下的混合式教学过程一般包括呈现、体验、再现、反思四个环节。它强化了互动式教学的课堂设计，加强了师生之间的互动，实现了传统课堂观念的改变。以互动对话为主的混合课堂和"以学生自主学习为中心"的教学模式成为"线上+线下"的主要核心观念。这种教学模式便于学生利用碎片化时间去实现对教学内容和资源的发展，从而激发学生主体的主动性和能动性，对不同类型的学生提出不同的指导方案，更有利于学生独立思考能力的培养，从而实现分层教学，满足学习需求差异化、教育手段多样化的要求，也更有利于教学方式的发展。

总之，在 OBE 理念下的思政课程的发展，善于将整个课程体系与教学目标设计有机结合，学生从始至终在活动中学习，并且将掌握知识与培养能力形成一个有机整体，不仅可以培养学生的学习能力和分析解决问题的能力，而且能够提升学生的沟通能力和团队协作能力。

3 思政课实践育人实效性增强的措施

通过思政课程教育实践活动发现，学生和教师是影响教育实践效果的主要因素。其中教师的投入水平会对教育实践的效果产生较大影响。因此，我们需要从教学客体（学生）和教学主体（教师）两方面提出有利于提高思想政治教育实践成效的建议。

3.1 强化学生在实践过程中的参与感

强化学生早期动员和教育，尤其是增强学生对实践活动的重视程度，对于提高教学质量具有重要影响。学生对实践活动的重视反映了他们对理论实践活动意义的认识。学生越重视实践活动，越可以从中理解实践对自身发展的重要意义，在实践过程中的收获也就比其他人多。作为思政课教师，在实践教学中，首先要注重实践活动的质量，其次还要重视教学前期对学生的动员和鼓励。例如，在实践活动开展之前，让学生明确实践与理论以及实践活动与教学目标之间的关系，让学生认识到这种思政课程实践的基本意义和社会价值，从而增强学生对实践内涵的认识。

在长期参与实践的过程中，也要更加注重学生的获得感。教师只有不断研究思政课的教学规律，同时了解学生的专业特点及学习兴趣，才可以调动学生参与实践活动的积极性和主动性。通过对实践教学的科学设计，丰富其内容和形式，让学生在参与中体验成就感。一方面，要结合专业科目的实践内容，产生丰富的课程内涵，进一步将学生兴趣与思想政治教育目标结合，推动学生的改变。另一方面，整合现有多种资源，实现资源的合理配置，从而实现科学性实践教学。在高校教学过程中，发动学生参与各种校园服务，以丰富多彩的实践活动调动学生参与的积极性，让学生在实践过程中真正有所收获。

3.2 重视实践过程中发挥学生的主体作用

注重学生在社会实践过程中的主体性。在社会实践过程中，思政教师应采取相关措施来调动学生参与实践活动的主动性。例如，在实践初期，教师在做好实践教学的准备和规划的同时，提前做好学生参与实践活动的动员工作，使学生根据自身的条件来设计相关社会实践的步骤，推动社会实践活动的具体实施；在实践过程中，教师应提醒各实践小组对成员的工作分工，让每个学生都能承担相应的责任与义务，明确阶段发展的要求；在总结阶段，针对社会实践的结果和过程进行深入总结，也督促各实践小组分析本小组在实践过程中存在的不足，及时吸取经验教训，并总结各小组的心得与收获，在全班集体分享，以利于此后实践活动的顺利进行。

3.3 增加思政课程实践内容的实践性

思政课程的实践性关乎实践教学的成败，所以必须慎重选取思政课程实践教学内容。传统的思政课程实践往往以传统单一的方式作为实践教学的重要选择，如实践报告、参观实习等，这样的传统方式降低了学生对思政课程的期待性。随着科技的快速发展，人类获取信息的途径更加多样，再以传统方式进行思政实践教学已经无法满足学生的现实需要，因此教师可以尝试对课程思政的教学实践内容和方式进行改变。

例如，可以引进 VR 技术融入思政实践教学领域。个人建议可以推进 VR 思政课堂建设。VR 思政课堂为思政实践教学解除空间和时间的限制，使学生可以穿越空间、时间，通过虚拟情景来深刻理解思政实践教学的相关知识点。此外，VR 思政课堂也可以进一步提高学生对实践教学的兴趣，并且可有效激发学生的学习主动性，提高实践教学的实际意义。

3.4 指导教师应积极提升自身能力

提高指导教师的积极性和能力水平是实现实践教学核心的关键。思政教师不仅是大学生思政教育的推动者，也是整个思政课程实践教学中的知识领路人。要想实现对实践教育的有效性提升，教师指导程度起着至关重要的作用。因此，学校可以通过政策的指引，调动思政教师在实践教学中的积极性。例如，通过将实践指导的指标作为教师指导学生学习工作的一部分，同时可以将其列为教师职称评定的重要依据，激励性措施促使指导教师主动、积极提升自身能力，更有利于实践教学优质化。

当然，作为实践教学的指导老师，需要及时提升自身的知识水平。尤其对于马克思主义专业的教师而言，理论更新快是该课程的重要特点之一，理论素养的维持是其实现教学的必要前提之一。只有真正做到了对理论的透彻理解，才能实现理论对实践的指导。另外，在实践的基础上，进一步推动理论和实践的结合，实现两者的统一，这样才能为课题理论和实践发展推陈出新。指导教师还可以积极与其他院校的思政专业教师进行深度交流合作，对实践指导教师进行不定期的实践教学指导交流会，完善实践教学体系，实现教学技巧和技术的提高。最后，创造学生沟通交流机制，创新实践信息交流反馈条件。例如，在有关院系进行思政教师担任班主任、班级管理员的尝试，这样在平常生活和学习中，更加容易反馈教学实践中出现的问题，教师可据此及时进行调整，提高实践教学的总体水平及指导能力。

4 结语

OBE 理念发展于 20 世纪 90 年代，其理论的产生不仅有着深刻的社会、经济等方面的背景，还有着广泛的心理学、教育学理论基础。作为民办院校，近几年思政教育成为国家重要关注的节点。在 OBE 理念的指导下，只有将其贯穿于思政课实践教学过程中，才能形成教学内容生动化、教学活动情境化、教学手段多样化的特色。同时，作为实践教学的主导者，教师只有按照与时俱进的原则推动思政课程理论的发展，才能实现思政课程实践教学的最佳效果。

参考文献

[1] 钱学森，等．论系统工程［M］．长沙：湖南科学技术出版社，1982：204.

[2] 深刻感悟和把握马克思主义真理力量谱写新时代中国特色社会主义新篇章［N］．人民日报，2018-04-25.

[3] 李志义，朱泓，刘志军，等．用成果导向教育理念引导高等工程教育教学改革［J］．高等工程教育研究，2014（2）：29-34.

［4］李斌．党面临的"赶考"远未结束：习近平总书记再访西柏坡侧记［N］．人民日报，2013-07-14（1）．

［5］刘娟，张晶．思想政治理论课教师实践教学能力提升的路径［J］．安徽工业大学学报（社会科学版），2015（3）：125-126．

［6］习近平．决胜全面建成小康社会 夺取新时代中国特色社会主义伟大胜利：在中国共产党第十九次全国代表大会上的报告［M］．北京：人民出版社，2017．

［7］深化新时代学校思想政治理论课改革创新［N］．人民日报，2019-08-15（1）．

［8］用新时代中国特色社会主义思想铸魂育人 贯彻党的教育方针落实立德树人根本任务［N］．人民日报，2019-03-19（1）．

［9］习近平．思政课是落实立德树人根本任务的关键课程［J］．奋斗，2020（17）：4-16．

［10］刘新玲，程莉婷．思想政治理论课的时代使命［J］．学校党建与思想教育，2020（11）：61-64．

［11］张玄益．"四个伟大"融入大学生理想信念教育的时代境遇与实践要求［J］．喀什大学学报，2018（1）：97-101．

［12］张楚廷．张楚廷教育文集（校长学卷）［M］．长沙：湖南教育出版社，2007：453-454．

基于 OBE 理念的高校思政课教学研究

曾雨星　孔祥志

摘　要：OBE 理念的核心内容是"以学生为中心、以成果为导向、以持续改进为原则"。该教育理念对于推动新时代高校思政课教学改革具有重要借鉴意义。本文主要探讨 OBE 理念指导下高校思政课教学存在的问题，并提出相应解决策略，构建以学生学习成果为导向，以持续改进为原则的高校思政课考核评价体系，为今后高校思想政治理论课专业建设提供新思路与新方法，提升高校思政课的教学效果与实效性，从而达到高校思政课人才培养目标，实现高校思政课立德树人的根本任务。

关键词：OBE 理念；学生成果导向；高校思政课

习近平总书记在全国高校思想政治工作会议上强调，思想政治工作从根本上说是做人的工作，必须围绕学生、关照学生、服务学生，不断提高学生思想水平、政治觉悟、道德品质、文化素养，让学生成为德才兼备、全面发展的人才。高校思政课承载着立德树人的根本任务，在教育教学中实现大学生的自由全面发展，使大学生成为实现中华民族伟大复兴的建设者和接班人显得尤为重要。在高校的人才培养目标体系中，学生能力指标亦是人才培养的重中之重。因此，OBE 理念越来越受到各方重视。要想在 OBE 理念下实现高校立德树人的根本任务，必须探索高校思政课教学新模式，提升高校思政课的实效性与教学质量。

1　OBE 理念内涵

OBE（Outcome-Based Education）理念，又称成果导向教育、能力导向教育、目标导向教育或需求导向教育。OBE 理念是一种以成果为目标导向，以学生为本，采用逆向思维的方式进行课程体系建设的理念，是一种先进的教育理念。该理念重视学生理论与实践相结合的能力，在教学过程中教师不仅需要让学生掌握基础理论知识，同时还应该注重培养学生的知识迁移能力，让学生在学习的过程中可以不断激活自己的思维方式，通过学生对相关知识的学习与领悟可以取得举一反三的效果，这对于学生的成长具有非常重要的意义。OBE 以教育目标分类、精准教育、能力本位教育等为理论基础，强调以预期学习成果为导向来组织、实施和评价教学过程。

从理念上看，第一，OBE 理念强调学生所达成的学习成果，而非传统意义上的将教学内容与学生成绩相联系。第二，OBE 理念采用反向设计的方式检验教学目标是否达成，建立以学生成果为导向的教学目标，教师根据教学目标设计教学内容与学习任务。第三，OBE 理念充分考虑学生的个体差异，使每个学生都能获得学习成果。因此，探索以 OBE

理念为指导的高校思政课教学考核评价体系，以学生为中心进行反向设计、正向教学，能够激发学生的学习主动性与积极性，提升学生的综合能力，从而达到高校思政课教学目标与教学效果，实现高校思政课立德树人的根本任务。

2 高校思政课教学存在的问题

高校思政课包括"马克思主义基本原理概论""毛泽东思想和中国特色社会主义理论体系概论""思想道德与法治""中国近现代史纲要"等多门课程，这些课程承担着高校思政课的主要任务，是对大学生进行思想政治教育的主渠道。以下是高校思政课在实际教学中存在的比较突出的几个问题。

2.1 学生对高校思政课兴趣不高

当前，学生对于高校思政课重视不够，对高校思政课普遍不感兴趣，没有认识到高校思政课的重要性。多数大学生认为只要思政课学习成绩及格就行，只需应付考试即可，甚至出现部分学生在课堂上睡觉、玩手机、不认真听讲等现象。对此，怎样调动学生的兴趣与积极性，是高校思政课教师所要解决的首要问题。

2.2 高校思政课教学模式比较单一

旧的教育教学方法已不能满足现行社会的需要，更无法调动学生学习和思考的兴趣。然而，目前思政课教学活动中，大部分的民办高校整体上仍处于传统的"一言堂""满堂灌""填鸭式"等授课模式，教学方法过于陈旧，课程内容枯燥乏味、缺乏创新，进而导致思政课教学进入"死胡同"。因此，高校思政课教师只有创新高校思政课教学模式，创新教学方法，注重理论与实践相结合，才能将高校思政课上得有趣生动，上得精彩，激发大学生对思政课的兴趣，使大学生重新认识思政课，喜欢上思政课。

3 OBE 理念下高校思政课教学改革策略

3.1 以学生为中心

教师需要有"教师主导、学生主体"的观念。传统教学中，教师是主体，学生是客体，老师讲，学生听，学生缺乏参与意识。因此，这需要教师转变传统观念，发挥主导作用，而不是主体作用，将教学的主体还给学生，形成教师主导、学生主体的教学理念。OBE 理念下高校思政课以学生为中心的教学改革关键在于教师，教师在备课授课过程中应着力构建"五位一体"教学创新思路。第一，优化课程内容。瞄准思政前沿，科研反哺教学，注重掌握理论知识与实践相结合，高校思政课教师在教学过程中要确立学生的主体地位，使大学生积极参与到课堂教学中来，针对所学内容提出自己的见解与想法。除此之外，高校思政课教师需要营造轻松自由的学习氛围，提升自身亲和力，把握好思政课堂的教学节奏，注重教学目标的达成，充分考虑高校大学生的实际需求，以学生为中心开展教学活动，使大学生在学习中有所思考、有所感悟，充分表达自己的观点。第二，坚持科学与思政两条腿走路。教师在高校思政课教学中要善于运用新时代中国特色社会主义思想武装头脑指导实践，培育大学生的家国情怀和社会责任感，将实现个人自我价值自觉融入坚持和发展中国特色社会主义事业、建设社会主义现代化强国、实现中华民族伟大复兴的奋斗之中。第三，开展"以学生为中心"的混合式教学，思政课教师根据实际教学内容，由学生进行展示活动，主要解决课堂重难点问题，再者开展总结周，形成学习小组，进行思政前沿热点调研汇报。第四，构建以形成性评价为主体的三元评价体系。通过主观能力测试与客观测试相结合形成综合考试评价（综合能力测评）机制，学生在课后进行自我评价，审视自身的学习能力，最后师生可以在线上或线下同频、双边互动，包括课前的自主学习过程，由教师答疑解惑，也可作为教师进行课堂反馈和反思的重要渠道之一。第五，双通道教学服务支持。线上可以采用超星学习通、腾讯会议等辅助性教学APP，线下可以开展学术沙龙等团体形式的讨论交流分享会，共同营造轻松愉悦的学习氛围。

3.2 以学生学习成果为导向

OBE理念倡导以学生为中心，注重学生内在需要和个性化发展，重视以人为本，实现学生的全面发展。作为新时代的大学生，他们思维活跃，接受新事物的能力较强，独立意识明显。因此，在OBE理念指导下，高校思政课教师要以成果为导向，优化教学设计来激励学生的自我成长，重视大学生的学习成果，肯定大学生所取得的学习成果。

高校思政课要坚持以学生为主体的原则，让学生积极参与进来，增强思想政治理论课的生动性、针对性和有效性。在教学实践过程中，要以成果为导向，激发大学生主动学习的积极性，让大学生在实践教学中增强获得感。在实践之初，可将全班同学分成若干组，设立组长，组长是小组负责人。每个小组成员明确分工与实践内容。在实践过程中，小组成员分工明确、团结协作，对实践项目进行阶段性的汇报，老师和同学进行检查并将意见反馈给小组成员，促使其加以改进和提升。在实践总结阶段，实践小组可通过文案、PPT、短视频、演讲比赛、情景剧等形式进行汇报评比。在此过程中，小组每位成员各项能力都会有所提升。例如，开展红色文化教育活动，将班级分成若干小组，每个小组通过线上观看红色经典影片、红色主题演讲等学习红色文化，或组织学生到红色文化教育基地进行线下实地参观学习。线上线下混合式教学模式可以使每个小组成员都积极参与其中，在实践中有所思考与感悟，从而提升大学生分析问题、解决问题的能力，提升团队协作能力，促进大学生的全面发展。

3.3 以持续改进为原则，建立高校思政课考核评价体系

OBE理念下考核方式的确立，需要以有利于学生发展、提升学生能力为中心，能够运用课程基本理论进行分析思考、并解决实际问题。传统教学的评价以期末考核成绩为主要评价方式，并不能系统全面地了解学生。在信息多元化的新时代，高校思政课教师可以借助现代教育信息技术建立多元化的考核评价方式，考核中可以包括学生的平时考勤出勤率、平时作业完成情况、参与教学实践的具体成绩。这样才能激发大学生参与学习的热情，达到高校思政课的教学效果，积极推动高校思政课考核方式的革新。例如，利用超星学习通平台，使每一位学生都能够参与到思政课教学中。在超星学习通平台通过选人、讨论、弹幕、评分等功能拓展了教学方式的多样性，实现了考核评价的多元化，从而实现利用OBE理念的持续改进原则促进高校思政课考核评价方式的不断更新。针对不同的思政课课程，可结合教学实际，设立不同的考核评价方式与考核环节。例如，在"思想道德与法治"课程考核中，学生平时的考核可以包括角色扮演情景剧、法律诊所小课堂、主题演讲比赛、法律知识分享等多种形式。在"毛泽东思想和中国特色社会主义理论体系概论"课程考核中，学生平时的考核可以包括伟大人物传记分享、案例分析、辩论赛、社会实践等形式。通过多样化的教学模式，大学生能够认识到参与学习的重要性，发挥自身潜力，提升综合素质，学会运用马克思主义观点分析问题。

4　结语

基于 OBE 理念的高校思政课教学研究,对于今后高校思政课教学发展具有借鉴意义。高校思政课教师要借鉴 OBE 理念将成果导向、学生中心、持续改进有效应用到高校思政课教学中,推进高校思政课的改革与创新,探索出高校思政课教学新模式和新方法,形成以学生为中心、以学生学习成果为导向的教学改革策略,反向设计与正向教学相结合,有效提升高校思政课课堂教学质量,使高校思政课成为大学生喜欢的课程,为培育时代新人贡献力量,促进大学生的全面发展。

参考文献

[1] 阚玉香. 成果导向教育理念下思想政治理论课教学探究 [J]. 学理论,2018(7):220-222.

[2] 黄磊. 新时代民办高校思政课教学存在的问题与对策探析 [J]. 河南农业,2019(21):32-33.

[3] 乔柳杨. OBE 理念的高校教学模式改革研究 [J]. 黑龙江科学,2019,10(21):66-67.

[4] 岳金霞,吴琼. OBE 理论视角下的新时代高校思想政治理论课教学模式探索 [J]. 思想教育研究,2019(5):90-94.

[5] 张亚萍,王重贤. OBE 理念视角下的应用型本科院校"课程思政" [J]. 汽车实用技术,2020(14):210-212+218.

[6] 李阳. OBE 理念下高校思想政治理论课评价要素与路径研究 [J]. 邢台学院学报,2020,35(4):66-70.

[7] 刘会肖. 基于 OBE 理念的理工科高校教育质量提升路径研究 [D]. 石家庄:河北科技大学,2020.

[8] 胡凡迪. 基于 OBE 理念的项目式学习教学模式设计与应用研究 [D]. 大连:辽宁师范大学,2021.

[9] 高杨. 基于 OBE 理论的高职思想政治理论课教学模式探索 [J]. 绿色科技,2021,23(15):253-256.

[10] 李莎,张蕴. 成果导向视阈下高校思想政治理论课培养目标探究 [J]. 长江师范学院学报,2022,38(3):113-120.

基于OBE理念的应用型高校专业课课程思政实施路径探讨
——以"纳税筹划"课程为例

佟海莲

摘 要：近年来，随着"立德树人"理念的深入落实，我国各大院校开始重视思想政治教育，课程思政建设成为重要方向。"纳税筹划"是应用型高校会计专业必修课程之一。该课程在已学课程"税法"的基础上，基于管理层的角度，以企业情况为基础，进一步分析该如何在合法、合规的情况下进行纳税筹划。本课程基于OBE理念，以课程思政要素为起点，以"税法"基本内容为关键点，全面考虑各税种之间的关联性，结合当前税法的最新政策，基于OBE理念，筹划出最优方案。

关键词：OBE理念；课程思政；纳税筹划；教学改革；课程建设

1 绪论

税收是一个国家和城市主要的收入来源之一，任何损害国家利益的事决不被允许。作为一名会计专业大学生，要一生铭记"诚信为本、操守为重、坚持准则、不做假账"的基本原则。作为一名会计专业的高校教师，更要以身作则，要基于OBE理念，时刻关注最新税收政策，时刻关注并获取最新财经知识，时刻融入课程思政，让学生在课上不仅学习理论知识，更要关注国家大事，让课堂教学不仅是理论知识的传授地，更是教书育人的落实地。

2 "纳税筹划"课程改革的核心问题

"纳税筹划"课程是在已学课程"税法"的基础上开设的更符合企业需求的专业课程，该课程在掌握了各税种计算方法的基础上，更加强调会计人员通过对税收政策的掌握、对税法知识的应用，去分析纳税人的税务问题，并进行合法、合规的筹划，从而帮助纳税人达到减轻税负的目的。"纳税筹划"课程的学习，会让学生从一个基本会计人员，上升到税会结合的复合型人才。随着职位与重要性的提升，财务人的职业道德就显得尤为重要。因此，在此课程中如何融入更多思政元素，如何基于OBE理念更好地引导学生成为一个急需解决的难题。就这个问题，本文主要从以下四个方面进行重点探讨。

2.1 OBE理念问题

OBE（Outcome-Based Education，成果导向教育）理念，是由于传统教学中出现了教育与实践脱节的现象而提出的理念。该理念主要以企业实际需求为出发点，注重结果导向，以结果反推教育内容，从而使学生在课堂上学的理论知识能与未来工作更好地衔接。但在高校的实际教学过程中，依然存在很多 OBE 理念问题。其主要问题是：在很多高校教师的教学设计中，未能体现 OBE 理念。在目前的高校教师队伍中，青年教师占据很大比例，对于这部分教师来说，很难落实 OBE 理念。首先，绝大部分教师没有企业工作经验，而是毕业后直接进入高校工作，这使其自身意识不到企业真正的用人需求。其次，这部分教师本身对于理论知识的掌握较牢固，但实践能力较弱，因此无法更好地将实践知识融入课堂中。最后，高校工作的稳定性，让青年教师安于现状，不愿意花更多时间钻研课程设计，更愿意按部就班地讲授理论课程。

2.2 课程思政问题

在专业课程中融入课程思政内容，对当代大学教师来说是一个极具难度的挑战。首先，专业课程知识点较多，涉税存在的思政问题也较多，因此选择何种时机融入何种课程思政内容，是教师需要深入思考的问题。其次，对于"纳税筹划"课程来说，需要财会人员通过合法、合规手段为企业减少税负。当存在领导有意执行偷税漏税方案时，员工该如何处理？部分高校教师对此类问题存在不知从何处结合思政元素的烦恼。最后，专业课教师绝大部分虽都是相关专业毕业的，但其对准则的了解程度依然有限，因此在课程授课过程中，如何完美结合准则来发现相关思政案例，也是课程融入思政元素的一大难题。

2.3 纳税筹划问题

"纳税筹划"课程是在"税法"课程的基础上建立的，对于学生来说已经有一定的税法基础，因此该课程的重点应在"筹划"两字上。但对于大部分教师来说，根据企业纳税情况进行筹划还是有一定的难度。具体可分为以下四个方面：第一，目前高校中年轻教师较多，大部分教师没有足够多的企业工作经历，更没有深入了解过筹划的整体思路，这使该门课程的讲授过于理论化，常常与实际相脱节。第二，由于教师的工作要满足一定科研量要求，部分教师可能将更多的精力放在科研上，忽视了最新的财经政策，从而在讲授课程时，无法及时传达最新的税收政策。第三，部分教师对于税法知识点的掌握，可能还停留在对单个税种的掌握上，未能将所有税种间的联动关系理解清楚，因此，在课程讲授过程中，依然只能就单个税种进行筹划，无法综合考虑到税种间的联动作用，导致在分析时，不同方案的总体税负情况可能存在偏差。第四，"纳税筹划"课程讲授的过程中，可能无法结合企业情况进行具体说明，但依然要提到可能影响选择的现实因素，锻炼学生全面考虑问题的能力。综上所述，"纳税筹划"课程问题依然较多，还需深入研究，不光要从理论知识上进行深入学习，还需基于 OBE 理念，调查企业具体情况，结合多方面因素进行知识的传授，重要的是筹划思路的传授。

2.4 考核方式问题

"纳税筹划"课程的考核方式，存在以下两个方面的问题。第一，课程考核方式依然是给出具体情况，让学生计算不同情况下的应纳税额，从而引导学生选择税负最低的方案。但是基于 OBE 理念的纳税筹划，应该是结合企业实际情况，去研究不同的税收方案，主观选择对企业最优的方案。因此，该课程的考核点不应是简单地给出具体情况让学生计算税额，而应该考核学生对于税法相关政策的了解程度，然后结合自身情况进行筹划。第二，在企业的实际工作中，每个税种间的联动影响是很大的。因此，在筹划的过程中，需要考虑的绝不只是不同情况下单个税种的简单计算，而是综合所有税种计算总体税负，最终选择整体税负最低的方案。

3 "纳税筹划"课程改革方案

3.1 落实OBE理念，满足企业需求

OBE理念是基于高校传统教育方式问题提出的新观点，要想培养出更贴合企业需要的人才，一定要落实好OBE理念。而要落实OBE理念，就要从高校教师出发。大多数青年教师没有企业工作经验，因此高校就要想办法弥补青年教师在这方面的不足。对于现阶段应用型高校来说，很多都有校企合作单位，提前沟通好相关单位，利用寒暑假时间，让高校教师到企业中历练，总结理论与实践的异同并撰写研究报告，从而让青年教师对相关岗位有更深刻的感受，使其在授课过程中，可以更切合实际讲授课程。另外，将学期末评教内容具体到各个方面，如课程思政打分、OBE理念打分等，最终根据具体内容进行排名，并根据具体教师的授课特点，分配具体课程。为防止教师不改往日教学方式，还可以改变绩效给予方式，让绩效与评教挂钩；考虑到教师讲课方式的不同，绩效虽与评教挂钩，但也要考虑多个因素，不能因单一因素影响整体绩效。

3.2 融入思政元素，培养学生成人

思政课程的融入，不是某个课程的改革，而是所有课程的改革。要想将课程思政融入教学过程中，就要时刻铭记"诚信为本、操守为重、坚持准则、不做假账"的基本原则，需要教师把守多重关卡。第一关是诚信关。古人云，"诚信乃安身立命之根本""诚信者，天下之结也"。由此可见，无诚信，会举步维艰。因此，在课程讲授过程中，一定要选择合适时机融入诚信要素。第二关是操守关。作为财会人员，要时刻保持职业操守。当今社会有部分人、部分企业，为了自身利益，采用各种不合规操作偷税漏税，这种做法是绝对错误的。教师在授课过程中，要明确告诉学生此种行为是违法的，并强调按规纳税是每个公民应尽的义务，所有公民都应按照实际情况申报纳税。第三关是准则关。作为会计专业的大学生，要明确所有账务处理都是依据《企业会计准则》执行的，《企业会计准则》是我们执行的唯一标准，切不可胡猜乱做。当今社会有部分个体户、个人独资企业，认为自身规模小，不设置账套，甚至不按照《企业会计准则》执行，而是简单进行账务处理，这是绝对不被允许的。因此，教师在授课时，要着重强调《企业会计准则》的重要性。以上虽列明了部分关卡，但教师要把握的关卡远不止于此。作为高校教师，要将思政元素深深刻入脑海，时刻收集资料，力求在最合适的环节，插入最恰当的思政元素。

3.3 追踪财经新闻，落实筹划方案

筹划的基本要求就是要掌握最新政策。因此，在讲授"纳税筹划"课程时，第一要务就是关注财经新闻，关注税收新政，要保证及时更新知识点。在教师掌握最新政策的前提下，还要引导学生时刻关注财经新闻，要清楚"读大学，并不是单纯学每一节课，而是要学会处理问题的方式"。因此，第二要务就是引导学生养成关注财经新闻的习惯。合理利用课堂，让学生课下关注财经新闻，课上进行反馈，教师则在最后做好总结，让课堂不仅是教师的课堂，更是学生的课堂。而对于最后的筹划，需要学生整体掌握各个税种间的联动关系，这方面需要教师做好知识点间的串讲，不能单就每个税种进行讲解，而是将涉及的所有税种联系在一起进行分析，引导学生根据最新政策，规划具体方案。

3.4 改变考核方式，引导筹划思维

纳税筹划人员作为公司的财务人员，通过合理合法的筹划，可以帮助公司节省很多资金。作为高校学生，要增强纳税筹划意识；作为高校教师，要引导学生主动思考筹划方案。在课程考核方式上，建议给出具体公司案例，给出公司部分数据，涉及多个税种内容的，让学生对数据进行分析判断，采用主观题考试方式，让学生进行独立思考，让学生分析不同情况下的总体税负水平，最终给出具体纳税筹划方案。

4 结语

"纳税筹划"作为财会专业人才培养的重要课程，不仅要培养学生学习专业知识，更要注重思政教育，力求把学生培养成德才兼备的优秀人才。当今社会急需一定数量的技术型人才，而应用型高校尤其要注重对这类人才的培养，不仅要让学生掌握理论知识，更要注重培养学生的实践能力。对于高校教师来说，一定要基于OBE模式，以成果导向为目的开展教学工作，注重思政课程的融入，引导学生探索，最终完成教学工作，帮助学生成人成才。

参考文献

[1] 沈万根，刘效云. 协同育人视域下高校课程思政建设的新审视 [J]. 延边大学学报，2022，55（3）：98-104+143.

[2] 崔红，张颖慧，桑睿妤. "课程思政"人才培养模式研究——以《财经法规》课程为例 [J]. 经济研究导刊，2022（14）：91-93.

[3] 时军，周园. 中级财务会计课程教学改革研究——基于OBE教育理念 [J]. 新会计，2021（4）：15-19.

OBE 理念融入新时代青年爱国主义教育的思考

张宁娜 杜美云

摘 要：以 OBE 理念为指导，深度挖掘丰富的爱国主义教育资源，对新时代青年爱国主义教育具有启发性的指导意义。把 OBE 理念融入新时代青年爱国主义教育，需要坚持中国特色社会主义道路自信，增强新时代青年的爱国信念；坚持中国特色社会主义理论自信，凝聚新时代青年的爱国精神；坚持中国特色社会主义制度自信，激发新时代青年的爱国动力；坚持中国特色社会主义文化自信，增强新时代青年的爱国底气。

关键词：OBE 理念；新时代青年；爱国主义教育

青年是国家宝贵的人才资源，肩负着人民的重托、历史的重任。对青年加强爱国主义教育，与 OBE 理念接轨，在教学中更好地落实和融入该理念、厚植爱国信仰是培育时代新人、实现社会主义现代化强国的必然要求。《新时代爱国主义教育实施纲要》提出："历史是最好的教科书，也是最好的清醒剂。"这种清醒剂来自对历史的深刻认识和正确解读，来自对爱国主义情怀的激发与沉淀。OBE 理念融入新时代青年爱国主义教育，是理论与实践、理想与现实、主观与客观、知与行有机统一的指导思想，其中的思想精髓、精神实质蕴含着丰富、鲜活的爱国主义立场、观点和方法，从而启迪爱国主义教育。以 OBE 理念为指导对新时代青年进行全面、准确、科学的爱国主义教育，可以激发新时代青年为民族复兴和人民幸福而发奋学习的强烈责任感与使命感，以爱国主义理想信念指引人生前进的道路和方向，满足自身成长、成才的现实需要，实现国家和人民的殷切期盼。

1 OBE 理念下坚持中国特色社会主义道路自信，增强新时代青年的爱国信念

OBE 是一种成果导向的教育理念。OBE 理念以爱国主义教育的教学目标为保障体制，不仅不矛盾，反而相得益彰，可以更好地提升人才培养质量。中国特色社会主义道路承载了亿万人民的理想和探索，中国特色社会主义是全面发展的社会主义，各个领域建设作为有机整体，共同促进国家总体目标的实现。在习近平经济思想的指引下，我们国家深化供给侧结构性改革，实现经济的高质量发展，推动产业链优化升级，实现专业化、高品质、多样化升级，构建了新阶段的现代化经济体系目标；在发展社会主义民主政治发展道路上坚持正确的政治方向、积极稳妥地推进政治体制改革、不断巩固和发展爱国统一战线；在文化建设上把马克思主义指导地位贯穿到文化建设各方面、实施马克思主义理论研究和建设工程；在社会建设上始终做到改善民生尽力而为与量力而行的统一，谋民生之利、解民生之忧；在生态建设上构筑尊崇自然的生态体系、推动绿色发展，促进人与自然和谐共生。坚持中国特色社会主义道路自信是促进新时代青年爱国信仰的重要保障。

增强新时代青年爱国信仰，有利于培养新时代青年的历史思维和理论思维，做到学有所思、学有所悟、学有所得，深刻体会只有社会主义才能救中国。中国特色社会主义具有鲜明的中国特色、实践特色、时代特色，在走中国特色社会主义道路的问题上，我们要树立自信、保持定力、坚毅前行，增强新时代青年的爱国信仰。爱国信仰融入新时代青年爱国主义教育中，可以有效激发新时代青年把个人理想融入国家和民族事业中，牢固树立与时代主题同心同向的理想信念，促使他们自觉投身于中国特色社会主义伟大实践，为实现中华民族伟大复兴做出应有的贡献，把爱国思想真正做到内化于心、外化于行。

OBE 理念融入新时代青年爱国主义教育，首先要把坚持中国特色社会主义道路自信放在首位，增强新时代青年的爱国信仰。要引导新时代青年深刻了解中国特色社会主义道路不是从天上掉下来的，而是一条以中国国情为依据和基础的科学的社会主义道路，我们要坚信中国特色社会主义道路自信。要通过了解中国特色社会主义道路探索过程中，党领导人民克服的各种矛盾困难、破解的各种难题、取得的一系列成就，引导新时代青年坚持中国特色社会主义道路自信，深刻了解中国特色社会主义道路从起步到走向成熟的过程。通过教学中国特色社会主义道路的探索历程，使新时代青年坚定爱国信仰，自觉抵制社会主义"失败论"、共产主义"渺茫论"等一切错误思潮，增强新时代青年的爱国信仰。其次是引导新时代青年增强崇高的爱国信仰。只有中国特色社会主义道路才是一条实现每个中华儿女梦想的康庄大道，才能在取得成绩的基础上得到进一步发展，作为新时代青年必须坚定崇高的爱国信仰。在此基础上，要充分挖掘中国特色社会主义道路探索过程中所蕴含的爱国信仰故事，在探索道路过程中提取故事，以故事育人，使新时代青年经过榜样故事的洗涤自觉学习科学知识，又能够在知识的学习中增强爱国信仰，从而使爱国信仰在心中生根发芽。最后是把个人理想融入社会理想，做到知行合一。对于当代青年来说，每个人都有自己职业选择和人生目标，为了更好地实现人生价值，升华人生境界，就需要把个人理想融入社会理想，做到与历史、祖国、人民同向。回溯历史，在中国道路探索的革命、改革、建设时期，把个人理想与社会理想相结合的青年典范不胜枚举，无数青年在不同时期积极投身中国道路探索的实践，展现了不同时代青年的爱国信仰。一代青年人有一代青年人的使命，当代中国正处于关键时期，当代青年人的使命任重道远，更需要青年人自觉把个人理想融入社会理想，增强新时代青年的爱国信仰。

2 OBE 理念下坚持中国特色社会主义理论自信，凝聚新时代青年的爱国主义精神

OBE 理念下的教学目标可以分为两大类：一类是技术性目标，保证知识传播；另一类是非技术性目标，可融入爱国主义教育思政内容，实现价值引领。中国特色社会主义理论是指导国家发展行动的先导，是国家发展思路、发展方向、发展着力点的集中体现。中国特色社会主义理论以马克思主义作为共产党人的坚定信仰，体现了在指引我们国家站起来、富起来、强起来的奋斗历程中的政治品格、价值追求、精神风范，这一理论蕴含着一代又一代人的人民情怀、无畏的使命担当、科学的战略思想。中国特色社会主义理念是经得起实践和历史检验的真理。凝聚新时代青年的爱国主义精神，要坚持中国特色社会主义理论自信，通过对中国特色社会主义理论的整体性逻辑进行系统和全面的把握。只有透过纷繁复杂的表面现象把握事物本质和发展规律，在时代风云变幻中保持爱国立场，在领会

中国特色社会主义理论解决我国发展过程中的突出问题中激发国家认同感，为凝聚新时代青年爱国主义精神提供精神养料。

OBE理念融入新时代青年爱国主义教育，要把坚持中国特色社会主义理论自信作为思想宝库。深入挖掘中国特色社会主义理论中所积淀的爱国主义教育资源，有助于新时代青年系统运用中国特色社会主义理论中所蕴含的马克思主义立场、观点和方法分析问题和解决问题，培养新时代青年的理论思维，从而获得智慧与启迪。认识OBE理念与爱国主义之间的逻辑关系，有助于新时代青年对为什么爱国、什么是爱国、如何爱国进行理性思考，并从中国特色社会主义理论学习中做到学有所思、学有所悟、学有所得，不断提高自己辨别是非的能力和思想理论水平，激发爱国精神，自觉抵制不良社会思潮；有助于新时代青年深刻了解没有一个民族可以脱离科学理论指导和爱国精神支撑，可以在心神不定、游移彷徨中成就自己的梦想和光荣；有助于新时代青年对当代国情下党所制定的战略、思想、路线有更加清晰的认知和透彻的理解，使新时代青年增强民族自尊心和自信心，拥有坚若磐石的爱国精神和信仰，形成万众一心、众志成城的强大精神凝聚力，增强实现梦想、创造未来的动力。

把中国特色社会主义理论融入新时代青年爱国主义教育，要坚持中国特色社会主义理论自信，挖掘中华民族站起来、富起来、强起来的历史进程中所蕴含的爱国主义教育资源，与新时代青年爱国主义教育结合起来，增强新时代青年爱国主义精神培育的理论支撑。一是把中国特色社会主义理论自信与中华民族站起来的历史结合起来。要把中华民族站起来的历史融入中国特色社会主义理论自信教育中，让新时代青年了解到在中国特色社会主义理论指引下，党和人民探索民族独立的曲折过程，感悟新时代青年的使命担当，激发新时代青年把个人理想融入国家理想中，真正做到理性爱国、坚定爱国立场、增强爱国精神。二是把中国特色社会主义理论与中华民族富起来的历史结合起来。要把中华民族富起来的历史融入中国特色社会主义理论自信教育中，引导新时代青年把握党做出的实行改革开放、引入市场经济和现代化建设决策中所蕴含的战略思维，培养新时代青年的问题意识和斗争精神，理性认识中国人民为什么能够实现富起来的历史跨越，继而深入思考新时代青年如何紧密结合新的时代条件和实践要求、发展和弘扬什么爱国精神、怎样发展和弘扬爱国精神这一核心命题。三是把中国特色社会主义理论与中华民族强起来的历史结合起来。要把中华民族强起来的历史融入中国特色社会主义理论自信教育中，引导新时代青年树立用辩证唯物主义和历史唯物主义解决问题、分析问题的思维。了解中华民族的历史是一部实现民族独立和人民解放、为实现中华民族伟大复兴中国梦而奋斗的历史，促进他们深刻了解爱国不能停留在口号上，应以实际行动体现对祖国的热爱、对党的热爱、对社会主义的热爱，扎根人民，守护好、建设好我们的祖国。

3 OBE理念下坚持中国特色社会主义制度自信，坚定新时代青年的爱国立场

积极引进OBE理念能让大学生获取更强的综合能力，具有较强的颠覆性和创造性，是一种较为先进的教育理念。OBE理念下大学生爱国主义教育培养更关注学生综合能力的提升，更加强调学生在教育教学中占主体地位。中国特色社会主义制度是保障国家富强、民族振兴、人民幸福的根本制度保障，只有中国特色社会主义制度才能使社会有序和谐。回望新中国成立70多年来，我们的民族经历了站起来、富起来、强起来的伟大飞跃，实现了民族独立和国家富强，其根本原因是党带领中华儿女在不断奋斗和实践的基

础上，不断形成和完善了利于社会发展的各方面制度，这些制度的建立为提高国家治理能力和治理体系起到了保驾护航的作用。同时，中国特色社会主义制度的建立紧紧围绕以人民为中心的发展思想，将不同时期人民群众的需求和期盼作为制度完善的依据，不断地深入人民群众，反映人民群众心声，满足人民群众诉求。恩格斯说过："社会主义制度将给所有的人提供健康有益的工作、充裕的物质生活和闲暇时间以及真正的充分的自由。"中国特色社会主义制度是党带领人民坚持全国一盘棋，调动各方面积极性，集中力量，历尽辛苦所取得的成就，这一制度具有强大的生命力和优越性，能够持续推动我国综合国力的提升和发展，确保我国总体目标的实现，必须倍加珍惜、毫不动摇地坚持、与时俱进发展。

中国特色社会主义制度的优越性对于坚定新时代青年的爱国立场具有强大的内生驱动力，中国特色社会主义制度的探索历史向人民深刻诠释了，个人命运和国家命运是息息相关、不可分割的有机整体。中国特色社会主义制度抵御风险挑战的完善过程中，一直贯彻以人民为中心的发展思想，以保障人民利益为归宿和落脚点。了解中国特色社会主义制度的建设历史，有利于促进新时代青年了解我国在站起来的历史进程中工人阶级和农民阶级结成巩固的联盟，各革命阶级联合专政，才能形成强大的力量，最终完成反帝反封建的革命任务，推翻了帝国主义、封建主义、官僚资本主义对中国人民的压迫，解决了阻碍中国贫苦落后的根源，从而走上独立和富强之路。在中华民族富起来的历史发展时期，中国特色社会主义制度已经向人民展现出了它的优越性，表现出强大的生命力。站在时代的高度，邓小平同志开创性地提出了具有浓厚中国特色的新概念、新范畴，正如习近平同志指出的，"坚持和发展中国特色社会主义是一篇大文章，邓小平同志为它确定了基本思路和基本原则"。在中华民族强起来的历史发展时期，中国特色社会主义制度与治理相辅相成、相得益彰，在中国特色社会主义制度的保障下，我国国家治理一切工作和活动都取得一系列成就，同时，完善的治理体系和有效的治理能力又促使中国特色社会主义制度更加巩固，优势得到进一步彰显。

OBE 理念融入新时代青年爱国主义教育，要注重把握制度自信，以制度自信增强新时代青年的爱国主义立场。一是向新时代青年讲述中国特色社会主义制度的优势和作用，以中国特色社会主义制度下我国在政治、经济、文化、社会、生态等领域所取得的成绩为例，让新时代青年深切感悟到中国特色社会主义制度的优越性。二是讲好中国特色社会主义制度中所蕴含的以人民为中心的故事，阐明中国特色社会主义制度坚持以保障人民利益为落脚点和出发点，使新时代青年在回顾中国特色社会主义制度在不同历史的发展过程中，感悟人民群众对中国特色社会主义制度的强烈认同感，坚定爱国主义立场。三是发挥中国特色社会主义制度优越性的激励作用，使各方面制度更加完善，为国家富强、民族振兴、人民幸福的目标实现，提供一整套系统、完备、科学、稳定的制度体系，实现党、国家、社会各项事务治理有章可循，提高各项治理能力，保障决策科学化、民主化，充分发挥中国特色社会主义制度的优越性，增强新时代青年的爱国主义立场。

4 OBE 理念下坚持中国特色社会主义文化自信，增强新时代青年的爱国底气

OBE 是指学生通过一段时间的学习取得预期的学习成果，这也是教学设计和教学实施的目标。与其他的教学方式不同，成果导向教育更关注学习的产出而不是输入。OBE 在实施的过程中关注以下几个问题：我们想让学生取得什么样的学习成果；为什么让学生取得

这样的学习成果；如何有效地帮助学生取得学习成果；如何知道学生取得了这些学习成果。这里的成果指的是学生在全部课程结束后所得到的整合知识，而不是之前学习内容的累积。成果包含的内容不仅仅是学生相信、了解、记下和整理的学习内容，而是内化到心灵深处、与脑中已有的知识体系融合的过程，这样的成果不会是暂时的表现，而应该是长远的、持续的，甚至是永久的，这些成果在学生世界观、价值观和人生观的树立和形成中起到潜移默化的作用，帮助学生培养辩证思维。将成果应用于实践中的能力会随着学生的学习和亲身体验得到不断提高，成果转化能力的存续性也会提高。中华民族经过几千年文化的积淀，形成了滋养国家、民族持续发展的持久力量，建立了凝聚中华儿女紧紧团结在一起的精神家园。新时代，要想在激烈的国际竞争中站稳脚跟，掌握主动权，占据文化发展制高点，需要不断提高文化软实力，坚定文化自信。我国有着悠久的历史传统和深厚的文化资源，在长期的历史实践中形成了共同的价值理念，有着促进全体人民在精神上心往一处想、劲往一处使的显著优势，任何阻碍文化前进方向、破坏意识形态主导权、话语权的行为都要坚定抵制。当前站在新的历史方位，我国改革进入了攻坚期和深水区，遇到的阻力越来越大，面对的内外部挑战越来越多，触及的领域愈加广泛，需要调整的利益更加复杂，要破解各项难题，不仅需要物质基础，更需要筑牢全体人民共同思想基础，加强文化认同感，树立文化自信，增强新时代青年的爱国底气。

　　树立文化自信可以为新时代青年坚定爱国主义立场提供持久的精神养料。文化自信在不同的文化历史时期具有不同的表现形式，使青年人的爱国主义精神在不同的文化发展时期流露出不同的时代特征。在文化发展的历史进程中，有顺境也有逆境，有关乎旗帜、道路、国家安全、文化前进方向的各种挑战，对这些问题的解决经验和教训对新时代青年坚定爱国主义立场具有重要的启发。回望中华民族的历史，青年人在文化弘扬和宣传中扮演着不可或缺的力量，青年人旗帜鲜明地反对各种错误的思想观念，具备抵抗国内外敌对势力的思想渗透的能力。当前文化软实力在国际竞争中占有重要地位，一个国家的文化软实力与该国家的凝聚力和生命力呈正相关的关系，同时，国家文化软实力越强，国际影响力和吸引力就越强。我国正处于发展的关键时期，更需要提高文化软实力。一代人有一代人的使命与责任，当代中国青年要坚定树立文化自信，做好中华文化的弘扬者和传播者，要通过高度的文化自信促使国运的兴与强，不断增强中华文化的繁荣兴盛，维护好中华儿女共有的精神家园，承担起建设中国特色社会主义文化强国的时代使命，为实现21世纪中叶的国家目标奉献新时代青年人的力量。

　　OBE理念融入新时代青年爱国主义教育，要注重把握文化自信，从内在认同和外在践行两个维度坚定新时代青年的爱国主义立场。从内在认同维度，要让新时代青年深刻认识到中华文明绵延千年，是扎根于人民心中、潜移默化影响中国人的思维方式和行为方式的文化基因，有其独特的价值体系。要引导新时代青年全面了解中华优秀传统文化和革命文化中所积淀的精神养料，做到真正的进教材、进课堂、进头脑，认识到国家的前进和发展离不开传统文化和革命文化的涵养。要引导新时代青年自觉培育社会主义核心价值观，了解核心价值观是14亿人的精神追求，是用来评判是非曲直的价值标准，是维系中华儿女凝聚在一起的精神纽带，是全体人民都要遵循的思想道德基础，让每一个人都能魂有定所、行有依归。从外在践行的维度，新时代青年要自觉积极参加各种精神文明创建活动，在具体实践中感知和领悟其内在要求。从而真正做到落实、落细、落小，形成无所不在的社会氛围。同时，要促进新时代青年以主动担当的精神加快文化发展的步伐，弘扬伟大的民族精神和建党精神,讲好富有中国特色的中国故事,有更多的中国声音对中华文化进行传播,展示中华文化的魅力,夯实文化软实力的根基。

参考文献

[1] 邓小平文选:第2卷[M].北京:人民出版社,1994:133.
[2] 马克思恩格斯全集:第21卷[M].北京:人民出版社,1965:570.
[3] 习近平谈治国理政:第1卷[M].北京:外文出版社,2018:23.

基于 OBE 理念运用高校微信公众号开展思想政治教育

杜美云　张宁娜

摘　要：本文以 OBE 理念为指导，结合当下国家针对高校思想政治教育的发展方向，提出新时代的思想政治教育应是多渠道协同发力的新目标。微信公众号作为新兴的媒介产品，正以自身的特点和优势为大学生思想政治教育带来创新可能。相比于传统课堂教学模式下的思想政治教育，运用微信公众号开展思想政治教育更符合当今大学生自主学习的需求，是思想政治教育课的一种有益补充，也体现出思想政治教育形式和载体的多样性。但是当前通过微信公众号开展大学生思想政治教育仍然存在重视程度不够、信息把关不严等问题。因此，要通过创设公众号、培养教育人员，建立激励机制以及内容把关等措施，助推新媒体环境下大学生思想政治教育向纵深发展。

关键词：OBE 理念；微信公众号；思想政治教育

OBE 也称成果导向教育、能力导向教育或目标导向教育。近年来，OBE 理念被广泛应用到高校工程教育类人才培养、教育教学改革及专业建设方面。清华大学受此启发，尝试从 OBE 理念出发阐述通识教育课程建设的要素，实现以"教"为中心向以"学"为中心的转变。与此同时，自 2018 年国内开始出现用 OBE 理念研究高校思想政治理论课的学术论文以来，研究质量逐渐提高，研究问题也逐渐深入且贴近教学一线。习近平总书记在全国高校思想政治工作会议中强调，要运用新媒体技术使工作活起来，推动思想政治工作传统优势同信息技术高度融合，增强时代感和吸引力。随着新媒体信息技术的普及，微信凭借其即时性、交互性等独特优势受到青年学生喜爱，并且成为他们日常生活学习中不可或缺的组成部分，可谓是名副其实的"国民软件"。而微信公众号作为微信的一项重要延伸功能，其应用范围也十分广泛。因此，如何将微信公众号这一新兴网络媒介与高校思想政治教育高度融合是本文研究的出发点。

1　相关概念评述

1.1　OBE 理念下的教学改革研究

OBE 理念的实施原则主要有以下四个方面：明确学习者最终的学习成果，围绕预期学习成果进行教学过程的反向设计，扩大学生成功机会并提供帮助，提高对学生的学习成果期待。实施 OBE 理念需要四个步骤：定义学习成果—实现学习成果—评价学习成果—使用学习成果。从以上 OBE 理念的实施原则和实施步骤可以看出，OBE 理念具有如下特点：

第一，教学成果能力化。OBE 理念主张通过教学成果反映学生学习课程之后所获得的能力，这使得学生能力培养目标的达成情况能够以显性成果的方式反映出来，可以更准确地对教学目标达成情况进行测量。第二，教学过程靶向化。OBE 理念依据教学目标实施反向教学设计，这使得教学过程的每一个环节均以教学目标为靶子，环环相扣，目标明确，指向清晰。第三，教学评价个性化。在 OBE 理念下，学生自身实际情况在一定程度上决定了学习的深度和广度，也决定了学习成果的差异化和个性化。相应地，这些学习成果也可以通过技术化、信息化等多种评价机制进行个性化评价。第四，教学改进持续化。OBE 理念指导的学习评价结果是教学活动质量、教学目标达成情况的检验和反馈。

1.2 教学设计者针对反馈内容设计教学官方微信公众号

高校微信公众号一经推出，不仅个人和各类组织机构的公众号数量与日俱增，而且各个高校也开始将微信公众号作为信息传播的载体。很多高校还利用微信公众号传播信息受众广、速度快的特点，将其作为思政教育的重要工具。高校微信公众号的教育导向明确，内容的制作者和发布者（传播者）代表学校，有一定权威性。大多数高校微信公众号由党委领导下的宣传部门创办和运营，可以充分保证信息的准确无误以及教育导向的科学性。高校通过微信公众号进行思想政治教育的事例较为普遍。如，2020 年在新冠肺炎疫情防控关键时期，各高校的微信公众号对"逆行者"感人事迹进行宣传，各新闻媒体对疫情防控一线进行报道，使疫情防控故事成为当时思想政治课生动的课堂素材。2021 年建党百年之际，许多高校微信公众号在每个推送文章最后推出党史小知识，让学生在浏览信息之余，加深对党史的学习与感悟。

2 微信公众号在大学生思想政治教育中的应用优势

2.1 丰富了思想政治教育的学习资源

传统传播模式下的思想政治教育素材和资源局限于纸质媒介或者面对面课堂教学，互动性不强，讲述形式也比较单一。而微信公众号的共享性、即时性、开放性等特点，使内容资源更加密集，获取的内容资源更加广泛。微信公众号中的大量前沿学习资源为大学生思想政治教育带来了更加新颖的形式和丰富的内容。通过微信公众号，大学生可以获取所需资源，这些资源可持续更新，自主选择性较强，可在网络平台上实现即时共享，为教育者和被教育者提供随时学习和高效学习的契机，使大学生思想政治教育网络信息资源的使用价值最大化。另外，微信公众号中的数字化资源对大学生的自主学习、主动探索求知具有较大吸引力，其中以图、文、音频、视频等多种信息媒介融合进思想政治教育内容中，能够全方位、多层次地调动大学生对所学课程的兴趣，为大学生创造更好的认知接受环境，使思想政治教育更加富有生机与活力。

2.2 提升了思想政治教育的效果

大学生的思想政治教育通常都在"灌输论"的指导下，以"灌输"的形式进行。就传统的思想政治课堂教学而言，学生与教师主要是通过面对面提问的方式进行交流，教师很难掌握学生的学习难点，不能有效把握学生的学习情况与思想动态。不同于传统课堂教学的是，让微信公众号进入思想政治教育课堂，为师生之间的沟通与交流创设了新渠道，教师可以更加了解学生的兴趣点，充分尊重学生的合理诉求，有针对性地开展高校思想政治教育活动，学生可以在平台上展示自身的想法与观点，形式更为新颖。学生的主体性得到充分体现，不再是被动接受知识，而是在教师的引导下主动参与学习过程，以探究的形式完成学习任务，提升了思想政治教育的效果。

2.3 拓宽了思想政治教育的格局

在高校思想政治教育的创新发展过程中，也要利用信息技术来创新思想政治教育的载体。思想政治教育的开展离不开载体和中介，不同的载体和中介使学生接受教育的程度各不相同。大学生是活跃在互联网平台上的重要群体，随着互联网技术的不断进步，大学生群体越来越多地在互联网上进行交流和学习，在各种网络平台上开展思想政治教育已经变得非常必要。长期以来思想政治教育工作者往往忽略了在互联网平台上进行思想政治教育的重要性。利用微信公众号进行大学生思想政治教育可以进一步拓宽思想政治教育的渠道，可以多领域同步开展思想政治教育，大学生能随时查阅相关信息，有选择性地学习，不受时空限制。因此，微信公众号为大学生思想政治教育提供了新的技术手段和平台保障，拓宽了思想政治教育渠道，为创新大学生思想政治教育提供了新的视角。

2.4 实现了思想政治教育信息的微观传播

随着社会的发展，快餐式阅读已成为人们最常采用的阅读方式，精简思想政治教育的内容，注重思想政治教育的微观传播，与人们单位时间内需要快速吸收更多信息资源的诉求相一致。思想政治教育需要利用新媒体，进行更广泛、更深入的传播。与传统思想政治教育内容的传播不同，利用微信公众号开展思想政治教育更注重"潜移默化"，注重思想政治教育信息的微观传播，通过简明的语言，可以更好地促进思想政治教育内容的内化。利用微信公众号开展大学生思想政治教育，还可以精简思想政治教育的传播内容，更容易被学生理解与认可。

3 微信公众号在大学生思想政治教育应用中的现实问题

3.1 各大高校利用微信公众号开展思想政治教育的重视程度不够

一方面，缺乏专业的思想政治教育公众号，不管是"高校官微""高校共青团"，还是政务媒体平台，运营团队往往是新媒体专业人员，没有将思想政治教育当成主要推送内容，他们推送的大多为新闻资讯、媒体报道等。另一方面，部分思想政治教育工作者对微信公众号的使用和后台运营了解较少，运用微信公众号开展思想政治教育工作的能力还不强，在新媒体技术运用和资源获取方面较弱。虽然目前许多高校已经比较重视对微信公众号的使用，设置专门机构运营，还建立了推文审核制度，但缺乏思想政治课教师的直接参与，推送内容的理论高度和专业化有待提高。

3.2 微信公众号上中的内容缺乏系统性

传统的思想政治教育课程理论性强，难以激发学生兴趣，教学效率和效果较低。但这种教学方式能够保证教育主题明确，知识体系完备，教学目的清晰。在传统思想政治教育方式下，教学者决定教育的内容，大学生在学习过程中往往不是主动的，是由学校安排课程，教师在课堂上讲授。而在公众号上开展的思想政治教育虽然有生动便捷的优势，但是学生接收的内容有较大的随机性，也缺少互相之间的联系，不能给学生提供模块化的学习，不便于学生接受系统的教育。

3.3 思政类微信公众号缺乏创新

当前思想政治教育类公众号运营主体视野受限，缺乏协同。虽然许多高校有自己的微信公众号，但缺乏有效的协调合作，信息资源较为分散，有的甚至变成"信息孤岛"，网络资源重复率高，甚至部分还有歧义，容易引发学生反感，导致思想政治教育的育人功能降低。此外，思想政治教育类微信公众号还缺乏创新思维，聚焦不足。部分高校用传统思维运营新媒体，校园官方微信公众号形式单一，创新不够，不易吸引学生注意力，导致上下脱节、联动不强，使得思想政治教育的育人力量存在耗散现象。

3.4 网络时代信息传播比较迅速，错误的思想政治导向会引起非常严重的问题

微信公众号的创办门槛较低，任何微信用户只需要绑定邮箱、验证身份信息就能够开通一个甚至多个公众号。并且，部分微信公众号上推送的文章质量难以保证，导向性不够明确，不适用于思想政治教育，且推送的文章经多次转发和传播，使思想政治教育工作难以控制。大学生面对大量纷繁复杂的信息，短时间内很难做出准确判断，长时间受这些信息影响，不利于大学生的思想政治教育。

4 提升微信公众号在大学生思想政治教育中应用效果的对策

4.1 创设优秀的思想政治教育微信公众号

高校应重视微信公众号的建设，提升运营能力。优秀的微信公众号平台是有效开展思想政治教育工作的重要工具，可以帮助学生树立正确的价值观，促进学生整体能力的提升。所以，在微信公众号的开发和运营上，要加强部门协作，做好统筹协调，细化分工配合，努力建设一批导向正确、师生关注的公众号平台，打造一批形式新颖、参与广泛的网络思政品牌项目，推出一批通俗易懂、广受欢迎的新媒体产品，以网络思政的创新发展推动高校思想政治工作走深走实。因此，思想政治教育工作者应开通、建设各种微信公众平台，将教育、管理以及服务融入微信公众号建设中。

4.2 培养有运营微信公众号能力的思想政治教育人才

利用微信公众号开展思想政治教育，需要一支熟练运用网络技术的思想政治教育队伍。微信公众号的引入以及应用，是解决当前高校思想政治教育中大学生参与度不高、能力提升效果差的关键所在。教师要随着时代发展，改进教育方式，在教育过程中尊重学生的主体地位，创新教育理念，尝试与同事合力创办和运营一个思想政治教育公众号，推送关于思想政治教育内容的文章，并积极回复学生的评论信息。通过借助微信公众号与学生进行交流，教师可以更好地把握学生关注的热点，利用公众号的交互性，与学生进行交流，促进师生之间的有效沟通。

4.3 建立将微信公众号应用于思想政治教育教学的学习机制和激励机制

高校应顺应时代发展，设立"线上名师工作室"，吸引优秀的思想政治教师加入其中，让其分享自身在教学中应用微信公众号的心得与体会，为其他教师教学工作的创新提供参考，助力微信公众号的推广与实践。鼓励在校教师积极参与相关培训，使教师了解到更多、更有效的教学方法，从而转变教学思想，将更有效的方式落实于实际教学中。除了必要的培训以外，高校还可以通过优秀师资的招聘引进，进一步优化校内师资队伍，及时对教师的整体能力进行考察。师资队伍的优化，有利于微信公众号等新教学方式在高校思想政治教育中的应用，并进一步推动教学发展。

4.4 要正确把握高校思政类公众号发布内容的政治方向，规范各高校信息采集、内容发布

微信公众号的信息传播非常迅速，一篇推送文章在发出的同时，所有的关注者都可以接收并查看到，因此，确保推送文章正确的思想政治教育导向非常必要。文章发布者不仅要避免不当言论和信息，也要避免细节错误。对于热点事件的点评一定要有辩证的态度和正确的政治立场。推送文章发出之后，公众号后台也应该对接收到的评论进行审核，对于不当评论应当进行屏蔽，避免造成对他人的误导；而一些对推送文章的内容点评到位、见解独到的有益信息，应尽量将其置顶，以便更多的人学习、参考。

4.5 着力提升大学生个人网络媒介素养

网络媒介素养教育是互联网时代的必然要求，是当代大学生文化素质的重要组成部分，更是抵御不良信息侵袭、发挥教育作用的关键。思想政治教育工作者要让大学生了解包括微信公众号在内的微媒体性质，帮助他们在正确使用各种微媒体的过程中不断树立自我管理、自我约束的意识，建立学生与微媒体之间的良性互动关系，提高大学生对海量复杂信息的评估、选择、理解能力，以便更好地发挥微信公众号的育人功能。

参考文献

[1] 刘锴，孙燕芳. 基于OBE教育理念的高校教师培养研究[J]. 黑龙江高教研究，2017（6）：59-61.

[2] 柏晶，谢幼如，李伟. "互联网+"时代基于OBE理念的在线开放课程资源结构模型研究[J]. 中国电化教育，2017（1）：64-70.

[3] 教育部思想政治工作司组. 大学生思想政治教育理论与实践[M]. 北京：高等教育出版社，2009：2.

[4] 胡元林. 高校微信公众平台的思想政治教育实践逻辑[J]. 思想政治教育研究，2020（6）：152-156.

[5] 尹德蓉，王顺双. 高校思想政治教育微信公众号用户接受行为的影响因素研究[J]. 学校党建与思想教育，2019（23）：64-66.

[6] 邓喆，刘相君，康卓栋. 高校新媒体在重大疫情防控中的舆论宣传及其思想教育功能研究——基于42所"双一流"大学2966篇微信公众号文章的实证分析[J]. 思想教育研究，2020（3）：38-43.

[7] 王萱，杨浩，石可. 教育类微信公众号的传播效果研究[J]. 中国电化教育，2019（4）：79-84.

[8] 石国泰. 网络舆情对大学生思想政治教育的影响及对策[D]. 兰州：兰州交通大学，2019：31.

[9] 张瑜. 论互联网的二重性与思想政治教育创新发展[J]. 教学与研究，2018（7）：68-75.

[10] 季明，高明. 新媒体对大学生思想政治教育的影响研究——以微信公众号为例[J]. 江苏高教，2015（4）：114-116.

基于 OBE 教学理念的雨课堂教学实践研究
——以校级公选课"社交礼仪"为例

闫慧宇

摘　要：OBE 理念，又称成果导向教育、目标导向教育或需求导向教育，是坚持以学生为本，采用反向思维方式进行的课程体系的教学建设理念，符合当下高校教学改革的需求。目前广东理工学院开设的"社交礼仪"课程，就是以 OBE 目标导向为指引，面向全校开设的一门校级公选课。在课程教学开展过程中，在进行传统线下授课教学的同时，结合运用"雨课堂"混合式教学实践平台。这种线上线下混合教学的模式改变了以往公选课临时组班、缺乏组织、突击作业、只注重结果、不注重过程的局面，在坚持目标导向的教育理念中，将应用型高校培养全面发展的高素质人才目标落到实处，取得了良好的教学效果。

关键词：OBE 理念；雨课堂；社交礼仪；教学实践

随着信息化时代的到来，传统教学模式显然已难以满足当下高校全方位育人的需求，将 OBE 理念融入高校线上+线下混合教学过程中，对于改善高校公选课教学质量，以及提高应用型高校人才的综合素养具有重要意义。

1　学情特点分析

"社交礼仪"课程是广东理工学院面向全校开设的公选课程，在 2021—2022 学年第二学期共有计算机科学、交通运输、软件技术、会计学、机械设计、商务英语等不同专业，涵盖三个年级的 150 人选修了该课程，其中绝大多数同学属于理工科类学生，对人文类课程的认知不足。通过初次上课的出勤率和课堂纪律不难看出，大部分同学存在只关注学分如何获取而不注重课程内容本身对自我综合素养提升的心态。

临时组班是校级公选课最大的一个特征，因为学生来自不同的学院、不同的专业，在教学组织上面临先天的不足。同时，由于该门课程只有 15 学时，如果采取传统的课堂授课单一模式，以小论文形式结课，必然会陷入学生混学分、教学过程无法把控、教学目标无法实现的局面。这也是针对该课程运用雨课堂云班课有效组织课堂教学、运用目标导向进行合理引导的最大实际原因。

2　OBE 理念与教学目标制定、教学活动设计有效衔接

高校教学是十分繁重的，因此，在对高校教育模式进行改革的过程中，高校教育工作者应该综合各方面因素进行充分考虑和分析，不仅要明确高校教材的基本内容，更要坚持

OBE 理念，了解每位学生的实际学习状况和学习诉求，制定适合学生自身发展的教学目标，通过不断实践，再确立科学、合理的教学方法，才能够推进高校各项教学工作顺利开展。

作为应用型高校，广东理工学院理工科专业的学生数量明显多于文科生，对本校理科生来讲，通过"社交礼仪"公选课程的系统学习，可以弥补专业课程中缺乏人文素养类课程学习的不足。因而，在课程设计中，以学生日常生活与日后就业、人际交往所需社交技能为落脚点，将教学内容较为系统化地分为礼仪概述、仪容仪表礼仪、服饰礼仪、人际交往礼仪、语言沟通礼仪、馈赠礼仪、职场礼仪以及如何克服社交障碍等学生较为感兴趣的专题。与此同时，在授课过程中结合运用雨课堂开教学实践活动，由传统的"灌输式""填鸭式"教学模式转变为"师生交互式"翻转课堂模式，除了运用雨课堂的课件资源共享、弹幕、雨课堂考勤与任务发布等功能外，要求学生发挥自主探究能力，进行小组专题探讨、专题内容汇总展示、微视频拍摄展示等多样化教学实践活动，做到充分调动学生主观能动性，进而转变了学生以往"学分至上"的刻板思维，也有效改善了学生上课无参与感的教学问题，真正做到学以致用，将公选课提升学生综合素养的目标落到实处。

3 教学实施策略

在开展高校公选课教学实践工作时，不难发现，很多学生由于缺乏实践经验，同时对自身未来发展规划比较模糊，进而出现自信心不足、对公选课选择存在困惑的状况，这些问题的出现在一定程度上会影响学生的学习效果。因此，在授课过程中，应以应用型高校学生的身心发展特点和学情实际为基点，坚持科学的教学原则，运用灵活的教学实践方式来达到预期教学效果。具体来讲，要做到以下几点。

3.1 教学全过程要清楚聚焦

不论是公选课程还是专业课程，课程设计与教学都要清楚地聚焦在学生完成学习过程后能达成的最终学习成果，并让学生将学习目标聚焦在自身学习成果上。教师必须清楚学生在学习中的疑问，并致力于帮助学生理解知识，提升能力与境界，使他们能够达到预期成果。清楚聚焦是 OBE 理念中最重要和最基本的原则，这是因为：第一，可协助教师制作一幅能清楚预期学生学习成果的学习蓝图；第二，以该学习蓝图为课程教学设计、教学评价执行的起点，与所有的学习紧密结合；第三，无论是教学设计还是教学评价，都以让学生充分展示其学习成果为前提条件；第四，从第一节课到最后一节课，师生都如同伙伴一样为达成学习成果而努力分享每一时刻，双方不再是"你教我学"式单一教学关系，而是"师生多元互动式"的教学关系。如在"社交礼仪"课程的教学实践过程中，教师精准聚焦学生学习需求，对所讲专题进行必要的筛选和调整，结合雨课堂的运用，突出学生的自主学习能力培养，在选定某一教学主题后，对学生进行智能分组，让学生在上课前进行专题资源搜索和整理，然后进行课堂展示，让学生在课堂上做"主角"，教师负责进行补充总结和打分、点评，以及成果整理，将展示成果作为课堂表现的依据，充分调动学生的学习热情和兴趣。也可以说，在该课程的教学过程中，教师总是会有机会让学生证明自己所学，展示其学习成果，进而增强学生的团队合作意识，提高学生的沟通能力。

3.2 提高对学生的期待

教师应该提高对学生学习的期待，制定具有挑战性的学习目标，以鼓励学生深度学习，更成功地学习。具体来讲，主要有以下两个方面：一是提高学习目标，促使学生完成学习进程后达到更高水平；二是排除迈向成功的附加条件，鼓励学生达到高峰表现。通过教学活动的深入开展，要根据学生的课堂反应和雨课堂数据反馈，对教学目标、教学内容、学生活动进行详细的记录，对教学活动适时进行调整，课程内容和课堂活动的难易程度设计和开展要根据不同专业、不同年级学生的实际学习情况做出进一步科学预判，对一些表现突出的学生进行奖励。若现阶段的学习表现和状态整体良好，可以适当提高下一阶段的任务完成难度，并及时对学生给予肯定。

3.3 充分给予学生表现机会

OBE 理念特别强调学生学到了什么而不是老师教了什么，特别强调教学过程的输出而不是输入，特别强调研究型教学模式而不是灌输型教学模式，特别强调个性化教学而不是"一刀切"式教学。因而在课程设计与教学方面要充分考虑每位学生的个体差异，要在时间和资源上保障每位学生都有达成学习成果的机会。个性化教学要求老师准确把握每位学生的学习动态，及时把握每位同学的目标、基础和进程。按照不同的要求，制定不同的教学方案，提供不同的学习机会。雨课堂云班平台的运用可以随时监测每个学生个体的学习情况，根据实时数据的更新，教师可以为不同专业、不同年级的学生个体提供不同的表现机会。

3.4 注重教学反向设计

以最终目标（最终学习成果或顶峰成果）为起点，反向进行课程设计，开展教学活动。课程与教学设计从最终学习成果（顶峰成果）进行反向设计，以确定所有迈向高峰成果的教学的适切性。教学的出发点不是教师想要教什么，而是要达成高峰成果需要什么。反向设计要遵循两大原则：一是要从学生期望达成的高峰成果来反推，不断增加课程难度来引导学生达成高峰成果；二是应聚焦于重要、基础、核心和高峰的成果，排除不太必要的专题内容或以更重要的专题取代，才能有效协助学生成功学习。以"社交礼仪"课程为例，到学期末时，根据云平台收集的教学反馈情况对本学期教案、教学课件、教学活动等进行归纳整理，作为下一学期的教学参考，等到下一学期重新展开课程教学活动时，又要根据新学期学生的学习情况、学习需求重新进行教学内容设计、课堂活动预设，改变以往"一份教案用到底"的习惯，力求教学与时俱进，紧跟学生学习需求、社会需求。

3.5 构建学生自我参照评价模式

OBE 理念倡导的教学评价聚焦在学习成果上，而不是在教学内容以及学习时间、学习方式上。与以往强调学生之间学习成果进行比较的教学评价相比，OBE 理念更加注重学生个体不同阶段的自我对比——采用多元和阶梯式的评价标准，评价强调达成学习成果的内涵和个人的学习进步。根据学生个体能达到教育要求的程度，赋予从不熟练到优秀的不同评定等级，进行针对性评价，通过对学生学习状态的明确掌握，为学校和教师改进教学提供参考。

3.6 鼓励学生逐级达到顶峰

教师借助"雨课堂"平台将学生的学习进程划分成不同的阶段，并确定每阶段的学习目标，这些学习目标从初级到高级，最终达成顶峰成果。这意味着，具有不同学习水平的学生可以在不同时间，通过不同途径和方式，达到同一目标，从而弥补了传统单一评价及反馈过程性评价的不足，是督促学生完成阶段性教学任务和目标的重要保障手段。

4 教学评价及反馈

过程性评价是督促学生完成阶段性教学任务和目标的重要保障手段。为保证课程评价的公正性，"社交礼仪"公选课程完全采取了第三方公开评价体系。由雨课堂云班课系统根据学生参与日常音视频资源学习、课后测试参与度及成绩等对学生学习表现进行评价。

4.1 评价及依据

在经过15学时的线下课堂和阶段性线上学习后，学生可以掌握社交礼仪的基本内容，并根据课程要求，参与相关线上与线下活动，取得相应分数。课程采用了综合评价方法，即课堂签到10%+网络资源学习10%+专题成果展示50%+评论区留言讨论10%+试卷提交20%的形式，总成绩为100%。所以，学生在整个学习过程中的每一个环节都与最后获取的学分有关联。课程评价采取第三方客观量化评价标准，尽量减少任课教师的主观评分项比例，力求做到客观公正。同时，也避免了之前公选课教学中学生学习动机不明确或只是为了拿学分混日子的情况。

4.2 教学反馈

雨课堂平台的运用，改变了传统教学反馈中以单一的学生评教分数来评价公选课教学质量优劣的模式。在线上线下混合式教学模式中，雨课堂通过学习动态轨迹的实时记录，构建开放型反馈机制，不仅可以让教师及时看到教学过程中存在的具体问题，还可以让学生从数据统计中对自身的学习过程和学习结果进行深入反思。

总之，基于OBE教育模式的教学实践打破了传统的教学固化思维。以雨课堂云班课为平台、校级公选课为抓手，在学生的教学目标和教学过程上进行突破和验证，只要目标导向明确，过程阶段性监督到位，15学时的临时课堂也可以得到充分利用，并实现教学效果最优化。

随着全球化、信息化时代的到来，提高应用型高校人才培养质量，对于提升国家的竞争力有非常重要的作用。教学模式改革的最终目标是提升人才质量，而人才培养质量的基础源于课堂教学。在教学中坚持OBE理念，改革现阶段我国应用型高校人才培养中存在的一些缺陷，既可以有效规避传统教学理念中存在的不足，也能够适应当前社会对应用型人才的培养需求。将OBE理念融入我国应用型高校人才培养教学模式改革，已经成为新形势下应用型高校教育改革的一种必然趋势。

参考文献

[1] 顾佩华，胡文龙，林鹏，等．基于"学习产出"（OBE）的工程教育模式——汕头大学的实践与探索［J］．高等工程教育研究，2014（1）：27-37．

[2] 杨毅刚，孟斌，王伟楠．基于OBE模式的技术创新能力培养［J］．高等工程教育研究，2015（6）：24-30．

[3] 凤权．OBE教育模式下应用型人才培养的研究［J］．安徽工程大学学报，2016（6）：81-85+95．

[4] 周洪波，周平．基于OBE理念的高校教学模式改革研究［J］．中国成人教育，2018（3）：92-94．

基于 OBE 理念的专业课程建设探索与实践
——以广东理工学院商务英语专业为例

周红梅 吕丽红

摘 要：OBE 理念的核心精神是培养学生的能力，实现教育活动由"以教师为中心"向"以学生为中心"的教学理念转移。文章以将 OBE 理念引入商务英语专业为例，剖析商务英语专业的培养目标，不断完善现行应用型人才培养模式，探讨商务英语专业课程建设的实施措施，在重构教学内容、以"案例"为抓手、创新融合实际工作能力、重视学生主动性、开展实践实训等方面显成效，满足适应区域经济社会发展对人才的实际需求，以培养高素质应用型人才为目标，最终通过大量专业课程的内涵建设，推动整个专业学习产出的实现。

关键词：OBE 理念；课程建设；成果导向；商务英语专业

OBE 理念也称成果导向教育理念，是一种基于学习成果或者结果为导向的教育理念。应用型人才培养的目标明确，符合 OBE 理念。这种教育理论的精髓在于实施过程中的各个环节均需以成果为核心进行设计和实施，突出教学目标到学习体系的逆向构建，强调以学生为中心，关注学生的全面发展，重视学生主动性，注重教育绩效，以培养高素质应用型人才为目标。

课程是高校人才培养的最基础部分，也是人才培养目标落实的核心环节。课程建设必须围绕学校本身的办学定位，以学生发展为目标导向。2019 年教育部颁发的《"双万计划"国家级一流本科课程推荐认定办法》明确了高校要把教育教学改革成果落实到课程建设上，建设国家级一流本科课程更是应用型本科课程改革的重点，是提升学校教学质量的重要环节。课程建设要突出以学生为中心，以成果为导向，教学设计需科学合理，要有科学的、可衡量的课程评价，课程目标能有效地促使培养目标的达成，对课程要求具有高阶性、创新性、挑战度等"两性一度"的特征。课程建设关系人才培养目标的实现，课程改革质量是地方本科院校成功转型的关键，其核心是 OBE 理念背景下应用型课程建设及实施。

广东理工学院是一所以工科为主、多学科协调发展的全日制普通本科院校。学校立足肇庆，面向珠三角地区，辐射广东，其办学定位为：培养符合区域经济发展需要，具有较高道德文化素养和法纪观念，有较强社会责任感，具备创新精神、创业意识与合作能力的、德智体美劳全面发展的高素质应用型人才。自商务英语专业被列为 2019 年学院重点建设专业以来，在两年建设期内积极探索 OBE 理念下专业建设和课程建设的有效途径，在支撑条件、课程体系、教材、人才培养目标、产教融合与校企合作等方面，围绕目标达成、组织实施、教学内容、多元评价等要求进行设计，加强对教学方法、教学过程、教学效果反馈等的不断完善，找到适合本校的发展新思路。

1 OBE 理念下商务英语专业课程建设的实施措施

1.1 明确商务英语一流人才的培养目标

应用型本科院校的人才培养应遵循国家人才培养规范、教育规律，学校需紧密结合行业和企业的人才需求，以创新应用型人才培养为指导，与企业共同研究，以抓商务英语本科专业建设为主线，对人才培养方案进行顶层设计，以人才的需求为导向，探索服务区域社会经济发展的"复合型+应用型"本科商务应用人才培养模式，充分体现应用型本科院校的办学特色。根据 OBE 理念，并结合社会的人才需求分析，逆向研究设计专业人才培养方案，确定人才培养目标，明确毕业要求。根据专业人才培养的目标和毕业的要求，建立科学的课程体系，完成专业人才培养方案的制定，推动人才培养目标达到认证标准和专业规范。

商务英语专业学生应当掌握商务英语专业的基础知识、专业知识和学习能力，具备扎实的听、说、读、写等英语基本功，以及运用英语、信息化技术和经济管理知识开展工作的基本技能与实践能力，以适应区域社会经济的发展。

1.2 完善应用型商务英语专业人才培养的毕业要求

目前，高校毕业生在工作中最突出的问题，主要表现在学生的实践能力和学习能力最为欠缺，其次为学生所学专业知识与实际工作需要相脱节、缺乏对相关行业专业知识的了解以及踏实的工作作风，另外，学生的自律性和团队协作能力较差。教师们普遍认为，在大学期间，学生应首先加强专业知识、综合素质的培养，提高组织管理能力、职业道德和实践能力，同时也应注重时间管理和计算机技能、英语综合能力、人文社会意识、数理基础知识的培养，才能更好地适应毕业后的工作。按照专业知识、问题分析、设计/开发解决方案、研究、使用现代工具、专业与社会、环境和可持续发展、职业规范、个人和团队、沟通、项目管理、终身学习 12 项毕业生要求通用标准来分析，学生应当掌握商务英语专业知识和学习能力，具备扎实的英语基本功和运用英语、计算机技术和经济管理等知识开展工作的基本技能与实践能力。毕业生可考取英语等级证书，如专业四级和专业八级证书，在涉外商务事务领域的外企、外贸、涉外机构和商务管理部门从事文秘、翻译、单证处理、商务谈判、旅游管理、涉外事务等工作。

1.3 制定一流课程建设规划和专业建设课程标准

OBE 理念注重目标和结果，强调以产出导向为核心理念和实质等效概念，对此，广东理工学院对标建设一流课程，重点推进通识课、基础课、专业基础课与专业核心课四大课程体系，2021 年基本完成全部课程项目化改革，制定新型特色商务英语一流课程标准 20 个，建成了校级精品课程"外贸英语函电""综合商务英语"等。其中"综合商务英语（二）"课程荣获广东省课程思政建设改革示范课堂，"高级综合商务英语"课程被评为校一流课程建设项目，并被学校推荐申报 2021 年省级一流课程。

1.4 实现"高级综合商务英语"课程目标对商务英语专业毕业要求达成度

核心课程"高级综合商务英语"如何在开展教学活动的同时，将原有的知识体系与培养目标、毕业达成要求和教学目标紧密结合，重塑以人才培养能力为基础的体系；为更好地体现"国际实质对等"的要求，如何评价教学效果；如何体现教学理念的不断完善，是教学改革亟待解决的问题。以上问题该如何解决？通过商务英语教学团队的多次研究和讨论，明确了以下解决方案：第一，基于OBE理念的课程建设目的是提高学生能力，这是一个有效的、引领性的教学目标；第二"综合商务英语"教学大纲的课堂设计结合了OBE理念，将以学生为中心、以目标为导向、持续改进融入课堂教学；第三，持续反馈改进，即通过对常规教学过程的定期和不定期的监控和评价，不断提高教学水平和质量，使成就学生能力的程度得以体现。

1.5 建立"商务英语"课程达成度评价方法

专业建设达成度评价是对专业建设目标的达成情况进行判断的一种评价方式和内容，是衡量产出的重要手段，是对专业建设措施持续改进的依据。"高级综合商务英语"课程是商务英语专业核心课，OBE理念下的教学内容设计和目标达成度的评价措施体现了以"学生中心、产出导向"的质量保障体系，通过课堂教学和自主学习的合理设计，采用课堂教学的讲授、小测验、小组报告和课后练习，以及项目小组的资料收集和撰写阅读笔记等方法，达到课程目标要求。

通过对近三届学生"商务英语"课程目标的实现结果分析可以看出，学生的英语沟通表达能力和跨文化能力、思维能力以及计算机应用能力、自学能力、创新能力和商务实践能力等在不断提高，由此可以判断，学生能打破过去语言技能分项训练的模式，转而采用双向融合的新思路和新方法，引导学生阅读和分析经济、管理、投资、市场等方面的知识，使学生在语言输入的同时兼顾信息的获取和能力的培养，与商务英语专业的人才培养目标相适应，更好地促进学生掌握商务英语的基础知识、专业知识，提升学习能力，从而有效地夯实英语基础技能和实践技能。从事商务英语专业的学生在培养外语沟通表达能力和跨文化思维能力以及一定的自学能力、商务实践能力及创新能力的基础上，同时应具备一定的实际工作能力和与业务相适应的专业基本素质和能力，能够针对商务工作场合，娴熟地开展调研、演讲、辩论、讨论、谈判等。

2 研究取得的应用效果

OBE模式的精髓在于，这种模式的各个环节均需以结果为核心进行设计和安排。目前结合校本特色，该模式被引入商务英语专业的教学体系，在教学改革摸索过程中得到应用。

2.1 基于OBE理念重构"商务英语"课程教学内容

OBE理念突出教学目标到学习体系的逆向构建，与传统理念不同的是，其强调的重点是学习成效。在教学内容的安排上，以近年来国内外商务英语建设中有关经济学知识、管理学知识、国际商法知识，如商业伦理、市场扩张、金融投资、商业管理、人才资源、劳动分配、商业决策、商务谈判等基础知识为重点讲授内容，来达到应用型人才培养要求。"商务英语"课程按项目驱动的教学方法由学生分组参与，以培养学生的知识应用能力和自学能力，了解学科前沿的发展现状和趋势，学生按教师提前布置的题目自行选取商务英语中的课题，以项目组进行汇报的方式把选取的商务英语实例与课本知识紧密结合，获得商务英语文化的熏陶，具有良好的商务英语道德和学生英语综合素质，特别是语言表达能力、团队协作能力和商务实践能力。

2.2 以案例为抓手实施"商务英语"课程教学

"商务英语"课程通过以案例教学为抓手，以案例分析强化学生商务英语应用能力。学生根据教师事先设计的案例，提前预习相关内容，课堂上教师通过课堂提问反馈学生预习效果，结合学生的信息反馈和理解情况进行分析和讲解，从而培养学生的自学能力、商务英语素养及动脑思维能力，使学生根据学习任务进行设计准备、数据处理和收集，能够正确使用标准工具书，具备英语语言能力、商务实践能力、逻辑思维能力、沟通能力、团队合作能力、写作能力等。

2.3 创新融合实际工作能力的培养

在专业的培养过程中，商务英语专业立足于粤港澳大湾区人才需求，根据我校整体办学定位与人才培养目标，实施"外语+专业方向+企业综合实践"的教学模式，注重加强交叉学科的深度融合，积极探索英语特色办学的新途径，致力于培养优质外语人才，在实践"新文科"建设、传播地方文化以及讲好中国故事方面贡献力量。因此，在教学设计与练习的布置中，注重项目与实际生活的联系，重在培养学生语言运用能力，突出解决实际问题能力的培养。

但目前对高校人才培养方案的调研显示，欠缺实践能力和学习能力是高校毕业生在工作中最突出的问题；此外还存在缺乏对相关行业专业知识的了解以及踏实的工作作风，所学专业知识往往与实际工作需要相脱节等问题。在商务英语教学中，我们打破以往的语言技能单独训练的模式，而采用新的思维方式和双向整合的新方法，引导学生阅读和分析经济、管理、投资和市场等方面的资讯和文章，使学生在进行语言输入的同时，兼顾信息获取、能力培养等方面的能力。在此基础上，还应加强学生的外语应用能力、跨文化能力、思维能力、信息技术能力、自主学习能力、创新能力和实践能力等综合能力的培养。

2.4 践行"学生为主体、教师为主导"的教学思想

OBE 理念重视学生主动性，教师引导次之，从注重教学形式转变为注重教育绩效。教师应反复认真钻研教材，根据学生的学情来组织教学内容，同时在教学中精心设计教学环节，通过互动、开放的教学形式，以学生为主体，灵活运用有效的教学手段和方法，激发每一位同学的学习兴趣，激发学生内在的学习动力，变"要我学"为"我要学"。采用启发式与问题式的教学方法，通过文章阅读、资料整理、实地调研、自主探究、小组合作等方式，培养创新意识与思辨能力、学术研究能力和用英语进行展示的能力，提高学生解决涉外商务问题的能力。

2.5 挖掘"英语+商务"特色开展实践实训

紧紧围绕培养"宽口径、厚基础、重能力、求创新"的应用型专门人才的目标，从专业特点出发，挖掘"英语+商务"特色，坚持以能力培养为根本，通过调研，针对未来学生就业的意向以及当前企业的用人需求，开展多元化实训模块，如语言技能、旅游翻译、线上教学、面试技巧等专项技能培训，可操作性强。

同时，我们也花大量精力和时间，在心理学家、企业行业专家、专业带头人指导下完成人才培养方案的制定。通过加强调研与对外交流，邀请企业来参与，跟进企业实践需求、加强企业深度合作，围绕就业岗位所需能力进行有针对性的培养，科学地进行课程设

置,开发校企合作实践基地、毕业就业指导、引进实训教师,通过校外专业实习基地与校内联合培养、结合企业发展需要以及市场需求开设相应课程,不断完善和更新课程设置以及教学管理体系。

通过专项技能实践、商务英语翻译实训、综合商务英语实训、高级商务英语实训、企业综合实习、毕业论文(设计)等实践性教学环节,着重培养学生的创新精神和实践能力;校外企业综合实习实行"双导师制",聘请校内专任教师以及企业一线工作人员担任学生实习指导老师,加强对学生综合实践的全方位指导。此外,为了激发学生的英语学习兴趣,本专业定期开展丰富多彩的英语特色活动和比赛,作为课堂教学的延伸,为广大学子提供展示自我、提升自我的平台,以赛促学、以赛促教,如"早安理工"晨读,英语电影配音大赛,"外研社"杯大学生英语口语、阅读、写作大赛,全国商务英语翻译大赛,外语朗诵比赛等,师生结合教学实际,在教学过程中加以辅导训练,促进学生口语、写作、翻译能力的提高。

3 结语

"商务英语"课程通过基于OBE理念重构教学内容,改进教学方法,培养学生的自学能力,提高学生运用商务英语专业知识完成商务设计方案的能力,培养学生分析问题、解决问题的能力和团队协作能力等综合能力。课程质量和学习的成效是高校人才培养目标实现的关键,以OBE理念为导向,结合学校定位及人才培养模式,明确教学目标。基于OBE理念整合教学内容,对课程设计、实施措施和成效反馈进行评估,实现把学生学习成果与课程目标、课程目标与专业目标达成的建设目的,实现对学生实践能力、创新能力和综合素质的培养,保证人才培养目标与社会需求的有机契合。

参考文献

[1] 姚江云,王娟. OBE视域下自动化专业"点线面"纵向课程群构建[J]. 高教论坛,2017(12):67-69.

[2] 王丽荣,武鹤,孙绪杰. 新时期地方本科院校一流专业课程建设标准研究与探索[J]. 黑龙江教育:理论与实践,2020(5):18-19.

[3] 邱志荣. 成果导向下人才培养目标及其毕业要求的构建——工业设计创新创业[J]. 工业设计,2018(2):3.

[4] 黄文祥. 工程教育认证背景下行业学院教学质量监控要点探究[J]. 应用型高等教育研究,2019(3):59-63.

[5] 雷敏,彭康洲. 新时代英语专业人才内涵式三维培养路径研究[J]. 乐山师范学院学报,2021(5):96-104.

[6] 高正艳,王战军,杨旭婷. 一流专业建设达成度评价内涵与特征[J]. 上海教育评估研究,2019(2):25-28.

[7] 陈煊. 基于跨文化交际的商务英语教学模式探讨[J]. 湘南学院学报,2013(4):114-116.

OBE 背景下现代产业学院建设创新研究
——以广东理工学院为例

舒 程

摘 要：一直以来，国家高度重视工科院校的建设，地方工科院校所培养的各类人才对国家建设及地方经济发展至关重要。广东理工学院作为华南地区头部的民办高等工科院校，结合自身情况出台了具有自身发展特色的产业学院建设管理方案，希望能培养一批基础扎实、精于实践、勇于创新、敢于创业的创新型应用型人才。本文试在现代产业学院建设过程中融入 OBE 理念，以实现某种意义上的创新供参考。

关键词：OBE；现代产业学院；创新；广东理工学院

1 引言

一直以来，国家高度重视工科院校建设，地方工科院校所培养的各类人才对国家建设及地方经济发展至关重要。2017 年，国务院办公厅率先提出了产业学院的概念。其后，各省各高校相继推出了具有自身特色的产业学院建设方案。广东省教育厅提出了瞄准本省战略性"双十"产业集群发展需求，鼓励高校联合大/中企业、地方政府、产业园区、科研院所等建设现代产业学院的战略部署。

广东理工学院作为华南地区头部的民办高等工科院校，应省厅的战略部署制定了符合自身发展特色的产业学院建设管理方案，旨在通过产业学院建设，构建产学研深度融合的协同育人长效机制，促进人才培养供需双方紧密对接，实现学校与产业、学校与企业之间的信息、人才、技术与物质资源共享，共同培养一批基础扎实、精于实践、勇于创新、敢于创业的创新型应用型人才。在现代产业学院的建设与创新过程中融入 OBE 理念引导其进一步发展，有利于解决新经济、新业态下现行毕业生能力与社会需求不匹配的问题，具有较强的现实意义。

2 OBE 理念概述

OBE 是以专业核心能力定义学生未来学习的成果，重视专业知识、技能和态度的培养教育，是由学习产出驱动的课程活动和评价系统。OBE 理念实现了从关注学科转向关注预期成果、从教师中心转向学生中心的两大转变。笔者试图对 OBE 理念进行理论分析，通过反向设计提出现代产业学院建设创新的有效建议，从而形成对 OBE 理念的有益探索。

2003 年，阿查亚（Acharya C.）系统总结出 OBE 概念的四个实施原则：清楚聚焦学习成果，扩大学生学习机会，提高教师期待，反向设计课程与教学。2008 年，胡伟等人在《成果导向型教学模式的开发、应用与推广》中介绍了广州番禺职业技术学院"成果为导向、项目为主体、任务为引领、服务为载体的'教、学、做'一体化教学模式"（成果导向型教学模式）的实践经验，指出成果导向型教学模式注重学生的学以致用，并开发了与之配套的 TKPACD（任务、知识、准备、行动、评估、展示）六步教学法。2017 年，龙奋杰等人在《新建本科院校推行成果导向工程教育模式的探索与实践》中以贵州理工学院为例，从人才培养理念、专业改革定位、实施步骤及 OBE 改进机制四个方面论述了对理工科院校实施 OBE 工程教育模式的意见与建议。

2014 年，顾佩华等人在《基于"学习产出"（OBE）的工程教育模式》一文中提及，OBE 工程教育模式已经在世界范围内广泛流行，我国台湾、香港等地区也逐渐将 OBE 付诸工程实践及工程认证。文章系统探讨了 OBE 理念，介绍了汕头大学 OBE 工程教育的实践经验，建议要大范围推动有弹性、高水平、可持续的 OBE 理念发展。

1976 年后，我国地方工科院校的概念及内涵逐渐清晰，人才培养的定位随着时代的变化也一直在发展进步，由强调"面向地方生产"到"办出特色"到"应用型人才培养"再到"学生中心、成果导向"等。上述研究内容涉及办学定位、培养目标、学科建设、师资建设、专业认证等领域，均为研究 OBE 理念下现代产业学院的创新打下了良好的研究基础。

3 产业学院概述

广东省教育厅的相关文件提到，在建设现代产业学院的过程中，鼓励各高等院校打破常规，对人才招录方式、课程体系进行大胆革新，建设跨专业、跨学科的新型基本教学单位，引导行业企业深度参与教材编制和课程建设，设计课程体系、优化课程结构，加快课程教学内容迭代，促进课程内容与技术发展衔接、教学过程与生产过程对接。

在政策的支持下，各大院校在与企业共建现代产业学院数量上取得了一定的成绩，但在建设质量上有待进一步提升。据笔者调研，广东理工学院现存校企合作关系的企业中，现代产业学院建设最为突出的三个问题如图 1 所示，59.75% 的企业聚焦于实践教学环节不足环节，48.32% 的企业聚焦于人才与社会需求脱节环节，30.16% 的企业聚焦于培养目标定位不准确环节。

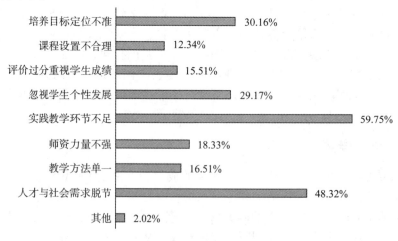

图 1　现代产业学院建设问题汇总

调查数据显示，在校企合作方面，当前校企合作的主要形式是共同商定培养目标、共同制定企业培养方案、共同搭建工程实践平台。调研样本的 18 家大型企业中有 71.32% 存在校企合作，25 家中型企业中有 67.5% 存在校企合作，33 家小型企业中有 35.65% 存在校企合作。超过 76.34% 的样本企业认为，与地方工科院校开展校企合作对满足企业人才需求有帮助。

在培养目标方面，通过调查全部样本企业中的广东理工学院毕业生从业人数较多的企业可得，接收广东理工学院毕业生的企业中仅 29.16% 对地方院校的人才培养目标较为了解，了解程度平均值为 2.81（总分为 5）。该部分了解人才培养目标的企业中，有 87.59% 的企业认为目前地方院校人才培养目标基本符合社会要求。接收广东理工学院毕业生的企业中超过 83.34% 的企业认为，地方院校毕业生就业时需要同高水平大学毕业生竞争同一岗位，平均值高达 3.93。

在毕业生基本素质方面，如图 2 所示，根据不同企业规模，中型企业对地方院校毕业生基本素质的整体评价最高，小型企业次之，大型企业对地方院校毕业生基本素质的整体评价最低。企业对于毕业生基本素质的评价整体上趋于一致，毕业生的基础知识评价得分最高，实践能力得分最低。

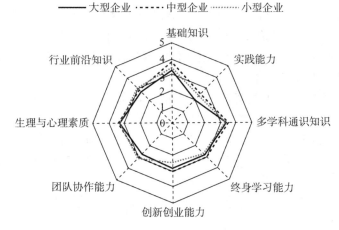

图 2 企业对毕业生的基本素质评价

4 广东理工学院现代产业学院建设现状

据广东省教育统计学会公布的《2022 广东省民办高校办学条件实力排名及其指标》披露，广东理工学院作为华南地区头部的民办高校，办学条件实力排行第一，现代产业学院建设也积累了一定的发展经验。

4.1 现代产业学院的建设优势

（1）国家政策支持。《国务院办公厅关于深化产教融合的若干意见》（国办发〔2017〕95 号）指出，鼓励企业依托或联合职业学校、高等学校设立产业学院和企业工作室、实验室、创新基地、实践基地。2018 年，《教育部关于加快建设高水平本科教育 全面提高人才培养能力的意见》明确指出，始终坚持以学生为中心，促进全方位发展；坚持服务需求，成效导向；坚持完善机制，持续改进。

（2）地方政策配套。《广东省人民政府办公厅关于深化产教融合的实施意见》（粤府办〔2018〕40号)指出,"推进产教协同育人……出台支持产业学院建设的政策措施,根据行业产业需求整合相关学科专业,组建跨学科、跨专业的产业学院"。探索校企人才双向流动机制,设置灵活的人事制度,建立选聘行业协会、企业业务骨干、优秀技术和管理人才到高校任教的有效路径。发挥学校人才与专业综合性优势,围绕产业技术创新关键问题开展协同创新,实现高校知识溢出直接服务区域经济社会发展。

(3) 学校自身建设。广东理工学院出台了《产业学院建设与管理办法(试行)》,提出了通过产业学院建设,构建产学研深度融合的协同育人长效机制,促进人才培养供需双方紧密对接,实现学校与产业、学校与企业之间的信息、人才、技术与物质资源共享,共同实现培养一批基础扎实、精于实践、勇于创新、敢于创业的创新型应用型人才的总体目标。

4.2 取得的成绩

(1) 推行了一系列的制度改革。广东理工学院按照"产教融合、专业对接、课程衔接"的思路,实行了专业、企业多元培养制度。产业学院的培养方案、培养标准、课程、教学内容、考核评价、项目设计、师资保障等均由学院多个办学主体共同谋划、共同确定;鼓励跨学科、跨专业组建新型"产业班",单独设置人才培养方案,激发班级活力和创造性。全面采用"3+1"校企合作模式,鼓励形式灵活多样的生产现场教学和专题教学;推进"引企引教",倡导启发式、探索式教学方法改革和合作式、任务式、项目式、企业实操教学等培养模式综合改革,促进课程内容与技术发展衔接、教学过程与生产过程对接、人才培养与产业需求融合。

(2) 建设了一批高水平实践基地。广东理工学院以"引企驻校、引校进企、校企一体"等方式,吸引优势企业与学校共建共享产业学院生产性实训基地,将产业生产实践的真实场景引入教学。同时以企业发展需求为核心,通过产业学院提供适合的项目、设备、经费、实习岗位,组织大学生社会实践和实习;利用产业学院实践实训平台提供课题,引导学生参与创新创业训练,安排企业导师对项目进行指导;进一步支持产业学院遴选企业项目或课题,将其作为学生毕业设计、毕业论文的选题,实行真题真做。

4.3 现行的不足

(1) "双师双能型"教师严重不足。对于应用型人才的培养,全体教师除了要具备扎实的专业基础知识外,实践教学能力与解决实际问题能力也是其不可或缺的基本能力。但是现实中"双师双能型"教师数量严重不足,师资水平普遍难以满足新时代应用型人才培养的要求。以广东理工学院为例,据其2021年出台的79号《"双师双能型"教师认定办法》文件,全校"双师双能型"教师仅127人,占教师人数比例不足10%。大部分教师缺乏真实实践经历,对行业产业发展趋势、生产实际的了解不够深入,导致教师实践教学能力难以满足人才培养的需求。同时,专业教师还需具备良好的科研创新能力和大数据应用能力,不断更新自己的知识体系和教学方式以适应新学科建设需要。此外,在培养和引进"双师双能型"教师之余,教师教学精力的投入也应予以权衡和保障。

(2) 人才培养亟待引入成果导向。现今,各院校认识到了其人才培养要贴合地方经济需求,但在人才培养目标的定位设置上仍然不够精准,没能在培养应用型人才的基础上依据办学特色和区域产业需求等进一步细化培养目标,发挥办学优势,导致院校的人才培养目标与人才需求不完全匹配。相当一部分地方院校没能认清自身与高水平大学培养目标的区别,人才培养方案设定的目标过高,盲目追求培养高层次人才,现实中却缺乏高水平大学的生源、师资、学科前沿优势等,导致学生毕业后需要与高水平大学毕业生竞争同一岗位的现象大量存在。

5 OBE 理念下的产业学院机制创新设计

为了缓和高等教育与实际需求之间的矛盾,OBE 理念在实施过程中突出教育的实用性和教育成果的重要性。在人才培养中以学习成果为确定培养目标的出发点和归宿,充分考虑产业需求、政府、学校、家长、学生等多方面的利益诉求。

5.1 设计理念创新

学习成果的确定是 OBE 理念实施的关键环节之一。传统学科本位的教育以学科需要为中心,倾向于学科知识的逻辑性和系统性,人才培养只能适应国家和社会的外部需求而很难满足其内部需要。如图 3 所示,现代产业学院的建设可全面以 OBE 理念为导向制定人才培养方案,以实际需要为前提"反向设计、正向实施",由需要决定学习成果,再由学习成果决定培养目标,进而设计对应的培养计划,能最大限度保障培养目标与实际需求的一致性。

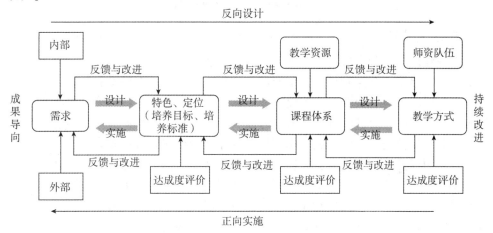

图 3 人才培养方案"反向设计、正向实施"流程

5.2 合作形式创新

如图 4 所示,现代产业学院可融入 OBE 理念重塑培养系统,综合学生发展及家长期望、学校办学定位和培养目标、行业产业发展需要、国家社会教育发展需要等要求,反思学科专业设置应培养什么样的人、如何培养人,持续改进并建设新的学科专业群,从而高质量实现国家对现代产业学院的战略规划。产业学院建设应当依托学院优势专业,科学定位人才培养目标,坚持服务产业,精确分析本校学科专业与产业链、创新链的对应关系,突出本校优势,明确服务定位和发展方向。产业学院建设各项工作必须以立德树人为根本,紧紧围绕人才培养的中心任务展开,坚持育人为本,推动学校人才培养供给与产业链需求紧密对接,促进"新工科"建设,培养和造就符合行业发展需要的高素质应用型人才。

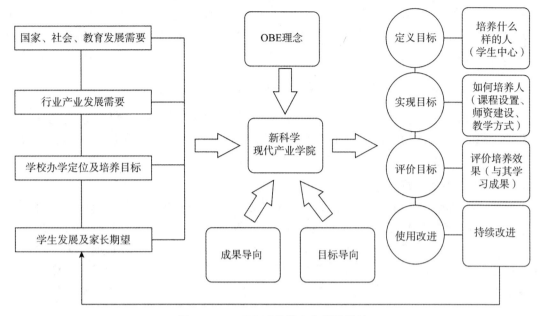

图 4　OBE 理念下现代产业学院设计

5.3　管理方式创新

产业学院建设应充分发挥学校与地方政府、行业协会、企业机构等双方、多方的办学主体作用，共同建设、共同管理、共享资源、共担责任，坚持共建共管。产业学院应根据战略新兴产业发展趋势与企业合作建设产业急需紧缺学科专业，深化专业建设内涵，突出产业导向和应用导向，改革传统专业教学方式和课程设置，利用产业学院资源条件，打造优势特色专业，将传统专业建设成应用型优势专业。校企双方可探索合作成立专业建设指导委员会，利用行业标准和企业资源积极开展专业认证，提高专业建设标准化、国际化水平。同时，校企合作双方应共建师资队伍、共建课程体系、共同编写教材、共同打造科教融合平台，坚持产教融合，实现专业建设与行业发展、人才培养与社会需求良性互动。民办学校应当想方设法将产业学院前置到企业中，一方面降低企业的用人成本、培训成本、办企成本，另一方面降低学校的办学成本，继而降低学生的学费成本，更好履行社会责任。

5.4　基地建设创新

产业学院应支持行业协会、企业业务骨干、技术和管理人才到学校任教，鼓励校内教师通过顶岗作业、工作实习、合作研发等形式深入行业企业，优先聘用"双师双能型"教师；开展校企导师联合授课，打造"双师双能型"教学团队；开展师资交流、研讨、培训等业务，将产业学院建设成"双师双能型"教师培养培训基地。创新企业兼职教师评聘机制，建立双导师制，完善双导师选拔、培养、考核、激励等办法，加大学校与企业之间人员互聘共用、双向挂职锻炼、横向联合技术研发和专业建设的力度，打造专兼结合的"结构化、创新型双师队伍"。落实院校素质提高工程，培养高水平、结构化的创新教学团队。

6 现代产业学院可持续健康发展的保障措施

6.1 制度层面

学校领导应高度重视校企合作产业学院的建设，成立建设领导小组为产业学院建设把握发展方向。二级学院也应成立由院领导、校外企业专家、专业骨干教师组成的产业学院建设小组。建立由高校和行业、企业专家组成的卓越人才培养建设指导委员会，对专业的人才培养目标、人才培养模式、课程建设、实践教学等进行调研、指导、论证和评估，共同建立长效稳定的校外实习实训基地，力争建立一个集学生社会实践、顶岗实践、就业、师资培训和技术服务等职能为一体的综合型实习实训基地，培养高质量的应用型人才。

6.2 经费层面

加大经费支持力度，对产业学院建设项目的经费投入进行详细的规划，明确投入经费的使用范围，在年度预算中要确保专业项目经费的投入。加强产业学院建设的指导和支持，提供建设所需资金，不断完善专业教学、科研、基础设施；制定相关政策，在师资队伍建设、教学条件改善、教学改革与管理、教材建设、精品课程建设、实验实习实训基地建设等方面给予重点支持，保证专业建设经费落到实处。应用型高校应积极扩大筹资渠道，采取措施积极筹措资金保证专业建设经费投入，可以通过争取政府财政投入、校企横向合作共同建设、社会捐赠等方式来筹集资金。

6.3 管理层面

进行顶层设计，建立目标管理制度，合理确定产业学院的绩效目标；构建管理组织，坚持和加强党的领导，完善党政联席会议为核心的监督机制，突破机制障碍；组建产业学院决策机构，优化内部管理组织。组建科学合理的产业学院决策机构，完善理事会形式的产业学院组织结构及管理模式。创新校企协同育人机制，建立健全产业学院的纪检监察、人事、财务、采购、基建、资产、科研管理和审计等重大权力的规章制度和管理办法。定期确定专业项目建设的总体及分项目标并组织落实到位，建设指导委员会全面负责专业项目建设的规划、领导、协调、执行管理。实施分项目责任制度，相关责任人责任明确，并严格对项目实施进度、质量和效果进行监督和检查，修订和完善奖惩机制，制定并认真落实项目建设绩效考评制度，做到公平公正、赏罚分明。在岗位设置、职称评聘时，对积极参与重点专业建设，指导学生获学科竞赛奖的指导教师、实践教学基地指导教师，专业建设负责人，特别是在获得国家级特色实践教学基地点、省级品牌特色专业点等建设中工作突出的教职工，在政策上给予倾斜。

6.4 服务层面

产业学院一方面应按照"名师引领、骨干培养、素质提升、教改落地"的工作思路来推动师资队伍的打造与建设，充分利用企业实践、顶岗实践、产业拓展、师资培训等方式，开展师资赋能训练，提高网络化、人工智能、云计算、大数据等教育信息技术应用，培养"双师双能型"师资队伍的数智化教学能力和素养。

另一方面，应以企业为桥梁打通产业和学校对接渠道，校企合作深化联动，建设能够满足学校要求、企业需求的高水平专业群产教融合实训基地，集实践教学、技能赛训支持、社会培训、企业真实生产和社会技术服务功能于一体，直接服务于人才培养、人才输出。

7 结语

综上,现代产业学院的建设有赖于党的全面领导,有赖于前瞻性的政策导向,有赖于先进的办学理念。学校应提供教学设计思路、专业理论指导、教学方法指导、实训场地、实训设备等条件,承担对实训中心平台的实践教学应用和成果检验。企业应全面对接学校专业,本着共建、共育人才的原则,以校企合作双主体育人的模式,积极研究产业学院的人才培养创新模式和实践教学改革新路径,助力打造应用型人才培养高地。

参考文献

[1] 王显清. 基于OBE的地方工科院校人才培养模式研究 [D]. 哈尔滨:哈尔滨理工大学,2019.

[2] 王振亚,梁军. 基于OBE理念的学校体育教学改革研究 [J]. 当代体育科技,2021(5):5.

[3] 张卫丰,邢云凤. 新技术革命背景下的校企产教融合路径研究 [J]. 高教学刊,2021(8):18.

[4] 王敏,欧阳旭平,鲍祎敏,等. 基于成果导向教育理论的护理专业教学改革 [J]. 中华护理教育,2020(4):20.

[5] 阮红芳,张俊. 基于OBE理念的大学生就业能力培养方式研究 [J]. 浙江科技学院学报,2022(4):19.

基于OBE理念的实践基地巩固与扩大建设探索
——以广东理工学院多元金融实践基地为例

伦肇亮

摘　要：大学生社会实践教学基地建设要突出公益性与学术性，紧密结合专业人才培养需要，以实践课程及实践活动为主要教学手段，引导学生利用专业知识解决社会问题。本文基于OBE理念，提出巩固和扩大实践教学基地建设的成果，加强校企合作，对原有基地进行迭代升级，通过高校知识溢出直接服务区域经济社会发展。

关键词：OBE；实践基地；巩固与扩大；广东理工学院

OBE（成果导向教育）理念，是以成果为目标导向，以学生为本，采用逆向思维的方式进行专业建设的理念，是一种相对先进的教育理念。以成果为导向的教育模式包含了以学生为中心、成果导向、持续改进三个要素，可以理解为"以终为始"。在高校人才培养上具体表现为根据市场需求来反向设计人才培养方案，而非直接根据现有教育理论和经验来设置课程。课堂的组织形式不再是固定的，而根据教师和学生的需要来设置。在人才培养标准的设置上，不再以少数人的成功而是以所有学生的成功为标准。课程考核的侧重点不是学生的考试与测验结果，而是聚焦于提升学生的学习效率或能力，使其达到毕业的最高水平。

1 如何理解OBE理念

1.1 关于OBE理念

2016年我国在教育教学改革实践中，尝试引入OBE的教学理念，以学生为本，促进教学改革，促进学生的成长成才。OBE特别重视学习成果，包含知识成果、态度成果和技能成果。成果是对课程目标达成的检测，课程目标可以通过实际成果检测，实际成果又反作用于课程目标，并对其进一步修正，使课程目标更科学合理从而具有可行性。国内对于OBE教育研究主要聚焦于以下方面：其一，OBE理论的课程设计研究；其二，OBE理念的教学模式研究；其三，OBE理念的实证研究。由于起步较晚，OBE理论运用到实际教学上还相对较少，从成果导向视角进行学习成果设计的文献数量也相对不足，关于OBE实践基地建设方面的研究有待进一步加强。

1.2 关于目标成果

第一，成果并非先前学习结果的累计或平均，而是学生完成所有学习后获得的最终结果；成果不是学习的暂时表现，而是学生内化到心灵深处的历程。第二，成果不仅是学生所学的知识，还包括应用于实际的能力，以及可能涉及的价值观或其他情感因素；成果越接近"学生真实学习"，越可能持久存在，尤其是经过学生长期、广泛实践的成果，其存续性更高。第三，"最终成果"是学生学习过程的映射结果，要根据最终成果目标，进行反向设计，并分阶段进行评价。

1.3 关于逆向思维

逆向思维，也称求异思维，它是对司空见惯的似乎已成定论的事物或观点进行反向思考的一种思维方式，即"反其道而思之"，让思维向对立面的方向发展，从问题的反面进行探索，树立新思想，创立新形象。如图1所示，在OBE的理念导向下，教学目的首先是考虑社会需求，通过社会需求确定培养目标，不断推导出各个课程体系，从而形成较为系统的全面机制。

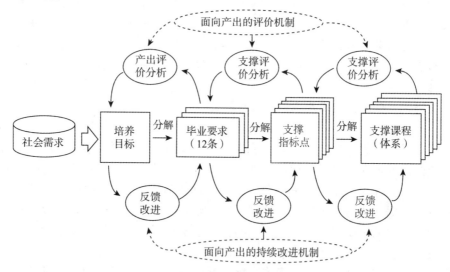

图1　OBE 理念下的教学体系设计

2　OBE 理念下的多元金融实践基地建设

2.1　建设背景

2021年广东省教育厅为贯彻落实《教育部关于加快建设高水平本科教育全面提高人才培养能力的意见》部署要求，通过质量工程项目建设，全面对接教育部"双万计划""六卓越一拔尖""四新"等本科人才培养计划，为广大教师和教学管理人员搭建教学改革和创新平台，引导高校将资源配置和工作重心持续聚焦教学和人才培养突出问题，遴选出科产教融合实践教学基地、大学生社会实践教学基地、现代产业学院等若干个，持续深化了专业、课程、实验实践、教学组织、教学评价等关键领域改革，夯实了本科教育基础，积累了优秀教学改革经验和成果。

2.2　建设目的

大学生社会实践教学基地主要是支持学校、院系充分利用周边人文、历史、自然、旅游等社会资源，联合地方政府、有关部门或其他高校，共建大学生社会实践教学基地。基地建设同时突出公益性与学术性，紧密结合专业人才培养需要，以实践课程及实践活动为主要教学手段，通过认知、体验、发现、探究、感悟等学习方式，帮助学生加深社会认识、关心社会发展，引导学生利用专业知识解决社会问题。通过基地建设，强化学生的创新精神、实践能力、社会责任感和就业能力。

一直以来，财经管法专业的校外实践项目由于应用单位工作的严谨性、企业信息的保密性等客观条件限制，较难开展规模实践，是应用型本科财经管法专业校外实践工作的瓶颈。应用型本科校外实践是毕业实习环节的重要补充，广东理工学院每年的财经管法类专业应届生近5 000人，打造具有规模的财经管法类专业校外实践基地尤为必要。

2.3 建设内容与计划

中小型企业业务量有限，可容纳的实践学生人数难上规模，财经管法类的实践课程主要包括场景、业务、操作等，业务量不足也导致具体的实际操作项目安排达不到业务的完整性和连贯性标准，较难取得令人满意的预期效果，实习的目标和质量很难得到保证。广东理工学院成功立项了广东肇庆农商银行-广东理工学院多元金融社会实践教学基地，成功启动了新一轮的校企合作之路。

（1）课程建设体系。实践教学的内容体系设置为基础实践教学、专业实践教学、综合实践教学和创新实践教学。基础实践教学主要培养学生的计算机、英语等基础课程（如统计学、会计学、经济学等）的基本技能和认知社会的能力；专业实践教学主要提高学生专业实践技能，使其具备专业知识应用能力；综合实践教学主要培养学生综合运用知识分析问题、解决问题的能力；创新实践作为第一课堂的延伸，主要通过学科竞赛、课外科技活动、创新课题、科研训练等对学生进行创新思维的训练，提升创新能力。

（2）建设举措及步骤安排。大一、大二学生通过见习实习、社会实践活动等，使学生初步接触金融机构、提升基本金融财务知识、认识社会等相关能力，一方面根据职业要求引导学生考取相关专业证书，为就业奠定基础；另一方面根据学校教务处文件加大课程考核改革力度，推动以证代考、以证加分，加大专业证书与实践活动在综合成绩中的占比。大三学生通过课程实习（实训）、综合实习（实训）、社会实践活动等，提升学生专业能力；大四学生通过科研训练、毕业实习、毕业设计等，提升学生提出问题、分析问题、解决问题的综合能力。在整个实践过程中全面融入课程思政元素，通过划分学年的分体目标实施，提升学生应用能力。

（3）德育、美育、劳动教育与专业教育的有机结合。肇庆农村商业银行是肇庆地区最大的农村金融机构，是国家实现支农支小、乡村振兴、精准扶贫等战略的载体。实训基地的成立并运行，意味着进入基地实践的学生可参加农商银行的各项基层工作，包括考察农田、种养殖基地、地方高新产业、走访农户及贫困户、根据实际情况制定扶贫方案，担任"金融村干部"等，恰如其分地将德育、美育、劳动教育与专业教育有机结合，充分体现"三全"教育、课程思政等相关理念，使学生在较短时间内快速成长。

3 实践基地巩固与扩大建设探索

3.1 实践基地建设原则

在OBE理念下，实践基地的建设原则应以社会需求为导向，综合国家、行业、地方及企业的需求；综合岗位工作能力、整体素养的需求；综合社会就业市场的需求，分别从专业建设、人才培养、就业服务等环节进行人才培养并不断改进，服务社会需求，从而形成良性循环，如图 2 所示。

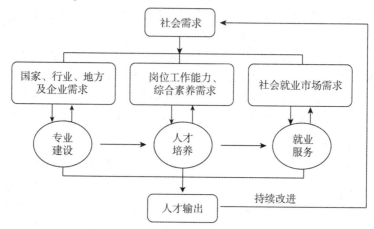

图 2　OBE 理念下的人才培养循环

3.2　实践基地的巩固

（1）高度统筹。第一，广东理工学院应根据肇庆农商银行的日常工作安排制订独立、完整的实践教学计划，保证实践既不影响教学秩序，也不影响合作单位的日常工作。第二，根据实践教学计划和人才培养方案编制实践课程标准，编写实践教学指导书，规范实践教学的考核办法，保证实践教学的质量。根据行业的实际任务与企业的实际需求，安排毕业设计（论文）等环节。

（2）高效落实。探索实践性教学环节应做到六个落实（计划落实、大纲落实、指导教师落实、经费落实、场所落实和考核落实），抓好四个环节（准备工作环节、初期安排落实环节、中期检查环节和结束阶段的成绩评定及总结环节）。

（3）制度保障。综合基地双方的实际情况制定一系列关于经费预算、实验（实训）、实习、毕业论文（设计）和学科竞赛等方面的实践教学管理文件，实践教学文件和管理制度包括实践教学计划、实践教学课程大纲和教材、实践指导书、实训项目单、实验报告等实践教学文件和各实践教学环节管理制度，以保障实践教学环节的顺利开展。

（4）充分配合。校企双方根据实践教学计划派出相应的实践指导教师，从实际操作、职业道德、课程思政、专业知识等多维度对学生进行实践指导，保证落实教学大纲的要求，保证课程的完整性与课时充足性。

3.3　实践基地的扩大

据粤教高函〔2021〕29 号文，实践基地的层级可简单分为大学生社会实践教学基地、科产教融合实践教学基地、现代产业学院。大学生社会实践教学基地为校企合作的基础形态，科产教融合实践教学基地为校企合作的一般形态，现代产业学院为校企合作的头部形态。要扩大实践基地，前提是扩大校企合作的范围要。以广东理工学院与肇庆农商银行现行的大学生多元金融社会实践基地为例，首先可考虑将大学生社会实践教学基地升级为科产教融合实践教学基地，即广东理工学院的财经类院系与肇庆农商银行共建科产教融合实践教学基地，进一步拓宽合作领域、拓展合作深度，突出科教融合、产教融合，吸引合作方深度参与基地实践教学，共同开发实践课程体系、共同制定实践教学方案、共同实施实践教学过程、共同评价实践教学成效、共同改进实践教学方式，形成基地实践教学与专业课堂教学互促互补的良好局面，打造一支高水平"双师型"教师队伍。

在科产教融合实践教学基地运行顺畅、发展成熟时将其进一步升级为现代产业学院，瞄准广东省战略性"双十"产业集群发展需求，充分尊重和发挥参建各方办学主体作用，形成共建共管、高效顺畅的组织架构。整合多主体创新要素和资源，以强化学生职业胜任力和持续发展能力为目标，以提高学生实践和创新能力为重点，创新人才培养方案、课程体系、方式方法、保障机制等，持续促进产教深度融合。鼓励学院打破常规，对人才招录方式、课程体系进行大胆革新，建设跨专业、跨学科的新型基本教学单位，引导行业企业深度参与教材编制和课程建设，设计课程体系、优化课程结构，加快课程教学内容迭代，促进课程内容与技术发展衔接、教学过程与生产过程对接。探索校企人才双向流动机制，设置灵活的人事制度，建立选聘行业协会、企业业务骨干、优秀技术和管理人才到高校任教的有效路径，发挥学校人才与专业综合性优势，围绕产业技术创新关键问题开展协同创新，实现高校知识溢出直接服务区域经济社会发展。

综上，基于OBE理论加强校企合作，进一步巩固和扩大实践基地的建设，并不断迭代升级，形成有梯度的实践基地群，通过成果导向教育理念培育一大批应用型人才，是提升办学水平、服务地方经济、提升地方整体综合实力较为有效的途径。

参考文献

[1] 阮红芳，张俊. 基于OBE理念的大学生就业能力培养方式研究［J］. 浙江科技学院学报，2022（4）：19.

[2] 王振亚，梁军. 基于OBE理念的学校体育教学改革研究［J］. 当代体育科技，2021（5）：5.

[3] 张卫丰，邢云凤. 新技术革命背景下的校企产教融合路径研究［J］. 高教学刊，2021（8）：18.

[4] 王敏，欧阳旭平，鲍祎敏，等. 基于成果导向教育理论的护理专业教学改革［J］. 中华护理教育，2020（4）：20.

基于 OBE 理念的创新创业教育研究综述

周红梅

摘 要：在社会转型与经济快速发展的时代背景下，社会各界对于复合型、创新型人才的要求不断提高，也就意味着高校的创新教育模式需要顺应时代发展的需求，进行综合性的多元化改变。如何将专业教育与创新创业教育有机融合，已经成为现当代高校教育模式创新重要课题。本文对相关研究文献进行了整理，以期对该领域的文献综述研究进行补充和丰富，构建了基于 OBE 理念的专业教育与学生创新创业能力培养的深度融合研究，为该理论的丰富提供实践基础。

关键词：OBE 理念；创新创业教育；专业教育；文献综述

1 引言

高校学生是创新创业的主要群体，既要学习专业知识，又要进行创新创业和实践能力的培养。《国务院办公厅关于深化高等学校创新创业教育改革的实施意见》提出高等学校在专业人才培养方案中适当增加和开设培养创新创业能力的相关课程，通过该课程的学习、实践和培训，使学生了解相关政策，并且鼓励高校学生自主创业。创新创业教育和专业教育相结合是建设创新型国家的重要举措，高校开展创新创业教育可以培养学生创新精神和实践能力，通过创业解决高校毕业生的就业问题。为了响应国家号召，在做好专业教育的同时，必须做好基于学习产出的高校创新创业教育，全面推进深化高等教育综合改革，培养学生的创新意识和实践能力。

近年来，我国经济迅速发展，迫切需要建设创新型国家和人力资源强国，最核心问题就是要培养大批创新型人才。当前学者们对国内外高校创新创业教育进行了深入研究，从我国创新创业教育中的实际困难与问题提出了一些实际可行的对策，以期促进我国大学生创新创业教育的发展。如何有机融合专业教育与创新教育，已经成为现当代高校教育模式创新的重要课题。本文对相关研究文献进行了整理，构建了基于 OBE 理念的专业教育与学生创新创业能力培养的深度融合研究，为该理论的丰富提供了实践基础。

党的十八大提出了"创新驱动发展战略"，把创新创业教育上升为国家战略。实施创新创业教育、加强创业精神和创业能力人才培养，既优化人力资源配置、缓解社会就业压力、促进社会经济发展，又满足创新型国家背景下深化高等教育改革的迫切要求。以"创新创业教育"为主题，在中国知网上进行高级检索，高频的研究主题涉及创业教育、创新创业教育、基于 OBE 理念的创新创业教育、人才培养体系、课程体系、创业实践、专业教育与创业教育等。其中，选取"专业教育与创业教育""创新创业""基于 OBE 理念的创新创业教育"等相关文献进行对比分析，学者们意识到"双创"教育不仅是为了学生的创业和就业,更重要的是凝练包含在其中的教育价值,即培养学生的创新创业能力。

2 国内高校创新创业教育存在的问题及对策

目前,如何发展我国高校创新创业教育是国内很多学者研究探讨的课题,学界研究主要集中在理念探讨、内外环境、师资队伍、课程体系建设和运行机制等方面。学者郭伟等认为,提高"双创"教育质量是首要因素,并且需要高质量的师资队伍,而普通高校政府专项资金的倾向性投入不足,无法满足创新创业教育的需求。他们认为,改革普通高校创新创业教育就是要深入理解创新创业教育理念,充分利用已有的和潜在的教育资源,发挥自身的优势,创建一条属于普通高校特色的创新创业教育道路。学者鲁宇红等认为,创业教育的本质与核心是创新教育,创业教育应是创造性思维的训练,而很多人对创新创业教育的认识有偏差,认为创新创业教育就是培养创业人才,就是高校指导学生创办企业或开办公司或开展第二课堂。学者石萍萍认为,我国高等教育深受传统教育观念的影响,创新创业教育还处于初级探索阶段,创新创业教育体系不完善,师资力量还比较薄弱,创业孵化园建设还不够切实有效,大学生的创新创业意识有待提升。笔者认为可以从完善高校创业教育体系、建设优质创新创业教师队伍、建立科学可行的创业孵化机制、提高大学生的创新创业意识等方面提高大学生创新创业教育的成效。

我国不同类型的高校在办学类型、办学层次、办学特色和价值取向等方面存在差异。基于此,学者们研究探索了体现高校特性的创新创业教育发展之路。学者魏银霞等在研究地方工科高校构建"三层次、四平台、四保障"的创新创业教育体系时,提出针对工程应用型人才培养要以改革课程教学为重点,以搭建实践平台为核心,以建立服务保障体系为关键,深入开展适合高校特点的大学生创新实践教育,将创新创业能力的培养渗透专业教育之中,贯穿于工程应用型人才培养的全过程。学者张素红等研究金陵科技学院的创新创业教育,提出新型应用型本科院校创新创业教育体系应围绕人才培养的基本模式,将创新创业教育融入专业教育,不断完善课程体系建设,重点面向有创业意向或创业热情的学生,通过创建各类实践平台更好地实施。

3 基于OBE理念的专业教育与学生创新创业能力培养深度融合的研究

3.1 OBE理念

OBE即基于学习产出的教育模式。虽然有许多不同的解释,但是核心思想是一致的。教师需要根据学生毕业时应掌握的知识,达到的能力和其水平以及具备的创新创业能力,构建培养模式、制定教学大纲、细化教学内容、改革教学方法和手段。教师不能根据教科书或教师经验进行教学,需要根据学生应达到什么目标决定教什么内容,从以往的以教师为中心向学生为中心进行转变。学者高美蓉提出,通过分析学生需要获得哪些知识来提升创新创业的能力,构建基于OBE理念的学生创新创业能力培养深度融合的课程教学体系。

3.2 构建基于OBE理念的课程教学体系

(1)以成果为导向,通过评估学生能力制定教学大纲和细化教学目标。OBE理念强调想让学生毕业时获取哪些专业知识和达到什么能力,以成果为导向,根据专业培养方案开始确定培养目标,制定创新创业课程教学大纲。学者杜俊义等提出,教学目标中要明确社会需求、学生掌握的专业知识和达到的创新创业能力;要兼顾学生之间的个性差异;围绕着一个明确的教学目标，以"厚基础、宽口径、强能力"为培养目标；在教学大纲的制定中，理论要与实践相结合。通过开设创新创业课程中的理论讲解和案例解析等，让学生们更全面地了解创新创业，建立创新创业意识；开设学生创新创业的实践课程，学院为学生的创新创业活动提供平台，专业教师进行辅导，学生通过组建创新创业团队开展相关活动，培养学生的创新精神，提高学生的创新创业能力。

（2）以创新为目标，按照学生需求优化教学内容和设计教学过程。以创新为目标，在OBE理念的指导下，根据学习产出类型，以学生的发展为方向，强调"学生通过学习能学到什么知识"，在学习过程中的学习体验如何，有没有做到主观能动性和潜能的发掘。剖析课程的教学重点与难点，优化教学内容。教师在设计教学时，可以调动学生积极地参与教学过程，教师可以采用多样化的教学方法和教学手段，有效地帮助学生取得这些学习成果，实现学习产出。学者汪高元提出，在教学过程中，以创新为目标，通过积极引入形式多样的教学方法和教学手段，同时可以将该领域的前沿知识和最新的科研成果引入课堂教学，提高学生的科研兴趣，使学生参与创新创业的热情与积极性进一步提高。

（3）以能力为本，遵循学生个性发展完善教学考核方式。为了准确地检测学习成果，不能仅仅依靠传统的试卷考试方式进行课程的考核，试卷考试不能完全展现出学生的创新创业能力，应采用多种考核方式和评价标准。学者劳丽蕊等提出，传统的教学模式是一种相对来说比较墨守成规的方式，OBE模式则能够使教学评价变得更加具有个性化。老师会在学生进入正式的学习阶段之前，对其学习能力、自身综合素质等进行考察，还会对最后的考核效果进行深入浅出的针对性教育。在OBE理念下，课程评价是教学设计的重点和难点，是学生达到预期学习结果的有力证据。

（4）构建基于学习成果的教学评价和监督机制。传统的教学评价均由教师来进行，客观性稍显不足，且可能与行业实际相脱离。以OBE理念的教学评价突出学生能力评价的模式，以学生学习能力培养为方向，根据不同课程教学内容和教学任务，推行多样的考核评价方式，强调学生学习的过程性考核。学生的学习成果通过过程性考核进行评价，考查学生理论知识和实践能力的学习效果。通过专业课程和创新创业课程的建设和不断完善，可以提高教学质量，同时还必须不断完善基于学习成果的教学评价和监督机制。

4 结语

总体来看，当前学界普遍认为高校开展的"双创"教育存在的核心问题是忽视了人才培养，并没有真正把"双创"教育纳入高校育人体系，无论是本体的教育观念、文化基因、课程与教学，还是师资、资金、企业与政府的支持，都处于缺失状态。要解决这些问题，首先需要转变教育观念，真正理解开展"双创"教育的意义，基于OBE理念，将创业教育与专业教育有效融合。

将OBE理念引入创新创业课程，以成果为导向，根据学生的发展来确定培养目标和制订教学大纲；以创新为目标，教学过程中以学生为中心，重视全体学生需求，夯实创新创业基础教育，强调"我们想让学生取得的学习成果是什么"，优化教学内容和设计教学过程；以能力为本，根据学生需求设置多种教学方法和手段以及多样化的考核方式；以学生的发展为重点，不断反思教学过程，通过不断完善的方式构建基于学习成果的教学评价和监督机制，进一步提高教学质量。

参考文献

[1] 郑丽波. 基于OBE教育理念的大学生创新创业课程教学模式初探[J]. 齐齐哈尔大学学报（哲学社会科学版），2019（1）：186-188.

[2] 郭伟，孙海燕，韩姗姗. 普通高校创新创业教育现状分析与对策[J]. 黑龙江教育，2014（2）：52-53.

[3] 鲁宇红，张素红. 对大学生创业教育和创新教育关系的分析[J]. 江苏高教，2011（6）：106-108.

[4] 石萍萍. 大学生创新创业教育的问题及对策[J]. 教育与职业，2016（12）：60-62.

[5] 张素红，陈小虎，鲁宇红. 新型应用型本科院校创新创业教育体系的构建——以金陵科技学院为例[J]. 金陵科技学院学报，2012，26（4）：6-10.

[6] 魏银霞，黄可，郭庆. 地方工科高校创新创业教育体系研究与实践[J]. 实验技术与管理，2015（2）：74-77.

[7] 高美蓉. 基于OBE理念的电子信息类专业教育与创新创业能力培养深度融合研究[J]. 电子元器件与信息技术，2021，5（10）：138-139.

[8] 杜俊义，冯罡. 基于OBE理念的大学生创新创业能力培养研究[J]. 商讯，2019（26）：184-185.

[9] 汪高元. 基于OBE的应用型本科院校大学生创新创业能力培育路径思考[J]. 现代商贸工业，2019（30）：73-74.

[10] 陈希. 将创新创业教育贯穿于高校人才培养全过程[J]. 中国高等教育，2010（12）：4-6.

[11] 王洪才，刘隽颖. 大学创新创业教育核心·难点·突破点[J]. 中国高等教育，2017（Z2）：61-63.

[12] 李亚员. 创新创业教育：内涵阐释与研究展望[J]. 思想理论教育，2016（4）：83-87.

[13] 刘春湘，刘佳俊. 创新创业教育政策演进与实施路径[J]. 大学教育科学，2017（4）：94-100，126.

[14] 任胜洪，刘孙渊. 高校创新创业教育政策的演进逻辑及展望[J]. 教育研究，2018，39（5）：59-62.

[15] 梅伟惠，孟莹. 中国高校创新创业教育：政府、高校和社会的角色定位与行动策略[J]. 高等教育研究，2016，37（8）：9-15.

[16] 严建华，魏江. 构建"基于创新的创业"教育[J]. 中国高等教育，2016（12）：53-56.

[17] 黄兆信，曾纪瑞，曾尔雷. 以岗位创业为导向的人才培养体系研究与实践——以温州大学为例[J]. 教育研究，2013，34（6）：144-149.

[18] 李家华，卢旭东. 把创新创业教育融入高校人才培养体系[J]. 中国高等教育，2010（12）：9-11.

[19] 张晓娟. 高校创新创业教育存在的问题与路径选择[J]. 中国高校科技，2018（4）：95-96.

[20] 王焰新. 高校创新创业教育的反思与模式构建[J]. 中国大学教学，2015（4）：4-

7,24.

[21] 张宝君."精准供给"视域下高校创新创业教育的现实反思与应对策略[J].高校教育管理,2017,11(1):33-39.

[22] 劳丽蕊,徐广飞,郭婧,等.基于OBE理念的创新创业教育课程体系建设[J].工业技术与职业教育,2018(4):51-53.

基于成果导向教育理念的应用型人才培养模式的构建探析

黎志勇　杨　斌　倪元相　刘　睿　王鹏程

摘　要：基于成果导向教育理念的应用型人才培养模式构建希望实现当前高等教育的有机发展转型，实现人才培养体系重新构建，转变传统学科导向教育中的固化模式，时刻满足市场人才需求，强调针对人才的应用能力与适应能力培养。换言之，就是要建立基于三维空间的人才培养体系，以达到高等教育服务社会区域经济发展的目的。本文论述了基于成果导向教育理念下应用型人才培养模式的基本建构思路、过程与实施策略，并加以例证分析解读。

关键词：成果导向教育；建构思路；实施策略；人才培养模式

1 关于成果导向教育及其基本教育模式建构思路

1.1 成果导向教育的基本理论

成果导向教育（OBE）是当前一种最为先进的教育理念，由美国教育界在1981年首次提出并创建，一经提出，它就被教育界普遍重视和认可，获得了较高的社会地位。当前，OBE模式已经成为美英教育体系中最为主流的教育核心理念，例如它在美国工程教育认证标准中就已经被广泛应用，成为美国工程与技术认证委员会（ABET）的核心教育思想。

2016年6月，在吉隆坡召开的国际工程联盟大会上，我国的工程教育专业也被认证成OBE模式背景下的国际本科专业，它围绕学生中心与持续改进核心理念来建设教学改革进程，希望以此来保证并提高工程教育人才培养质量，为社会输送更多工程类应用型人才。此后，越来越多的学科专业加入了OBE理念，希望追随国际化发展步伐来构建新教育平台。具体来讲，基于OBE理念的应用型人才培养模式希望首先确定四点对应关系：第一，要基于校园及社会内外需求来明确需求与人才培养目标之间的关系；第二，要基于培养目标和学生毕业要求关系来拓展优化人才培养模式；第三，要平衡毕业要求与课程体系之间的关系；第四，要将教学内容与毕业要求相挂钩。做到以上四点，就能根据社会行业需求来基于专业层面制订人才培养计划。当前我国高等教育中的机械电子工程专业人才培养就在实施OBE模式，基于社会企业需求信息与就业导向来驱动人才教育发展进程，为此，像北上广深等大城市重点高校也纷纷建设了面向社会IT产业的应用型人才培养基地，特别是北京市在近年来就建立了首都科技创新中心，它专门为高校OBE应用型人才培养模式提供专业服务，已获得多所高校的一致好评。

1.2 成果导向教育的建构思路

我国高等教育体系从本质上借鉴了 20 世纪 50 年代苏联计划经济时期的教育模式,它依据课程教学大纲培养人才,在人才培养方面相对保守,这也让当前许多高校的人才培养模式逐渐同质化,所培养出的人才缺乏个性。总的来说,这种教育模式被称之为学科导向型教育模式。从当代社会发展来看,它不但已无法满足社会企业的用人需求,也让所培养人才在步入社会后严重缺乏社会岗位适应性,使得双方都难以满意。为了改善这一教育窘境,引入 OBE 模式是有必要的。OBE 模式以教育成果导向作为对学生学习成果的预期,并由此来制定具体的人才培养体系,同时更要参照行业产业发展需求,在广泛且翔实的社会市场调查基础之上来确立专业人才培养目标,为每一名学生定位,展开人才培养进程,并合理设计毕业要求。

OBE 模式反向推倒了由分解毕业要求来制定考核指标点的人才培养模式,建立了人才培养体系与考核指标之间的平等对应关系,这使人才培养体系被彻底优化完善。而且,校内循环与校外循环这一双循环反馈机制也让人才培养体系得到进一步优化。总的来说,基于 OBE 理念的人才培养更加趋于应用型人才培养,它的方向设计和正向实施是一大亮点,因为它一方面满足了社会发展的基本需求,也秉承了社会发展需求是起点也是终点的创新教育理念,最大限度确保了教育目标与教育结果的相互统一,这对专业教育适应性的增强具有重要作用。

2 基于成果导向教育的应用型人才培养模式构建过程

在 OBE 模式下,由成果导向教育培养应用型人才有一定的模式操作构建流程,而且这一构建流程应该做到开放化、客观化和严谨化。总结来讲,它包括了市场需求调研、人才定位和人才培养体系构建。

2.1 市场需求调研

对于高等教育专业学科来说,学校本身要满足自身内部需求,即学生在专业学习方面能够达到怎样的水平,然后基于学科专业市场需求来对市场做出全面客观调研,分析社会企业职业岗位对于人才素质能力的最新要求。而且,这种市场需求调研一定要做到动态化,保证与时俱进,强调时效性,这是当前高校应该做到的。

2.2 人才定位

在高等教育体系下,OBE 模式应该重视对人才的定位,做到因材施教,满足不同学生的不同就业需求,解决不同就业问题,关注学生的自我成长过程。具体来讲有以下几点。

(1) 就是要以社会需求为基本导向,保证他们能够主动适应经济社会发展,大体上根据行业、产业对人才的实际需求来满足人才定位条件。

(2) 可以为学生定位毕业以后的职业走向,例如毕业 3~5 年以后所能取得的职业成就,让学生心中有数,并能够围绕这一定位目标去努力提升自我。

(3) 在毕业要求中还应该基于学生的知识、能力与素质形成三位一体的 OBE 应用型人才培养结构,并同时贯彻能力本位基本原则,将知识传授作为基础,将能力培养作为核心,形成一套完整的素质教育目标体系。基于上述一系列原则来构建应用型人才的专业知识、技能与素质综合结构,实现对人才的全方位立体化定位。

2.3 人才培养体系构建

在 OBE 理念中，应用型人才培养构建也应该基于可考核指标点来实现其人才教育培养过程。在教育过程中，强调对资源配置的方式与结构设计把控，将学生的每一次教育、学习活动纳入他们的人才成长体系，为他们明确人才培养体系中的各个因素，并归类整合形成一套完善的组合体系，这就是基于 OBE 理念的应用型人才培养体系的重构过程。

具体到教学课程规划方面，一定要将高等教育中的第二课堂（选修课堂）也纳入应用型人才培养体系，开展以专业主题为核心的选修课堂活动，在选修课堂知识熏陶与各种创新教育活动中来强化学生的创新意识与实践能力。而且在第二课堂体系中，教师也要借机训练学生的专业能力，通过必修课外更加丰富的教学资源来全面提升学生整体素质与职业能力，帮助他们快速自我成长，实现课内与课外、必修课与选修课培养目标的相互统一，切实发挥第二课堂对于应用型人才培养教育的知识内容补充、深化与扩展作用。

3 基于 OBE 应用型人才培养案例的创新教学策略构建

某高校在校内机械电子工程专业应用型人才培养过程中就采用了 OBE 模式，并取得了不错的效果。本文就简要探讨一下该校在机械电子工程专业领域的 OBE 应用型人才教育培养模式教学策略实施过程。

3.1 优化课程体系构建，渗透 OBE 模式思想

该高校在机械电子工程专业的应用型人才培养过程中，不断渗透 OBE 模式思想。首先建立了"6+1+1"校企合作全周期共同培养模式。"全周期"就是指学生在进入高校的每一个学期都可以参与由学校及企业所联合创设的应用型人才共同培养教学计划。具体来讲，从大一开始到大三结束，这 6 个学期为学校执行教学计划期，由学校组织学生进行理论知识学习和少许的校内实训基地实操教学。到了大四上学期（第 7 个学期），就要到企业参加企业工厂实训；而第 8 学期则进入岗位实习期，准备毕业就职。大四开始，学校也会为学生开展就业指导活动，为他们设计毕业规划。该校还创造性地将大学中的 4 个学年分为 4 个不同阶段，实施分层递进式教学模式，让不同学力的学生受到不同的教育指导，同时做到教学难度的不断攀升，循序渐进地培养他们的专业技能，并同时配套并轨集中实训模式。这些都为学生适应大四工作岗位实训实习奠定了扎实基础。

这里以专业基础学习阶段与专业技术实践阶段为例，首先基础学习阶段就为学生安排了诸如高等数学、工程力学、工程制图、机械原理与设计、机械制造技术基础、机电装备设计、电路原理、模拟电子技术、数字电子技术、数控技术等多方面课程，让学生扎实掌握机械电子工程专业的相关基础知识。在每一学期结束后，还会在暑假安排 2~3 周的技能实训，主要教授他们一些深层次的应用课程内容，例如数字电子技术中的逻辑代数、逻辑运算算法、模拟电子技术中的组合电路设计等。这 2~3 周的实训旨在考查学生的专业基础知识掌握情况，并测试他们的专业知识拔高情况，观察他们的专业技能提升空间，为他们实现专业知识的有效外延，为下一阶段的专业课程教学做好准备。

在专业技术实践阶段，主要以数字电子技术和数控技术为核心，迎合市场企业人才需求与学生自身专业学习兴趣来设计布局课程内容，该校为了丰富学生的专业技术实践内容，主要将实践课程体系划分为五大方向：机械技术、控制技术、检测技术、接口技术和系统集成应用。该阶段的实践课程安排也遵循动态原则，并按照机械电子工程专业具体的

行业领域来划分课程内容结构，满足不同计算机专业领域学生的不同技术知识需求。

3.2 推出创新创业教育，将OBE模式贯彻到底

进入大四实训阶段，该校鼓励学生大胆创新创业，为此学校也为学生专门设置了创新创业教学体系，为学生提供5学分以上的创新创业教育课程，鼓励他们通过线上慕课教学模式来远程共享专业教育资源，再在线下教师的指导下组建创业团队，形成"团队+教材+慕课"的综合化课程体系，实现对自身专业素质能力的有效拓展。另外，课程群建设也鼓励学生突破单门课程的局限性，与师生共同创新课程内容，例如，共同创建并参与像DS控制技术开发、精密光学测量技术这样的联合课程群教学，做到更贴近企业实际开发项目的教育内容应用实施。

3.3 基于OBE模式的自我教育

自我教育的主体自然是学生本身，而主导则是教师。要根据培养目标来设计多个学生自我成长项目，而教师也要向学生多推荐课外书籍与教育资料，为他们布置阅读任务，让他们养成自觉学习的习惯。客观讲，基于OBE模式的应用型人才培养体系必须做到第一课堂与第二课堂教育资源平均化，即要保证学生能够获得一定的活动学分，但活动学分本身不作为毕业必要条件，可以作为学生未来毕业就业的推荐学分存在。这种自由化、轻松化的教学模式不但可以为学生营造良好的学习氛围，也能鼓励他们多参与专业知识拓展教育活动，活跃他们的发散性思维，让他们在未来的就业活动中更有竞争力。

3.4 完善基于OBE模式的应用型人才实践教学体系

要基于OBE模式来完善高校的应用型人才实践教学体系，不断提高实践教学质量，以达到学生预期的学习成果，帮助当前大学生解决动手能力偏低且问题解决能力薄弱的问题。例如，安排基于机械电子工程专业的实践实训课程，像由校企合作联合编写的数控技术、CAD/CAM自动编程实训与开发性实验实训方案，通过这样能够满足企业专业能力需求的教学方案来实现成果导向，穿插数控技术实验实训理论内容来完善大学生的应用型人才实践教学体系，弥补校内实训基地教学资源与教学实践的不足，满足大学生的毕业实训专业技术需求。

4 结语

综上所述，基于OBE理念的应用型人才培养模式迎合了当前高等教育改革的现实需要，深度探析了当前社会教育发展的热点问题，真正做到了以学生为中心来设计课程体系内容，这对于高校深入挖掘专业人才、满足社会企业技术发展需要是很有必要的。

参考文献

[1] 曹凤萍, 赵长利, 王刚, 等. 基于成果导向的应用型人才培养模式的构建[J]. 黑龙江教育（高教研究与评估版）, 2017 (4): 74-76.

[2] 王丽霞, 戴昕, 刘焕君. "2+2"应用型人才培养模式的理论研究[J]. 高等工程教育研究, 2015 (1): 180-184.

[3] 吴中江, 黄成亮. 应用型人才内涵及应用型本科人才培养[J]. 高等工程教育研究, 2014 (2): 66-70.

[4] 李志义. 解析工程教育专业认证的成果导向理念[J]. 中国高等教育, 2014 (17):

7-10.
[5] 鹿林. 我们的紧迫——应用型人才培养方式重构实践与探索 [M]. 北京：人民交通出版社, 2015: 37-42.
[6] 张驰, 刘信平, 刘晓鹏, 等. 地方民族高校生物工程专业"三轮驱动"导向式人才培养模式 [J]. 教育教学论坛, 2016, (38): 7-11.
[7] 高群, 郑家霖. 3D打印技术产业应用型人才培养模式探析 [J]. 职业技术教育, 2015, 36 (29): 20-23.
[8] 李靠队, 薛天杨, 陆莉斌, 等. 复合应用型政府会计人才培养研究 [J]. 湖南财政经济学院学报, 2013, 29 (4): 145-152.
[9] 彭和平, 彭碧薇. "3+1"人才培养模式下校企合作中的问题分析与对策研究 [J]. 教育现代化, 2017, 4 (44): 11-13.
[10] 郑睿颖, 邱丽萍. 校企合作人才培养模式下计算机专业发展的优势——以江西科技师范大学为例 [J]. 教育现代化, 2017 (42): 42-43.

基于 OBE 理念的粤港澳大湾区民办高校应用型创新人才培养模式的探索与实践

林宪平　周红梅

摘　要：在创新驱动的大潮中，高素质的应用型创新人才是产业转型升级的关键因素。OBE 理念作为一种先进的教育理念，是实现应用型创新人才培养的重要发展方向。本文对粤港澳大湾区民办高校应用型创新人才培养模式开展研究，从 OBE 理念的正确运用、培养目标的重塑、基于 OBE 理念的教学体系的构建等方面提出策略，以期提高创新人才培养质量，促进学生能力全面可持续发展。

关键词：OBE 理念；粤港澳大湾区；民办高校；应用型创新人才

1　OBE 的内涵

成果导向教育（OBE），是由美国著名的社会学威廉·斯派蒂提出的一种先进教育理念。相对于传统教育而言，OBE 遵循反向设计原则，以最终学习成果为出发点，反向进行课程设计与教学设计。OBE 理念以学生为中心，强调能力本位和个性化，每个学生通过学习都能熟练掌握的知识和能力，根据个体差异实施个性化的教学，教师需准确掌握每名学生的学习基础、目标和进程，所有的教学活动都围绕预期设计的学习成果开展。目前 OBE 理念被许多的国家和地区作为教育改革的主流理念，我国高校也逐渐认可这种新的教学理念，并在教学改革摸索过程中得到应用。

2　粤港澳大湾区民办高校应用型创新人才培养的意义

2.1　国家战略发展的需要

在社会主义建设的新时期，迫切需要培养一大批德才兼备的高层次人才。粤港澳大湾区作为我国对外开放程度最高、经济活力最强的区域之一，实现产业转型升级离不开人才的支撑，粤港澳大湾区民办高校作为应用型创新人才培养的重要阵地，必须以服务区域经济发展为己任，以市场为导向，发挥优势，整合资源，不断创新，构建大湾区高等教育集聚区，为提升学生知识和能力体系提供平台，培养高素质的应用型创新人才，为推进大湾区发展贡献力量。随着《粤港澳大湾区发展规划纲要》的出台，粤港澳大湾区城市应充分发挥各自的产业优势和区域协同作用，以创新为主导，实现产业优化升级，推动粤港澳大湾区成为中国新的经济增长极。

2.2　社会的迫切需要

我国是世界上最大的发展中国家，产业链发展完善，各行各业的人才需求量大，经济高速发展亟须大量的高技术人才,在创新驱动下,高素质的应用型创新人才成为各行业产业转型升级主力军。为社会培养行业需要的人才是高校的重要职责,也是民办高校的重要职责。人才培养应以市场为导向,大力推进校企合作,注重实践能力的培养,紧跟大湾区产业发展人才需求变化,依托地方支柱产业、战略性新兴产业推动教育教学模式改革。

2.3 学校发展的需要

发展是学校壮大的基础和生命线,尤其是民办高校,更要注重发展。教学质量是学校发展的引擎,教学质量的提升在一定程度上说明学校的发展和壮大。教学质量的提升体现在对优秀人才的培养上,体现在为国家或区域经济发展培育一大批高技术人才上。学校应把人才培养的质量作为检验一切工作的根本标准。学校应具有高度的社会责任感和全视野的人才培养观,主动适应国家战略需要,以市场需求为导向,培养高素质、高层次、复合型应用型人才,为地方经济转型升级作出积极贡献。

3 基于OBE理念的应用型创新人才培养模式的构建途径

3.1 OBE理念的正确运用

OBE理念作为一种先进的教育理念,是高等教育人才培养模式的正确方向。OBE理念已经形成一套比较完整的理论体系与运作模式。民办高校在推进人才培养模式改革时,并不是彻底摒弃现有的人才培养模式,而是将OBE理念融入高校人才培养模式中,吸取其精华融入人才培养模式,优化改革中的措施和方案,更好地实施人才培养目标,明确人才培养的德育和素质的要求,在此基础上,制定课程体系和教学标准。

3.2 培养目标的重塑

培养目标是一所学校人才培养的定位和规格要求。粤港澳大湾区民办高校作为服务地方经济发展的地方高校,培养目标要紧紧围绕学生的发展来确定,也就是说,学生毕业后应能从事所学专业的工作,能适应社会的需求,学校在制定人才培养目标时,必须构建与之配套的教学内容、课程体系等。OBE理念的培养目标就是学生最终的学习成果,是学生通过一定阶段学习所能达到的最大能力,即教育过程的最终学习成果。

3.3 构建基于OBE理念的教学体系

(1)课程目标的重塑。基于OBE理念的教学活动中需对课程目标进行重塑,主要从学习者、课程标准、教材内容、学生的具体情况、社会生活的需求等方面开展,需要参考OBE课程教育体系的要求,确定最终学习成果,从知识与能力、过程与方法、情感与价值观三方面确定成果目标。OBE理念强调学生有明确学习目标、清晰学习内涵,教师也有协助学生学习的教学内容和教学方法。因此,学生可以根据自己的学习经验、学习进度和风格,逐步实现自己的目标,所有的学生都有成功的机会。

(2)构建课程体系,优化课程内容。学习成果的获得需要通过课程教学来实现,能力结构中的每一种能力要有明确的课程来支撑,学习成果的达成必须依靠有效的、实用的教学内容,因此,构建课程体系和课程内容对形成学习成果非常重要。优质教学内容决定了人才培养的质量,OBE理念体现人人都能成功,获得知识和能力。现在高校扩招,入学人数逐年递增,毕业生也逐年增多,就业竞争激烈。想方设法地提高大学生的学习成果,提高其就业率,是高校的人才培养的重要任务。

（3）优化评价体系。教学模式的改革，应注重学习过程的考核，考核主要包括过程性评价和终结性评价。目前，我国高校对于课程学习注重的是终结性评价，而对过程性评价并不重视。OBE强调个性化评定，在教学活动中制定个性化评价等级并进行评定，实时掌握学生的学习状况，及时对教学活动进行修正和调整。OBE模式对终结性评价和过程性评价进行有机融合，过程性评价具有全面、及时、灵活、深入和可持续性等优点，对学生的学习态度、行为、习惯、兴趣和方式等测试的内容非常适用，过程性评价可以提升学生的兴趣度和参与性，提高课堂效率。当前就业形势严峻，许多学生担忧就业前景，学习缺乏主动性，这就要用合理的评价激励机制加以激励，激励学生注重平时知识和能力的培养，通过过程性评价及时发现学生所存在的不足，并帮助他们应对不足，及时查漏补缺，使学生始终保持主动、积极的学习态度，有效提高学习效果。课程的评价体系要从多元主体入手，教师和学生相互评价，及时反馈教学效果，达到教学相长的效果。

3.4 构建创新型师资队伍

教育应该培养学生适应未来生活的能力，在此过程中教师起到重要作用。教师是人才培养的关键因素，教师在教学中起着关键性的作用。在教学改革过程中，合理配置师资力量，优化师资人才结构，要重视教师职业素质的培养，构建"高职称+高学历"的"双师型"教师创新团队。以教师为中心的传统教育，学习缺乏主动性，教师决定教什么、怎么教，学生只是被动地按照老师的安排来学习，OBE理念强调以学生为中心，教师应该善用示范、诊断、评价、反馈以及建设性介入等策略，来引导、协助学生达成预期成果。

3.5 构建"校内实训+校外实训"实践教学体系

2019年教育部"1+X证书"制度试点工作正式启动，说明能力对于大学生来说是非常重要的。OBE强调能力本位，即通过系统的学习，人人都能熟练掌握预期的技能，能掌握适应未来生活和工作的能力。纠正旧的"高分"人才观，树立新的"高能"人才观，以学生为本位，切实提高学生的实践技能，为服务地方经济转型升级提供人才支撑。粤港澳大湾区民办高校应"校"制宜，打造"校内实训+校外实训"实践教学平台，着实提升学生的实践能力，让学生在学到基础理论知识的同时，通过实践教学平台逐步提升学生的实践能力和综合业务能力，学生在毕业前除拿到毕业证外，通过相关技能考试取得与专业相关的职业资格证书，增强自身的技能水平和职业能力，为适应社会打下坚实基础。

3.6 "以赛促教，以赛促学"

"以赛促教，以赛促学"是教学改革的重要举措，根据专业不同，可以开展各类型的校内技能大赛和参加全国性的技能大赛，大赛对学校、学生和教师三方面都有一定促进作用。在学校方面，技能大赛可以促进学校进行相关实验技能标准化建设，促进学校对硬件和软件的投资力度，同时对专业建业和课程改革也有一定促进作用；在学生方面，技能大赛可以激发学生的学习兴趣和提升学生的实操技能、心理素质、团队合作素质等综合能力；在教师方面，技能大赛对师资队伍建设和培养起推动作用，技能大赛在一定程度上也促进人才培养方案及教育教学方法的改进。

3.7 创新教学手段，丰富教学形式

创新产生动力，动力推动发展。固有的教学模式会导致教学效果和学习效率的降低。教学方法和教学手段的创新是新时代教学环境变化的必然需要，在教学活动中，教学要结

合实际情况，不断创新教学手段，丰富教学形式，以形式创新激发学生的学习兴趣。在实际的教学活动中，由于专业和课程性质的差异，其教学方法和手段的运用是不同的，因此，在教学中紧密结合实际情况，依据教学内容，完善教学手段，采取科学合理的方式进行授课，建立以学生为主体、教师为主导的教学模式，运用新型的教学方法，以互联网为载体，合理运用线上和线下相结合的教学手段，因材施教，多渠道挖掘学生的学习潜能，激发学生的内在动力，提升教育教学的效果。

4 结语

基于OBE理念的粤港澳大湾区创新人才培养，有助于大学生构建完善的知识和能力体系，有助于解决大学毕业生能力与用人单位需求之间的矛盾，有助于大学生实现职业目标。OBE理念下，学校或教育者应以大学生毕业时最终达到的学习成果为目标，构建科学合理的教学体系，运用有效的教学方法和手段，保证学生达到预期学习目标，为粤港澳大湾区经济社会发展服务。

参考文献

[1] 李志义，朱泓，刘志军，等．用成果导向教育理念引导高等工程教育教学改革［J］．高等工程教育研究，2014（2）：7．

[2] 王向华．基于悉尼协议构建OBE课程教学与评估体系研究［J］．哈尔滨职业技术学院学报，2019（3）：38-40．

[3] 苏在滨，袁海燕，马晓峰，等．基于OBE教学模式的《线性代数》教学改革研究［J］．学理论，2019（1）：151-152．